Die Reihe „Weltwirtschaft und internationale
Zusammenarbeit" wird herausgegeben von

Prof. Dr. Hartmut Sangmeister, Universität Heidelberg
Prof. Dr. Oskar Gans, Universität Heidelberg
Prof. Dr. Detlef Nolte, GIGA Institut für Lateinamerika-
Studien Hamburg

Band 3

Dorit Bölsche

Internationales Katastrophenmanagement

Logistik und Supply Chain Management

Die Deutsche Nationalbibliothek verzeichnet diese Publikation in
der Deutschen Nationalbibliografie; detaillierte bibliografische
Daten sind im Internet über http://www.d-nb.de abrufbar.

ISBN 978-3-8329-4019-5

1. Auflage 2009
© Nomos Verlagsgesellschaft, Baden-Baden 2009. Printed in Germany. Alle Rechte,
auch die des Nachdrucks von Auszügen, der fotomechanischen Wiedergabe und der
Übersetzung, vorbehalten. Gedruckt auf alterungsbeständigem Papier.

Vorwort des Herausgebers

Eine effiziente, grenzüberschreitende Katastrophenhilfe muss notwendiger Weise integraler Bestandteil einer internationalen Entwicklungspartnerschaft sein, die aufzubauen sich die Staatengemeinschaft mit der Millenniums-Erklärung der Vereinten Nationen im Jahr 2000 verpflichtet hat. Denn immer mehr Menschen rund um den Globus werden von immer häufigeren Naturkatastrophen betroffen, von Epidemien und Bürgerkriegen. Und angesichts des drohenden Klimawandels besteht die Gefahr einer noch weiter zunehmenden Zahl von Naturkatastrophen. Schon jetzt werden im Rahmen der internationalen Zusammenarbeit immer mehr finanzielle Mittel für Soforthilfen und Nothilfen in vielen Teilen der Welt aufgewendet, um notleidenden Menschen zu helfen, ihnen Notunterkünfte zu errichten, sie medizinisch zu betreuen und sie mit Trinkwasser und Lebensmitteln zu versorgen.

An der internationalen Gemeinschaftsaufgabe, humanitäre Hilfe im Katastrophenfall zu leisten und Katastrophenvorsorge zu betreiben, sind viele Akteure beteiligt. Zum einen sind dies die Institutionen der Vereinten Nationen, wie beispielsweise das Büro der Vereinten Nationen für Nothilfekoordination (*United Nations Office for the Coordination of Humanitarian Affairs*/OCHA), der Hohe Flüchtlingskommissar der Vereinten Nationen (*United Nations High Commissioner for Refugees* / UNHCR) oder die Nahrungsmittel-Nothilfe des Welternährungsprogramms (*United Nations World Food Programme* / WPF). Aber auch viele nationale Hilfsorganisationen sind an grenzüberschreitender Katastrophenhilfe beteiligt, etwa die deutsche Bundesanstalt Technisches Hilfswerk (THW) oder zivilgesellschaftliche Organisationen wie das Rote Kreuz oder die Deutsche Welthungerhilfe.

Als Bestandteil internationaler Entwicklungspartnerschaft ist grenzüberschreitende Not- und Katastrophenhilfe unverzichtbar. In ihrer gegenwärtig praktizierten Form ist sie aber auch Gegenstand kontroverser Auseinandersetzungen, da die vorhandenen Kapazitäten nicht immer optimal genutzt werden und die Maßnahmen ungewollte Nebenwirkungen haben können, die eine Krisensituation noch verschärfen. Um Optimierungspotenziale zu mobilisieren, soll beispielsweise die Internationale Nahrungsmittelhilfe-Konvention geändert werden, mit dem Ziel, die Spielregeln für eine effiziente Zusammenarbeit bei der Nahrungsmittel-Nothilfe zu verbessern. Um schneller und wirksamer helfen zu können, haben auch die Europäische Union und ihre Mitgliedstaaten, die mit rund 50 Prozent weltweit die wichtigsten Geber humanitärer Hilfe sind, 2007 mit dem Europäischen Konsens über die Humanitäre Hilfe ein ganzheitliches Konzept vorgelegt.

Professionelle Katastrophenhilfe, die von Fachleuten schnell, wirksam und unparteiisch geleistet wird, soll die Menschen erreichen, die sie am meisten benötigen. Katastrophenmanager müssen daher im Ernstfall über leistungsfähige Systeme zur Katastrophenbewältigung verfügen können. Ein wichtiges Systemelement ist dabei die Logistik, um das Katastrophengebiet in kürzest möglicher Zeit mit geeigneten Hilfskräften, Ausrüstungen und Versorgungsgütern erreichen zu können. Band 3 der Reihe „Weltwirtschaft und internationale Zusammenarbeit" liefert eine strukturierte Darstellung der logistischen Abläufe und Aufgaben des Katastrophenmanagements, deren Kenntnis eine wesentliche Voraussetzung für eine effiziente und effektive Katastrophenhilfe in der internationalen Zusammenarbeit ist.

Hartmut Sangmeister

Inhaltsverzeichnis

Abkürzungs- und Symbolverzeichnis 11

Abbildungsverzeichnis / Tabellenverzeichnis 15

1 Einleitung 19
1.1 Ausgangslage und Zielsetzung 19
1.2 Aufbau des Buches 22

2 Katastrophen und internationales Katastrophenmanagement 26

2.1 Grundlagen zu Katastrophen 26
    2.1.1 Begriffsdefinition und Kriterien 26
    2.1.2 Entwicklung im Zeitablauf 27
    2.1.3 Beispiele für Katastrophen 33
    2.1.4 Klassifizierung von Katastrophen 36
2.2 Grundlagen des internationalen Katastrophenmanagements 45
2.3 Akteure im internationalen Katastrophenmanagement 48
    2.3.1 Ausgewählte Beispiele 48
    2.3.2 Skizze über die Mit- und Zusammenwirkung der Akteure 51

3 Logistik im internationalen Katastrophenmanagement 59

3.1 Grundlagen der Logistik 59
    3.1.1 Ursprünge und Begriff der Logistik 59
    3.1.2 Markt-, Kunden- und Zielorientierung 61
    3.1.3 Integration und Managementaufgaben 63
    3.1.4 Material- und Informationsflüsse 64
    3.1.5 Logistische Funktionen 66
    3.1.6 Entwicklungsstufen und Trends in der Logistik 68
3.2 Logistik im Katastrophenmanagement 74
    3.2.1 Schwachstellen in der Vergangenheit 74
    3.2.2 Begriffe zur Logistik im Katastrophenmanagement 76
    3.2.3 Bedeutung der Logistik für das Katastrophenmanagement 79
    3.2.4 Kundenorientierung 80

3.2.5	Strategie und Zielorientierung	81
3.2.5.1	Visionen, Strategien und Ziele der Akteure	81
3.2.5.2	Logistikziele der Akteure im Katastrophenmanagement	86
3.2.5.3	Ableitung von Entscheidungskriterien und zielorientierter Kennzahlen	90
3.2.5.4	Zielhierarchie von der Vision zu logistischen Kennzahlen	94
3.2.6	Material- und Informationsflüsse im Katastrophenmanagement	96
3.2.6.1	Logistikobjekte im Katastrophenmanagement	96
3.2.6.2	Logistische Kernleistungen im Katastrophenmanagement	98
3.2.6.3	Logistische Zusatz- und Informationsleistungen im Katastrophenmanagement	102
3.2.7	Logistische Funktionen im Katastrophenmanagement	105

4 Einsatz logistischer Methoden 107

4.1 ABC-XYZ-Analyse als Methode der Beschaffungslogistik im internationalen Katastrophenmanagement 107
    4.1.1   Grundlagen der ABC-XYZ-Analyse 107
    4.1.2   ABC-XYZ-Analyse für Hilfsgüter (Kenia, Eldoret) 113
    4.1.3   ABC-XYZ-Analyse für Regionen und Katastrophenarten 125
    4.1.4   Weitere Einsatzpotenziale und Grenzen der ABC-XYZ-Analyse 134
4.2 Methoden der Distributionslogistik im internationalen Katastrophenmanagement 137
    4.2.1   Die Distributionsstruktur im Katastrophenmanagement 137
    4.2.2   Standortplanung im internationalen Katastrophenmanagement 142
        4.2.2.1   Die Methodenvielfalt der Standortplanung 142
        4.2.2.2   Formale Beschreibung der Warehouse Location Probleme 143
        4.2.2.3   Standortplanung für Zentrallager einer Hilfsorganisation 148
    4.2.3   Tourenplanung im internationalen Katastrophenmanagement 159
        4.2.3.1   Grundlagen und Methodenvielfalt der Transport- und Tourenplanung 159
        4.2.3.2   Formale Beschreibung des klassischen Transportproblems 161
        4.2.3.3   Tourenplanung für Hilfsorganisationen in Kenia 162
4.3 Methoden der Produktionslogistik im internationalen Katastrophenmanagement 176
    4.3.1   Prozessdarstellung zur Produktion katastrophenlogistischer Leistungen 176
    4.3.2   Einsatz der Netzplantechnik im Katastrophenmanagement 182
        4.3.2.1   Grundlagen und Methodenvielfalt der Netzplantechnik 182
        4.3.2.2   Formale Beschreibung eines MPM-Netzplans 185
        4.3.2.3   MPM-Netzplan im Katastrophenmanagement 187

5	Anwendungsbereiche des Supply Chain Management		194
5.1	Grundlagen des SCM im internationalen Katastrophenmanagement		194
	5.1.1 Ursprünge des Supply Chain Management		194
	5.1.2 Begriffe zum SCM im Katastrophenmanagement		196
	5.1.3 Der Bullwhip-Effekt als Grundproblem des SCM im Katastrophenmanagement		199
	5.1.4 Material- und Informationsflüsse		204
	5.1.5 Kunden- und Zielorientierung		204
	5.1.6 Integration, Koordination und Managementaufgaben		207
5.2	Referenzmodelle und Konzepte		210
	5.2.1 Referenzmodelle des SCM im internationalen Katastrophenmanagement		210
	5.2.1.1 Das SCOR-Modell		210
	5.2.1.2 Efficient Consumer Response (ECR)		218
	5.2.2 Konzepte des SCM im internationalen Katastrophenmanagement		219
	5.2.2.1 Einleitung		219
	5.2.2.2 Cross Docking		220
	5.2.2.3 Vendor Managed Inventory		223
	5.2.2.4 Collaborative Planning, Forecasting, and Replenishment		226
5.3	Outsourcing und Kooperationen		229
	5.3.1 Grundlagen und Begriffe		229
	5.3.2 Relevanz und Beispiele für das internationale Katastrophenmanagement		235
5.4	Entscheidungskriterien für die Gestaltung des SCM im internationalen Katastrophenmanagement		242
	5.4.1 Strategie- und Zielbezug der Entscheidungskriterien		242
	5.4.2 Kostenbezogene Entscheidungskriterien		245
	5.4.3 Servicebezogene Entscheidungskriterien		250
	5.4.4 Marktbezogene Entscheidungskriterien		254
	5.4.5 Integrationsbezogene Entscheidungskriterien		255
	5.4.5.1 Standards		255
	5.4.5.2 Koordination		258
	5.4.6 Nutzwertanalyse: Eine Methode zur Entscheidungsfindung		265

6	Einsatz von Informations- und Kommunikationssystemen	272
6.1	Bedeutung von Information und Kommunikation im internationalen Katastrophenmanagement	272
6.2	Ausgewählte Einsatzmöglichkeiten des Internet im internationalen Katastrophenmanagement	274
6.2.1	Informationsportale der Vereinten Nationen	274
6.2.2	eBusiness und eProcurement	283
6.3	Einsatzmöglichkeiten ausgewählter IuK-Standards im internationalen Katastrophenmanagement	285
6.3.1	Standards für den elektronischen Geschäftsdatenaustausch	285
6.3.2	Standardisierte Systeme für das Enterprise Resource und Advanced Planning	287
6.3.2.1	Enterprise Resource Planning (ERP)	287
6.3.2.2	Advanced Planning Systeme (APS)	294
6.3.3	Standardisierte Identifikationssysteme	298
6.4	Spezielle Software für Logistik und SCM im internationalen Katastrophenmanagement	304

Literaturverzeichnis 310

Quellenverzeichnis 320

Abkürzungs- und Symbolverzeichnis

Abkürzungen:

ABC	Klassifizierung nach Wertigkeit
Anm. d. Verf.	Anmerkung der Verfasserin
Anz.	Anzahl
APS	Advanced Planning Systeme
Aufl.	Auflage
BGBl.	Bundesgesetzblatt
BMI	Buyer Managed Inventory
BVL	Bundesvereinigung Logistik
CCCM	Camp Coordination and Camp Management
CPFR	Collaborative Planning, Forecasting, and Replenishment
CRED	Centre for Research on the Epidemiology of Disasters
CSCMP	Council of Supply Chain Management Professionals
ders.	derselbe
dies.	dieselbe(n)
DIN	Deutsches Institut für Normung
Diss	Dissertation
DKKV	Deutsches Komitee für Katastrophenvorsorge
DRK	Deutsches Rotes Kreuz
DRT	Disaster Response Team
e	electronic
e.V.	eingetragener Verein
ECHO	European Commission Humanitarian Office
ECR	Efficient Consumer Response
Ed.	Edition
EDI	Electronic Data Interchange
EDIFACT	EDI for Administration, Commerce, and Transport
EDV	Elektronische Datenverarbeitung
ELA	European Logistics Organization
EM-DAT	Emergency Events Database
EPC	Electronic Product Coding
ERP	Enterprise Resource Planning
EU	Europäische Union
EUR	Euro
FTP	File Transfer Protocol
GMK	Klassifizierung nach Volumen (auch LMN)
HIS	Humanitarian Information Centre
HLS	Humanitatian Logistics Software

Hrsg.	Herausgeber
hrsg.	herausgegeben
i. d. R.	in der Regel
ICC	International Chamber of Commerce
IFRC	International Federation of Red Cross and Red Crescent Societies
IGO	Inter Governmental Organization
Incoterms	International Commerce Terms
ISO	International Organization for Standardization
IT	Informationstechnologie
IuK	Information und Kommunikation
kg	Kilogramm
KPI	Key Performance Indikatoren
kum.	kumuliert
LKW	Lastkraftwagen
LLP	Lead Logistics Provider
LSS	Logistics Support System
M.I.T	Massachusetts Institute of Technology
ME	Mengeneinheiten
Med.	Medicaments
Mio.	Millionen
MPM	Metra Potential Method
Mrd.	Milliarden
NFI	Non Food Items
NGO	Non Governmental Organization
No.	Number
Nr.	Nummer
OCHA	United Nations Office for the Coordination of Humanitarian Affairs
OFDA	Office of US Foreign Disaster Assistance
PAHO	Pan American Health Organization
pcs.	pieces
PL	Party Logistics (2PL, 3PL, 4PL: Second, Third u. Fourth Party Logistics)
r	richtig
RFID	Radio Frenquency Identification
S.	Seite
SAP^{TM}	Systeme, Anwendungen und Produkte
SAP R/2^{TM}	SAP Realtime Version 2 (R/3^{TM} Realtime Version 3)
SAP APO^{TM}	SAP Advanced Planner and Optimizer
SAP SCM^{TM}	SAP Supply Chain Management
SC	Supply Chain
SCM	Supply Chain Management
SCOR-Modell	Supply Chain Operations Reference-Modell
SFR	Schweizer Franken
SMPT	Simple Mail Transfer Protocol

SUMA	Humanitarian Supply Management System
TCP/IP	Transmission Control Protocol / Internet Protocol
TM	Trademark
to.	Tonnen
Tsd.	Tausend
TTP	Probleme der Transport- und Tourenplanung
u.	und
u.a.	und andere
UN	United Nations
UNDMP	United Nations Disaster Management Teams
UNDP	United Nations Development Programme
UNHCR	United Nations High Commissioner for Refugees
UNICEF	United Nations Children's Emergency Fund
UNJLC	United Nations Joint Logistics Centre
US	United States
USA	United States of America
USAID	US Agency for International Development
USD und US $	US Dollar
v.	von
VENRO	Verband Entwicklungspolitik deutscher Nichtregierungsorganisationen
vgl.	vergleiche
VICS	Voluntary Inter-industry Commerce Standards Association
VMI	Vendor Managed Inventory
VN	Vereinte Nationen
VOICE	Voluntary Organizations in Cooperation in Emergencies
Vol.	Volume
WFP	World Food Programme
WHO	World Health Organization
WLP	Warehouse Location Probleme
WWW	World Wide Web
XML	Extensible Markup Language
XYZ	Klassifizierung nach Regelmäßigkeit
z. B.	zum Beispiel
zugl.	Zugleich

Symbole für Indizes:

m	Index für die Materialart, mit $m=1,\ldots,M$
t	Periodenindex, mit $t=1,\ldots,T$
i	Index für Standort i, mit $i=1,\ldots,I$
$j, j1, j2$	Index für Empfänger j mit $j=1,\ldots,J$; $j1=1,\ldots,J$; $j2=1,\ldots,J$
k	Index für Vorgang k, mit $k=1,\ldots,\kappa$
υ	Index für Vorgänger υ, mit $\upsilon \in \varsigma_\upsilon$ (Menge der direkten Vorgänger)
v	Index für Nachfolger v, mit $v \in N_v$ (Menge der direkten Nachfolger)

Symbole für statistische Größen:

μ^m	Durchschnitts- bzw. Mittelwert für Materialart m
μ	Durchschnitts- bzw. Mittelwert für alle M Materialien
σ^m	Standardabweichung für Materialart m
VK^m	Variationskoeffizient für Materialart m
VK	Summe der Variationskoeffizienten für alle M Materialarten

Symbole für Variablen:

y_i	Binärvariable, die beschreibt, ob Standort i errichtet wird (y_i=1) oder nicht (y_i=0)
x_{ij}	Menge, die Empfänger j durch einen Standort i erhält

Weitere Symbole:

p^m	Preis je Einheit für Materialart m
V_t^m	Verbrauchsmenge für Materialart m
W^m	Verbrauchswert für Materialart m
W	Verbrauchswert für alle M Materialien
f_i	Fixkosten für Standort i
a_i	Kapazität des Standorts i
b_j	Bedarf Empfänger j
c_{ij}	Variable Transportkosten von Standort i zu Empfänger j
ω_{ij}	Transportkosteneinsparung von Standort i zu Empfänger j
$e_{i,j1}, e_{i,j2}$	Entfernung zwischen Standort i zu Empfänger j1 bzw. j2
$e_{j1,j2}$	Entfernung zwischen Empfänger j1 und j2
$s_{j1,j2}$	Savings-Wert für Empfänger j1 und j2
K	Kosten (Gesamtkosten)
$I0$	Menge der endgültig verbotenen Standorte
$I1$	Menge der endgültig gewählten Standorte
E	Gesamtentfernung eines Tourenplans
E^{Start}	Gesamtentfernung eines Tourenplans in der Ausgangslösung
E^{Ende}	Gesamtentfernung eines Tourenplans nach Abschluss einer Heuristik
FAZ_k	Frühester Anfangszeitpunkt Vorgang k
FEZ_k	Frühester Endzeitpunkt Vorgang k
SAZ_k	Spätester Anfangszeitpunkt Vorgang k
SEZ_k	Spätester Endzeitpunkt Vorgang k
GP_k	Gesamte Pufferzeit Vorgang k

Abbildungs- und Tabellenverzeichnis

Abbildungen:

Abbildung 1:	Anstieg weltweiter Katastrophen (1900-2007)	20
Abbildung 2:	Aufbau des Buches	23
Abbildung 3:	Entwicklung der Anzahl weltweiter Naturkatastrophen	28
Abbildung 4:	Entwicklung der Anzahl Betroffener durch Naturkatastrophen	29
Abbildung 5:	Entwicklung ökonomischer Schäden durch Naturkatastrophen	30
Abbildung 6:	Naturkatastrophen nach Kontinenten	32
Abbildung 7:	Anzahl Katastrophenarten, Zeitraum 1997-2006	39
Abbildung 8:	Anzahl Katastrophen nach Kontinenten, Zeitraum 1997-2006	41
Abbildung 9:	Anteile Katastrophenarten an der Gesamtanzahl und den Gesamtfolgen, 1997-2006	42
Abbildung 10:	Beispiel für die Bildung und Zuordnung von Klassengrenzen (1)	43
Abbildung 11:	Beispiel für die Bildung und Zuordnung von Klassengrenzen (2)	44
Abbildung 12:	Kreislauf der Katastrophenvorsorge und -bewältigung	46
Abbildung 13:	Akteure als Mittelgeber und im Mitteleinsatz	53
Abbildung 14:	Logistische Kern-, Zusatz- und Informationsleistungen	66
Abbildung 15:	Funktionenorientierung in der Logistik	67
Abbildung 16:	Prozessorientierung in der Logistik	69
Abbildung 17:	Entwicklung lokaler und globaler Beschaffungsaktivitäten	71
Abbildung 18:	Entwicklung der Fremdvergabe logistischer Leistungen	72
Abbildung 19:	Einsatz von Informationstechnologien in der Logistik	73
Abbildung 20:	Logistik im Kreislauf des Katastrophenmanagements	78
Abbildung 21:	Strategisches Dreieck einer Hilfsorganisation	82
Abbildung 22:	Strategisches Dreieck eines Logistikdienstleisters	83
Abbildung 23:	Strategie- und Zielhierarchie am Beispiel des IFRC	95
Abbildung 24:	Lagerleistungen im Kreislauf des Katastrophenmanagements	102
Abbildung 25:	Kommissionierung im Kreislauf des Katastrophenmanagements	104
Abbildung 26:	Auswahl funktionenbezogener Methoden der Logistik im Katastrophenmanagement	106
Abbildung 27:	Lorenzkurve als Ergebnis einer ABC-Analyse	109
Abbildung 28:	Grafische Darstellung der XYZ-Analyse	111
Abbildung 29:	ABC-XYZ-Analyse, Vorauswahl von Beschaffungskonzepten	112
Abbildung 30:	ABC-XYZ-Analyse, Kreislauf des Katastrophenmanagements	113
Abbildung 31:	Ergebnisdarstellung ABC-Analyse, Kenia, Januar 2008	121
Abbildung 32:	Ergebnisdarstellung XYZ-Analyse, Kenia, Januar 2008	124
Abbildung 33:	Ergebnisdarstellung ABC-XYZ-Analyse, Regionen weltweit	129
Abbildung 34:	ABC-XYZ-Analyse, Vorauswahl der Standorte für Zentralläger	131

Abbildung 35:	Distributionsstruktur im Katastrophenmanagement	139
Abbildung 36:	Kostenstruktur von Distributionssystemen	141
Abbildung 37:	Struktur eines einstufig kapazitierten WLP	144
Abbildung 38:	Potenzielle Standorte für Zentrallager (Beispiel)	150
Abbildung 39:	Kostenverläufe im Beispiel der Standortplanung (in EUR / Jahr)	158
Abbildung 40:	Struktur des einstufig kapazitierten TPP	161
Abbildung 41:	Informationsgrundlage zur Tourenplanung, Beispiel Kenia	163
Abbildung 42:	Die Distributionsstruktur für das Beispiel der Tourenplanung	164
Abbildung 43:	Startschritt des in der Tourenplanung, Beispiel Kenia	168
Abbildung 44:	Skizze der „Savings-Werte", Beispiel Kenia	169
Abbildung 45:	Ergebnisdarstellung der Tourenplanung, Beispiel Kenia	173
Abbildung 46:	Modellierung eines elementaren logistischen Leistungsprozesses	177
Abbildung 47:	Beispiel eines elementaren logistischen Leistungsprozesses	178
Abbildung 48:	Modellierung einer Logistikkette	179
Abbildung 49:	Beispiel einer Logistikkette im Katastrophenmanagement	180
Abbildung 50:	Vor-, Haupt- u. Nachkombination im Kreislauf des Katastrophenmanagements	181
Abbildung 51:	Vereinfachte Modellierung einer Logistikkette im Katastrophenmanagement	182
Abbildung 52:	MPM-Netzplan „Errichtung Camp in Kenia"	190
Abbildung 53:	Die Wertkette nach Porter	194
Abbildung 54:	Skizze unternehmensübergreifender Wertschöpfungsketten	195
Abbildung 55:	„Bullwhip"-Effekt	200
Abbildung 56:	Bullwhip-Effekt im Katastrophenmanagement	203
Abbildung 57:	Strategisches Dreieck einer Supply Chain	206
Abbildung 58:	Integration Materialfluss-, Informations- und Koordinationsebene	210
Abbildung 59:	Ebene 1 des SCOR-Modells	213
Abbildung 60:	Cross-Docking	221
Abbildung 61:	Überblick über das Konzept CPFR	227
Abbildung 62:	Kooperationsbereiche im Konzept des CPFR	228
Abbildung 63:	Entscheidungskriterien für die Gestaltung des SCM im internationalen Katastrophenmanagement	245
Abbildung 64:	Homepage des ReliefWeb	275
Abbildung 65:	Karte aus dem Map Centre des ReliefWeb	276
Abbildung 66:	Homepage des Logistics Cluster des UNJLC	277
Abbildung 67:	Beispiel „Myanmar" im Logistics Cluster des UNJLC	278
Abbildung 68:	Transportdistanzen und -zeiten im Logistics Cluster	279
Abbildung 69:	Lagerstandorte im Logistics Cluster des UNJLC	280
Abbildung 70:	Informationen über Lagerstandorte im Logistics Cluster	281
Abbildung 71:	Detailstruktur der Logistik in SAP ERP^{TM}	288
Abbildung 72:	„Kennzahlenauswahl" für eine ABC-Analyse in SAP ERP^{TM}	289
Abbildung 73:	„Strategieauswahl" für eine ABC-Analyse in SAP ERP^{TM}	290
Abbildung 74:	„Ergebnisdarstellungen" einer ABC-Analyse in SAP ERP^{TM}	291

Abbildung 75:	Beispiele optischer Datenträger	299
Abbildung 76:	Beispiele elektromagnetischer Datenträger	300
Abbildung 77:	RFID, vom Transponder zur Anwendung	301
Abbildung 78:	Datenflüsse in einer Humanitarian Logistics Software	306
Abbildung 79:	Startseite Helios	307
Abbildung 80:	Helios – Logistics and Tracking	308

Tabellen:

Tabelle 1:	Tsunami 2004, Finanzierung der humanitären Hilfe durch unterschiedliche Gruppen von Akteuren	49
Tabelle 2:	Tsunami 2004, Zusammenarbeit NGOs mit anderen Akteuren	50
Tabelle 3:	Datengrundlage ABC-XYZ, Verbrauchsmengen „Food"	115
Tabelle 4:	Datengrundlage ABC-XYZ, Verbrauchsmengen „Non-Food"	116
Tabelle 5:	Datengrundlage ABC-XYZ, Verbrauchsmengen „Medicaments"	117
Tabelle 6:	Ergebnisse der ABC-Analyse, Kenia, Januar 2008	119
Tabelle 7:	Ergebnisse der XYZ-Analyse, Kenia, Januar 2008	123
Tabelle 8:	Datengrundlage ABC-XYZ nach Regionen	126
Tabelle 9:	Ergebnisse der ABC-Analyse, Regionen weltweit	128
Tabelle 10:	Ergebnisse der XYZ-Analyse, Regionen weltweit	130
Tabelle 11:	Ergebnisse der ABC-Analyse, Katastrophenarten weltweit	133
Tabelle 12:	Datengrundlage Standortplanung einer Hilfsorganisation	151
Tabelle 13:	Startschritt des „Add"	153
Tabelle 14:	Iteration 1 des „Add"	155
Tabelle 15:	Iteration 2 des „Add"	156
Tabelle 16:	Iteration 3 des „Add"	156
Tabelle 17:	Ergebnis der Standortplanung einer Hilfsorganisation	157
Tabelle 18:	Entfernungstabelle (km) für die Tourenplanung	167
Tabelle 19:	Berechnung der „Savings-Werte" (Beispiel Kenia)	170
Tabelle 20:	Iterationen zur Tourenbildung (Beispiel Kenia)	172
Tabelle 21:	Entfernungstabelle (km) mit Ergebnissen der Tourenplanung	174
Tabelle 22:	Strukturplan zum Netzplan „Errichtung Camp in Kenia"	188
Tabelle 23:	Entscheidungsunterstützung durch eine Nutzwertanalyse	268

1 Einleitung

1.1 Ausgangslage und Zielsetzung

Über zahlreiche Katastrophen wurde im Jahr 2008 berichtet: Zu benennen sind mit dem Zyklon Nargis in Myanmar und dem Erdbeben in China zwei schwerwiegende Naturkatastrophen, die sich im Mai des Jahres fast zeitgleich ereignet haben, und deren Auswirkungen zum Zeitpunkt der Veröffentlichung dieses Buches noch nicht endgültig absehbar sind. Auch Unruhen waren der Auslöser von Katastrophen, so beispielsweise nach den Präsidentschaftswahlen in Kenia, die Ende des Jahres 2007 stattfanden.
Statistische Gesamtauswertungen zu den Folgen der Katastrophen im Jahr 2008 liegen noch nicht vor, für das Jahr 2007 lässt sich aber zusammenfassend (hier für Naturkatastrophen) feststellen:

„In 2007, 414 natural disasters were reported. They killed 16847 persons, affected more than 211 million others and caused over 74.9 US$ billion in economic damages."[1]

Im Zeitablauf steigt die Anzahl weltweit registrierter Katastrophen. Dieser Trend wird für den Zeitraum 1900 bis 2007 durch die nachfolgende
Abbildung 1 am Beispiel der Naturkatastrophen visualisiert.
Unter den in den Jahren 2004 und 2005 erfassten Katastrophen befinden sich mit dem Tsunami in Asien, dem Hurrikane Katrina in den USA sowie einem Erdbeben in Pakistan Katastrophen mit gravierenden Auswirkungen auf die betroffene Bevölkerung und mit umfangreichen ökonomischen Schäden. In den Nachrichten, Printmedien und Dokumentationen ist im Zusammenhang mit diesen Katastrophen wiederholt auf Schwachstellen in der Logistik hingewiesen worden, die sich am Beispiel des Tsunami in Asien wie folgt charakterisieren lassen:

„...the sheer number of cargo-laden humanitarian flights overwhelmed the capacity to handle goods at the airport, ... transportation pipelines were bottlenecked, ... the damaged infrastructure combined with the flood of assistance from the military representatives from several countries and large numbers of foreign aid agencies created a coordination and logistical nightmare."[2]

Die Bedeutung der Logistik für das internationale Katastrophenmanagement ist als Folge der benannten Katastrophen in den Jahren 2004 und 2005 zunehmend erkannt worden:

„One of the notable aspects of the relief efforts following the 2004 Asian Tsunami was the public acknowledgement of the role of logistics in effective relief."[3]

---

1 Scheuren, Jean-Michel u.a. (2008), S. X.
2 Thomas, Anisya / Kopczak, Laura (2005), S. 1.
3 Thomas, Anisya / Kopczak, Laura (2005), S. 1.

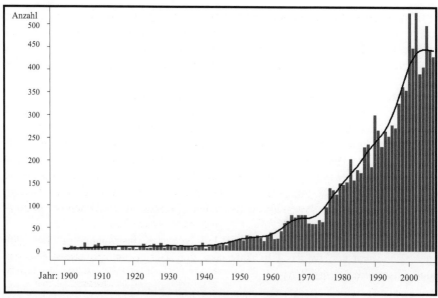

Abbildung 1: Anstieg weltweiter Katastrophen (1900-2007)[4]

Die logistischen Kernleistungen Transport, Lagerung und Umschlag, logistische Zusatzleistungen wie Kommissionierung und Verpackung sowie logistische Informationsleistungen waren bereits vor den benannten Katastrophen Gegenstand des internationalen Katastrophenmanagements. Ohne die entsprechenden Transporte der Hilfsgüter hätten diese auch zuvor die betroffene Bevölkerung nicht erreichen können. Die Neuausrichtung der Logistik ist vornehmlich darin zu sehen, dass seither logistische Leistungen im internationalen Katastrophenmanagement nicht weiterhin als rein operativ ausgerichtete Ausführungsleistungen sondern zunehmend als Managementleistungen begriffen werden. Damit verbunden ist auch die Erkenntnis, dass sich logistische Methoden einsetzen lassen, um die Managementleistungen der Planung, Steuerung und Kontrolle im internationalen Katastrophenmanagement zu unterstützen. Mit der zunehmend unternehmensübergreifenden Abstimmung zwischen den Akteuren des internationalen Katastrophenmanagements lassen sich darüber hinaus auch unternehmensübergreifende Konzepte des Supply Chain Management einsetzen, um Logistik- und Wertschöpfungsketten übergreifend zu gestalten.

Mit Blick auf die Zielsetzungen des internationalen Katastrophenmanagements und Logistik bzw. Supply Chain Management ist es sinnvoll, diese in Abstimmung zueinander zu bringen. Das übergreifende Ziel des Katastrophenmanagements besteht darin, durch Katastrophenvorsorge und Katastrophenbewältigung menschliche, physische, wirtschaftliche und ökologische Verluste, die im Zusammenhang mit

---

4   www.emdat.be, Link "Database", "Trends", "Global Disasters", "Number of Disasters".

Katastrophen erlitten werden, zu verhindern, zu verringern und zu begrenzen.[5] Die Gestaltung der logistischen Prozesse und Ketten ist auf die beiden Zielgrößen Logistikservice und Logistikkosten gerichtet,[6] die zugleich die übergreifende Zielsetzung des Katastrophenmanagements beeinflussen: Ein erhöhter Logistikservice kann z. B. dazu beitragen, dass die betroffenen Menschen schneller erreicht werden, dass eine größere Anzahl betroffener Menschen erreicht wird, dass die Versorgung zuverlässiger und flexibler erfolgen kann. Eine Reduzierung der Logistikkosten vermindert zum einen wirtschaftliche Verluste und kann zum anderen dazu beitragen, dass sich das zur Verfügung stehende Logistikbudget für weitere Leistungserstellungen zur Vermeidung bzw. Verringerung von „Verlusten" einsetzen lässt.

Mit den erläuterten Erkenntnissen über die Bedeutung der Logistik und des SCM für das internationale Katastrophenmanagement galt und gilt es weiterhin zu untersuchen, inwieweit sich existierende Methoden aus der Privatwirtschaft auf das internationale Katastrophenmanagement übertragen bzw. anpassen lassen.

> „In the corporate sector, well-founded research exists in the area of commercial supply chain and logistic analysis, and strategic inter-corporation collaboration has demonstrated significant improvement in effectiveness and efficiency. However, the applicability of these commercial supply chain methods and other corporate logistics and related research to humanitarian operations is not fully understood."[7]

Seit dem Jahr 2004 haben sich das Management der Logistik und der Wertschöpfungsketten sowie die entsprechende EDV-technische Unterstützung weiterentwickelt. Einige Entwicklungen bis zum Jahr 2008 sollen dies exemplarisch skizzieren: Im Rahmen der Katastrophenbewältigung in Myanmar und China im Jahr 2008 kooperieren Akteure der Vereinten Nationen mit Logistikdienstleistern der Privatwirtschaft in einem Umfang, der zu Beginn der 2000er Jahre noch unvorstellbar gewesen wäre.[8] Die Unterstützung durch Informations- und Kommunikationstechnologien ist deutlich vorangeschritten. Beispielsweise hat sich die Website des Joint Logistics Center der Vereinten Nationen (UNJLC) so weit etabliert, dass logistische Informationen bis hin zu den Details der Transportpläne und Lagerbestände unterschiedlicher beteiligter Akteure einsehbar sind.[9] Mit Helios befindet sich eine Software zur Unterstützung der Logistik und des SCM für Akteure des internationalen Katastrophenmanagements in der Pilotphase, durch die sich unter anderem eine Sendungsverfolgung unterstützen lässt.[10]

Im internationalen Katastrophenmanagement des Jahres 2008 befinden sich der Einsatz logistischer Methoden sowie die Umsetzung der Konzepte des SCM trotz der skizzierten Entwicklungen noch in den Anfängen. Zur Fortentwicklung dieses

---

5 Vgl. Tufinkgi, Philippe (2006), S. 97.
6 Vgl. z. B. Schulte, Christof (2005), S. 6-9.
7 Fritz Institute (Hrsg.) (2004), S. 5.
8 Vgl. z. B. Hein, Christoph (2008).
9 Das Informationsportal des UNJLC befindet sich unter www.logcluster.org.
10 Vgl. www.fritzinstitute.org, Link "Supply Chain Solutions", "Programs", "Technology", "Helios".

Prozesses möchte dieses Buch einen Beitrag leisten. Bewährte Methoden des Logistikmanagements (z. B. zur Standortplanung und zur Netzplantechnik) werden vorgestellt und auf das Management internationaler Katastrophen angewendet. Die Datengrundlagen der Berechnungsbeispiele werden aus statistischem Datenmaterial zum internationalen Katastrophenmanagement, aus realen Daten des Webportals des Joint Logistics Center der UN sowie aus fiktiven aber realitätsnahen Daten zusammengestellt. Durch die Berechnungsbeispiele erhalten Akteure des internationalen Katastrophenmanagements realitätsnahe Hinweise zu den Einsatzpotenzialen und Grenzen ausgewählter logistischer Methoden. Ebenso werden aktuelle Referenzmodelle und Konzepte des Supply Chain Management sowie Informations- und Kommunikationstechnologien mit ihren Einsatzpotenzialen für das internationale Katastrophenmanagement vorgestellt und diskutiert.

Das Buch kann darüber hinaus als weiterführendes Lehrbuch für Studierende der Logistik oder der Supply Chain Management eingesetzt werden. Durch den Anwendungsfall des internationalen Katastrophenmanagements stehen umfangreiche reale und fiktive Fallstudien zur Verfügung, durch die die Einsatzpotenziale der Methoden und Konzepte im internationalen Umfeld vermittelt werden.

1.2   Aufbau des Buches

Die folgende Abbildung skizziert die Inhalte der Kapitel sowie deren Zusammenhänge. *Akteure* sowie das *Strategie- und Zielsystem* bilden einen übergreifenden Bestandteil aller Kapitel. So werden die Akteure des internationalen Katastrophenmanagements, wie z. B. Akteure des UN-Systems, staatliche und nicht-staatliche Hilfsorganisationen und Geldgeber sowie Unternehmen der Privatwirtschaft im zweiten Kapitel ebenso vorgestellt wie die Akteure der Logistik und des Supply Chain Management in den Kapiteln drei und fünf. Die Strategie- und Zielsysteme dieser Akteure werden in den einzelnen Kapiteln vorgestellt und sukzessive zusammengeführt.

Die Einleitung in das internationale Katastrophenmanagement erfolgt in **Kapitel zwei** in Form einer Vorstellung empirischer Daten und ausgewählter Beispiele *internationaler Katastrophen*. Diese Datengrundlagen sowie Beispiele werden in den weiteren Kapiteln über Logistik und Supply Chain Management herangezogen, um die Bedeutung der Logistik und des SCM im *internationalen Katastrophenmanagement* zu untermauern und Berechnungen unter Einsatz logistischer Methoden durchzuführen. Ebenso wird das internationale Katastrophenmanagement als Kreislaufmodell vorgestellt, das sich aus mehreren Aufgabenbereichen der Katastrophenvorsorge und der Katastrophenbewältigung zusammensetzt. Der Abbildung über die Struktur dieses Buches kann entnommen werden, dass dieses Kreislaufmodell des Katastrophenmanagements eine wesentliche Grundlage der weiteren Kapitel bildet.

Ausgangslage und Zielsetzung in Abschnitt 1.1 sind auf die Bedeutung der Logistik und des Supply Chain Management für das internationale Katastrophenmanagement ausgerichtet. Diesen Themenstellungen widmen sich ausführlich die Kapitel drei, vier und fünf. **Kapitel drei** legt hierzu Grundlagen, indem Begriff, Zielsetzung, Bedeutung und charakteristische Elemente der *Logistik* allgemein sowie für das *internationale Katastrophenmanagement* vorgestellt werden. Es wird dargelegt, dass in der Privatwirtschaft logistische Methoden eingesetzt werden, die sich auf das internationale Katastrophenmanagement übertragen lassen. Zielerreichungsgrade der Akteure im internationalen Katastrophenmanagement lassen sich gegebenenfalls verbessern, wenn diese Methoden Anwendung finden.

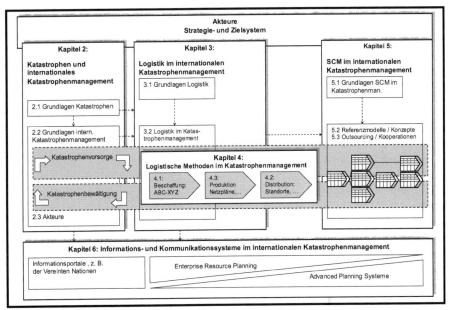

Abbildung 2: Aufbau des Buches

Unter Zugrundelegung der Beispiele und Daten über internationale Katastrophen aus Kapitel zwei wird in **Kapitel vier** vorgestellt und untersucht, wie sich die aus der *Logistik* bekannten *Methoden* im *internationalen Katastrophenmanagement* einsetzen lassen. Eine Katastrophe aus dem Jahr 2008 – Folgen der Unruhen nach den Präsidentschaftswahlen in Kenia – bildet hierbei ein Anwendungsfeld für den Einsatz mehrerer logistischer Methoden. Die Strukturierung des vierten Kapitels erfolgt nach den logistischen Funktionen Beschaffungs-, Produktions- und Distributionslogistik. Aus jeder logistischen Funktion wird mindestens eine Methode, die sich für den Einsatz im internationalen Katastrophenmanagement eignet, exemplarisch vorgestellt.

– Für die *Beschaffungslogistik* werden eine *ABC-Analyse* und eine *XYZ-Analyse* am Beispiel Kenias sowie unter Zugrundelegung empirischer Daten durchgeführt. Diese Instrumente nehmen Klassifizierungen nach Wertigkeit und Re-

gelmäßigkeit – im vorliegenden Fall für Hilfsgüter und Regionen – vor. Die Ergebnisse der Analysen werden zeigen, dass sich die Auswahl alternativer Beschaffungskonzepte für die einzelnen Hilfsgüter ebenso durch diese Analysen unterstützten lässt wie eine Vorauswahl möglicher Standorte für Zentrallager einer Hilfsorganisation.
- Aus der *Distributionslogistik* werden anschließend am Beispiel Kenias sowie internationaler empirischer Daten einige Methoden der *Standortplanung* sowie der *Transport- und Tourenplanung* mit ihren Einsatzpotenzialen für das internationale Katastrophenmanagement aufgezeigt. Über eine kurze Vorstellung von Optimierungsmodellen hinaus werden die Heuristiken Add-Algorithmus und Savings-Verfahren bewusst ausgewählt, da diese sich auch in Einsatzgebieten vor Ort – ohne den Einsatz leistungsfähiger Rechner und Softwareprogramme – in relativ kurzer Zeit umsetzten lassen. Im Vordergrund der Berechnungsbeispiele stehen Kostenreduzierungen für das logistische System; mit verkürzten Touren lassen sich ebenfalls Zeiten für die Versorgung betroffener Menschen reduzieren und demnach auch logistische Servicegrößen erhöhen.
- Den Abschluss bilden Methoden der *Produktionslogistik* mit ihren Einsatzpotenzialen für das internationale Katastrophenmanagement. Eine *Prozessdarstellung* zur Produktion katastrophenlogistischer Dienstleistungen wird ergänzt um Methoden der *Netzplantechnik*. Am Beispiel Kenias wird vorgestellt, wie sich eine Methode der Netzplantechnik (Metra Potential Method) für die zeitliche Planung und Steuerung der Einsätze im internationalen Katastrophenmanagement umsetzen lässt.

Der Einsatz der logistischen Methoden im internationalen Katastrophenmanagement ist in Kapitel vier eher auf einzelne Akteure – vorwiegend einzelne Hilfsorganisationen – und deren logistische Leistungserstellung in Beschaffung, Produktion und Distribution ausgerichtet. Diese isolierte Betrachtung birgt die Gefahr von Insellösungen und wird dem unternehmensübergreifenden Charakter des internationalen Katastrophenmanagements noch nicht gerecht. Aus diesem Grund widmet sich **Kapitel fünf** den unternehmensübergreifenden Ansätzen des *Supply Chain Management* (SCM) und deren Übertragung auf das *internationale Katastrophenmanagement*. Begriffe, Ziele und charakteristische Elemente des SCM werden für das Anwendungsfeld zunächst grundlegend vorgestellt. Die aus der Privatwirtschaft bekannten *Referenzmodelle* und *Konzepte* des SCM werden mit ihren Einsatzpotenzialen und Grenzen für die unternehmensübergreifende Zusammenarbeit zwischen den Akteuren des internationalen Katastrophenmanagements analysiert. Auch Entscheidungen über *Outsourcing* sowie *Kooperationen* zwischen den Akteuren zählen zu Fragestellungen des SCM im internationalen Katastrophenmanagement. Unter anderem werden aktuelle Kooperationen zwischen Akteuren des UN-Systems und Logistikdienstleistern der Privatwirtschaft (DHL und TNT) vorgestellt. Unter Zugrundelegung dieser Beispiele wird der Einsatz von Entscheidungskriterien aufgezeigt, die sich aus dem übergreifenden Strategie- und Zielsystem der Akteure ableiten lassen. In der unternehmensübergreifenden Zusammenarbeit werden nicht nur die individuellen Zielsetzungen sondern auch Zielkonflikte zwischen den Akteuren des Katastrophenmanagements berücksichtigt. Mit der Nutzwertanalyse wird zum Abschluss des fünften Kapitels verdeutlicht, wie sich Beurteilungen nach den unterschiedlichen Entscheidungskriterien methodisch zusammenführen lassen.

Mit der zunehmenden unternehmensübergreifenden Vernetzung der Akteure im internationalen Katastrophenmanagement steigen zunehmend auch die Anforderungen an übergreifende Systeme der Information und Kommunikation. **Kapitel sechs** stellt einige dieser *Informations- und Kommunikationssysteme* mit spezieller Bedeutung für Logistik und SCM im *internationalen Katastrophenmanagement* vor, von denen eine Auswahl in Abbildung 2 skizziert wird. Zunächst werden mit Informationsportalen der Vereinten Nationen und eProcurement Themen vorgestellt, die die Einsatzmöglichkeiten des Internet verdeutlichen. Ein weiterer Abschnitt befasst sich mit Standards der Information und Kommunikation, die teilweise im Katastrophenmanagement bereits Anwendung finden. Über den standardisierten elektronischen Geschäftsdatenaustausch und den Einsatz von Standards zur Identifikation von Objekten hinaus, werden mit Systemen des Enterprise Resource Planning (ERP) sowie des Advanced Planning (APS) standardisierte betriebswirtschaftliche Anwendungssysteme vorgestellt. Am Beispiel der ABC-Analyse wird verdeutlicht, wie sich einzelne logistische Methoden durch ERP-Systeme EDV-technisch umsetzen lassen. Ebenso wird vorgestellt, wie sich Inhalte des Supply Chain Management durch Systeme des Advanced Planning unterstützen lassen. Die für die Privatwirtschaft entwickelten Standards werden den Anforderungen des internationalen Katastrophenmanagements teilweise gerecht; in einigen Fällen lassen sich jedoch die Besonderheiten der Logistik und des SCM im Katastrophenmanagement durch die standardisierten Systeme nicht abbilden. Aus diesem Grund wird zum Abschluss am Beispiel der Software Helios ein spezielles Softwaresysteme für Logistik und SCM im internationalen Katastrophenmanagement vorgestellt. Dieses befindet sich im Jahr 2008 noch in der Entwicklungsphase, bietet aber eine Ausgangslage für zukünftige Einsatzbereiche und Weiterentwicklungen. Im Rahmen solcher Entwicklungen ist zum Beispiel zu prüfen, ob sich logistische Methoden sowie Konzepte des Supply Chain Management, die in diesem Buch exemplarisch mit ihren Einsatzpotenzialen und Grenzen für das internationale Katastrophenmanagement vorgestellt werden, einbinden lassen.

2 Katastrophen und internationales Katastrophenmanagement

2.1 Grundlagen zu Katastrophen

2.1.1 Begriffsdefinition und Kriterien

Der Begriff der „Katastrophe" geht auf das antike griechische Drama zurück und beschreibt die „entscheidende Wendung des Geschehens zum endgültig Schlimmen."[11]
Aus unterschiedlichen Wissenschaften (z. B. Soziologie, Rechtswissenschaften, Wirtschaftswissenschaften) steht heute eine Vielzahl unterschiedlicher Definitionen für den Begriff der Katastrophe zur Verfügung.[12] Diese Arbeit legt den Katastrophenbegriff des "Centre for Research on the Epidemiology of Disasters (CRED)" zugrunde:

> „A situation or event, which overwhelms local capacity, necessitating a request to national or international level for external assistance; an unforeseen and often sudden event that causes great damage, destruction and human suffering."[13]

Das Centre for Research on the Epidemiology of Disasters, im Folgenden auch kurz als CRED bezeichnet, wurde im Jahr 1973 als Universitätsinstitut in Belgien gegründet und bildet seit 1980 einen Bestandteil des „Global Programme for Emergency Preparedness and Response" der World Health Organization (WHO). Das Institut arbeitet eng mit Organisationseinheiten der Vereinten Nationen, internationalen, staatlichen und nicht-staatlichen Institutionen sowie Forschungsinstituten zusammen.[14] Seit dem Jahr 1998 wird jährlich detailliertes statistisches Datenmaterial über die Anzahl und Auswirkungen weltweiter Katastrophen – mit Angaben zur Art und geographischen Zuordnung – in Jahresberichten veröffentlicht.[15] Entwicklungen im Zeitablauf werden durch Jahresvergleiche mit unterschiedlichen Bezugszeiträumen dargestellt. Weiteres Datenmaterial wird auf einer Datenbank „EM-

---

11 Treptow, Rainer (2007), S. 9. Vgl. auch Adam, Verena (2006), S. 59.
12 Vgl. hierzu beispielsweise Begriffsdefinitionen und -abgrenzungen in Adam, Verena (2006), S. 58-68; Tufinkgi, Philippe (2006), S. 11-26. Die angegebenen Quellen enthalten ebenfalls Abgrenzungen zu nahe stehenden Begriffen, wie „Krise" und „Notfall".
13 Hoyois, P. u.a. (2007), S. 15. Vergleichbare Definitionen finden sich beispielsweise in Domres, Bernd (2007), S. 116; Kulmhofer, Alexandra (2007), S. 122; Pan American Health Organization / World Health Organization (Hrsg.) (2001), S. 1.
14 Vgl. Hoyois, P. u.a. (2007), S. 11.
15 Die Veröffentlichung erscheint jährlich unter dem Titel „Annual Disaster Statistical Review: Numbers and Trends", für das Jahr 2006 vgl. Hoyois, P. u.a. (2007).

DAT" (*Em*ergency Events *dat*abase) zur Verfügung gestellt, die bis in das Jahr 1900 zurückgeht.[16]
Die Begriffsdefinition des CRED eignet sich für die vorliegende Arbeit, da sie disziplinenübergreifend in Wissenschaft und Praxis des Katastrophenmanagements Anerkennung gefunden hat. Darüber hinaus lässt sich so die Datenbasis des CRED verwenden, ohne dass weitere Anpassungen erforderlich sind. Das Centre for Research on the Epidemiology of Disasters legt Kriterien fest, von denen mindestens eines erfüllt sein muss, damit das Ereignis als Katastrophe in die Datenbasis aufgenommen wird:

- Der Tod von mindestens 10 Personen ist gemeldet oder wird bei vermissten Personen vermutet,
- mindestens 100 Personen sind von dem Ereignis betroffen und benötigen sofortige Unterstützung (auch in Form einer Evakuierung und aufgrund von Obdachlosigkeit),
- das Ereignis wird als Notfall deklariert oder
- internationale Hilfe wird erbeten.[17]

2.1.2   Entwicklung im Zeitablauf

In diesem Abschnitt wird die Entwicklung von Katastrophen, die die oben benannten Kriterien erfüllen, im Zeitablauf dargestellt. Dabei erfolgt zunächst eine Ausrichtung auf Naturkatastrophen (weitere Arten von Katastrophen werden mit der Klassifizierung von Katastrophen in Abschnitt 2.1.4 vorgestellt). Bereits aus dem Jahr 1755 liegt mit dem Erdbeben von Lissabon, dem etwa 30.000 Menschen zum Opfer gefallen sind, eine umfangreiche Dokumentation über eine gravierende Naturkatastrophe mit ihren Auswirkungen vor.[18]
Seit der Gründung des CRED wird systematisch Datenmaterial über Anzahl und Auswirkungen von Katastrophen erfasst. Auf dieses Datenmaterial stützen sich die folgenden übergreifenden Darstellungen, die bis in das Jahr 1974 zurückgehen. Das nachfolgende Diagramm stellt zunächst den Verlauf der **Anzahl weltweiter Naturkatastrophen** bis zum Jahr 2006 dar.[19] Für Zwecke der Übersichtlichkeit wurden in der Darstellung jeweils Durchschnittswerte über mehrere Jahre gebildet. Die Abbildung verdeutlicht einen Anstieg in der Anzahl aufgetretener Naturkatastrophen von durchschnittlich 99 in den Jahren 1974-1978 auf durchschnittlich 430 in den aktuellen Berichtsjahren 2005 und 2006. Dem Diagramm wurde eine lineare Trendlinie

---

16   Die Datenbank steht unter www.emdat.be zur Verfügung. Vgl. auch Guha-Sapir, Debarati u.a. (2004); Hoyois, P. u.a. (2007), S. 13; Tschoegl, Liz u.a. (2007).
17   Vgl. Hoyois, P. u.a. (2007), S. 15-16; vgl. auch Henderson, James H. (2007), S. 1-2.
18   Vgl. z. B. Treptow, Rainer (2007), S. 9.
19   Die Daten wurden zusammengestellt aus Guha-Sapir, Debarati u.a. (2004), S. 75-188; Hoyois, P. u.a. (2007), S. 35-37; IFRC (Hrsg.) (2007), S. 185-196; www.emdat.be.

sowie der formale Trendverlauf hinzugefügt.[20] Diese lineare Regressionsfunktion bringt zum Ausdruck, dass innerhalb eines Zeitraums von 5 Jahren im Mittel die Anzahl registrierter Katastrophen um 52 angestiegen ist.[21] Demnach sind durchschnittlich pro Jahr mehr als 10 zusätzliche Naturkatastrophen gemeldet worden.

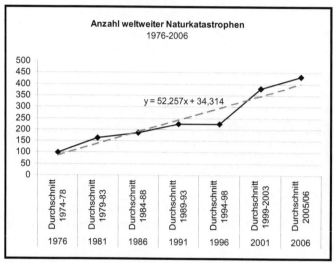

Abbildung 3: Entwicklung der Anzahl weltweiter Naturkatastrophen[22]

Die Auswirkungen der erfassten (Natur-) Katastrophen werden durch das CRED sowohl nach der Anzahl betroffener Menschen als auch nach den ökonomisch entstandenen Schäden erfasst. Die nachfolgende Abbildung enthält zunächst die Entwicklung der **Anzahl weltweit betroffener Menschen**. Erfasst werden sowohl gemeldete bzw. vermutete Todesfälle als auch Menschen, die sofortige Unterstützung benötigen.[23]

---

20 Ausführliche Informationen über die Ermittlung von Regressionsfunktionen finden sich z. B. in Backhaus, Klaus u.a. (2006), S. 45-118 sowie in Bleymüller, Josef / Gehlert, Günther / Gülicher, Herbert (2004), S. 139-180.
21 Das Bestimmtheitsmaß der Regressionsfunktion liegt bei 90,23%. Der Erklärungsanteil der Regressionsfunktion ist damit als hoch einzustufen. Vgl. Bleymüller, Josef / Gehlert, Günther / Gülicher, Herbert (2004), S. 139-180.
22 Eigene Darstellung, die Daten wurden zusammengestellt aus Guha-Sapir, Debarati u.a. (2004), S. 75-188; Hoyois, P. u.a. (2007), S. 35-37; IFRC (Hrsg.) (2007), S. 185-196; www.emdat.be. Für die Jahre 1974-2001 wurde mit Bezug zur Quelle Guha-Sapir, Debarati u.a. (2004), S. 75-188 der Durchschnitt aus vier Jahren gebildet; der Durchschnitt der beiden Jahre 2005 und 2006 wurde ergänzend aus Hoyois, P. u.a. (2007), S. 35-37 hinzugefügt, um aktuelle Werte ergänzend darzustellen.
23 Vgl. weitere Angaben zur Methode der Datenerfassung und -auswertung in Hoyois, P. u.a. (2007), S. 1-17 sowie Tschoegl, Liz u.a. (2007).

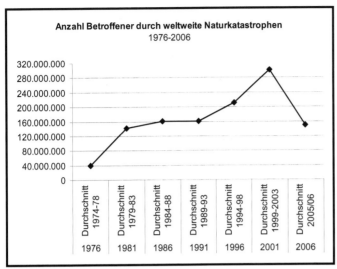

Abbildung 4: Entwicklung der Anzahl Betroffener durch Naturkatastrophen[24]

Die Auswahl des Bezugszeitraums, die Bildung von Durchschnittswerten sowie die Darstellungsweise erfolgen in Anlehnung an Abbildung 3, sodass eine Gegenüberstellung der Werte möglich wird. Auffallend ist, dass die Anzahl der betroffenen Menschen zwar ebenfalls zunächst kontinuierlich ansteigt; in den Jahren 2005/06 aber ein deutlicher Rückgang zu erkennen ist. Die hohen Werte der Periode 1999-2003 sind insbesondere auf zahlreiche Naturkatastrophen in Indien und China im Jahr 2002 zurückzuführen, durch die jeweils mehrere hundert Millionen Menschen betroffen waren.[25] Auf die Darstellung einer Trendlinie wurde an dieser Stelle verzichtet, da diese insbesondere aufgrund der aktuellen Entwicklung lediglich einen Erklärungsanteil von 47% aufweisen würde.

Auch die Entwicklung der gemeldeten **finanziellen Schäden**, die insbesondere durch Versicherungsgesellschaften gemeldet werden, weist einen abweichenden Verlauf auf. Eine sinkende Entwicklung lässt sich auch hier feststellen – jedoch nicht in der aktuellen Periode 2005/06 sondern in der vorhergehenden Periode 1999-2003.

---

24 Eigene Darstellung, die Daten wurden zusammengestellt aus Guha-Sapir, Debarati u.a. (2004), S. 75-188; Hoyois, P. u.a. (2007), S. 35-37; IFRC (Hrsg.) (2007), S. 185-196; www.emdat.be.
25 Vgl. Hoyois, P. u.a. (2007), S. 19.

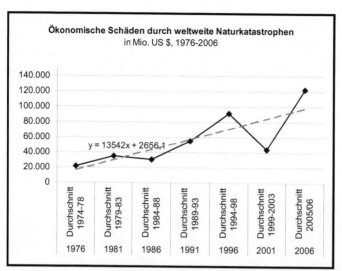

Abbildung 5: Entwicklung ökonomischer Schäden durch Naturkatastrophen[26]

Eine lineare Trendlinie wurde der Abbildung ebenso hinzugefügt, wie die entsprechende Regressionsfunktion; diese weist aber mit einem Bestimmtheitsmaß von 64% einen wesentlich geringeren Erklärungsanteil auf als die Entwicklung der Anzahl erfasster Naturkatastrophen (hier liegt der Erklärungsanteil bei über 90%). Das hohe Ausmaß ökonomischer Schäden in der Periode 2005/06 ist insbesondere auf zwei Naturkatastrophen im Jahr 2005 zurückzuführen: Das Erdbeben in Kobe und Hurrikane Katrina in den USA.[27]

Die Erläuterungen zu den **abweichenden Entwicklungen** zwischen der Anzahl und den Auswirkungen von (Natur-) Katastrophen weisen auf die unterschiedlichen Auswirkungen der Naturkatastrophen hin. Während sich Extremereignisse in vergleichsweise armen Ländern eher auf die Anzahl betroffener Menschen auswirkt (Indien und China im Jahr 2002), sind in vergleichsweise reichen Ländern in hohem Ausmaß finanzielle Schäden zu erwarten (vgl. Japan und USA im Jahr 2005). So lässt sich beispielsweise für das Jahr 2005 feststellen, dass in den am wenigsten entwickelten Ländern (gebildet aus einer Kombination des Bruttosozialprodukts, der durchschnittlichen Lebenserwartung und der Alphabetisierungsrate eines Landes) zwar nur 11% der Weltbevölkerung leben, jedoch 53% aller durch Naturkatastrophen zu beklagenden Todesopfern aus diesen Ländern stammen. In der Gruppe hoch entwickelter Industrieländer hingegen leben 19% der Weltbevölkerung, ihnen sind aber nur 2% aller Todesfälle nach Naturkatastrophen zuzuschreiben.[28]

---

26 Eigene Darstellung, die Daten wurden zusammengestellt aus Guha-Sapir, Debarati u.a. (2004), S. 75-188; Hoyois, P. u.a. (2007), S. 35-37; IFRC (Hrsg.) (2007), S. 185-196; www.emdat.be.
27 Vgl. Hoyois, P. u.a. (2007), S. 20.
28 Vgl. Schmidt, Annette (2007), S. 145.

Dieser Zusammenhang lässt sich übergreifend durch einen Vergleich der Kontinente skizzieren und mit einer länderbezogenen Datenbasis noch weiter detaillieren.[29] Die nachfolgende Abbildung enthält eine übergreifende Gegenüberstellung der Anzahl und Auswirkungen von Naturkatastrophen in den Jahren 2005 und 2006 mit Bezug zu den fünf Kontinenten. Dabei wird jeweils

- der Anteil der Naturkatastrophen eines Kontinentes an der Anzahl weltweiter Naturkatastrophen,
- der Anteil der Anzahl Betroffener eines Kontinentes an der Anzahl weltweit Betroffener
- der Anteil der ökonomischen Schäden eines Kontinentes an den weltweit gemeldeten Schäden

dargestellt. Aufgrund der geringen Anteile Australiens an den Gesamtwerten werden die Anteile in der nachfolgenden Grafik zwar skizziert nicht aber mit den entsprechenden Werten ausgewiesen.
Insbesondere fällt auf, dass für Amerika (dargestellt als schwarzer Balken) der Anteil der betroffenen Menschen (5% für 2005 und 1% für 2006) im Vergleich zum Anteil an den gemeldeten Naturkatastrophen (23% in 2005 und 18% im Jahr 2006) wesentlich geringer ist, während der Anteil an den ökonomischen Schäden insbesondere im Jahr 2005 (85% nach dem Hurrikane Katrina) relativ hoch ist. In Asien wurden die meisten Naturkatastrophen eines Kontinentes gemeldet (38% Anteil im Jahr 2005 und 44% Anteil im Jahr 2006) mit gravierenden Auswirkungen auf die betroffene Bevölkerung (81% Anteil im Jahr 2005 und 83% Anteil im Jahr 2006). Für Afrika lässt sich feststellen, dass Naturkatastrophen (die Anteile betragen 14% im Jahr 2005 und 19% im Jahr 2006) Menschen in Notlagen bringen (14% Anteil im Jahr 2005 und 15% Anteil im Jahr 2006). Die finanziellen Schäden sind aber kaum darstellbar (mit Anteilen in Höhe von 0,01% im Jahr 2005 und ca. 1% im Jahr 2006). Für Europa lässt sich weltweit ein Anteil an der Gesamtanzahl gemeldeter Katastrophen in Höhe von 16% (2006) bzw. 22% (2005) feststellen. Der Anteil betroffener Menschen liegt aber jeweils unterhalb von 0,5%; messbar sind die finanziellen Auswirkungen, die aber jeweils mit einem Anteil von drei und sieben Prozent an den weltweiten Schäden im Vergleich zur Anzahl der Katastrophen als relativ gering einzustufen sind.

---

29   Nachfolgend werden übergreifende Auswertungen auf Basis von Hoyois, P. u.a. (2007) vorgenommen. Die angegebene Quelle enthält einen umfangreichen Anhang mit länderspezifischen Angaben, aus dem sich auch Detailauswertungen zusammenstellen lassen.

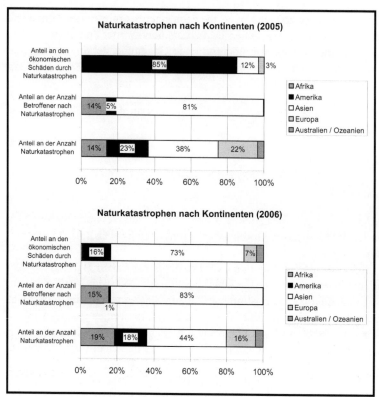

Abbildung 6: Naturkatastrophen nach Kontinenten[30]

Mehrere Quellen weisen darauf hin, dass ein **weiterer Anstieg** sowohl in der Anzahl als auch im Ausmaß der **Naturkatastrophen** erwartet wird, so z. B.:

- Centre for Research on the Epidemiology of Disasters (CRED): „There is increasingly conclusive evidence which confirms that global climate change will have an impact on the occurrence and magnitude of extreme events."[31]
- Auswärtiges Amt: „Setzt sich diese Entwicklung [Bezug genommen wird auf den Klimawandel; Anm. d. Verf.] fort, muss von einer weiteren Steigung der Zahl und des Ausmaßes von Naturkatastrophen gerechnet werden. Nach Angaben der Vereinten Nationen werden 2050 jährlich 100.000 Tote und Schäden in Höhe von 300 Mrd USD durch Katastrophen zu beziffern sein."[32]
- International Federation of Red Cross and Red Crescent Societies (IFRC): „With natural disasters on the increase and exacerbated by the threat of climate

---

30 Eigene Darstellung, die Daten wurden zusammengestellt Hoyois, P. u.a. (2007), S. 38-39; www.emdat.be.
31 Hoyois, P. u.a. (2007), S. 14.
32 Auswärtiges Amt (2007), S. 1.

change ..."³³ „...our focus is solely on the consequences of climate change and global warming in terms of the increase human vulnerability."³⁴
- Deutsches Komitee für Katastrophenvorsorge e.V. (DKKV): Szenarien, „die sich auf Erdbeben mit Epizentren in Los Angeles und Tokio beziehen, beziffern die Anzahl von Toten auf 3.000 bis 8.000 bzw. 30.000 bis 60.000 und die möglichen volkswirtschaftliche Schäden auf 170 -225 Mrd. US-$ (Los Angeles) bzw. auf Billionenhöhe (für Tokio) mit weltweit verhängnisvollen wirtschaftlichen Konsequenzen."³⁵

2.1.3 Beispiele für Katastrophen

Die vorgestellten empirischen Daten geben einen Gesamtüberblick über die weltweite Entwicklung und geografische Verteilung der Katastrophen. Beispiele sind in diesem Zusammenhang angedeutet, nicht aber beschrieben worden. Im Folgenden werden drei Beispiele für Katastrophen herausgegriffen, denen gemeinsam ist, dass
- es sich um Naturkatastrophen (jedoch unterschiedlicher Art) handelt,
- sie in den Jahren 2004 und 2005 aufgetreten sind, sodass diese zeitlich nicht weit zurück liegen,
- die Auswirkungen auf die Anzahl der betroffenen Menschen und finanziellen Folgen relativ hoch sind,
- dass sie aufgrund von Berichten in den Medien einen hohen Bekanntheitsgrad aufweisen,
- dass sie durch das Fritz Institute³⁶ sowohl wissenschaftlich dokumentiert und analysiert als auch in Form von vergleichbaren empirischen Studien mit ihren Auswirkungen erfasst wurden, und weitere Fallstudien bzw. wissenschaftliche Dokumentationen vorliegen.

Damit stützt sich dieses Buch – auch im weiteren Verlauf – auf eine wissenschaftliche und gut dokumentierte Datenbasis, und der Leser verfügt i.d.R. über eigene Kenntnisse, sodass eine einleitende ausführliche Beschreibung der Beispiele nicht erforderlich ist:

"The storm surge from *Hurricane* Katrina, which made landfall on August 29, 2005, caused catastrophic damage along the coastlines of Louisiana, Mississippi, and Alabama. Levees separating Lake Pontchartrain from New Orleans were breached, ultimately flooding about 80% of the city. Additionally, major wind damage was reported as far as 200 miles inland. Katrina is now considered the deadliest and costliest hurricane in the U.S. in over 80 years. In

---

33 IFRC (Hrsg.) (2006), S. 6.
34 IFRC (Hrsg.) (2008), S. 5.
35 DKKV (2002), S. 13.
36 Vgl. www.fritzinstitute.org.

all, more than 1,400 people were killed and damages are estimated to have exceeded more than $ 75 billion."[37]

"At 8:50 a.m. on October 8, 2005, a 7.6 magnitude *earthquake* struck northern Pakistan causing serious damage in the North West Frontier (NWFP) an Azad Jammu and Kashmir (AJK) provinces. Over 4000 villages were affected, 73,000 people killed, 79,000 injured and 3.3 million people rendered homeless. [...] The timing and geography of the earthquake – which occurred at the onset of the harsh winter and in remote, mountainous terrain – caused serious concern about the vulnerability of the affected populations and their ability to survive."[38]

"On the 26th of December, 2004, India and Sri Lanka suffered one of the worst natural calamities. A massive earthquake of magnitude 9.0 struck Indonesia off the West Coast of Northern Sumatra at 6.29 A.M. followed three hours later by another quake 81 km west of Pulo Kunji, Great Nicobar. These earthquakes triggered *giant tidal waves*, which hit 2260 km of Indian coastline on the Southeast coast more than 1000 km of Sri Lanka along its North, East and Southern coasts, causing colossal damage. The current estimates suggest that more than 31,000 people were killed in Sri Lanka and approximately 11,000 people were killed in India. More than two million people were affected by this disaster in the two countries, with the number displaced hovering at about 1 million."[39]

Diese drei Beispiele werden auch in nachfolgenden Abschnitten und Kapiteln des Buches aufgegriffen, um Inhalte des internationalen Katastrophenmanagements sowie der Logistik und des Supply Chain Management im Katastrophenmanagement zu erläutern. Durch die oben angegebenen Gemeinsamkeiten aber auch durch ihre Unterschiede nach der Art (Wirbelsturm, Erdbeben und Tsunami) und geografischen Zuordnung (USA, Pakistan, Indonesien) dienen sie repräsentativ zu Erläuterungszwecken, die sich auf andere Katastrophen übertragen lassen.

Ergänzt werden diese Beispiele im praktischen Teil der Arbeit um eine Katastrophe aus dem Jahr 2008. Im Gegensatz zu den ausgewählten Naturkatastrophen handelt es sich hierbei um eine Katastrophe, die ausschließlich durch Menschen verursacht wurde:

> Mit dem Ende des Jahres 2007 hat sich in Kenia eine Katastrophe durch *Unruhen nach den Parlaments- und Präsidentenwahlen* ereignet, die sich mehrere Monate in das Jahr 2008 fortgesetzt hat. Am 27. Dezember 2007 – dem Tag der Wahl – berichtete die Tagesschau von einem zu erwartenden Kopf-an-Kopf-Rennen zwischen den Bewerbern um das Amt des Präsidenten Mwai Kibaki und Raila Odinga. Bereits am Wahltag ereignete sich eine Unregelmäßigkeit, in der Form, dass der Kandidat Odinga seine Stimme zunächst nicht abgeben konnte und Beschwerde bei der Wahlkommission einlegte. Als zwei Tage nach den Präsidentschaftswahlen noch immer kein Ergebnis vorlag, brachen erste Unruhen im Westen des Landes (in Kisumu) aus. Als Grund für die Verzögerungen wurden von beiden Seiten Vermutungen über

---

37 Fritz Institute (Hrsg.) (2006), S. 2.
38 Bliss, Desiree / Larsen, Lynnette (2006), S. 2; vgl. auch Treptow, Rainer (2007), S. 10.
39 Thomas, Anisya / Ramalingam, Vimala (2005a), S. 2. Die oben angegebenen Daten beziehen sich ausschließlich auf Indien und Sri Lanka. Angaben zu weiteren Auswirkungen finden sich z. B. in Treptow, Rainer (2007), S. 10: „Rund 225.000 Menschen ließen ihr Leben, etliche mehr wurden verletzt, der materielle Schaden beträgt mehrere hundert Milliarden Euro." Vgl. zu den gesamten Folgen auch Thomas, Anisya / Ramalingam, Vimala (2005c), S. 2. Die Auswirkungen eines weiteren Tsunamis in Indonesien aus dem Juli 2006 beschreibt Bliss, Desiree / Campbell, Jennifer (2007).

Wahlbetrug geäußert. Am Abend des 29. Dezember wurde von einem „Chaos nach der Wahl"; am Morgen des 30.12.2007 – an dem Tag, an dem Kibaki als neuer Präsident vereidigt worden ist – wurde über heftige Ausschreitungen berichtet. Nach einem sehr knappen Wahlergebnis warf Odinga der Regierung eine Manipulation des Wahlergebnisses vor, auch die Wahlbeobachter der EU äußerten Zweifel an der Rechtmäßigkeit der Vorgänge.[40] ... (Der Verlauf der Unruhen soll an dieser Stelle nicht im Detail beschrieben werden.)

Die Auswirkungen der Katastrophe lassen sich für Januar und Februar 2008 wie folgt zusammenfassen: Über 1.000 Personen wurden durch die Unruhen getötet, über 160.000 verletzt und mehr als 200.000 Personen sind geflüchtet. Durch Hilfsorganisationen sind 296 Camps errichtet worden, in denen auch weitgehend die medizinische Versorgung der Bevölkerung erfolgt. 3,823 Tsd. Tonnen Nahrungsmittel sind an über 370.000 Menschen verteilt worden.[41]

Für diese kurz beschriebene Katastrophe stehen aktuelle Daten (z. B. über Lagerbestände, Rahmenbedingungen für Transporte, Verantwortungsbereiche der einzelnen Akteure) zur Verfügung, die kontinuierlich aktualisiert werden. Das Joint Logistics Centre der Vereinten Nationen (UNJLC) stellt mit dem Logistics Cluster eine solche Plattform zur Verfügung,[42] die in den Jahren 2005 und 2006 noch nicht bzw. in reduzierter Form zur Verfügung stand.

Einen Überblick über weitere Katastrophen geben z. B. die Jahresberichte der Hilfsorganisation, in diesen werden unter Überschriften wie „Vergessene Katastrophen" auch Beispiele benannt, die in den Medien weniger Verbreitung gefunden haben als die in diesem Abschnitt angegebenen Beispiele.[43]

Die wenigen in diesem Abschnitt skizzierten Katastrophen weisen bereits auf die Vielfalt von Katastrophen hin. Eine Klassifizierung dieser Katastrophen nach bestimmten Kriterien erfolgt im nachfolgenden Abschnitt. Die Zuordnung einer Katastrophe zu einer Klasse kann für Einsätze im Katastrophenmanagement – so auch für die Logistik und das SCM – wertvolle Informationen liefern. Dies betrifft sowohl die Gestaltung der Katastropheneinsätze nach dem Eintritt einer Katastrophe als auch die Vorbereitung auf zukünftige Ereignisse in Form vorbereitender Maßnahmen. Diese können darauf abzielen, eine Katastrophe zu vermeiden, die Auswirkungen zu verringern oder die Planungen zukünftiger Ereignisse zu unterstützen.

---

40 Vgl. im Einzelnen Berichte in www.tagesschau.de, abgelegt im Archiv unter Ausland, Stichwort Kenia. Die Zusammenfassung wurde auf der Grundlage von Berichten zwischen dem 27.12.2007 und dem 3.1.2008 erstellt.
41 Vgl. Angaben in www.logcluster.org, Link Kenia, Koordination, Inter-Cluster Progress Report vom 8.2.2008.
42 Siehe www.unjlc.org sowie www.logcluster.org.
43 Vgl. z. B. Ärzte ohne Grenzen (Hrsg.) (2006); CARE (Hrsg.) (2006); Deutsches Rotes Kreuz (Hrsg.) (2007); Diakonie (Hrsg.) (2006); IFRC (Hrsg.) (2006).

2.1.4 Klassifizierung von Katastrophen

Eine Klassifizierung von Katastrophen kann nach unterschiedlichen Kriterien erfolgen, so beispielsweise[44]

- nach Ursachen für das Auftreten einer Katastrophe (natürliche Ursachen, technische Ursachen, Ursachen in der Verantwortung von Menschen, vermeidbare / nicht vermeidbare Katastrophen oder eine Kombination mehrerer Ursachen);[45]
- nach der geografischen Zuordnung einer Katastrophe (z. B. geographische Zuordnung der Ursache der Katastrophe oder der Folgen der Katastrophe);[46]
- nach den Folgen einer Katastrophe (Anzahl betroffener Menschen z. B. durch Tod, Krankheit, Obdachlosigkeit, Evakuierung, Hunger und / oder Flucht, finanzielle Schäden).[47]

Die folgende Klassifizierung von Katastrophen bezieht alle drei Ebenen der Kategorisierung ein. Dabei wird zunächst mit der Art der Katastrophe Bezug auf die Ursache genommen. Die so klassifizierten Katastrophen lassen sich dann sowohl in der geografischen Zuordnung als auch mit den erfassten Folgen weiter systematisieren.
Als **Arten unterschiedlicher Katastrophen** lassen sich die folgenden Unterscheidungen treffen:

- *Naturkatastrophen* werden durch extreme Naturereignisse ausgelöst, die biologischen, geologischen und meteorologischen Ursprungs sein können.[48] Naturkatastrophen können sowohl ausschließlich durch natürliche Extremereignisse verursacht sein (so z. B. durch die Verschiebung von Erdplatten) als auch durch menschliche Ursachen bedingt sein (z. B. durch Flussbegradigungen oder Brandstiftung). In einigen Fällen lässt sich die Ursache nicht eindeutig bestimmen, so beispielsweise bei Stürmen oder sonstigen Wetterereignissen, die sich einem menschlich verursachten Klimawandel bzw. extremen Wetterereignissen nicht eindeutig zuordnen lassen.[49] Das CRED erfasst in seinen statistischen

---

44 Eine Unterscheidung nach plötzlich auftretenden und allmählich entstehenden Katastrophen (vgl. hierzu Tufinkgi, Philippe (2006), S. 31-32) wird im Folgenden nicht als Klassifizierungskriterium herangezogen, da diese Unterscheidung i.d.R. mit der Art der Katastrophe verbunden ist. Während Vulkanausbrüche ebenso wie Erdbeben plötzlich auftreten, entwickeln sich Dürren eher allmählich im Zeitablauf. Bei Reaktorunglücken sind beide Formen gemeinsam vorstellbar.
45 Vgl. z. B. Adam, Verena (1996), S. 69-81; DKKV (2002), S. 4-12; Treptow, Rainer (2007), S. 10-17; Tufinkgi, Philippe (2006), S. 28-31.
46 Vgl. z. B. Tufinkgi, Philippe (2006), S. 27-28.
47 Vgl. z. B. Adam, Verena (1996), S. 82-87; Treptow, Rainer (2007), S. 16.
48 Vgl. Adam, Verena (1996), S. 75; DKKV (2002), S. 4-12; Tufinkgi, Philippe (2006), S. 28-29.
49 Vgl. Adam, Verena (2006), S. 75-81; DKKV (2002), S. 4-12; Tufinkgi, Philippe (2006), S. 30-31.

Auswertungen der EM-DAT sowie in den Jahresberichten nach hydrometeorologischen Katastrophen und geologischen Katastrophen.[50]
- Die hydrometeorologischen Katastrophen werden nochmals in drei Untergruppen unterteilt, nach denen sich Auswertungen gruppieren lassen: Trockenheit und verwandte Katastrophen umfassen z. B. Dürre, Hitzewellen und Waldbrände; Fluten und verwandte Katastrophen umfassen zum Beispiel Fluten, Sturmfluten, Überflutungen, Bergrutsche und Lawinen; Stürme und verwandte Katastrophen umfassen z. B. Taifune, Cyklone, Hurrikane, Tornados, tropische Stürme, Wind- und Winterstürme.
- Zu den geologischen Katastrophen zählen unter anderem Erdbeben, Tsunami und Vulkanausbrüche.[51]
- Ergänzend werden durch das CRED Epidemien erfasst.[52]

- *Technische Katastrophen* treten durch Ereignisse auf, die durch Menschen – in Form entwickelter und eingesetzter Technologien – verursacht werden.[53] Durch das CRED werden die folgenden Kategorien erfasst:[54]
  - Industrieunfälle (z. B. Chemieunfälle, Reaktorunfälle, Explosionen, Großbrände in Unternehmen, Unfälle im Bergbau), zu dieser Gruppe zählt beispielsweise die Reaktorkatastrophe von Tschernobyl, die sich am 26. April 1986 ereignet hat.[55]
  - Transportunfälle (z. B. mit der Erfassung der unterschiedlichen Verkehrsträger Straße, Schiene, See- und Binnenschiff und Luftverkehr sowie Erfassung des Transportgutes Personenverkehr und Güterverkehr, bei Bedarf mit Angabe der Gefahrgutklasse), zu diesen zählt beispielsweise das ICE-Unglück in Eschede im Juni 1998, dem 101 Menschen zum Opfer fielen.[56]
  - sonstige Unfälle.

- Katastrophen, die sich aufgrund von *politischen, militärischen oder zivilbewaffneten Konflikten* ereignen, werden durch das CRED nicht erfasst, sollen im Fol-

---

50 Vgl. Guha-Sapir, Debarati u.a. (2004), S. 22-26; Hoyois, P. u.a. (2007), S. 16, 21-25; www.emdat.be.
51 Vgl. Adam, Verena (1996), S. 75-81; DKKV (2002), S. 4-12; Guha-Sapir, Debarati u.a. (2004), S. 22-26; Hoyois, P. u.a. (2007), S. 16, 21-25; Tufinkgi, Philippe (2006), S. 28-29.
52 Vgl. Guha-Sapir, Debarati u.a. (2004), S. 46-49.
53 Vgl. Adam, Verena (2006), S. 71-75; DKKV (2002), S. 5; Treptow, Rainer (2007), S. 16-17; Tufinkgi, Philippe (2006), S. 30-31.
54 Vgl. Hoyois, P. u.a. (2007), S. 16-17; www-emdat.be.
55 Vgl. Adam, Verena (2006), S. 73-74; Domres, Bernd (2007), S. 113-115; Treptow, Rainer (2007), S. 16.
56 Vgl. Treptow, Rainer (2007), S. 17.

genden aber eine weitere Klasse bilden, zu der beispielsweise die oben beschriebene Krise in Kenia zählt.[57]

Aufgrund von komplexen Beziehungen, die insbesondere bei Katastrophen mit schwerwiegenden Folgen auftreten, ist eine Zuordnung zu einer Klasse nicht immer eindeutig möglich. Ein Beispiel soll dies verdeutlichen: Im Jahr 1923 trat in Japan ein Erdbeben auf. Die 143.000 Todesopfer sind aber mehrheitlich nicht auf das Beben zurückzuführen sondern auf zwei nachfolgende Ereignisse: Zum einen verursachte das Erdbeben Tsunamis, deren Wellen Häuser und Menschen erfassten, und zum anderen entstanden Feuer, die sich über weite Flächen hinweg ausbreiteten. Die Feuer wiederum verursachten Tornados, die eine Stärke annahmen, dass Menschen gegen Häuser gewirbelt wurden.[58]

Auch ist eine Abgrenzung zwischen Naturkatastrophen und technischen Katastrophen nicht immer möglich, insbesondere wenn ein Naturereignis und ein technisches Ereignis zusammenwirken. Eine Zusammenwirkung kann sowohl zum Auslösen als auch zu einer Verstärkung der Auswirkungen einer Katastrophe führen. Als Beispiele sind andauernde Regenfälle vorstellbar, die zu Hochwasser und anschließendem Dammbruch führen oder natürliche Extremereignisse, die Chemieunfälle oder Reaktorunglücke hervorrufen.[59]

Die Zuordnung erfolgt im Falle des Auftretens mehrerer aufeinander folgender oder gleichzeitiger Ereignisse zum ursächlichen bzw. überwiegenden Ereignis.[60]

Die oben gebildeten Klassen lassen sich in ihrer Bedeutung durch empirisches Datenmaterial belegen, das wiederum den Jahresberichten und Datenbanken des CRED entnommen ist. Als Zeitraum wird in der Abbildung ein 10-Jahres-Zeitraum der Jahre 1997 bis 2006 gewählt. In diesem Gesamtzeitraum sind 6.806 Katastrophen erfassten worden, die sich mit 54% zu einem höheren aber nicht gravierenden Anteil den Naturkatastrophen und zu 46% technischen Katastrophen zuordnen lassen.

Die nachfolgende Abbildung visualisiert, dass in der Klasse der Naturkatastrophen die hydrometeorologischen Katastrophen den wesentlichen Anteil bilden, während geologische Katastrophen gemessen an der Anzahl ihres Auftretens nur eine relativ geringe Bedeutung haben. Unter den hydrometeorologischen Katastrophen weisen Fluten und verwandte Katastrophen die höchste Anzahl auf (1.674 im 10-Jahreszeitraum), gefolgt von Stürmen (942) und Trockenheit mit verwandten Katastrophen in Form von Dürren sowie Extremtemperaturen (663).

Unter den technischen Katastrophen haben die 2.124 im 10-Jahreszeitraum erfassten Transportunfälle den größten Anteil. Darüber hinaus wurden im Betrachtungszeitraum 548 Industrieunfälle und 474 sonstige technische Unfälle erfasst.

---

57 Vgl. Treptow, Rainer (2007), S. 11-13.
58 Vgl. Tufinkgi, Philippe (2006), S. 28-29.
59 Vgl. z. B. Adam, Verena (2006), S. 71.
60 Vgl. z. B. Adam, Verena (2006), S. 71. Zusätzlich ist in die EM-DAT eine Klasse „komplexer Katastrophen" ergänzend aufgenommen worden.

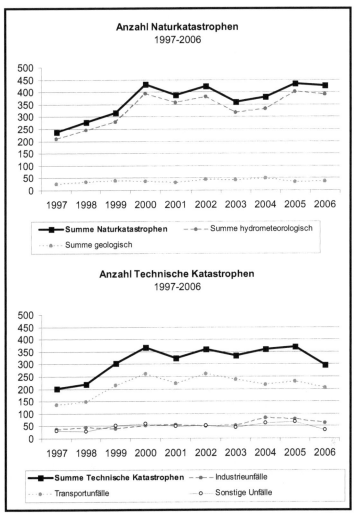

Abbildung 7: Anzahl Katastrophenarten, Zeitraum 1997-2006[61]

Diese nach Ursachen bzw. nach Arten erfassten Katastrophen lassen sich nun nach **geografischen Kriterien** ebenfalls klassifizieren. Daten stehen mit unterschiedlichem Detaillierungsgrad und für unterschiedliche inhaltliche Ausrichtungen zur Verfügung, so ermöglichen die Daten des CRED beispielsweise die folgenden Auswertungen:

---

61 Die Daten wurden zusammengestellt aus Guha-Sapir, Debarati u.a. (2004); Hoyois, P. u.a. (2007); IFRC (Hrsg.) (2007), S. 189 sowie www.emdat.de.

- Auswertung nach Ländern
- Auswertung nach Kontinenten
- Auswertung nach dem Entwicklungsstand der Länder.

Detailauswertungen mit Bezug zu einzelnen *Ländern* werden beispielsweise im 30-Jahres-Bericht des CRED dargestellt. So lässt sich für Deutschland entnehmen, dass im Zeitraum 1974 bis 2003 42 Naturkatastrophen gemeldet wurden. Abgesehen von 2 Erdbeben handelt es sich mit 24 gemeldeten Stürmen unterschiedlicher Art, 11 Fluten bzw. Überflutungen und 5 Katastrophen, die auf Hitze bzw. Trockenheit zurückzuführen sind, um hydrometeorologische Katastrophen.[62] Durch diese Katastrophen wurden insgesamt 587.208 Menschen beeinträchtigt, mehrheitlich in der Berichtsperiode 1999-2003 (436.477).[63] Für 22 der 42 Katastrophen wurden Schäden mit einem Umfang von insgesamt 23,053 Mrd. US $ gemeldet.[64] Als wesentliche Katastrophen in Deutschland, die sowohl mit Todesfällen als auch finanziellen Schäden verbunden waren, zählen beispielsweise die Winterstürme im Jahr 1990 und Katastrophen aufgrund von Hochwasser (z. B. das Pfingsthochwasser in Bayern und Baden-Württemberg im Jahr 1999 sowie das „Jahrhunderthochwasser" in Ost-Deutschland und Osteuropa im Jahr 2002).[65]

Auf einer höheren Aggregationsebene lassen sich die Katastrophen *Kontinenten* zuordnen. Da eine entsprechende Auswertung für Naturkatastrophen der Jahre 2005 und 2006 bereits in Abbildung 6 (Naturkatastrophen nach Kontinenten) dargestellt und erläutert wurde, wird an dieser Stelle ergänzend die Verteilung zwischen Naturkatastrophen und technischen Katastrophen aufgegriffen.

Die im Zeitraum der Jahre 1997 bis 2006 erfassten 6.806 Katastrophen werden in der nachfolgenden Abbildung mit ihrem 54%-Anteil Naturkatastrophen und 46%-Anteil technischen Katastrophen klassifiziert nach Kontinenten dargestellt. In der Verteilung der Katastrophenfälle nach Art und Kontinent fällt auf, dass durch Kontinente mit höherem Entwicklungsstand – und demnach auf höherem Entwicklungsgrad und Sicherheitsstandards der eingesetzten Technologien – ein geringerer Anteil technischer Katastrophen gemeldet wird als durch Kontinente mit durchschnittlich geringerem Entwicklungsstand. So beträgt der Anteil technologischer Katastrophen in Europa und Amerika nur 36 % bzw. 30 % während der Anteil in Afrika 61 % beträgt (jeweils gemessen an der Anzahl insgesamt für einen Kontinent erfasster Katastrophen). Vergleichbar zu Abbildung 8 ließe sich ergänzend eine Auswertung nach hoch, durchschnittlich und gering entwickelten Ländern vornehmen.[66]

---

62 Vgl. Guha-Sapir, Debarati u.a. (2004), S. 76, 94, 106, 118, 130, 142. Im Zeitablauf lässt sich ein steigender Trend von 4 Katastrophen im Zeitraum 1974 bis 1978 auf 10 Katastrophen in der Periode 1999 bis 2003 feststellen.
63 Vgl. Guha-Sapir, Debarati u.a. (2004), S. 82.
64 Vgl. Guha-Sapir, Debarati u.a. (2004), S. 178, 184.
65 Eine Auflistung und Beschreibung der Naturkatastrophen in Deutschland findet sich in DKKV (2002), S. 40-41. Geografisch werden die Katastrophen auf einer weiteren Detaillierungsstufe Bundesländern und Regionen zugeordnet.
66 Vgl. IFRC (Hrsg.) (2007), S. 193; www-emdat.de.

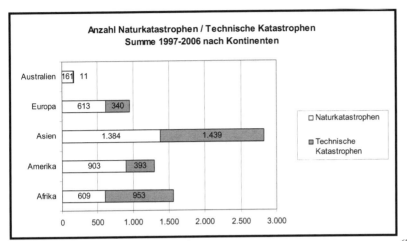

Abbildung 8: Anzahl Katastrophen nach Kontinenten, Zeitraum 1997-2006[67]

Schließlich lassen sich Katastrophen nach den **Folgen** klassifizieren, die mit dem Eintritt eines Ereignisses verbunden sind. Mit der Darstellung und Erläuterung der Entwicklung von Naturkatastrophen in Abschnitt 2.1.2 wurden auch bereits Folgen der Katastrophen übergreifend dargestellt (nach betroffenen Menschen und ökonomischen Schäden). Weitere Differenzierungen, beispielsweise nach Art der Betroffenheit (Tod, Krankheit, Hunger, Evakuierung) und Art der finanziellen Schäden (z. B. versicherte / unversicherte Schäden), ließen sich ergänzend vornehmen.

Während sich die Anzahl der Naturkatastrophen und der technischen Katastrophen mit 54% und 46% fast gleichmäßig verteilen, ist festzustellen, dass die *finanziellen Schäden* nach Naturkatastrophen (787.710 Mrd. US $ in den Jahren 1997-2006) einen wesentlich höheren Anteil an den Gesamtschäden (801.552 Mrd. US $ in den Jahren 1997-2006) bilden als die ökonomischen Schäden, die durch technische Katastrophen verursacht wurden (13.842 Mrd. US $ in den Jahren 1997-2006). Etwa 98% der finanziellen Schäden sind Folge von Naturkatastrophen und nur knapp 2% Folge technischer Katastrophen. Besonders gravierend lässt sich dieser Zusammenhang bei Transportunfällen feststellen, die fast ein Drittel aller gemeldeter Katastrophen bilden aber mit 0,1% Anteil an den finanziellen Schäden einen sehr geringen Anteil haben. Bei Stürmen lässt sich ein umgekehrtes Verhältnis feststellen: An der Gesamtanzahl gemeldeter Katastrophen haben diese einen Anteil von knapp 14%, die ökonomischen Schäden hingegen haben mit 48,5% einen vergleichsweise hohen Anteil. Auch bei den erfassten geologischen Katastrophen (mit einem Anteil von 5% an der Gesamtanzahl) sind die ökonomischen Folgen (mit einem Anteil von fast 15%) relativ hoch.[68]

---

67 Die Daten wurden zusammengestellt aus Guha-Sapir, Debarati u.a. (2004); Hoyois, P. u.a. (2007); IFRC (Hrsg.) (2007), S. 193 sowie www.emdat.de.

68 Die Daten wurden zusammengestellt aus Guha-Sapir, Debarati u.a. (2004); Hoyois, P. u.a. (2007); IFRC (Hrsg.) (2007), S. 192 sowie www.emdat.de.

Ebenfalls lassen sich die Folgen der unterschiedlichen Katastrophenarten durch die *Anzahl der betroffen Menschen* erfassen. In der Aufteilung zwischen Naturkatastrophen und technischen Katastrophen zeigt sich ein vergleichbares Verhältnis wie in der Erfassung finanzieller Folgen: Technische Katastrophen haben nur mit relativ geringen Anteilen zu Auswirkungen auf die Bevölkerung geführt (0,07%). Durch Naturkatastrophen wurden 2,677 Mrd. Menschen betroffen; das ist ein Anteil von über 99,9% an den gesamten Naturkatastrophen und technischen Katastrophen der Jahre 1997-2006. Differenziert lassen sich die unterschiedlichen Anteile an der Gesamtanzahl der Katastrophen sowie den Folgen der nachfolgenden Abbildung entnehmen.[69]

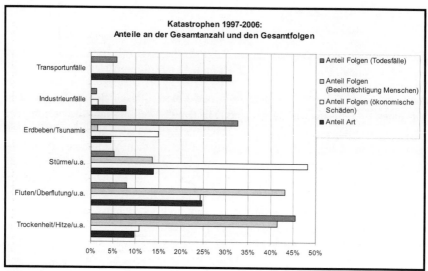

Abbildung 9: Anteile Katastrophenarten an der Gesamtanzahl und den Gesamtfolgen, 1997-2006[70]

In der Abbildung werden ergänzend auch die Anteile an den gemeldeten *Todesfällen* skizziert, die für bestimmte Katastrophenarten vergleichsweise hohe Anteile aufweisen (so beispielsweise für Trockenheit / Hitze und Erdbeben / Tsunamis). Mit insgesamt 1.209.002 gemeldeten Todesfällen in den Jahren 1997-2006 stellen 0,05% aller Fälle betroffener Menschen Todesfälle dar.[71]

---

69 Vgl. IFRC (Hrsg.) (2007), S. 191, www.emdat.de.
70 Die Daten wurden zusammengestellt aus Guha-Sapir, Debarati u.a. (2004); Hoyois, P. u.a. (2007); IFRC (Hrsg.) (2007), S. 186-192 sowie www.emdat.de. Aufgrund ihrer relativ geringen Anteile werden Vulkanausbrüche sowie sonstige Katastrophen in der Abbildung nicht dargestellt.
71 Vgl. IFRC (Hrsg.) (2007), S. 190, www.emdat.de.

Mit Kenntnis der empirischen Daten hat das CRED **Klassengrenzen** entwickelt, nach denen sich die Anzahl und Folgen von Katastrophenarten in den einzelnen Ländern in die Kategorien „hoch", „mittel" und „gering" einteilen lassen.

So gelten beispielsweise im Zeitraum von 30 Jahren 0-15 Flutkatastrophen in einem Land als gering, 16 bis 60 als mittel und über 60 als hoch (vgl. Abbildung 10). Für jede Katastrophenart wurden individuelle Klassengrenzen generiert; für Stürme bilden beispielsweise Anzahlen zwischen 11 und 30 Katastrophen je Land die mittlere Kategorie (bezogen auf den gleichen Zeitraum).

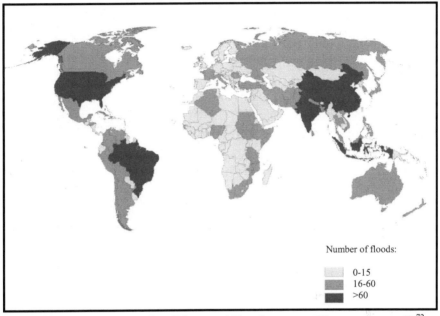

Abbildung 10: Beispiel für die Bildung und Zuordnung von Klassengrenzen (1)[72]

Auch für die Folgen der erfassten Katastrophen sind durch das CRED Klassengrenzen entwickelt worden: Im Zeitraum von 30 Jahren gilt die Anzahl bis zu 1.000 betroffener Menschen je 100.000 Einwohner als gering, ab 5.000 betroffener Menschen je 100.000 Einwohner beginnt die Kategorie „hoch". Ähnliche Klassengrenzen wurden bezogen auf weitere Katastrophenarten, bezogen auf unterschiedliche Zeiträume und bezogen auf weitere Folgen generiert.[73]

---

72 www.emdat.be (Maps)
73 Diese lassen sich im Detail www.emdat.be entnehmen.

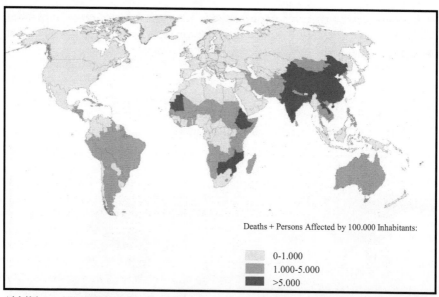

Abbildung 11: Beispiel für die Bildung und Zuordnung von Klassengrenzen (2)[74]

Die möglichen Klassifizierungskriterien für Katastrophen sind in diesem Abschnitt ausführlich vorgestellt und mit empirischem Datenmaterial untermauert worden. Die **Erkenntnisse**, die sich **aus der Klassifizierung** für diese Arbeit ergeben, betreffen unter anderem das Leistungspotenzial, das durch das SCM und das Logistikmanagement für Katastrophenfälle aufzubauen ist. Da es sich sowohl bei Leistungen der Logistik als auch bei weiteren Leistungen des Katastrophenmanagements um die Erstellung von Dienstleistungen handelt, kann das Ergebnis der Leistungserstellung nicht vorgehalten werden (Produktion und Absatz der Dienstleistung erfolgen zeitgleich). Vorhalten lässt sich aber das Leistungspotenzial, das im Falle des Eintritts eines Ereignisses die Akteure dazu befähigt, zeitnah einsatzbereit zu sein.[75] Mit Kenntnis der vergangenheitsbezogenen Daten über Art und Ort des Auftretens von Katastrophen im Zeitablauf lassen sich in Kombination mit den zu erwartenden regionalen Folgen Prognosen über die Art zukünftiger Katastropheneinsätze und der erforderlichen logistischen Leistungen erstellen. Mit den Kenntnissen der Hilfsorganisationen und Logistikdienstleister über den Bedarf an Hilfsgütern, die bei bestimmten Katastrophenarten in bestimmten Mengen benötigt wurden, lassen sich beispielsweise Berechnungen zur Dimensionierung von Zentrallagern unterstützen. Klassifizierungen nach den hier vorgestellten Kriterien stellen nur erste Anhaltspunkte dar, die mit individuellen Datensammlungen zu kombinieren sind.

---

74 www.emdat.be (Maps)
75 Vgl. hierzu Abschnitt 3.1.5.

Der folgende Abschnitt stellt zunächst allgemein den Begriff und die Aufgaben des Katastrophenmanagements vor; spezielle Erläuterungen und Berechnungen zu den Aufgaben des Logistikmanagements erfolgen in Kapitel 4.

2.2 Grundlagen des internationalen Katastrophenmanagements

Planung, Gestaltung, Abwicklung und Kontrolle zählen zu den Aufgaben des **Managements**. Im Falle des internationalen Katastrophenmanagements sind diese Aufgaben auf internationale und katastrophenbezogene Aktivitäten gerichtet.[76]
Dabei sollen die Managementaufgaben auf das **Ziel** des Katastrophenmanagements bezogen sein: „Das Verhindern, Verringern und die Begrenzung menschlicher, physischer, wirtschaftlicher und ökologischer Verluste, die im Zusammenhang mit Katastrophen (potenziell) [...] erlitten werden."[77] Diese Zielsetzung ist zunächst allgemein formuliert und muss für die Akteure des Katastrophenmanagements (vgl. hierzu Abschnitt 2.3) individuell aus der strategischen Ausrichtung abgeleitet werden (vgl. hierzu Abschnitt 3.2.5). Die individuelle Formulierung des Zielsystems sieht i. d. R. eine Priorisierung einzelner Teilziele vor, wobei die Lebensrettung oberste Priorität aufweist.[78]
Analog zu den Phasen des Managements – der zukunftsbezogenen zielgerichteten Planung, der gegenwartsbezogenen Abwicklung und der vergangenheitsbezogenen Kontrolle – wird auch das Katastrophenmanagement in entsprechende Phasen unterteilt. Bei diesen Phasen handelt es sich um

- **Katastrophenvorsorge** (verwendet werden auch die Begriffe Katastrophenschutz, „Disaster Preparedness" sowie mit Betonung des Prozessablaufs „Pre-Disaster-Phase") und
- **Katastrophenbewältigung** (verwendet werden auch die Begriffe Katastrophenhilfe / humanitäre Hilfe, „Disaster Response" sowie mit Betonung des Prozessablaufs „Response-Phase" und „Post-Disaster-Recovery-Phase").[79]

Die nachfolgende Abbildung verdeutlicht die Bestandteile sowie die **Zusammenhänge** zwischen den Aktivitäten der Katastrophenvorsorge und Katastrophenbewältigung.

---

76 Vgl. Adam, Verena (2006), S. 89 und Tufinkgi, Philippe (2006), S. 96.
77 Tufinkgi, Philippe (2006), S. 97.
78 Vgl. z. B. Tufinkgi, Philippe (2006), S. 97.
79 Vgl. z. B. Adam, Verena (2006), S. 92-93; Kulmhofer, Alexandra (2007), S. 219-220; Samii, Ramina (2002), Exhibit 7; Tufinkgi, Philippe (2006), S. 77. Die detaillierten Zusammenhänge und Abgrenzungen zwischen Begriffen wie Katastrophenbewältigung, Katastrophenhilfe und humanitärer Hilfe sollen an dieser Stelle nicht erörtert werden. Ergänzend finden sich Ausführungen z. B. in Lieser, Jürgen (2007), S. 41-42; Pilar, Ulrike von (2007), S. 127-133; Treptow, Rainer (2007), S. 10.

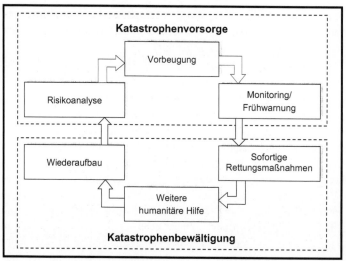

Abbildung 12: Kreislauf der Katastrophenvorsorge und -bewältigung[80]

Die *Risikoanalyse* lässt sich beispielsweise auf Basis der vorgestellten Daten des CRED vornehmen. Die Daten liefern Hinweise auf Eintrittswahrscheinlichkeiten und Schäden für Katastrophenarten in bestimmten Zeiträumen und an bestimmten Orten. *Vorbeugende Maßnahmen* lassen sich auf der Grundlage der Ergebnisse der Risikoanalyse planen und umsetzen. Die Umsetzung vorbeugender Maßnahmen eignet sich insbesondere zu Zeiten und an Orten, an denen die Eintrittswahrscheinlichkeiten und / oder die zu erwartenden Schäden besonders hoch eingeschätzt werden und demnach hohe Risikoerwartungswerte vorliegen. Trotz vorbereitender Maßnahmen lassen sich Ereignisse, die zu Katastrophen führen können, nicht vollständig vermeiden. Eine Bereitschaftserhöhung für den tatsächlichen Eintritt eines Ereignisses – mit der möglichen Folge reduzierter Auswirkungen – lässt sich durch *Frühwarnsysteme* erzielen. Nach dem Eintritt nicht vermeidbarer bzw. nicht vermiedener Katastrophen sind im zeitlichen Ablauf zunächst sofortige *Rettungsmaßnahmen*, wie z. B. Bergungen, Evakuierungen, Aufbau der erforderlichen Infrastruktur, medizinische Erst-Versorgung vorzunehmen. Weitere Maßnahmen der *humanitären Hilfe* folgen, denkbar sind z. B. weitere medizinische Versorgung, Versorgung mit Nahrung und Wasser, psychologische Betreuung, Impfungen nach dem Ausbruch von Seuchen. Der *Wiederaufbau* beginnt bereits mit den sofortigen Rettungsmaßnahmen. So ist im Fall zerstörter Straßen, Häfen, Flughäfen oder Brücken eine sofortige Wiederherstellung erforderlich, sofern die Versorgung der betroffenen Bevölkerung eine grundlegende Leistungsbereitschaft erfordert. Der Wiederaufbau kann sich je nach Art und Ausmaß der Katastrophe über lange Zeiträume erstrecken. Mit Blick auf die *Katastrophenvorsorge* lassen sich mit dem Wiederaufbau bereits

---

80   In Anlehnung, an Adam, Verena (2006), S. 93; Tufinkgi, Philippe (2006), S. 77.

weitere vorbeugende Maßnahmen umsetzen, indem beispielsweise Häuser und Infrastruktur vorbeugend stabiler errichtet werden und Frühwarnsysteme installiert bzw. verbessert werden.[81]

Die Erkenntnis, dass (Natur-) Katastrophen „keine hinzunehmenden Ereignisse darstellen, denen der Mensch hilflos ausgeliefert ist"[82] hat sich erst seit wenigen Jahren entwickelt. So finden sich noch im Jahr 2002 Zitate, wie

> „it is easy to find resources to respond, it is hard to find resources to be more ready to respond"[83]

obwohl fast zeitgleich durch Studien nachgewiesen wurde,

> „dass 1 US $ investiert in Katastrophenvorsorge 7 US $ an Wiederaufbaumaßnahmen einspart."[84]

Mit dem Positionspapier der Bundesregierung zur Katastrophenvorsorge im Ausland wird das Bestreben, die Katastrophenvorsorge weiter auszubauen, dokumentiert.[85] Auch in den aktuellen Jahresberichten der Hilfsorganisationen wird die Bedeutung beider Phasen dokumentiert, so nimmt beispielsweise das IFRC in seinem Jahresbericht 2006 sowohl Bezug auf die Katastrophenvorsorge (unter der Überschrift „Responding to Disaster") als auch auf die Katastrophenbewältigung (unter der Überschrift „Preparing for Disasters").[86] „Strategy 2010 clearly states that disaster preparedness, response and health are core strategic areas for the International Federation."[87]

---

81 Ausführlichere Erläuterungen werden dargestellt in Adam, Verena (2006), S. 93-104; DKKV (2002), S. 23-35; Tufinkgi, Philippe (2006), S. 77-95.
82 Auswärtiges Amt (2007), S. 1.
83 Zitat des Logistikleiters des IFRC (Bernard Chomilier), entnommen aus Samii, Ramina (2002), S. 1.
84 DKKV (2002), S. I.
85 Vgl. Auswärtiges Amt (2007).
86 Vgl. z. B. IFRC (Hrsg.) (2006), S. 9, 12.
87 IFRC (Hrsg.) (2006), S. 12. Vgl. auch IFRC (Hrsg.) (2005), S. 15-18, dort sind Disaster Preparedness und Disaster Response als Core area 2 und 3 in die Strategie 2010 aufgenommen worden.

2.3 Akteure im internationalen Katastrophenmanagement

2.3.1 Ausgewählte Beispiele

Die Kenntnis über die Akteure stellt eine wichtige Grundlage für weitere Ausführungen dieses Buches dar, die die unternehmensübergreifende Zusammenarbeit in der Wertschöpfungskette des Katastrophenmanagements betreffen. Individuelle Ziele und Zielkonflikte in der Logistik sowie im SCM können nur nachvollzogen werden, wenn die Akteure der Wertschöpfungskette bekannt sind.

Der vorherige Abschnitt wird mit Hinweisen auf die Strategie des IFRC abgeschlossen, welches einen der möglichen Akteure im Katastrophenmanagement bildet. Das IFRC zählt zu den Nichtstaatlichen Hilfsorganisationen, den „Non Governmental Organizations" (kurz NGO), die als eine wesentliche Gruppe von Akteuren am Katastrophenmanagement mitwirken. Die folgenden Beispiele werden einen ersten Eindruck darüber vermitteln, dass eine Vielzahl weiterer Akteure an der Leistungserstellung beteiligt ist; diese Beispiele richten sich zunächst ausschließlich auf die Katastrophenbewältigung nach dem Eintritt eines Ereignisses (und demnach nicht auf die Katastrophenvorsorge). Die Beispiele werden verdeutlichen, dass die Akteure – je nach geografischer Lage, Art und Ausmaß der Katastrophe – in unterschiedlichem Ausmaß mitwirken. In diesem Zusammenhang wird Bezug auf die bereits bekannten Beispiele aus Abschnitt 2.1.3 genommen.

Die auf die Vorstellung der Beispiele folgenden Abschnitte befassen sich in allgemeiner Form mit den Akteuren im Katastrophenmanagement, indem diese kurz vorgestellt werden und die erforderliche Koordination thematisiert wird.

Der Tsunami aus dem Jahr 2004 hat eine Katastrophe ausgelöst, die mehrere Länder betraf. Das Fritz Institute hat im darauf folgenden Jahr eine Untersuchung angestellt, die unter anderem die Art und das Ausmaß der Mitwirkung unterschiedlicher Akteure betraf. Diese Untersuchung hat sich zunächst ausschließlich auf die Länder Indien und Sri Lanka bezogen.[88]

Die folgende Tabelle gibt Aufschluss darüber, dass sich bereits innerhalb einer Katastrophe die Verteilung über die unterschiedlichen Organisationen unterscheiden kann, je nachdem auf welches Land die Auswertungen gerichtet sind. In diesem Zusammenhang richtet sich die nachfolgende Tabelle auf die **Finanzierung der Hilfsmaßnahmen**. So ist der Anteil der staatlichen Finanzierung der Hilfsmaßnahmen in Sri Lanka mit 3,51% wesentlich geringer ausgeprägt als mit fast 15% in Indien:

---

[88] Vgl. Thomas, Anisya / Ramalingam, Vimala (2005a).

Akteure (zusammengefasst zu Gruppen):	Finanzierung der humanitären Hilfe in *Indien* (%)	Finanzierung der humanitären Hilfe in *Sri Lanka* (%)
Staat	14,98	3,51
Internationale Organisationen	32,85	31,22
Religiöse Organisationen	10,33	3,32
Privatpersonen	7,66	12,86
Private Unternehmen	10,14	11,66
Andere	24,04	37,43
Summe	100,00	100,00

Tabelle 1: Tsunami 2004, Finanzierung der humanitären Hilfe durch unterschiedliche Gruppen von Akteuren[89]

Ein weiterer Fragenkomplex der Studien des Fritz Institute richtet sich auf Akteure, die im **Zeitraum bis zu 48 Stunden** nach dem auslösenden Ereignis einer Katastrophe Hilfeleistungen für die betroffene Bevölkerung erbracht haben. Bezogen auf humanitäre Hilfeleistungen – wie Rettungsaktionen, Bereitstellung von Hilfsgütern (Nahrung, Wasser, Kleidung), Obdach, medizinische Versorgung bis hin zu Bestattung und Seelsorge – ist erfasst worden, zu welchen Anteilen diese durch unterschiedliche Akteure erbracht wurden. Die Akteure wurden wiederum zusammengefasst, in diesem Fall zu den Gruppen staatliche Akteure, internationale Hilfsorganisationen, lokale Hilfsorganisationen, religiöse Organisationen, Unternehmen der Privatwirtschaft und Privatpersonen.

- Nach dem Tsunami im Jahr 2004 zeigt sich für die Länder Indien, Sri Lanka und ergänzend Indonesien eine unterschiedliche Bedeutung der Akteure in der Soforthilfe. In Indonesien lässt sich für alle Leistungsbereiche die hohe Bedeutung der individuellen Privathilfe feststellen. In der medizinischen Versorgung haben der Staat und religiöse Organisationen im Umfang von 10% bzw. 13% mitgewirkt; für alle anderen Kombinationen zwischen Akteuren und Leistungen außerhalb der privaten Hilfe werden keine Werte über 10% ausgewiesen. In Sri Lanka und Indien hingegen waren staatliche und nichtstaatliche Organisationen mit höherer Präsenz in den ersten 48 Stunden vertreten. So zeigt die Befragung für Indien die hohe Präsenz des Staates in der Soforthilfe (so wurden z. B. 57% der medizinischen Versorgungsleistungen durch staatliche Akteure erbracht); auf kommunaler Ebene wurden ebenfalls umfangreiche Hilfeleistungen erbracht, so beispielsweise 47% der Rettungsaktionen. Im Vergleich zu Indonesien und Indien wurden in Sri Lanka die umfangreichsten Sofortmaßnahmen durch Hilfsorganisationen (insbesondere die internationalen) durchgeführt. Den höchsten Wert weist die medizinische Versorgung mit einem Anteil der interna-

---

89 Die Daten sind entnommen aus Thomas, Anisya / Ramalingam, Vimala (2005a), S. 18 und 33 sowie Thomas, Anisya / Ramalingam, Vimala (2005b), S. 11.

tionalen Hilfsorganisationen von 26% auf. Auch an der Bereitstellung von Hilfsgütern waren die internationalen Organisationen in Sri Lanka mit Anteilen über 10% beteiligt.[90]

- Nach dem Hurrikane Katrina im Jahr 2005 hatte die private Hilfe in den ersten 48 Stunden nach dem auslösenden Ereignis eine vergleichsweise geringe Bedeutung und wird demnach in der Ergebnisdarstellung des Fritz Institute unter „sonstige" erfasst. Die nichtstaatlichen Organisationen haben mit 32% am umfangreichsten Soforthilfe geleistet, gefolgt von der Polizei (30%), religiösen Gruppen (26%) sowie Feuerwehr und Rettungsdienst (22%).[91]
- Für Hilfeleistungen in Pakistan liegen Ergebnisse einer entsprechenden Befragung für einen Zeitraum bis zu 2 Monate nach dem Erdbeben im Jahr 2005 vor. Über die individuelle private Hilfe hinaus waren für Pakistan in hohem Maße staatliche Leistungen (insbesondere durch das Militär) und ergänzend Leistungen durch internationale Hilfsorganisationen festzustellen. Die Bedeutung nationaler Hilfsorganisationen war in Pakistan relativ gering.[92]

Weitere Unterschiede lassen sich in Bezug auf die **Zusammenarbeit zwischen den Akteuren** feststellen. So weist die Studie aus, dass in Sri Lanka 85% der nichtstaatlichen Hilfsorganisationen mit anderen Akteuren zusammengearbeitet haben, während dies in Indien nur für 70% der NGOs zutrifft.[93] Im umgekehrten Verhältnis lässt sich für 12% der nichtstaatlichen Hilfsorganisationen in Indien und nur für 8% in Sri Lanka eine Zusammenarbeit mit privaten Unternehmen feststellen. Die Untersuchungen weisen aus, dass diese Zusammenarbeit mehrheitlich auf Distributionsleistungen, so z. B. die Distribution von Hilfsgütern gerichtet ist. Demnach stellen Zusammenarbeit, Koordination und Kooperation wichtige Themengebiete für die logistische Leistungserstellung in der Wertschöpfungskette humanitärer Hilfe dar.

Zusammenarbeit der NGOs mit	*Indien*	*Sri Lanka*
Staatlichen Organisationen, anderen Hilfsorganisationen	70%	85%
Unternehmen der Privatwirtschaft	12%	8%

Tabelle 2: Tsunami 2004, Zusammenarbeit NGOs mit anderen Akteuren[94]

Das aktuelle Beispiel der Katastrophe nach den Wahlen in Kenia zeigt im ersten Quartal 2008, dass die Koordination zwischen den an der humanitären Hilfe betei-

---

90 Vgl. Thomas, Anisya / Ramalingam, Vimala (2005c), S. 10-11.
91 Vgl. Fritz Institute (Hrsg.) (2006), S. 16.
92 Vgl. Bliss, Desiree / Larsen, Lynnette (2006), S. 5 und 11.
93 Vgl. Thomas, Anisya / Ramalingam, Vimala (2005a), S. 14-15, 28-29 sowie Thomas, Anisya / Ramalingam, Vimala (2005b), S. 9.
94 Die Daten sind entnommen aus Thomas, Anisya / Ramalingam, Vimala (2005a), S. 14-15 und 28-29. Der angegebenen Quelle ist des Weiteren zu entnehmen, mit welchen staatlichen und nichtstattlichen Hilfsorganisationen die Zusammenarbeit erfolgte. Unterschiede lassen sich z. B. bezüglich der Zusammenarbeit mit internationalen Hilfsorganisationen feststellen (11% für Indien und 27% für Sri Lanka).

ligten Akteuren in den vergangenen Jahren deutlich vorangeschritten ist. So werden für Themenbereiche wie Koordination / Management, Gesundheit, Wasser / Sanitär / Hygiene, Versorgung mit Lebensmitteln, Obdach / Camps, Informations- / Kommunikationstechnologie und auch für Logistik so genannte „Cluster" gebildet, für die Verantwortliche und Mitwirkende bestimmt werden. So liegt beispielsweise die Clusterverantwortung in Kenia für Gesundheit bei der WHO (World Health Organization), für die Bildung bei UNICEF (International Children's Emergency Fund der UN) und für die Logistik beim WFP (World Food Programme der UN). Termine für regelmäßige Treffen innerhalb der Cluster sowie Informationen über Entwicklungen zu den Themenbereichen der Cluster werden zeitnah veröffentlicht. Hierzu zählen z. B. im Bereich der Medizin aktuelle Informationen über Krankheiten, wie Meningitis, Masern, Malaria, Cholera mit Angabe der Orte und Anzahl Erkrankter (auch Vermutungen, die noch nicht offiziell bestätigt sind). Für die Logistik werden Angaben über Lagerbestände, Lagerzu- und -abgänge, Transportwege und Transportkapazitäten, Lage an den Häfen / Flughäfen usw. erfasst, weitergeleitet und in Form von Texten, Karten und Tabellen veröffentlicht. Ermöglicht wird diese Form der Koordination erst durch die Bereitstellung einer Informations- und Kommunikationsplattform, in diesem Fall über das Joint Logistics Centre der UN. Die folgende Passage aus dem „Inter-Cluster Progress Report" vom 8.2.2008 dokumentiert, dass die Informationen auch Cluster-übergreifend zusammengeführt und ausgewertet werden:

> „The Kenya Red Cross, as the lead of the Camp Coordination and Camp Management (CCCM) sector, is distributing a matrix to all humanitarian partners to determine which actors are providing service, or would like to provide services, by sector [...] This information will be used by Kenya Red Cross camp managers in each site to identify gaps in the response, and ensure the overall management of all sites."[95]

2.3.2 Skizze über die Mit- und Zusammenwirkung der Akteure

Bewusst wird der Abschnitt aber mit „Skizze" überschrieben, da eine Konzentration auf die für den weiteren Verlauf dieser Arbeit relevanten Inhalte erfolgt. In Abbildung 13 werden die Akteure des internationalen Katastrophenmanagements zwei wesentlichen Gruppen zugeordnet: Die eine Gruppe stellt Mittel für das Katastrophenmanagement zur Verfügung, und die andere Gruppe setzt diese Mittel im Katastrophenmanagement ein.[96]
Die **Mittelgeber** lassen sich in zwei Ebenen unterteilen: Ebene 1 stellt ausschließlich Mittel in Form von Spenden und Zuweisungen zur Verfügung, während Akteure auf der 2. Ebene Teile dieser Mittel nach einer Um- und Neuverteilung auch selbst

---

95 Die Informationen sind zusammengestellt aus www.logcluster.org, Link Kenya, Coordination (Stichworte Bulletin & Reports, General Info und Logistics Cluster Meeting). Das Zitat ist entnommen aus dem Kenya Inter-Cluster Progress Report vom 8.2.2008, S. 3.
96 Vgl. Thomas, Anisya / Kopczak, Laura (2005), S. 3-4; Tufinkgi, Philippe (2006), S. 134-135.

für die Leistungserstellung im Katastrophenmanagement nutzen (sie treten demnach sowohl als Mittelgeber als auch als Mittel einsetzende Akteure auf).
Der Mittelumfang, der für das Katastrophenmanagement größtenteils durch Staaten zur Verfügung gestellt wird, ist in den letzten Jahren kontinuierlich angestiegen. Vom Jahr 1990 bis zum Jahr 2000 haben sich die bereitgestellten Mittel für die Katastrophenbewältigung von 2,1 Mrd. US $ auf 5,9 Mrd. US $ erhöht; im Jahr 2005 stieg der Umfang nochmals an, auf 7,2 Mrd. US $.[97] Fast die Hälfte der Mittel wurden im Jahr 2005 durch die USA bereit gestellt, gefolgt von Großbritannien (9%), Japan (7%) und mehreren westeuropäischen Ländern (Niederlande, Norwegen, Deutschland mit jeweils etwa 6%). Die Mittel werden teilweise über spezialisierte Institutionen, z. B. das „Office of U.S. Foreign Disaster Assistance of the United States Agency for International Development" (OFDA/USAID) oder das „European Commission Humanitarian Office" (ECHO) gesammelt und verteilt.[98]
Für jede Katastrophe standen im Jahr 2005 durchschnittlich Mittel in Höhe von ca. 7 Mio. US $ zur Verfügung,[99] die sich in unterschiedlichem Maße auf die Katastrophen verteilten. Spender „bevorzugen" Katastrophen, die akut auftreten und in den Medien eine hohe Präsenz haben. Für Katastrophen mit vielen Todesopfern werden tendenziell mehr Mittel zur Verfügung gestellt als in Katastrophenfällen mit vielen Verletzten (aber ohne Todesfolge). Da Spenden in vielen Fällen mit einer Zweckbindung verbunden sind, stehen für die Katastrophenbewältigung bei Dürren wesentlich weniger Mittel zur Verfügung als nach einem Tsunami oder Erdbeben.[100]
Der **Mitteleinsatz** durch staatliche Institutionen reicht von der nationalen bis zur kommunalen Ebene. Zu benennen sind sowohl die betroffenen als auch benachbarte Staaten bzw. Regionen, die relativ zeitnah Spenden und Hilfeleistungen erbringen können.[101] Die Zuständigkeiten sind in den unterschiedlichen Staaten – und z. B. in Deutschland auf Landesebene – unterschiedlich geregelt und sollen an dieser Stelle nicht differenziert vorgestellt werden.[102] Beispiele in Abschnitt 2.3.1 haben in Form empirischer Daten gezeigt, dass die Rolle des Staates im Katastrophenmanagement unterschiedlich stark ausgeprägt ist und sich auf unterschiedliche Schwerpunkte richtet.

---

97 Vgl. Guha-Sapir, Debarati u.a. (2004), S. 50; IFRC (Hrsg.) (2007), S. 184.
98 Vgl. Pan American Health Organization / World Health Organization (Hrsg.) (2001), S. 22 und 32; Tufinkgi, Philippe (2006), S. 138.
99 Vgl. IFRC (Hrsg.) (2007), S. 184.
100 Vgl. Guha-Sapir, Debarati u.a. (2004), S. 50-51.
101 Vgl. Pan American Health Organization / World Health Organization (Hrsg.) (2001), S. 21-22; Tufinkgi, Philippe (2006), S. 137.
102 Ausführliche Erläuterungen zu den Zuständigkeiten des Bundes und der Länder in Deutschland finden sich beispielsweise in DKKV (2002), S. 42-65 sowie aktuelle Neuerungen in Treptow, Rainer (2007). Für Österreich erfolgt eine ausführliche Erläuterung der Zuständigkeiten in Adam, Verena (2006), S. 106-116.

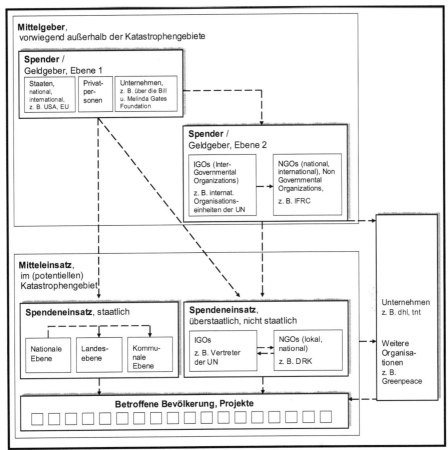

Abbildung 13: Akteure als Mittelgeber und im Mitteleinsatz[103]

Als **Akteure**, die sowohl **Mittel bereitstellen** als auch Mittel im Katastrophenmanagement **einsetzen**, lassen sich zwei wesentliche Gruppen benennen:

- Unter der Abkürzung **IGO** (Inter-Governmental Organizations) werden multilaterale, regierungsübergreifende Institutionen erfasst, die Mittel für die Katastrophenvorsorge und -bewältigung zugleich bereitstellen und bezogen auf die einzelnen Projekte einsetzen. Abbildung 13 greift als Beispiel das *UN-System* und damit den wichtigsten internationalen Vertreter der IGOs auf.[104] Als Elemente des UN-Systems mit Relevanz für das Katastrophenmanagement sind insbeson-

---

103 Eigene Darstellung, in Anlehnung an Thomas, Anisya / Kopczak, Laura (2005), S. 4; Tufinkgi, Philippe (2006), S. 150.
104 Vgl. Pan American Health Organization / World Health Organization (Hrsg.) (2001), S. 22; Tufinkgi, Philippe (2006), S. 139.

dere das *UNDP* (United Nations Development Programme)[105] und das *OCHA* (United Nations Office for the Coordination of Humanitarian Affairs)[106] zu benennen. Während der Aufgabenbereich des OCHA darauf gerichtet ist, die Katastrophenhilfe zu mobilisieren, zu koordinieren und zu vereinheitlichen, und demnach vorwiegend dem Bereich der Katastrophenbewältigung zuzuordnen ist, liegt der Aufgabenbereich des UNDP eher in der Katastrophenvorsorge und einem integrierten Katastrophenmanagement. Diese Elemente der UN werden teilweise wiederum in Unter-Einheiten untergliedert, so besitzt das OCHA beispielsweise ein United Nations Disaster Assessment and Coordination Team (UNDAC), das regionale Teams einsetzt, um bei der Einschätzung und Ermittlung des Bedarfs sowie der Koordination vor Ort mitzuwirken.[107]

Zur Katastrophenbewältigung setzt die UN auf Landesebene UN-Disaster-Management-Teams (*UNDMT*) ein. Der UN Emergency Relief Coordinator übernimmt die Leitung und Abstimmung zwischen den unterschiedlichen Beteiligten, bei Bedarf auch mit anderen Hilfsorganisationen und staatlichen Organisationseinheiten.[108] Als Elemente des UN-Systems kommen unter anderem *WFP* (World Food Programme)[109] als Lieferant von Lebensmitteln, *WHO* (World Health Organization)[110] mit Funktionen in allen Gesundheitsfragen, *UNHCR* (United Nations High Commissioner for Refugees)[111] bei Fragen der Flüchtlingshilfe und *UNICEF* (United Nations Children's Emergency Fund)[112] für die besondere Berücksichtigung der Bedürfnisse von Kindern und ihren Müttern zum Einsatz.

Logistische Leistungen werden durch alle benannten UN-Einheiten mit unterschiedlichen Schwerpunkten übernommen. Während z. B. WFP Lagerung, Transport und Umschlag von Lebensmitteln sicherstellt, sind die logistischen Aufgaben der WHO eher auf Medikamente, Impfstoffe und medizinisches Gerät gerichtet. Eine Koordination der logistischen Aufgabengebiete erfolgt durch das Joint Logistics Centre der UN (UNJLC), das mit seiner Informations- und Kommunikationsplattform bereits in vorangehenden Abschnitten vorgestellt wurde.[113] Die Koordinationsaufgabe umfasst dabei nicht nur die Abstimmung zwischen den Einheiten der UN sondern – soweit möglich – auch die Einbindung weiterer Akteure des Katastrophenmanagements, insbesondere der NGOs.

- Unter der Abkürzung **NGO** (Non-Governmental Organizations) werden national und international tätige Akteure zusammengefasst, die neben den Regie-

---

105 Vgl. www.undp.org.
106 Vgl. www.ochaonline.un.org.
107 Vgl. Pan American Health Organization / World Health Organization (Hrsg.) (2001), S. 30-31; Tufinkgi, Philippe (2006), S. 145-146.
108 Vgl. Tufinkgi, Philippe (2006), S. 146-148.
109 Vgl. www.wfp.org.
110 Vgl. www.who.int.
111 Vgl. www.unhcr.org.
112 Vgl. www.unicef.org
113 Vgl. www.unjlc.org sowie www.logcluster.org.

rungseinheiten ebenfalls Leistungen mit öffentlichem und gemeinnützigem Charakter erbringen. Weltweit haben sich mehrere Hundert dieser NGOs vollständig oder mit Teilen der Organisation auf die Katastrophenbewältigung und in vielen Fällen auch auf die Katastrophenvorsorge spezialisiert (so z. B. CARE, Ärzte ohne Grenzen, World Vision, Caritas).[114] Gelder und Unterstützung erhalten die NGOs sowohl von Spendern, wie Privatpersonen und Unternehmen, zu wesentlichen Anteilen aber auch von IGOs und staatlicher Seite, so dass teilweise anstelle von „non-governmental" teilweise auch von „quasi-governmental" gesprochen wird.[115]

Eine hohe Bedeutung unter den NGOs weist die *„International Federation of Red Cross and Red Crecent Societies"* (IFRC)[116] mit den nationalen Verbänden (z. B. das Deutsche Rote Kreuz, DRK)[117] auf. Diese Bedeutung ist sowohl darauf zurückzuführen, dass die Internationale Rotkreuz- und Rothalbmondbewegung die „größte humanitäre Organisation der Welt"[118] ist als auch auf die Wurzeln der humanitären Hilfe, die auf den Gründer des Roten Kreuzes, den Schweizer Geschäftsmann Henri Dunant zurückgehen. Dieser wurde im Jahr 1859 im italienischen Solferino Zeuge,

„als Tausende verwundete Soldaten auf dem Schlachtfeld zurückgelassen und dem sicheren Tod ausgeliefert waren. Dunant mobilisierte die Bevölkerung zu helfen – und zwar unabhängig davon, auf welcher Seite die Verwundeten gekämpft hatten. Eine humanitäre Idee war geboren"[119]

und gab den Anstoß für die Genfer Konventionen von 1864, die den verletzten Soldaten ohne Unterschied der Nationalität ein Recht auf Schutz und medizinische Behandlung zuweist.[120] Der Sitz des Generalsekretariates des 1919 gegründeten IFRC befindet sich in Genf und bildet in der Organisationsstruktur einen Bereich „Disaster Management and Coordination" ab. Auf unteren Ebenen erfolgt eine Differenzierung nach Katastrophenvorsorge (Disaster Preparedness) und Katastrophenbewältigung (z. B. Disaster Management Units). Logistische Aufgabenbereiche werden sowohl zentral als auch regional durch

---

114 Vgl. Pan American Health Organization / World Health Organization (Hrsg.) (2001), S. 22 (auf den Seiten 32-34 der Quelle wird ein Überblick über die wichtigsten NGOs mit einer Kurzbeschreibung gegeben); Tufinkgi, Philippe (2006), S. 140. Einen Überblick über die Anzahl der Länder, in denen NGOs und IGOs Leistungen erbracht haben sowie über die Verteilung der Ausgaben im Jahr 2001 gibt Thomas, Anisya (2003), S. 2-4.
115 Vgl. Tufinkgi, Philippe (2006), S. 141; Völz, Carsten (2005), S. 26-27.
116 Vgl. www.ifrc.org.
117 Vgl. www.drk.de.
118 Deutsches Rotes Kreuz (Hrsg.) (2007), S. I. Im Jahr 2006 betrugen die Ausgaben des IFRC über 534 Mio. Schweizer Franken (SFR), davon 132 Mio. SFR für Personal und 242 Mio. SFR für Hilfslieferungen. Für die operative Logistik (Transport und Lagerung) werden 32,4 Mio. SFR ausgewiesen; weitere Ausgaben mit Logistikbezug finden sich in anderen Positionen, wie Kommunikation, Information und Administration. Vgl. Hierzu IFRC (2006), Anhang Consolidated income and expenditure.
119 Deutsches Rotes Kreuz (Hrsg.) (2007), S. I.
120 Vgl. Pilar, Ulrike von (2007), S. 123-127; Treptow, Rainer (2007), D. 18.

"Regional Logistics Units" abgebildet.[121] Auch die Organisationsstrukturen in den 186 nationalen Gesellschaften (z. B. des DRK) folgen der Differenzierung nach Katastrophenvorsorge und -bewältigung. Ihnen ist gemein, dass sie den Grundsätzen Menschlichkeit, Neutralität, Freiwilligkeit, Universalität, Unparteilichkeit, Unabhängigkeit und Einheit folgen.[122] Durch ihre regionale Differenzierung – so in Deutschland beispielsweise nach Landes- und Kreisverbänden bis hin zu 4.761 Ortsvereinen – weisen die nationalen Gesellschaften der Hilfsorganisationen ein Expertenwissen zum Land und zur Region auf und können so die Leistungserstellung in Katastrophenfällen auf den Bedarf der betroffenen Bevölkerung ausrichten.[123] Im Spannungsfeld zwischen Internationalisierung und Regionalisierung übernimmt das IFRC als Mittelgeber vorwiegend übergreifende Koordinations- und Managementaufgaben, während die nationalen Gesellschaften vorwiegend auf die Leistungserstellung vor Ort ausgerichtet sind.

Non-Governmental Organizations haben sich auf nationaler und internationaler Ebene zu *Gremien und Arbeitsgruppen* zusammengeschlossen und fördern dadurch die Koordination über die Leistungen des UN-Systems hinaus. Auf nationaler Ebene bildet z. B. VENRO einen Verband deutscher Nichtregierungsorganisationen im Bereich der Entwicklungshilfe, der die Bedeutung der NGOs auch im Bereich der Koordination mit seinem „Positionspapier zu den aktuellen Vorschlägen der Vereinten Nationen zur Reform des globalen Systems der humanitären Hilfe" hervorhebt und unterstützende Maßnahmen sowohl bei der Bundesregierung als auch der EU einfordert.[124] Auf europäischer Ebene hat sich mit VOICE (Voluntary Organizations in Cooperation in Emergencies) ein Konsortium europäischer Institutionen gebildet.[125]

Abbildung 13 nimmt neben Akteuren, die Mittel zur Verfügung stellen und einsetzen, auch **weitere Organisationen** in die Darstellung auf. Hierbei handelt es sich um mehrere Arten von Akteuren, die ebenfalls direkt oder indirekt an der Leistungserstellung im Katastrophenmanagement mitwirken:

---

121 Vgl. Kopczak, Laura R. / Johnson, Eric M. (2004), S. 2-4.
122 Vgl. Deutsches Rotes Kreuz (Hrsg.) (2007), S. I, 48.
123 Vgl. Deutsches Rotes Kreuz (Hrsg.) (2007), S. II.
124 Vgl. VENRO (Hrsg.) (2007). So heißt es z. B. auf S. 5: „Mit der Einführung des Cluster-Systems wird der Anspruch einer Koordinationshoheit der VN deutlich zum Ausdruck gebracht, ungeachtet der Tatsache, dass insbesondere nach Naturkatastrophen die Koordination internationaler Hilfe zunächst einmal Aufgabe der nationalen Regierung des betroffenen Staates sein muss und die vor Ort arbeitenden Hilfsorganisationen meistens eine wichtigere Rolle bei der Umsetzung der Hilfe spielen als die VN-Organisationen […] Auch in der Frage der Koordination zeigt sich, dass das Reformvorhaben solche Gesichtspunkte nicht angemessen berücksichtigt."
125 Vgl. Pan American Health Organization / World Health Organization (Hrsg.) (2001), S. 34; Tufinkgi, Philippe (2006), S. 141. Die Quellen enthalten Angaben zu weiteren internationalen Gremien und Konsortien der NGO.

- *Forschungseinrichtungen* (z. B. CRED) und unabhängige Organisationen mit Forschungsbezug (z. B. Fritz Institute) erhalten (Forschungs-) Gelder und Informationen. Diese stellen ihrerseits Erkenntnisse für das Katastrophenmanagement zur Verfügung (z. B. durch die Sammlung und Auswertung statistischer Daten oder durch die Bearbeitung logistischer Fragestellungen). So benennt das CRED eine Vielzahl von Partnern, zu denen 10 staatliche bzw. multilaterale Organisationen, 9 IGOs (vorwiegend Einheiten des UN-Systems), 16 NGOs, 10 weitere Forschungsinstitute und mit 2 Versicherungen auch Unternehmen zählen.[126] Das Beziehungsgeflecht zwischen diesen Akteuren lässt sich aufgrund seiner Komplexität in Abbildung 13 nicht im Detail darstellen.
- Ebenfalls lässt sich in der praktischen Umsetzung des Katastrophenmanagements eine Zusammenarbeit der Akteure mit *anderen Organisationen* beobachten, die ebenfalls weder staatlich noch privatwirtschaftlich ausgerichtet sind, deren Kernleistungen aber nicht im Bereich des Katastrophenmanagements liegen. So berichtet Ärzte ohne Grenzen im Januar 2005 nach dem Tsunami in Asien über eine Zusammenarbeit mit der *Umweltschutzorganisation* Greenpeace:

  „Das Greenpeace-Schiff Rainbow Warrior [...] wird Hilfsgüter, Nahrungsmittel, Treibstoff, Moskitonetze sowie medizinisches Material und Mitarbeiter von Ärzte ohne Grenzen in entlegene Gebiete Sumatras bringen. [...] Die Rainbow Warrior hat seetüchtige Schlauchboote an Bord, mit denen entlegene Orte erreicht werden können. [...] Die Rainbow Warrior ist Teil dieser Logistik."[127]

- *Unternehmen der Privatwirtschaft* sind ebenfalls Akteure im Katastrophenmanagement. Sie treten zum einen als Sponsor[128] zum anderen aber auch als Mitglieder der Wertschöpfungskette auf, die Leistungen in Form von Produkten oder Dienstleistungen erbringen. Zu den Akteuren der Wertschöpfungskette zählen insbesondere Lieferanten von Hilfsgütern, spezialisierte Unternehmen der IT-Branche und Logistikdienstleister.[129] Langfristige Partnerschaften finden sich beispielsweise seit dem Jahr 2003 zwischen dem Logistikdienstleister TNT und dem World Food Programme der UN (WFP) sowie zwischen dem Logistikdienstleister DHL und dem IFRC.[130] Beide Programme sind auf die Entwicklung logistischer Konzepte in der Katastrophenvorsorge und -bewältigung ausgerichtet. Diese Beispiele verdeutlichen, dass die Zusammenarbeit privatwirtschaftlicher Unternehmen sowohl mit Non-Governmental Organizations (in

---

126 Vgl. Hoyois, P. u.a. (2007), S. 12.
127 www.aerzte-ohne-grenzen.at, Link Presse (Pressemitteilung vom 3.1.2005).
128 Dokumentiert ist beispielsweise das Engagement des Unternehmens Colgate-Palmolive in Thailand nach dem Tsunami im Dezember 2004. Über Geldspenden hinaus stellte das Unternehmen Personal zur Verfügung, errichtete eine neue Bibliothek und begleitete weitere langfristig ausgerichtete Projekte. Vgl. Economist Intelligence Unit (Hrsg.) (2005), S. 13.
129 Vgl. Pan American Health Organization / World Health Organization (Hrsg.) (2001), S. 22; Tufinkgi, Philippe (2006), S. 143.
130 Eine ausführliche Beschreibung der Kooperation zwischen dem World Food Programme und der TPG-Tochter TNT von einer ersten Anbahnung im Jahr 2002 bis zur Umsetzung gibt Tomasini, Rolando M. / Wassenhove, Luk N. van (2004).

diesem Fall IFRC) als auch mit Inter-Governmental Organizations (hier WFP) erfolgen kann. Sie erstreckt sich von der operativen Leistungserstellung nach dem Eintritt eines Ereignisses bis hin zu strategisch ausgerichteten Projekten der Katastrophenvorsorge.[131] Die Beispiele werden ausführlich in Abschnitt 5.3.2 vorgestellt.

Diesen unterschiedlichen Akteuren ist gemein, dass sie an der (logistischen) Leistungserstellung humanitärer Wertschöpfungsketten beteiligt sind. In der Zusammenarbeit ergeben sich komplexe Beziehungen, die es unter Beachtung der individuellen und gemeinsamen Zielsetzungen zu gestalten gilt. Dabei bilden nachfolgend Managementaufgaben der Logistik – und in einem späteren Kapitel die des Supply Chain Management – Schwerpunktthemen der Analyse und Gestaltung des internationalen Katastrophenmanagements. Die Managementaufgaben der Logistik werden im nachfolgenden Kapitel zunächst in allgemeiner Form kurz vorgestellt (unter der Überschrift Grundlagen der Logistik in Abschnitt 3.1) und anschließend in Abschnitt 3.2 sowie Kapitel 4 auf das internationale Katastrophenmanagement ausgerichtet.

---

131 Vgl. Economist Intelligence Unit (Hrsg.) (2005), S. 5.

3 Logistik im internationalen Katastrophenmanagement

3.1 Grundlagen der Logistik

3.1.1 Ursprünge und Begriff der Logistik

Die **Ursprünge** des Begriffs Logistik gehen auf den militärischen Bereich zurück. Bereits im 19. Jahrhundert bezeichnete der militärische Logistikbegriff Aufgaben, die der Unterstützung der Streitkräfte dienten. Hierzu zählten und zählen insbesondere Lager- und Transportaufgaben, die sowohl auf militärische Güter als auch auf die Versorgung, Bewegung und Quartierung der Truppen gerichtet sind.[132] Mit dem französischen Wort „logis" bzw. „loger" gilt die Unterkunft der militärischen Truppen als etymologische Wurzel des Begriffs Logistik.[133]

Im Zuge der wirtschaftlichen Entwicklung im 20. Jahrhundert, die durch starke Wachstumsraten ab der Mitte des Jahrhunderts gekennzeichnet war, wurde auch durch Unternehmen die Notwendigkeit erkannt, die Material- und Güterströme zu planen, zu steuern und zu kontrollieren.[134] So wurde in der US-Amerikanischen Privatwirtschaft in den 50er Jahren der Logistikbegriff „business logistics" aus dem militärischen Sprachgebrauch übernommen. Etwa 20 Jahre später fand der Begriff Einzug in die Unternehmenswelt in Deutschland. Seither zählt Logistik zu den Managementfunktionen der Unternehmen verschiedener Branchen, zunächst insbesondere in der Industrie, später in Handelsunternehmen, bei Logistikdienstleistern und schließlich in öffentlichen sowie gemeinnützigen Organisationen (z. B. Entsorgungsbetriebe, Krankenhäuser und die für den weiteren Verlauf des Buches im Zentrum stehenden Hilfsorganisationen).[135] Während in den USA der Schwerpunkt der Logistik zunächst im Bereich der Distribution lag (teilweise wurden die Begriffe „logistics" und „distribution" synonym eingesetzt), standen in Deutschland aufgrund der Entwicklung der Materialflusssysteme für die Automobilindustrie zunächst die Beschaffungs- und Produktionslogistik im Vordergrund.[136]

Die Tatsache, dass der Begriff „Logistik" erst seit dem 19. Jahrhundert im Militär und seit Mitte des 20. Jahrhunderts in Unternehmen eingesetzt wird, bedeutet nicht, dass logistisches Denken und Handeln erst zu dieser Zeit entstanden ist. Im Handel lässt sich seit dem Altertum logistisches Denken und Handeln als Schlüsselfaktor für Erfolg nachweisen. So beschreibt Isermann, dass sich der Handel mit Gewürzen und

---

132 Vgl. Fleischmann, Bernhard (2008a), S. 3; Isermann, Heinz (1998), S. 21; Pfohl, Hans-Christian (2004a), S. 11; Pfohl, Hans-Christian (2004b), S. 3; Schulte, Christof (2005), S. 1.
133 Vgl. Fleischmann, Bernhard (2008a), S. 3.
134 Vgl. Schulte, Christof (2005), S. 1.
135 Vgl. Fleischmann, Bernhard (2008a), S. 3.
136 Vgl. Murphy, Paul R. / Wood, Donald F. (2004), S. 5; Pfohl, Hans-Christian (2004b), S. 4.

Seidenstoffen über die Seidenstraße über einen Zeitraum von etwa 3.000 Jahren durch die logistische Leistungsfähigkeit aufrechterhalten ließ. Transport, Lagerung und Umschlag der Handelsgüter mussten stets an neue Umweltbedingungen – Kriegszüge, politische Veränderungen, Unberechenbarkeiten der Natur, Überfälle durch Räuber – ausgerichtet werden. Dies erforderte sowohl eine leistungsfähige Infrastruktur in Verbindung mit der Fähigkeit, diese an veränderte Rahmenbedingungen anzupassen, als auch ein geeignetes Informationssystem (in diesem Fall über Reiter auf Relais-Pferden).[137]

Mit Blick auf die logistischen Herausforderungen im Katastrophenmanagement sind die beschriebenen Rahmenbedingungen der Seidenstraße mit Unberechenbarkeiten der Natur, politischen Veränderungen und der Bedeutung kriegerischer Aktivitäten immer noch aktuell. Ebenso sind die grundsätzlichen Anforderungen an die Logistik im Katastrophenmanagement mit denen zur Zeit der Seidenstraße vergleichbar. Der Aufbau einer leistungsfähigen Infrastruktur, die Auswahl und der Einsatz geeigneter Informationssysteme und die ständige Ausrichtung der logistischen Leistungen und Informationssysteme an veränderte Rahmenbedingungen stehen im Zentrum der Logistik in Katastrophenfällen.

Nicht nur im Altertum und im Mittelalter lässt sich frühes logistisches Denken und Handeln nachweisen.[138] Auch das im Jahr 1897 erlassene und im Jahr 1900 in Kraft getretene Handelsgesetzbuch behandelt bereits in der ersten Auflage Fracht-, Speditions- und Lagergeschäfte sowie den Seehandel mit wichtigen logistischen Grundbegriffen, Akteuren, Rechten und Pflichten.[139] Die Inhalte des HGB haben sich durch die Einführung des Logistikbegriffs in die Unternehmenswelt und wissenschaftliche Literatur nicht gravierend geändert.[140]

In der wissenschaftlichen Literatur sowie in Veröffentlichungen von Unternehmensverbänden finden sich eine Vielzahl von **Definitionsansätzen**, die sich drei unterschiedlichen Richtungen zuordnen lassen. Im weiteren Verlauf dieses Werkes werden nicht die lebenszyklus- und dienstleistungsorientierten Definitionen aufgegriffen, vielmehr gilt das flussorientierte Begriffsverständnis, das den Güterfluss in den Mittelpunkt der Betrachtung stellt.[141] In Anlehnung an Schulte wird Logistik verstanden als

1. „marktorientierte,
2. integrierte
3. Planung, Gestaltung, Abwicklung und Kontrolle
4. des gesamten Material- und dazugehörigen Informationsflusses

---

137 Vgl. Isermann, Heinz (1998), S. 21.
138 Weitere Beispiele lassen sich z. B. in Isermann, Heinz (1998), S. 21-22 nachlesen.
139 Vgl. Reichsgesetzblatt vom 10. Mai 1897, S. 219.
140 Vgl. 4. und 5. Buch des HGB mit letzter Änderung vom 10.12.2007. Vgl. Bundesgesetzblatt vom 10.12.2007, BGBl I, S. 2833-2837.
141 Zur Abgrenzung und näheren Erläuterung der drei Richtungen vgl. z. B. Pfohl, Hans-Christian (2004a), S. 12-14; Pfohl, Hans-Christian (2004b), S. 4-5.

5. zwischen einem Unternehmen und seinen Lieferanten
6. innerhalb eines Unternehmens sowie
7. zwischen einem Unternehmen und seinen Kunden."[142]

Dieses flussorientierte Begriffsverständnis findet sich sowohl in einer Vielzahl weiterer bedeutender Literaturquellen[143] als auch im Logistik-Verständnis führender nationaler und internationaler Unternehmensverbünde, wie der Bundesvereinigung Logistik (BVL)[144] und dem Council of Supply Chain Management Professionals (CSCMP).[145]

Die oben angegebene Logistik-Definition beschreibt umfassend den Aufgabenbereich der Logistik. Nachfolgend werden die einzelnen Bestandteile der Definition aufgriffen und zunächst in allgemeiner Form charakterisiert. Eine Ausrichtung des Logistikbegriffs und der Inhalte auf das internationale Katastrophenmanagement erfolgt in Abschnitt 3.2.

3.1.2 Markt-, Kunden- und Zielorientierung

Ein **Markt** lässt sich als ein System charakterisieren, das Tauschprozesse ermöglicht. Elemente dieses Systems sind Anbieter und Nachfrager, die in Form von Tauschprozessen in Beziehung zueinander treten (können). Anbieter von Logistikleistungen sind Logistikdienstleister oder andere Unternehmen, die logistische Leistungen anbieten. Nachfrager von Logistikleistungen sind sowohl Endverbraucher als auch andere Unternehmen (z. B. Logistikdienstleister, Industrieunternehmen, Handelsunternehmen), soweit sie die zur Realisierung ihrer Wertschöpfung notwendigen Logistikleistungen nicht selbst erstellen.[146]

Durch die Nachfrageseite des (Logistik-) Marktes bedeutet Marktorientierung gleichzeitig auch **Kundenorientierung** und damit „die Ausrichtung des Unternehmens an den Bedürfnissen des Kunden."[147] Diese beurteilen das Angebot und das Ergebnis der logistischen Leistungserstellung nach der wahrgenommenen Kosten/Nutzen-Relation, die sich sowohl aus Kosten bzw. Preisen als auch aus dem

---

142 Schulte, Christof (2005), S. 1.
143 Vgl. z. B. Bowersox, Donald J. / Closs, David J. / Cooper, Bixby M. (2007), S. 22; Christopher, Martin (2005), S. 4; Fleischmann, Bernhard (2008a), S. 3-4; Murphy, Paul R. / Wood, Donald F. (2004), S. 6; Pfohl, Hans-Christian (2004b), S. 4-5; Weber, Jürgen (1998), S. 79, jeweils mit unterschiedlichen Schwerpunkten in der flussorientierten Begriffsdefinition.
144 www.bvl.de: Logistik umfasst die „ganzheitliche Planung, Steuerung, Koordination, Durchführung und Kontrolle aller unternehmensinternen und unternehmensübergreifenden Güter- und Informationsflüsse."
145 www.cscmp.org: „Logistics management plans, implements, and controls the efficient, effective forward and reverse flow and storage of goods, services and related information between the point of origin and the point of consumption in order to meet customers' requirements."
146 Vgl. Isermann, Heinz (2004), S. D 2-1-D 2.2.
147 Pfohl, Hans-Christian (2004), S. 11.

wahrgenommenen Logistikservice zusammensetzt.[148] Folglich spricht Schulte in seiner Definition der Logistik indirekt auch eine **Zielorientierung** und damit die logistischen Zielgrößen

- Logistikkosten und
- Logistikservice (insbesondere Lieferzeit, Lieferzuverlässigkeit, Lieferflexibilität, Lieferqualität, Informationsbereitschaft) an.[149]

Diese Zielgrößen finden sich auch in der Charakterisierung der logistischen Aufgabenstellung durch die „7r":

- Das richtige Produkt ist
- in der richtigen Menge,
- der richtigen Qualität,
- am richtigen Ort
- zur richtigen Zeit,
- zu den richtigen Kosten
- für den richtigen Kunden zur Verfügung zu stellen.[150]

Die Bedeutung des Begriffs „richtig" ist jeweils abhängig vom individuellen logistischen Zielsystem. Da sich die beiden logistischen Zielgrößen Logistikkosten und Logistikservice in vielen Entscheidungssituationen konfliktär verhalten, lassen sich logistische Entscheidungen weder einseitig am Ziel der Kostenminimierung noch am Ziel der Servicemaximierung ausrichten.[151] Realisierbare logistische Zielsysteme lassen sich beispielsweise wie folgt formulieren:[152]

- Maximierung des Logistikservice zu gegebenen Logistikkosten
- Minimierung der Logistikkosten bei Erbringung eines geforderten bzw. akzeptablen Logistikservice
- Erfüllung definierter Anspruchsniveaus in Bezug auf Logistikservice und die Bestandteile des Logistikservice

Welches Zielsystem ein Unternehmen in Bezug auf die logistische Leistungserstellung verfolgt hängt von den Zielkunden und damit von der strategischen Ausrich-

---

148 Vgl. Isermann, Heinz (2008), S. 875-876; Pfohl, Hans-Christian (2004a), S. 33-34; Pfohl, Hans-Christian (2004b), S. 11.
149 Vgl. Bowersox, Donald J. / Closs, David J. / Cooper, Bixby M. (2007), S. 23-24; Fleischmann, Bernhard (2008a), S. 7-8; Pfohl, Hans-Christian (2004a), S. 34- 41; Pfohl, Hans-Christian (2004b), S. 11-12; Schulte, Christof (2005), S. 6-8.
150 Vgl. Ehrmann, Harald (2005), S. 25; Isermann, Heinz (1994), S. 22.
151 Vgl. Pfohl, Hans-Christian (2004a), S. 41.
152 Vgl. Pfohl, Hans-Christian (2004a), S. 41; Schulte, Christof (2005), S. 9-12.

tung des Unternehmens ab.[153] Aufgrund der hohen Bedeutung der Logistikziele für die Analyse, Bewertung und Gestaltung logistischer Systeme wird diesem Thema ein eigener Abschnitt – auch mit Bezug zu Unternehmensstrategien und Unternehmenszielen der Akteure im Katastrophenmanagement – gewidmet.[154]

3.1.3 Integration und Managementaufgaben

Häufig stehen nicht mehr einzelne Unternehmen im Wettbewerb zueinander sondern unternehmensübergreifende Wertschöpfungsketten.[155] Demnach geht es bei der Gestaltung von Logistiksystemen nicht nur um die zielorientierte Gestaltung einzelner elementarer logistischer Leistungsprozesse sondern um die **integrierte** Gestaltung von (unternehmensübergreifenden) Logistik- und Wertschöpfungsketten. Eine Logistikkette stellt die Verknüpfung und damit die Integration elementarer logistischer Leistungsprozesse dar.[156]

Der Integrationsgedanke wird in der Begriffsbestimmung des Supply Chain Management (SCM) noch stärker in den Vordergrund gestellt und demnach in der Begriffsbestimmung des SCM im folgenden Abschnitt nochmals aufgegriffen. Des Weiteren befasst sich das gesamte Kapitel 5 mit Fragestellungen der unternehmensübergreifenden Integration des Supply Chain Management.[157]

Durch die Begriffe „Planung, Gestaltung, Abwicklung und Kontrolle" wird durch die Definition zum Ausdruck gebracht, dass Logistik eine **Managementaufgabe** darstellt. Logistikmanagement umfasst sowohl die zielgerichtete Entwicklung und Gestaltung der unternehmensbezogenen und -übergreifenden Wertschöpfungssysteme nach logistischen Prinzipien (strategisches Logistikmanagement) als auch die zielgerichtete Lenkung und Kontrolle der Güter- und Informationsflüsse in diesen Wertschöpfungssystemen (operatives Logistikmanagement).[158]

---

153 Vgl. Isermann, Heinz (2008), S. 876.
154 Vgl. Abschnitt 3.2.5.
155 Zum Begriff der Wertschöpfungskette / Supply Chain erfolgen ausführliche Erläuterungen in Kapitel 5.
156 Vgl. Delfmann, Werner (2008), S. 927; Isermann, Heinz (2008), S. 876; Isermann, Heinz / Lieske, Dorit (1998), S. 405-406; Isermann, Heinz (1994), S. 26-28; Klaus, Peter (1998), S. 61-75.
157 Im einleitenden Abschnitt des Kapitels 5 findet sich auch eine Modellierung und Erläuterung zu den Begriffen „elementarer logistischer Leistungsprozesse" und „Logistikketten".
158 Vgl. Pfohl, Hans-Christian (2004b), S. 16-18; Weber, Jürgen (1994), S. 45-55.

3.1.4 Material- und Informationsflüsse

Das flussorientierte Logistikverständnis stellt *Material- bzw. Güterflüsse* in den Mittelpunkt der Betrachtung. Logistische Leistungen verändern insbesondere raumzeitliche Merkmalausprägungen von Gütern.[159]
Eine Logistikleistung umfasst mindestens eine der **logistischen Kernleistungen**. Hierzu zählen Transport, Lagerung und Umschlag.[160]

- *Transport*: Der Transport von Gütern dient der Überwindung räumlicher Distanzen und führt damit zu einer Ortsveränderung des Transportgutes, das sich nach dem Transport zu einem späteren Zeitpunkt an einem anderen Ort befindet. Transporte verändern sowohl zeitliche als auch räumliche Merkmalsausprägungen der Logistikgüter.[161] Unterschieden wird zwischen außerbetrieblichen Transporten (z. B. von einem Unternehmen zu seinen Kunden) und innerbetrieblichen Transporten (z. B. von einem Lager zur Fertigung).[162]
- *Lagerung*: Die grundlegende Aufgabe der Lagerung besteht in der wirtschaftlichen Abstimmung unterschiedlich dimensionierter Güterströme. Es erfüllt in diesem Zusammenhang mehrere Funktionen (z. B. Ausgleichs-, Sicherungs-, Assortierungs-, Spekulations- und Veredelungsfunktion). Durch Lagerung werden folglich ausschließlich zeitliche Merkmalsausprägungen eines Logistikgutes verändert.[163]
- *Umschlag*: Im Rahmen des außer- und innerbetrieblichen Güterflusses findet durch Umschlag regelmäßig ein Wechsel zwischen verschiedenen Arbeitsmitteln statt. Hierzu zählen unter anderem das Be- und Entladen von Transportmitteln sowie das Ein- und Auslagern. Umschlagsprozesse verändern demnach – wie auch Transporte – raumzeitliche Merkmale der Logistikgüter.[164]

Durch **Zusatzleistungen** werden über die raum-zeitlichen Merkmalsausprägungen der Güter weitere Merkmalsausprägungen transformiert. Zusatzleistungen ergänzen die Kernleistungen, indem sie diese ermöglichen, zielgerichtet gestalten oder ergänzen. Zu den logistischen Zusatzleistungen zählen insbesondere Kommissionierungs- und Verpackungsleistungen.[165]

---

[159] Vgl. Isermann, Heinz (1998), S. 26; Pfohl, Hans-Christian (2004a), S. 8.
[160] Vgl. Isermann, Heinz (1998), S. 36; Pfohl, Hans-Christian (2004a), S. 8.
[161] Vgl. Bowersox, Donald J. / Closs, David J. / Cooper, Bixby M. (2007), S. 28; Murphy, Paul R. / Wood, Donald F. (2004), S. 162; Schulte, Christof (2005), S. 147.
[162] Vgl. Fleischmann, Bernhard (2008a), S. 6; Gudehus, Timm (2007b), S. 807; Schulte, Christof (2005), S. 147.
[163] Vgl. Bowersox, Donald J. / Closs, David J. / Cooper, Bixby M. (2007), S. 29; Gudehus, Timm (2007b), S. 583; Schulte, Christof (2005), S. 222-223.
[164] Vgl. Bowersox, Donald J. / Closs, David J. / Cooper, Bixby M. (2007), S. 29; Murphy, Paul R. / Wood, Donald F. (2004), S. 149; Schulte, Christof (2005), S. 147 und 213.
[165] Vgl. Isermann, Heinz (1998), S. 36-37; Pfohl, Hans-Christian (2004a), S. 8.

- *Kommissionierung*: Durch die Kommissionierung werden bestimmte Teilmengen (Artikel) aus einer Gesamtmenge (Sortiment) zusammengestellt, sodass ein lagerspezifischer Zustand in einen verbrauchsspezifischen Zustand umgewandelt wird. Hierbei erfolgt die Zusammenstellung auf der Grundlage von Bedarfsinformationen (z. B. durch eine Fertigungsstelle oder einen Kundenauftrag).[166]
- *Verpackung*: Die Verpackung dient dem Schutz der Güter und kann als Träger wichtiger Informationen über das Gut und die logistischen Prozesse eingesetzt werden. Darüber hinaus ermöglicht bzw. unterstützt sie die Handhabung im Rahmen der Umschlags- und Kommissionierleistungen. In den Lager- und Transportprozessen kann die Verpackung eine höhere Raumausnutzung ermöglichen.[167]
- *Nicht-logistische Zusatzleistungen*: Zusätzlich zu logistischen Zusatzleistungen können weitere nicht-logistische Zusatzleistungen in einem Bündel logistischer Systemleistungen angeboten werden. Hierzu zählen beispielsweise Beratungsleistungen, die im Zusammenhang mit der logistischen Leistungserstellung stehen.[168]

„Der Güterfluss zwischen Liefer- und Empfangspunkt fließt nicht von allein, sondern setzt den Austausch von **Informationen** zwischen den beiden Punkten voraus."[169] Informationen werden für die Planung, Steuerung und Kontrolle aller Prozesse in einer Logistikkette – und damit für die Ausübung der Managementaufgaben – benötigt. Informationen lösen den Materialfluss vorauseilend aus (z. B. durch Kundenaufträge oder Bedarfsprognosen), begleiten ihn erläuternd (z. B. durch Gefahrgutkennzeichnung oder Lieferschein) und folgen ihm bestätigend oder nicht bestätigend nach (z. B. Empfangsbestätigung oder Reklamationen). Adäquate und auf die Materialströme abgestimmte Informationssysteme sind Bestandteil einer leistungsfähigen logistischen Infrastruktur.[170]

---

166 Vgl. Fleischmann, Bernhard (2008a), S. 7; Gudehus, Timm (2007b), S. 685; Schulte, Christof (2005), S. 246.
167 Vgl. Bowersox, Donald J. / Closs, David J. / Cooper, Bixby M. (2007), S. 29; Fleischmann, Bernhard (2008a), S. 7; Murphy, Paul R. / Wood, Donald F. (2004), S. 126-130; Schulte, Christof (2005), S. 260-261.
168 Vgl. Isermann, Heinz (1998), S. 37.
169 Pfohl, Hans-Christian (2004a), S. 8.
170 Vgl. Fleischmann, Bernhard (2008a), S. 7; Isermann, Heinz (1998), S. 37; Murphy, Paul R. / Wood, Donald F. (2004), S. 60-61; Pfohl, Hans-Christian (2004a), S. 8.

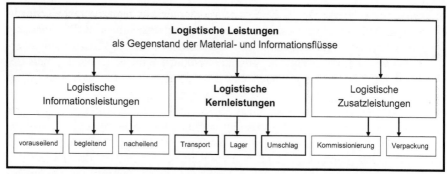

Abbildung 14: Logistische Kern-, Zusatz- und Informationsleistungen[171]

3.1.5 Logistische Funktionen

Der Material- und Informationsfluss vollzieht sich gemäß der zugrunde gelegten Definition des Begriffs Logistik[172]

- zwischen einem Unternehmen und seinen Lieferanten (Beschaffungslogistik)
- innerhalb eines Unternehmens (Produktionslogistik) sowie
- zwischen einem Unternehmen und seinen Kunden (Distributionslogistik).

Damit vollziehen sich auch die erläuterten logistischen Kern-, Zusatz- und Informationsleistungen in diesen logistischen Funktionen.

Die Beschaffung erstreckt sich von den Lieferanten bis hin zur Material- und Teilebereitstellung im Unternehmen (in Industrieunternehmen erfolgt die Bereitstellung für die Fertigung). Sie „umfasst sämtliche unternehmens- und/oder marktbezogenen Tätigkeiten, die darauf gerichtet sind, einem Unternehmen die benötigten, aber nicht selbst hergestellten Objekte verfügbar zu machen."[173] Die Planung, Gestaltung, Abwicklung und Kontrolle der Material- und Informationsflüsse innerhalb der Beschaffung stellen die Aufgaben der **Beschaffungslogistik** dar. Hierzu zählen unter anderem außerbetriebliche Transporte von den Lieferanten zum Unternehmen, die Lagerung der bezogenen Materialien sowie innerbetriebliche Transporte (zum Beispiel zu Fertigungsstellen).[174]

Entlang des Materialflusses eines Unternehmens schließt sich an die Beschaffung die Produktion an. Im Folgenden soll unter Produktion die Kombination von Produktionsfaktoren zum Zwecke der betrieblichen Leistungserstellung verstanden

---

171 In Anlehnung an Isermann, Heinz (1998), S. 35.
172 Vgl. Schulte, Christof (2005), S. 1.
173 Schmitz, Michael (2008), S. 255.
174 Vgl. Ehrmann, Harald (2005), S. 258; Fortmann, Klaus-Michael / Kallweit, Angela (2007), S. 52; Pfohl, Hans-Christian (2004a), S. 17; Schulte, Christof (2005), S. 263-264; Sommerer, Gerhard (2004), S. 157-158.

werden. Damit wird sowohl die Produktion von Sachleistungen als auch die Produktion von Dienstleistungen in die Begriffsdefinition einbezogen.[175] Die Planung, Gestaltung, Abwicklung und Kontrolle der Material- und Informationsflüsse innerhalb der Produktion stellen die Aufgaben der **Produktionslogistik** dar.[176]
Die Distribution umfasst die Verbindung der Absatzseite eines Unternehmens mit den Kunden.[177] Analog zu den logistischen Aufgaben in Beschaffung und Produktion stellen die Planung, Gestaltung, Abwicklung und Kontrolle der Material- und Informationsflüsse innerhalb der Distribution die Aufgaben der **Distributionslogistik** dar. Zu den logistischen Leistungen der Distributionslogistik zählen unter anderem die Lagerung der zu den Kunden zu liefernden Güter, Kommissionierung und Verpackung sowie außerbetriebliche Transporte. Die Planung und Gestaltung von Lagerstrukturen sowie die Tourenplanung sind demnach wichtige Managementaufgaben der Distributionslogistik.[178]
Die klassische Funktionenorientierung in der Logistik lässt sich wie folgt darstellen.

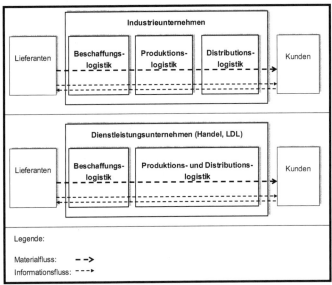

Abbildung 15: Funktionenorientierung in der Logistik[179]

---

175 Engere Begriffsdefinitionen beziehen nur die Produktion von Sachleistungen in Industrieunternehmen in die Definition ein; sehr weite Definitionen verstehen jede Kombination von Produktionsfaktoren als Produktion und beziehen damit z. B. auch Beschaffungs- und Distributionsaktivitäten in die Definition ein. Vgl. zu den unterschiedlichen Begriffsabgrenzungen z. B. Hegenscheidt, Matthias (2004), S. B 3-1 – B 3-2.
176 Vgl. Pfohl, Hans-Christian (2004a), S. 17; Schulte, Christof (2005), S. 343.
177 Vgl. Domschke, Wolfgang / Schildt, Birgit (1998), S. 213.
178 Vgl. Pfohl, Hans-Christian (2004a), S. 17; Schulte, Christof (2005), S. 457.
179 Vgl. in Anlehnung z. B. an Sommerer, Gerhard (1994), S. 157.

Die Abbildung verdeutlicht die unternehmensbezogene Ausrichtung der Produktionslogistik sowie die Verbindungen der Beschaffungslogistik zu den Lieferanten und der Distributionslogistik zu den Kunden eines Unternehmens. Während der Materialfluss über die Funktionen Beschaffung, Produktion und Distribution von den Lieferanten über das Unternehmen bis hin zu den Kunden verläuft, können die vorauseilenden, begleitenden und nacheilenden Informationsflüsse auch entgegengesetzt zum Materialstrom gerichtet sein.

Die Abbildung bringt auch eine Besonderheit der Dienstleistungsunternehmen zum Ausdruck. Aufgrund der Immaterialität von Dienstleistungen kann der Dienstleistungsproduzent keine bereits produzierten Dienstleistungen anbieten, sondern lediglich die Bereitschaft zur Produktion. Eine Dienstleistungsproduktion auf Vorrat ist ausgeschlossen, sodass Produktion und Absatz zeitlich und räumlich simultan erfolgen.[180]

3.1.6 Entwicklungsstufen und Trends in der Logistik

Im klassischen Verständnis der Logistik in den 70er Jahren waren die Funktionen Beschaffungs-, Produktions- und Distributionslogistik noch deutlich voneinander abgegrenzt (wie in Abbildung 15 sowie durch B, P und D in Abbildung 16 dargestellt). Im Vordergrund standen material- und warenflussbezogene Fragestellungen innerhalb der logistischen Funktionen eines Unternehmens. Schnittstellen zwischen den logistischen Funktionen sowie unternehmensübergreifende Logistiksysteme wurden kaum behandelt.[181]

Mit der **Entwicklung der Logistik** seit den 80er Jahren sind die logistischen Funktionen immer weiter in den Hintergrund gerückt. Wie in der nachfolgenden Abbildung dargestellt, hat sich die Sicht von einer Funktions- zu einer unternehmensweiten und -übergreifenden Prozessorientierung gewandelt.[182] Logistische Prozesse in Form von Kern-, Zusatz- und Informationsleistungen überlagern die Grenzen der Funktionen und Unternehmen. Der Blick ist nicht mehr nur auf das eigene Unternehmen gerichtet sondern auch auf die einem Unternehmen vor- und nachgelagerten Wertschöpfungsstufen.

---

180 Vgl. z. B. Corsten, Hans / Gössinger, Ralf (2007), S. 103-112; Maleri, Rudolf (2008).
181 Vgl. Schulte, Christof (2005), S. 17.
182 Vgl. Klaus, Peter (1998), S. 61-78; Schulte, Christof (2005), S. 17.

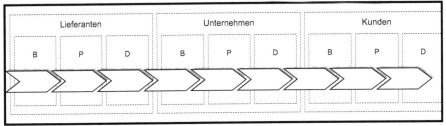

Abbildung 16: Prozessorientierung in der Logistik[183]

Der Integrationsgedanke hat sich im Laufe der Jahrzehnte über die Unternehmens- und Ländergrenzen hinweg fortgesetzt, sodass die Logistik heute unternehmensübergreifend und zudem international ausgerichtet ist.[184] Themenstellungen zum Umgang mit kulturellen Unterschieden und Sprachdifferenzen sowie zur Abstimmung zwischen unterschiedlichen Standards in der logistischen und informatorischen Infrastruktur sind heute ebenso Bestandteil der Logistik in Wissenschaft und Praxis[185] wie die Gestaltung unternehmensübergreifender vertikaler und horizontaler Kooperationen.[186] Die „kettenorientierte" Sicht auf Prozess-, Logistik- und Wertschöpfungsketten ist zudem in den vergangenen Jahren zu einer Netzwerkorientierung ausgeweitet worden. Die gestiegene Komplexität der Austauschbeziehungen findet durch den Begriff des Netzwerks besondere Berücksichtigung.[187]

Die Markt- und Kundenorientierung, der Integrationsgedanke, die Managementaufgaben sowie die Abstimmung zwischen Material- und Informationsflüssen (als Bestandteile der Begriffsdefinition „Logistik") haben im Zeitablauf im Vergleich zu den klassischen Funktionen immer mehr an Bedeutung gewonnen. Dies gilt auch für die logistische Leistungserstellung im Katastrophenmanagement, auf die in den nachfolgenden Kapiteln ausführlich eingegangen wird.

Parallel zu diesen Entwicklungsstufen der Logistik ist der Begriff des „Supply Chain Management" entstanden, der in Kapitel 5 mit den Einsatzpotenzialen und Grenzen für das internationale Katastrophenmanagement behandelt wird. Material- und Informationsflüsse, Markt- und Kundenorientierung, Integration sowie Managementaufgaben sind sowohl charakteristische Bestandteile der Logistik als auch des Supply Chain Management. Beide Begriffe werden teilweise synonym verwendet,[188]

---

183 Eigene Darstellung.
184 Vgl. z. B. Christopher, Martin (2005), S. 32-33; Schulte, Christoph (2005), S. 17-19.
185 Vgl. z. B. Bowersox, Donald J. / Closs, David J. / Cooper, Bixby M. (2007), S. 282-295; Wood, Donald F. u.a. (2002), S. 47-88.
186 Vgl. z. B. Bowersox, Donald J. / Closs, David J. / Cooper, Bixby M. (2007), S. 297-318; Christopher, Martin (2005), S. 175-230; Pfohl, Hans-Christian (2004b), S. 352-378; Schulte, Christof (2005), S. 525-530.
187 Vgl. Corsten, Daniel / Gabriel, Christoph (2004), S. 8.
188 Vgl. z. B. Simchi-Levi, David / Kaminsky, Philip / Simchi-Levi, Edith (2003), S. 1: „The supply chain, which is also referred to as the logistics network […]."

aber auch die gegenseitige Über- und Unterordnung lassen sich in der wissenschaftlichen Literatur nachweisen.[189]

Sowohl wissenschaftliche Institute als auch Unternehmen und Unternehmensverbünde führen regelmäßig Studien zu aktuellen **Trends** und Entwicklungen in Logistik und Supply Chain Management durch. Langzeitstudien ermöglichen nicht nur eine Momentaufnahme sondern zeigen auch Entwicklungen zu wichtigen Fragestellungen im Zeitablauf auf. Hierzu zählen unter anderem

- regelmäßige Studien der Bundesvereinigung Logistik (BVL) zu „Trends und Strategien in der Logistik",[190]
- eine „Vermessung" der Logistik für Deutschland und Europa, durch die Klaus Marktgrößen, Marktsegmente und Marktführer erfasst,[191]
- regelmäßige Studien der European Logistics Association (ELA), zur „Excellence in Logistics"[192] und
- die Studie „Third-Party-Logistics", die jährlich durch das Unternehmen Capgemini und das Georgia Institut of Technology unter Einbindung weiterer Partner durchgeführt wird.[193]

Einige gemeinsame Ergebnisse dieser national, europa- und weltweit ausgerichteten Studien werden nachfolgend zusammenfassend dargestellt. Dabei liegt die Konzentration auf Entwicklungen, die für Logistik und SCM im Katastrophenmanagement von Bedeutung sind.

1. Weitere Zunahme der **Globalisierung**
   Der Trend zur weiteren Globalisierung lässt sich unter anderem durch die in der nachfolgenden Abbildung skizzierte Verlagerung von regionalen zu globalen Beschaffungsaktivitäten dokumentieren.

---

189 Vgl. Literaturquellen in Abschnitt 5.1. SCM wird hier als übergeordneter Begriff verstanden.
190 Straube, Frank u.a. (2005).
191 Klaus, Peter / Kille, Christian (2007).
192 European Logistics Association / Arthur D. Little (2007).
193 Capgemini u.a. (2007).

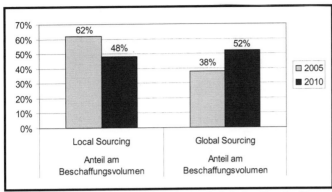

Abbildung 17: Entwicklung lokaler und globaler Beschaffungsaktivitäten[194]

Für Akteure im Katastrophenmanagement[195] sind Fragestellungen mit regionalem und internationalem Bezug relevant, da sich diese im Spannungsfeld zwischen Regionalisierung und Globalisierung bewegen. Die Versorgung der Katastrophengebiete hat einen starken regionalen Bezug. Staatliche und nichtstaatliche Hilfsorganisationen können aber sowohl regional als auch international aufgestellt sein sowie regional und international Kooperationen mit anderen Hilfsorganisationen, Lieferanten und Logistikdienstleistern eingehen. Logistische Methoden lassen sich in diesem Spannungsfeld einsetzen, um regional und international ausgerichtete Transporte und Touren zu planen sowie Entscheidungen über Standorte für Regionalläger und international ausgerichtete Zentralläger zu treffen. Das Spannungsfeld der Regionalisierung – Globalisierung wird in mehreren der nachfolgenden Kapitel aufgegriffen.

2. Weitere **Fremdvergabe** logistischer Leistungen
Der sich fortsetzende Trend zur Fremdvergabe logistischer Leistungen lässt sich nicht nur für Deutschland und Europa sondern weltweit identifizieren.[196] Die folgende Abbildung skizziert, dass auf unterschiedlichem aber durchgängig hohem Niveau bis zum Jahr 2012 ein weiterer Anstieg des Fremdbezugs logistischer Leistungen zu erwarten ist. Nationale und internationale Transportleistungen werden mit weltweit durchschnittlich 83% bzw. 79% am umfangreichsten an Fremdunternehmen vergeben, gefolgt von klassischen Lagerleistungen (69%).[197]

---

194 Daten entnommen aus Straube, Frank u.a. (2005), S. 62.
195 Die Akteure im Katastrophenmanagement sowie weitere Grundlagen des Katastrophenmanagements und der Katastrophenlogistik werden in den nachfolgenden Abschnitten ausführlich vorgestellt.
196 Vgl. hierzu Capgemini u.a. (2007); Klaus, Peter / Kille, Christian (2006); Klaus, Peter / Kille, Christian (2007).
197 Vgl. Capgemini u.a. (2007), S. 12-14.

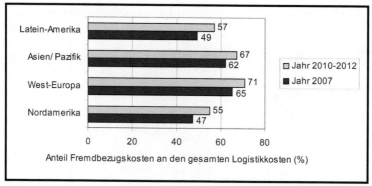

Abbildung 18: Entwicklung der Fremdvergabe logistischer Leistungen[198]

Besondere Wachstumsraten werden für kontraktlogistische Dienstleistungen erwartet, zu denen individuell gestaltete Outsourcing-Beziehungen zählen, die mehrere Funktionen bzw. Leistungen umfassen, längerfristig ausgerichtet sind und ein erhebliches Umsatzvolumen (mindestens 1 Mio. EUR / Jahr) aufweisen. Klaus identifiziert in seiner „Top 100"-Studie für Deutschland zum Zeitpunkt der aktuellen Erhebung, ein Umsatzpotential von 67 Mrd. EUR, das bislang nur zu 23% ausgeschöpft ist.[199]

Für logistische Leistungen im internationalen Katastrophenmanagement stellt sich ebenso wie für Industrie- und Handelsunternehmen die Frage, welche und wie viele der Leistungen an welchem Ort eigen erstellt bzw. fremd bezogen werden. Dabei sind jeweils Auswirkungen auf Kosten- und Serviceziele sowie auf die umfassenderen Unternehmensziele der Akteure im Katastrophenmanagement zu beachten. Im Falle eines Fremdbezugs – insbesondere in Form kontraktlogistischer Leistungen – ergeben sich weitere Fragestellungen zur Gestaltung von Kooperationen im Supply Chain Management. Die Themenstellungen „Fremdvergabe" und „Kooperationen" werden aufgrund der hohen und weiter zunehmenden Relevanz unter der Überschrift „Outsourcing und Kooperationen" in 5 ausführlich behandelt.[200]

3. Weiterentwicklung und zunehmender Einsatz von **Informations- und Kommunikationstechnologien**

Mit bestehenden und sich weiter fortsetzenden Trends zu Fremdvergabe, Kooperationen und Globalisierung steigt die Komplexität der Wertschöpfungsketten, in denen sich logistische Leistungen und weitere Leistungen (des Katastrophenmanagements) vollziehen. Es handelt sich häufig um international ausgerichtete unternehmensübergreifende Wertschöpfungsketten. Damit die Materialströme in diesen komplexen Supply Chains zielgerichtet bewältigt werden kön-

---

198 Daten entnommen aus Capgemini u.a. (2007), S. 13.
199 Klaus, Peter / Kille, Christian (2006).
200 Vgl. hierzu Abschnitt 5.3.

nen, ist der Einsatz von Informations- und Kommunikationstechnologien erforderlich, der sowohl unternehmensbezogen als auch unternehmensübergreifend ausgerichtet ist. Die nachfolgende Abbildung visualisiert exemplarisch die zunehmende Bedeutung der zur Verfügung stehenden Informationstechnologien.

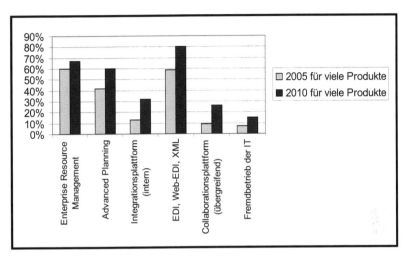

Abbildung 19: Einsatz von Informationstechnologien in der Logistik[201]

Gravierende Wachstumsraten werden im Einsatz der Identifikationstechnologie Radio Frequency Identification (RFID) erwartet, Capgemini prognostiziert beispielsweise einen Anstieg der RFID-Nutzer von aktuell 14% auf 70% in den kommenden Jahren.[202] Dennoch wird gemäß BVL-Studie „RFID auch bis zum Jahr 2010 den Barcode nicht ablösen"[203] und Capgemini weist darauf hin, dass RFID auch nach einer Realisierung dieser hohen prognostizierten Wachstumsraten nicht zu den fünf meistgenutzten Informationstechnologien im Logistik-Outsourcing zählen würde.[204]

Im international und unternehmensübergreifend ausgerichteten Katastrophenmanagement sind Wertschöpfungsketten ständig an neue Rahmenbedingungen in einer dynamischen Umwelt anzupassen. Durch den Einsatz von Standards in der Datenermittlung, -übertragung und -auswertung lassen sich Informationen über Bedarfe, Bestände und Flüsse aufeinander abstimmen. Aufgrund der Bedeutung und Aktualität des Themengebietes wird dem Einsatz von Informations- und Kommunikationstechnologien im Katastrophenmanagement ein eigenes Kapitel gewidmet (vgl. Kapitel 6).

---

201 Daten entnommen aus Straube, Frank u.a. (2005), S. 57. Die Daten beziehen sich auf die Industrie.
202 Capgemini u.a. (2007), S. 27.
203 Straube, Frank u.a. (2005), S. 54.
204 Capgemini u.a. (2007), S. 27-28.

3.2 Logistik im Katastrophenmanagement

3.2.1 Schwachstellen in der Vergangenheit

In Abschnitt 2.1.3 wurden mit dem Hurrikane Katrina in den USA, dem Erdbeben in Pakistan und dem Tsunami in Asien unterschiedliche Beispiele für Katastrophen dargestellt. Bisherige Analysen über das Katastrophenmanagement haben Schwachstellen aufgezeigt, die sich insbesondere auf die Logistik richten. Die folgenden Zitate beziehen sich auf solche Schwachstellen, die beispielsweise auf eine zerstörte Infrastruktur, begrenzte Kapazitäten, Lieferengpässe unterschiedlicher Art und Koordinationsprobleme in der Wertschöpfungskette zurückzuführen sind.

- Im Jahr 2005 wurden nach dem *Hurrikane Katrina* sowohl ein Versagen der Infrastruktur als auch Schwachstellen in der logistischen Leistungserstellung identifiziert:

  „Media reports and subsequent inquiries of the rescue and relief efforts in the aftermath of Hurricane Katrina have been critical of the failures of the official infrastructure, and identified gaps that need to be addressed before the onset of the next hurricane season."[205]

  Von mehreren Aussagen, denen die befragten betroffenen Menschen entweder zustimmen oder ablehnen sollten, erfährt die folgende Aussage mit 29% die geringste Zustimmung: „You feel save knowing that relief agencies are providing the best possible services and resources."[206] Die Distribution einiger Hilfsgüter, wie Wasser und Lebensmittel, wurde relativ gut bewertet (81% der Befragten gaben eine zeitnahe Verteilung an, 88% gaben an, dass geeignete Hilfsgüter und ausreichende Mengen verteilt wurden). Dreiviertel der betroffenen Menschen erhielten jedoch innerhalb der ersten 30 Tage keine Kleidung, Unterstützung bei Umzügen oder vergleichbare Leistungen.[207] Eine besondere Beachtung in der logistischen Leistungserstellung muss in Zukunft dem Bedarf der betroffenen Menschen zukommen. In den ersten 48 Stunden nach dem Hurrikane wurden Menschen mit dem größten Bedarf an Hilfeleistungen – nämlich diejenigen, die nicht evakuiert wurden – in geringerem Maße unterstützt als die evakuierten Menschen.[208]

- Nach dem Erdbeben in *Pakistan* bestand eine besondere Herausforderung an die logistische Leistungserstellung, da Gebiete in den Bergen nur schwer zugänglich waren. Nicht nur wenige Tagen und Wochen nach dem Erdbeben sondern auch nach zehn Monaten wurden gravierende Lücken in der Versorgung der betroffenen Bevölkerung mit Hilfsgütern identifiziert.[209] Im Vergleich der Befragungen

---

205 Fritz Institute (Hrsg.) (2006), S. 2.
206 Fritz Institute (Hrsg.) (2006), S. 20.
207 Vgl. Fritz Institute (Hrsg.) (2006), S. 6.
208 Vgl. Fritz Institute (Hrsg.) (2006), S. 7.
209 Vgl. Bliss, Desiree / Larsen, Lynnette (2006).

zwei und zehn Monate nach dem 8. Oktober 2005 hat sich die Situation für einige benötigte Hilfsgüter (insbesondere gilt dies für Lebensmittel) im Zeitablauf sogar weiter verschärft:

> „Fifty percent (50%) or more of the respondents in need of livelihood restoration, drinking water, sanitation, clothing and relocation at the two-month mark had not received services; at the ten-month mark, even larger percentages of those households in need of the same services reported receiving none. The percentage of those who needed but did not receive food almost doubled over the same period."[210]

- Zahlreiche Herausforderungen und Schwachstellen der Logistik und des SCM im Katastrophenmanagement lassen sich in Sri Lanka, Indien und Indonesien nach dem *Tsunami* vom 26. Dezember 2004 identifizieren:

> „In the immediate aftermath of the Tsunami, as relief goods flooded airports and warehouses in the affected regions, aid agencies struggled to sort through, store and distribute the piles of supplies while disposing of those that were inappropriate.
>
> In Sri Lanka, the sheer number of cargo-laden humanitarian flights overwhelmed the capacity to handle goods at the airport. Downstream, relief agencies struggled to locate warehouses to store excess inventory.
>
> In India, transportation pipelines were bottlenecked.
>
> In Indonesia, the damaged infrastructure combined with the flood of assistance from the military representatives from several countries and the large numbers of foreign aid agencies created a coordination and *logistical nightmare*."[211]

Für Indien und Sri Lanka gaben beispielsweise 40% bzw. 42% der beteiligten Hilfsorganisationen an, dass die Lagerkapazitäten nicht ausreichten (ebenso 40% bzw. 52% der Transportkapazitäten).[212] Weitere Lücken wurden in der Verfügbarkeit erforderlicher Medikamente (in Sri Lanka 60%) und Materialien sowie in der Kommunikation identifiziert, die Werte lagen sowohl für Indien als auch in Sri Lanka bei jeweils über 20%.

Aus den erkannten Schwachstellen der bisherigen logistischen Leistungen in der humanitären Supply Chain hat das Fritz Institute im Jahr 2005 übergreifende Schwachstellen bzw. Lücken identifiziert:[213]

- Die Bedeutung der Logistik wird nicht erkannt.
- Das eingesetzte Personal verfügt nicht über das erforderliche logistische Expertenwissen.
- Verfügbare Technologien – wie Sendungsverfolgungssysteme – werden nicht geeignet eingesetzt.
- Logistische Prozesse werden nicht systematisch verbessert.

---

210 Bliss, Desiree / Larsen, Lynnette (2006), S. 5.
211 Thomas, Anisya / Kopczak, Laura (2005), S. 1.
212 Vgl. Thomas, Anisya / Ramalingam, Vimala (2005a), S. 3, 11 und 25.
213 Vgl. Thomas, Anisya / Kopczak, Laura (2005), S. 5-6; vgl. auch Thomas, Anisya (2003), S. 1.

- Die Zusammenarbeit zwischen den (logistischen) Akteuren der Wertschöpfungskette weist Mängel auf.

Der aus der Schwachstellenanalyse identifizierte Handlungsbedarf mündet in Maßnahmenpaketen, zu denen

- die Kommunikation über die strategische Bedeutung der Logistik im Katastrophenmanagement,
- die Bildung von Expertengruppen,
- eine standardisierte und zertifizierte Logistikausbildung für das Personal, standardisierte logistische Kennzahlen und
- die Entwicklung geeigneter und flexibler technologischer Lösungen zählen.[214]

Zur Umsetzung dieser Maßnahmen sollen Methoden und Konzepte der Logistik und des SCM eingesetzt werden, die sich in der Privatwirtschaft bereits bewährt haben.[215] Hierzu bedarf es zunächst eines Verständnisses über die Methoden und deren Einsatzpotenziale im Katastrophenmanagement:

„Humanitarian Logistics has much in common with corporate logistics, …"[216] „However, the applicability of these commercial supply chain methods and other corporate logistics and related research to humanitarian operations is not fully understood."[217] „It is paradoxical that a sector which has such extreme requirements in terms of timeliness, affordability and oversight is so undeveloped."[218]

3.2.2 Begriffe zur Logistik im Katastrophenmanagement

Die Beispiele haben einen Eindruck darüber vermittelt, dass Schwachstellen in der logistischen Leistungserstellung in Katastrophenfällen bestanden und immer noch bestehen. Logistische Methoden, die erfolgreich in der Privatwirtschaft eingesetzt werden, sowie Konzepte des Supply Chain Management sind auf ihre Einsatzpotenziale zu überprüfen. Die Bedeutung dieser Ansätze der Logistik für das Katastrophenmanagement werden im nachfolgenden Abschnitt 3.2.3 kurz skizziert und im anschließenden Kapitel ausführlich behandelt.

Zunächst ist eine Begriffsabgrenzung der unterschiedlichen in Literatur und Praxis verwendeten Begriffe erforderlich. In Bezug auf die logistische Leistungserstellung werden unter anderem die Begriffe humanitäre Logistik (insbesondere als humanita-

---

214 Thomas, Anisya / Kopczak, Laura (2005), S. 7-12; Thomas, Anisya (2003), S. 7-13.
215 Vgl. Economist Intelligence Unit (Hrsg.) (2005), S. 20; Pan American Health Organization / World Health Organization (Hrsg.) (2001), S. 9.
216 Thomas, Anisya (2003), S. 2.
217 Fritz Institute (Hrsg.) (2004), S. 5; vgl. auch Thomas, Anisya (2003), S. 1.
218 Thomas, Anisya (2003), S. 2.

rian logistics im Angloamerikanischen), Katastrophenlogistik (insbesondere im Deutschen)[219] und Logistik im Katastrophenmanagement eingesetzt.

Der **humanitären Logistik** liegt folgende Definition zugrunde:

"Humanitarian Logistics is defined as the process of planning, implementing and controlling the efficient and cost-effective flow and storage of goods and materials, as well as related information, from the point of origin to the point of consumption for the purpose of alleviating the suffering of vulnerable people. The function encompasses a range of activities, including preparedness, planning, procurement, transport, warehousing, tracking and tracing, and customer clearance."[220]

Diese Definition begreift die humanitäre Logistik als Managementaufgabe, ist prozess- integrations-, kunden- und zielorientiert formuliert, beinhaltet Material- und Informationsflüsse sowie eine Aufzählung der Leistungen. Die Besonderheit des Begriffes „humanitär" kommt in der Definition durch die Kunden- und Zielorientierung zum Ausdruck; diese besteht darin, das Leid von Menschen zu lindern, die sich in Gefahr bzw. Notsituationen befinden („alleviating the suffering of vulnerable people", siehe Definition). Demnach soll der weit gefasste Begriff der humanitären Logistik als Oberbegriff für Logistik im Katastrophenmanagement und Katastrophenlogistik begriffen werden, die in der Kunden- und Zielorientierung speziell auf potentielle sowie eingetretene Katastrophen gerichtet sind.

Die Begriffe **Logistik im Katastrophenmanagement** und Katastrophenlogistik werden synonym eingesetzt, wobei der Begriff Logistik im Katastrophenmanagement bevorzugt eingesetzt wird. Es bedarf keiner neuen Definition des Logistikbegriffs sondern nur einer speziellen Ausrichtung auf das Katastrophenmanagement. Demnach wird die Begriffsdefinition nach Schulte aus Abschnitt 3.1.1 weiterhin verwendet und an die aus Abschnitt 2.2 bekannten Grundlagen des Katastrophenmanagements angepasst:

Logistik im Katastrophenmanagement ist die

- „auf (potenziell) durch Katastrophen betroffene Menschen und Gebiete ausgerichtete,
- integrierte
- Planung, Gestaltung, Abwicklung und Kontrolle
- des gesamten Material- und dazugehörigen Informationsflusses
- zwischen einem Akteur des Katastrophenmanagements und seinen Lieferanten
- mit Ausrichtung auf die Akteure des Katastrophenmanagements sowie
- zwischen einem Akteur des Katastrophenmanagements und seinen Kunden."[221]

Eine Anpassung der allgemeinen Definition der Logistik besteht in der „Marktorientierung", die nun auf die betroffenen Menschen und Gebiete ausgerichtet ist. Durch

---

219 Vgl. Tufinkgi, Philippe (2006), S. 128.
220 Thomas, Anisya / Kopczak, Laura (2005), S. 2.
221 Eigene Begriffsbildung, in Anlehnung an die Logistikdefinition nach Schulte, Christof (2005), S. 1.

den Zusatz (potenziell) wird die Marktorientierung gemäß der Inhalte des Katastrophenmanagements über die Katastrophenbewältigung hinaus auch auf die Katastrophenvorsorge gerichtet. Eine zweite Anpassung besteht in der Anpassung des „Unternehmensbegriffs", der nun speziell auf die Akteure des Katastrophenmanagements (und damit auf alle in Abschnitt 2.3 vorgestellten Akteure) ausgerichtet wird. Über Unternehmen hinaus sind nun auch staatliche Organisationen, Hilfsorganisationen sowie weitere NGOs und IGOs in die Begriffsbildung eingebunden. Durch den Zusatz „zwischen mehreren Akteuren des Katastrophenmanagements" sollen die vielfältigen Formen der Zusammenarbeit auf einer Wertschöpfungsstufe Beachtung finden.

Die nachfolgende Abbildung enthält für den bekannten Kreislauf der Katastrophenvorsorge und -bewältigung jeweils ein Beispiel für logistische Aktivitäten.

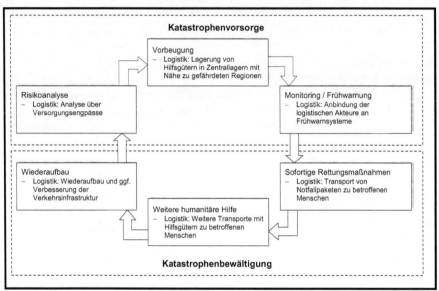

Abbildung 20: Logistik im Kreislauf des Katastrophenmanagements[222]

Die charakteristischen Elemente des Begriffs Logistik im Katastrophenmanagement werden in den Abschnitten 3.2.4 bis 3.2.6 durch Erläuterungen zu den Besonderheiten der Kunden und Zielorientierung sowie der Material- und Informationsflüsse in ausführlicher Form dargestellt.

---

222 Eigene Darstellung, in Ergänzung zu Abbildung 12.

3.2.3 Bedeutung der Logistik für das Katastrophenmanagement

Die Komplexität sowie die speziellen Rahmenbedingungen, unter denen die sofortigen Rettungsmaßnahmen der Logistik in der Katastrophenbewältigung erfolgen, lassen sich wie folgt beschreiben:

> „The assessment forms the basis for an appeal that lists specific items and quantities needed to provide immediate relief to the affected populations. Emergency stocks of standard relief items are sent in from the nearest relief warehouses. Calls are made to traditional government donors and the public commitments for cash and / or in-kind donations secured. Suppliers and logistics providers are lined up, and the mobilization of goods from across the globe begins: When supplies arrive, local transportation, warehousing and distribution have to be organized. This is a tremendous feat to accomplish, given the remote places in which disasters tend to occur, the uniqueness of the requirements for each disaster in terms of both expertise and goods, and the fact that the disaster site is often in a state of chaos […]."[223]

Seit einigen Jahren ist erkannt worden, dass Logistik für das Katastrophenmanagement eine zentrale Funktion darstellt. So wird die Bedeutung der Logistik beispielsweise in Veröffentlichungen des Fritz Institute sowie des IFRC seit dem Jahr 2003 herausgestellt:[224]

1. Logistik gestaltet *Schnittstellen*, unter anderem zwischen Katastrophenvorsorge und Katastrophenbewältigung, zwischen Einkauf und Distribution sowie zwischen der Zentrale und dem Einsatz vor Ort.
2. Logistik ist entscheidend für die *Schnelligkeit*, mit der Hilfsgüter die betroffenen Menschen erreichen und bildet zugleich einen *kostenintensiven* Bereiche der Katastrophenhilfe.
3. Sofern es den Logistikverantwortlichen gelingt, die Güter durch die Wertschöpfungskette zu verfolgen, werden *Daten* über Kosten und Schnelligkeit der beteiligten Akteure sowie über die Verwendung der Hilfsgüter zur Verfügung gestellt. Diese Daten lassen sich zur Verbesserung der Leistungsfähigkeit sowohl aktueller als auch zukünftiger Einsätze verwenden.

Das IFRC und das Fritz Institute stellen damit die Bedeutung der charakteristischen Elemente der Logistik und des Supply Chain Management heraus:

- Unter 1.: Integration, Koordination, Managementaufgabe, logistische Funktionen
- Unter 2.: Kunden- und Zielbezug (mit den Zielgrößen Logistikkosten und Logistikservice)
- Unter 3.: Über die Materialflüsse hinausgehende Informationsflüsse

---

223 Thomas, Anisya / Kopczak, Laura (2005), S. 2-3.
224 Vgl. Kopczak, Laura R. / Johnson, Eric M. (2004), S. 6; Thomas, Anisya (2003), S. 3; Thomas, Anisya / Kopczak, Laura (2005), S. 2. Vgl. ähnliche Aussagen in Tufinkgi, Philippe (2006), S 122-123.

3.2.4 Kundenorientierung

In der Literatur und Praxis des Katastrophenmanagements wird der Begriff des „Kunden" i. d. R. nicht verwendet. Es geht um einzelne „Menschen" in Notsituationen oder übergreifend um die durch eine Katastrophe „betroffene Bevölkerung".[225] Dennoch soll der Kundenbegriff an dieser Stelle eingesetzt werden, um zu verdeutlichen, dass ein „Kundenbezug" im Katastrophenmanagement auf mehreren Ebenen vorhanden ist.

- Die *Bevölkerung*, die durch eine Katastrophe betroffen ist (z. B. durch Todesopfer, Beeinträchtigung der Gesundheit, ökonomische Schäden), stellt eine dieser Ebenen dar. Diese bildet den Abschuss der humanitären Supply Chain des Katastrophenmanagements und damit den „Endkunden".
- Entsprechend des integrativen Gedankens und des Pull-Prinzips des SCM sind auch *Akteure*, die Leistungen in *vorgelagerten Wertschöpfungsstufen* erbringen, als Kunden in mehreren aufeinander folgenden Kunden-Lieferanten-Beziehungen anzusehen.[226]
- Ebenfalls stellen *Geldgeber* eine Ebene dar, die nicht zu vernachlässigen ist. Während Endkunden in den Wertschöpfungsketten von Industrie und Handel Produkte oder Dienstleistungen durch den Kauf gleichzeitig in Anspruch nehmen und vergüten, treten in den Wertschöpfungsketten des Katastrophenmanagements zwei unterschiedliche Kunden auf: Die betroffene Bevölkerung, die die Leistung in Anspruch nimmt, und Geldgeber, die die finanziellen Mittel für Leistungserstellung aufbringen.

Abbildung 13 unterscheidet für das Katastrophenmanagement zwischen Akteuren, die Mittel bereitstellen, und Akteuren, die Mittel einsetzen. Diese Abbildung enthält ebenfalls die drei vorgestellten Kundenebenen: Auf der untersten Ebene wird die betroffene Bevölkerung – und damit der Endkunde – eingebunden, die mittlere Ebene zeigt Mittel einsetzende Akteure und damit zugleich Kunden und Lieferanten in der Wertschöpfungskette, und auf der obersten Ebene stellen die Mittelgeber die dritte Kundenebene dar.

Mittelgeber erhalten ihre Informationen über die Leistungen einer Hilfsorganisation über Jahresberichte, Prüfungsberichte und Dokumentationen der Hilfsorganisationen hinaus auch über die allgemeine Wahrnehmung in der Öffentlichkeit, die in hohem Maße durch Medien geprägt wird. Insbesondere Privatpersonen und Unternehmen entscheiden auch auf der Grundlage von Medienberichten über die Höhe und die Empfänger von Spendengeldern. Demnach stellen Medien und „die Öffentlichkeit" eine weitere (indirekte) Kundenebene dar.

---

[225] So auch in der Definition der Begriffe Logistik und SCM im Katastrophenmanagement in Abschnitt 3.2.2.
[226] Vgl. hierzu Abschnitte 5.1.5 und 5.1.6 mit allgemeinen Grundlagen zu Kunden- und Integrationsorientierung im SCM.

Ein *Beispiel* aus dem Jahr 2008 stellt *UNICEF* Deutschland dar. Bereits Ende des Jahres 2007 wurde bekannt, dass der damalige Geschäftsführer Dietrich Garlichs (zurückgetreten am 8.2.2008) einen ehemaligen Abteilungsleiter nach seinem Ausscheiden als freien Mitarbeiter mit Managementaufgaben betraute; dieser verdiente zwischen den Jahren 2005 und 2007 über eine Viertelmillion Euro.[227] Nach dem Rücktritt der Vorsitzenden Heide Simonis sind Berichte und Meldungen unter folgenden Überschriften erschienen:

> „Unicef soll Gutachten geschönt haben" (4.2.2008), „Die dubiosen Verträge von Unicef" (5.2.2008), „Schlamperei beim Umgang mit Spendengeldern" (25.2.2008), „Unicef verliert das Spendensiegel" (20.2.2008), „Schwere Vorwürfe gegen Deutsche Kinderhilfe" (10.3.2008).[228]

Ein Zitat soll die Inhalte dieser Beiträge exemplarisch darstellen:

> „Der deutsche Ableger des international agierenden UN-Kinderhilfswerks erlebt momentan das, was für eine Nonprofit-Organisation den absoluten Supergau bedeutet: Dem Hilfswerk der Vereinten Nationen wird Misswirtschaft, Verschwendung von Spendengeldern und horrende Vermittlungsprovisionen vorgeworfen. Statt hungernden Kindern in Afrika zu helfen, sollen diejenigen, die Spenden eingetrieben haben, fürstlich entlohnt worden sein. Alleine von den im Jahr 2006 gesammelten 97,3 Millionen Spendengeldern hätten angeblich 17,5 Millionen die Kinder nicht erreicht."[229]

Die Meldungen sollen an dieser Stelle nicht weiter erläutert oder kommentiert werden, auch soll nicht diskutiert werden, welche der Vorwürfe zutreffend sind und welche nicht.[230] Wichtiger ist die Auswirkung auf die Kundengruppe der Geldgeber. Die Nachrichten haben dazu geführt, dass UNICEF Deutschland bereits zum 6. Februar 2008 5.000 Dauerspender verloren hat; noch im Februar steigt die Zahl nach eigenen Angaben von UNICEF auf über 20.000 Dauerspender an.[231]

3.2.5 Strategie und Zielorientierung

3.2.5.1 Visionen, Strategien und Ziele der Akteure

Visionen stellen die generelle Leitidee und demnach den Ursprung der Tätigkeit von Unternehmen und der Akteure des Katastrophenmanagements dar.[232] Als Leitidee der Rotkreuzbewegung gelten beispielsweise seit der Begründung die Grundsätze Menschlichkeit, Neutralität, Freiwilligkeit, Universalheit, Unparteilichkeit, Unabhängigkeit und Einheit sowie die damit in Verbindung stehende Mission:[233]

---

227 Vgl. www.zeit.de/2007/50/LS-Unicef.
228 Vgl. www.welt.de/politik, jeweils unter dem Stichwort UNICEF und dem angegebenen Datum.
229 www.zeit.de/online/2008/06/unicef.
230 Eine ausführliche Stellungnahme gibt UNICEF unter www.unicef.de/transparenz.html.
231 Vgl. www.zeit.de/online/2008/06/unicef; www.unicef.de.
232 Vgl. Schulte, Christof (2005), S. 33.
233 Vgl. Deutsches Rotes Kreuz (Hrsg.) (2006), S. Deckblatt Innenseite. Vgl. auch zur historischen Entwicklung der Grundsätze Treptow, Rainer (2007), S. 18.

„The International Federation's mission is to improve the lives of vulnerable people by mobilizing the power of humanity. The most vulnerable people are those who are at the greatest risk from situations that threaten their survival or their capacity to live with an acceptable level of social and economic security and human dignity."[234]

Während andere Hilfsorganisationen ihre Visionen und Leitbilder in ähnlicher Weise formulieren, weichen die Visionen anderer Akteure der humanitären Wertschöpfungskette von dieser Formulierung ab. So können auch politisch und betriebswirtschaftlich ausgerichtete Visionen (z. B. der Logistikdienstleister) in der Wertschöpfungskette vertreten sein. Dieser übergeordnete Bezugsrahmen der Visionen, Missionen und Leitbilder stellt die Grundlage der strategischen Planung – und demnach auch den Rahmen für die Entwicklung der Logistikstrategie – dar.[235] **Strategien** zielen darauf ab, Wettbewerbsvorteile zu erreichen bzw. vorhandene Wettbewerbsvorteile zu erhalten und damit die Überlebensfähigkeit des Unternehmens oder der Organisation dauerhaft zu sichern. Bei der Formulierung der Unternehmensstrategien und der daraus abgeleiteten Ziele gilt es, den bestehenden bzw. potenziellen Wettbewerb (in der Form des stärksten Wettbewerbers) sowie die (Ziel-) Kunden zu berücksichtigen.[236] Als Bezugsrahmen für eine konsequente wettbewerbs- und kundenorientierte Ausrichtung der Akteure des Katastrophenmanagements eignet sich das **strategische Dreieck** nach Ohmae mit den Eckpunkten Kunden, stärkster Wettbewerber und eigene Organisation als Anbieter der Leistung.[237]

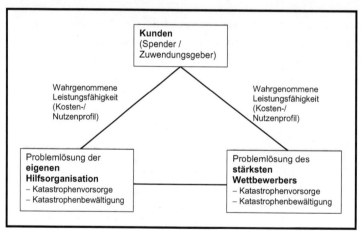

Abbildung 21: Strategisches Dreieck einer Hilfsorganisation[238]

---

234   IFRC (Hrsg.) (2006), Deckblatt Innenseite.
235   Vgl. Schulte, Christof (2005), S. 34.
236   Vgl. Isermann, Heinz (2008), S. 876; Porter, Michael E. (2004), S. 17, 23; Schulte, Christof (2005), S. 26-27.
237   Vgl. Isermann, Heinz (2008), S. 876; Ohmae, Kenichi (1982); Schulte, Christof (2005), S. 27.
238   Eigene Darstellung, in Anlehnung an Isermann, Heinz (2008), S. 876; Ohmae, Kenichi (1982); Schulte, Christof (2005), S. 27.

Der (potenzielle) Kunde bewertet die angebotene Leistung nach dem Kosten-/ Nutzenverhältnis und wählt bei mehreren Angeboten denjenigen Anbieter aus, der in seiner Wahrnehmung das attraktivere Kosten-/ Nutzenverhältnis aufweist.[239] In der Wertschöpfungskette des Katastrophenmanagements ist zwischen unterschiedlichen Kunden und Wettbewerbern zu unterscheiden, je nachdem welche Stufe der Wertschöpfungskette betrachtet wird:

- Für *Hilfsorganisationen* stellen andere Hilfsorganisationen (NGOs und IGOs) direkte Wettbewerber dar. Bei den Kunden handelt es sich um Spender und Zuwendungsgeber. Diese beurteilen den Nutzen durch die Leistungsfähigkeit der Hilfsorganisationen in Bezug auf die (potenziell) betroffene Bevölkerung als „Endkunden" der Wertschöpfungskette. Hierzu zählen unter anderem auch die Ausprägungen logistikspezifischer Merkmale, wie Reaktionsschnelligkeit, Versorgungsfähigkeit und Informationsfähigkeit sowie die Höhe der Logistikkosten. Gelder erhalten diejenigen Organisationen, die in der Wahrnehmung (potenzieller) Mittelgeber in Bezug auf wichtige Leistungsmerkmale mittel- bis langfristig ein höheres Niveau aufweisen (z. B. Rettung vieler Menschenleben, zeitnahe Versorgung der betroffenen Bevölkerung mit Hilfsgütern, keine Verschwendung von Spendengeldern).
- Für *Unternehmen*, die in der der Wertschöpfungskette Leistungen erstellen, beispielsweise Logistikdienstleister, Produzenten und Lieferanten, stellen andere Akteure der Supply Chain Kunden dar.

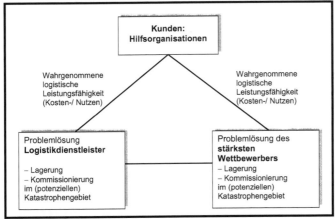

Abbildung 22: Strategisches Dreieck eines Logistikdienstleisters[240]

Wird z. B. eine Beziehung zwischen Logistikdienstleister und Hilfsorganisation betrachtet, bilden Hilfsorganisationen die Kunden der logistischen Leistungser-

---

239 Vgl. Isermann, Heinz (2008), S. 876.
240 Eigene Darstellung, in Anlehnung an Isermann, Heinz (2008), S. 876; Ohmae, Kenichi (1982); Schulte, Christof (2005), S. 27.

stellung. Diese beurteilen das angebotene Kosten-Nutzen-Verhältnis unterschiedlicher Logistikdienstleister und beauftragen denjenigen Logistikdienstleister mit der attraktivsten Relation aus beiden Größen

- Kosten, z. B. für Lagerung, Transport und Kommissionierung und
- Nutzen, beispielsweise in Form der Lieferzeit und Lieferzuverlässigkeit sowie einer hohen Produktqualität.

Die Wettbewerbsstrategie ist auf der Ebene der Geschäftsfelder zu gestalten. Porter unterscheidet zwischen den folgenden **Grundstrategien**:[241]

- *Kostenführerschaft* (Overall Cost Leadership): Die Strategie der Kostenführerschaft zielt darauf ab, das eigene Kostenniveau unter dem der wichtigsten Wettbewerber zu halten. In der Gestaltung des Kosten-/ Nutzenprofils stehen geringe Kosten im Vordergrund; das Nutzenprofil muss für die Zielkunden noch akzeptabel sein.
- *Differenzierung* (Differentiation): Bei der Differenzierungsstrategie wird angestrebt, sich durch spezifische Leistungsmerkmale, wie einer hohen Qualität und / oder einen hervorragenden Service von den Wettbewerbern abzuheben. In der Gestaltung des Kosten-/ Nutzenprofils steht der Nutzen im Vordergrund; die Kostenstruktur muss für die Zielkunden noch akzeptabel sein.
- *Konzentration* (Focus): Die Konzentrationsstrategie ist auf Marktnischen ausgerichtet. Im Falle dieser Strategie konzentriert sich ein Unternehmen / eine Organisation auf kleine Marktsegmente bzw. spezifische Abnehmergruppen.

International aufgestellte Hilfsorganisationen verfolgen im Geschäftsfeld des Katastrophenmanagements i. d. R. die Strategie der Differenzierung. So formuliert beispielsweise das IFRC als Hilfsorganisation auf der Grundlage der übergreifenden Vision und Mission strategische Stoßrichtungen für mehrere Geschäftsfelder.[242] In Bezug auf das Geschäftsfeld des Katastrophenmanagements wird die strategische Ausrichtung in zwei Unternehmensziele unterteilt: Die Katastrophenvorsorge sorgt für den Aufbau lokaler und übergreifender Kapazitäten, um auf plötzliche Gefahrensituationen vorbereitet zu sein, und die Katastrophenbewältigung verfolgt als oberste Zielsetzung, die Anzahl an Todesopfern, Verletzungen und Erkrankungen zu reduzieren.[243] Wettbewerbsvorteile werden entsprechend der Differenzierungsstrategie durch Qualität und Service in der Katastrophenvorsorge und -bewältigung aufgebaut. Dabei zeichnet sich die internationale Rotkreuz- und Rothalbmondbewegung durch eine internationale Präsenz in Kombination mit regionaler Kompetenz vor Ort aus.

---

241 Vgl. Porter, Michael E. (2004), S. 35-41; vgl. ergänzend auch Pfohl, Hans-Christian (2004b), S. 88-90; Schulte, Christof (2005), S. 38-39.
242 Vgl. hierzu ausführliche Erläuterungen zur Strategie 2010 in IFRC (Hrsg.) (2005), insbesondere S. 12-24.
243 Vgl. IFRC (Hrsg.) (2006), S. 9, 15, 19; IFRC (Hrsg.) (2008), Deckblatt Innenseite

Andere Hilfsorganisationen stellen in ihrer Differenzierungsstrategie, die sich ebenfalls auf Qualität und Service im Katastrophenmanagement richtet, andere Leistungsmerkmale (z. B. die logistische Leistungsfähigkeit) oder die Ausrichtung auf besondere Zielgruppen in den Vordergrund. Beispielsweise richtet sich UNICEF insbesondere an Kinder (und Mütter) als Teil der betroffenen Bevölkerung.[244] Die Diakonie Katastrophenhilfe richtet sich bei der Kundengruppe der Mittelgeber insbesondere an gläubige Christen:

> „Orientiert am christlichen Menschenbild und aus der Gesamtverantwortung für Gottes Schöpfung leistet sie [die Diakonie Katastrophenhilfe, Anm. d. Verf.] gemeinsam mit der weltweiten Christenheit bedingungslos humanitäre Nothilfe, unabhängig von der politischen, religiösen und kulturellen Zugehörigkeit der Betroffenen."[245]

Die Anzahl der Zielkunden („Endkunden" und „Mittelgeber") der Organisationen UNICEF und Diakonie Katastrophenhilfe ist so groß, dass es sich nicht um eine Nische im Sinne der Konzentrationsstrategie handelt. Eine Konzentrationsstrategie verfolgen kleine regional ausgerichtete Hilfsorganisationen im Rahmen der Katastrophenhilfe.

Andere Akteure der Wertschöpfungskette des Katastrophenmanagements, insbesondere Lieferanten, Produzenten und Logistikdienstleister, verfolgen gegebenenfalls die Strategie der Kostenführerschaft. Die Wettbewerbsfähigkeit der Hilfsorganisationen als Differenzierer wird über die eigene Leistungserstellung hinaus auch durch die Auswahl der Wertschöpfungspartner bestimmt. „Wettbewerbliche Überlegenheit setzt voraus, dass die Wertschöpfungskette insgesamt nachhaltige Wettbewerbsvorteile gegenüber konkurrierenden Wertschöpfungsketten erzielt und behaupten kann."[246] In der Gestaltung der Zusammenarbeit zwischen den Akteuren des Katastrophenmanagements, die jeweils unterschiedliche Strategien und daraus abgeleitete Ziele verfolgen, stellt folglich die Koordination – im Sinne einer zielgerichteten Abstimmung – ein wettbewerbsentscheidendes Gestaltungsfeld dar.

Ein Unternehmen, das die Strategie der Kostenführerschaft verfolgt, kann ein geeigneter Wertschöpfungspartner sein, wenn sichergestellt wird, dass Qualität und Service in der Wahrnehmung der Mittelgeber und im Nutzen für die betroffene Bevölkerung ein akzeptables Niveau annehmen. Ein Pharmaunternehmen als Kostenführer kann demnach ein geeigneter Lieferant in der Wertschöpfungskette des Katastrophenmanagements sein, wenn die Qualität der Impfstoffe und Medikamente akzeptabel ist (z. B. in Bezug auf die Wirkung, die Verträglichkeit / Nebenwirkungen, die Haltbarkeit). In Verträgen lässt sich dieses akzeptable Qualitäts- und Serviceniveau dokumentieren und bei Abweichungen sanktionieren. Ungeeignet ist ein (potenzieller) Wertschöpfungspartner, der die Strategie der Kostenführerschaft verfolgt, wenn das Qualitätsniveau nicht mehr akzeptabel ist. Ein Beispiel stellt die Lieferung von

---

244 Vgl. www.unicef.org.
245 Diakonisches Werk (Hrsg.) (2006), S. 25.
246 Isermann, Heinz (2008), S. 876.

überschüssigem deutschem Rindfleisch nach Nordkorea im Zuge der BSE-Krise dar,[247] dessen Qualität und Frische nicht in allen Fällen gewährleistet war.

In Abhängigkeit von der gewählten Grundstrategie einzelner Akteure oder einer Wertschöpfungskette ergeben sich unterschiedliche Anforderungen an die übergreifenden **Ziele** der Organisation sowie die daraus abgeleiteten Ziele der Funktionsbereiche. Auch die Logistikstrategie und die logistische Zielsetzung sind aus der gewählten Grundstrategie abzuleiten und mit dieser in Abstimmung zu bringen.[248] Die Inhalte des nachfolgenden Abschnitts richten sich – unter Berücksichtigung des strategischen Rahmens – speziell auf die **logistischen Ziele** der Akteure im Katastrophenmanagement.

3.2.5.2 Logistikziele der Akteure im Katastrophenmanagement

Logistik leistet einen wesentlichen Beitrag zur Generierung von Wettbewerbsvorteilen für Akteure im Katastrophenmanagement.[249] Die logistische Leistungsfähigkeit einer Hilfsorganisation kann zur Differenzierung und damit zu Wettbewerbsvorteilen gegenüber den direkten Wettbewerbern führen.[250] Das Kosten- / Nutzenprofil der logistischen Leistungserstellung richten sich dabei auf die aus Abschnitt 3.1.2 bekannten **Zielgrößen der Logistik**

- *Logistikservice* (z. B. zeitnahe und zuverlässige Versorgung der betroffenen Bevölkerung, Flexibilität in Bezug auf die Rahmenbedingungen, wie zerstörte Infrastruktur und politische Rahmenbedingungen, Informationsbereitschaft und -fähigkeit) und
- *Logistikkosten* (z. B. Kosten für die Errichtung der logistischen Leistungsbereitschaft, Personalkosten, Kapitalbindungskosten).[251]

Das Gesamtbudget der Akteure im Katastrophenmanagement, insbesondere der Hilfsorganisationen, ist i. d. R. durch die privaten Spendengelder und weiteren Zuwendungen (z. B. durch einen Staat oder Staatengemeinschaften) begrenzt. Diese Gelder werden auf unterschiedliche Bereiche aufgeteilt, so z. B. Katastrophenvorsorge und Katastrophenbewältigung, unterschiedliche (potenzielle) Katastrophengebiete sowie logistische und nicht-logistische Aufgaben. Damit steht für die logistische Leistungserstellung für ein bestimmtes Projekt der Vorsorge oder Bewältigung i. d. R. ein Budget zur Verfügung. Angaben über die Herkunft und projekt- sowie

---

247 Vgl. Lieser, Jürgen (2007), S. 50.
248 Vgl. Schulte, Christof (2005), S. 39.
249 "As such, logistics is central to their activities and strategic to their mission." Thomas, Anisya (2003), S. 1.
250 „…compete against other aid agencies based on a competetive advantage in logistics." Thomas, Anisya / Kopczak, Laura (2005), S. 11.
251 Vgl. z. B. Bowersox, Donald J. / Closs, David J. / Cooper, Bixby M. (2007), S. 312; Schulte, Christof (2005), S. 6-9.

funktionenbezogene Verwendung der Gelder enthalten unter anderem die Jahresberichte der Hilfsorganisationen.[252] So weist das Deutsche Rote Kreuz in seinem Jahrbuch Spendengelder für die in diesem Buch als Beispiele herangezogenen Katastrophen Spendengelder in folgender Höhe aus:[253]

- USA, Hurrikane Katrina: 3.167 Tsd. EUR im Jahr 2005 und 29 Tsd. EUR im Jahr 2006
- Asien, Tsunami: 120.673 Tsd. EUR im Jahr 2005 und 3.902 Tsd. EUR im Jahr 2006
- Asien, Erdbeben Pakistan: 14.386 Tsd. EUR im Jahr 2005 und 1.463 Tsd. EUR im Jahr 2006.

Hohe Zielerreichungsgrade in Bezug auf Logistikservice und Logistikkosten können dazu beitragen, sich von den direkten Wettbewerbern zu differenzieren und so weitere Spenden für die zukünftige Leistungserstellung im Katastrophenmanagement zu erhalten:

> „The logistics community and the aid sector must find ways to paint a picture for donors and the public demonstrating how timeliness and cost-effectiveness of relief delivering is improving over time, insuring that donations are well-spend."[254]

Auch Zuwendungen – im Falle des Deutschen Roten Kreuzes insbesondere durch das Auswärtige Amt und die EU als wichtigste Zuwendungsgeber – sind in den meisten Fällen zweckgebunden. Die Zuwendungen sind erforderlich, damit auch solche Regionen im Rahmen der Katastrophenhilfe unterstützt werden, die weniger Aufmerksamkeit in der Öffentlichkeit erfahren, so beispielsweise eine Vielzahl der Katastrophen in Afrika.[255]

Übergreifend werden durch das IFRC für die Jahre 2008 und 2009 ebenfalls bereits Budgets für regionale und zielbezogene globale Programme ausgewiesen.[256] Auch Logistikbudgets werden für diese Jahre bereits ausgewiesen; das Logistikbudget im globalen Programm „Katastrophenmanagement" beträgt im Jahr 2008 beispielsweise 3.832 Tsd. SFR (2.629 Tsd. SFR im Jahr 2009). Insgesamt umfasst das Programm 36.082 Tsd. SFR im Jahr 2008 (und 38.048 Tsd. SFR im Jahr 2009).[257]

---

252 Vgl. Angaben hierzu z. B. in Ärzte ohne Grenzen (Hrsg.) (2006), S. 12-36; S. 36 enthält einen zukunftsbezogenen Prognosebericht für Projektfinanzierungen im Jahr 2007; Deutsches Rotes Kreuz (Hrsg.) (2007).
253 Vgl. Deutsches Rotes Kreuz (Hrsg.) (2007), S. 21. Insgesamt beträgt der Umfang der Spenden für DRK-Einsätze im Ausland im Jahr 2006 35.972 Tsd. EUR.
254 Thomas, Anisya / Kopczak, Laura (2005), S. 11.
255 Vgl. Deutsches Rotes Kreuz (Hrsg.) (2007), S. 20, 22.
256 Vgl. IFRC (Hrsg.) (2008), S. 60. Erläuterungen zu den regionenbezogenen Programmen erfolgen auf S. 61-74; insgesamt basieren die Planungen auf einem Budget in Höhe von 325.975 Tsd. SFR im Jahr 2008 und 326.182 Tsd. SFR im Jahr 2009.
257 Vgl. IFRC (Hrsg.) (2008), S. 77. Weitere Positionen weisen einen Logistikbezug auf, so beispielsweise die Koordination, die Planung und Vorsorge, die Risikobewältigung sowie EDV-Tools.

Unter den dargestellten Bedingungen gegebener Projektbudgets – und damit häufig auch Logistikbudgets – lautet eine realitätsnahe **Zielformulierung** für Logistik im Katastrophenmanagement:

→ **Maximierung des Logistikservice** unter Einsatz des zur Verfügung stehenden Logistikbudgets.[258]

Das zur Verfügung stehende Logistikbudget ist gemäß dieser Zielformulierung so einzusetzen, dass ein möglichst hoher Logistikservice realisiert wird. In der Charakterisierung der logistischen Aufgabenstellung durch die **7r** bedeutet dies:[259]

- die richtigen Hilfsgüter und Dienstleistungen sollen
- in der richtigen Menge
- der richtigen Qualität
- am Ort der (potenziellen) Katastrophe
- zur richtigen Zeit
- zu dem zur Verfügung stehenden Logistikbudget
- für die (potenziell) betroffene Bevölkerung

zur Verfügung gestellt werden.

Beispiele aus der Vergangenheit verdeutlichen Abweichungen von den „7r". „Jahrelang lagerten in Mazedonien und Albanien Tonnen unbrauchbarer Hilfsgüter – das Ergebnis wohlmeinender, aber unbedachter spontaner Hilfsaktionen während des Kosovo-Krieges von 1999."[260] Dieses Beispiel setzt ebenso wie das Beispiel über einen „spektakulären, aber nicht notwendigen deutschen Hubschraubereinsatz beim Hochwasser in Mosambik"[261] bereits an den „falschen" Hilfsgütern bzw. Dienstleistungen an. Die Kombination aus richtigem Ort, richtiger Zeit und richtigem Kunden" wurde auch durch humanitäre Sofortmaßnahmen nach dem Hurrikane Katrina nicht umgesetzt. Zunächst hätten als „richtige" Kunden diejenigen mit dem größten Bedarf, nämlich die nicht evakuierten, am richtigen Ort, nämlich im Zentrum des Katastrophengebietes, versorgt werden müssen. Erste Hilfsaktionen der Katastrophenbewältigung richteten sich aber in höherem Ausmaß an die evakuierte Bevölkerung mit einem geringeren Bedarf und erst zu einem späteren Zeitpunkt an die nicht evakuierte Bevölkerung.[262] Die empirischen Erhebungen des Fritz Institute nach dem Hurrikane Katrina, dem Tsunami in Asien und dem Erdbeben in Pakistan dokumentieren, dass bei allen drei Katastrophen der Bedarf an Hilfsgütern und Hilfeleistungen in unterschiedlichem Ausmaß nicht gedeckt werden konnte.[263] Besonders

---

258 Zur Ableitung von Logistikstrategien und -zielen aus den Grundstrategien Kostenführerschaft und Differenzierung vgl. auch Bowersox, Donald J. / Closs, David J. / Cooper, Bixby M. (2007), S. 312; Schulte, Christof (2005), S. 39.
259 Vgl. auch Erläuterungen zur Zielsetzung der Logistik und zu den 7r in Abschnitt 3.1.2.
260 Lieser, Jürgen (2007), S. 50.
261 Lieser, Jürgen (2007), S. 50.
262 Vgl. Fritz Institute (Hrsg.) (2006), S. 5.
263 Vgl. Bliss, Desiree / Larsen, Lynnette (2006); Fritz Institute (Hrsg.) (2006), S. 5; Thomas, Anisya / Ramalingam, Vimala (2005).

gravierend zeigt sich dies nach dem Erdbeben in Pakistan. Die erfassten Daten dokumentieren, dass zu wenige Hilfsgüter – teilweise schlechter Qualität, so z. B. keine wetterbeständigen Zelte – zu langsam und zudem ungerecht unter der betroffenen Bevölkerung verteilt wurden. Zusammenfassend gaben 56% der befragten betroffenen Menschen die Einschätzung ab, dass das Distributionssystem übergreifend nicht akzeptabel funktionierte.[264] Zusammenfassend wurde auch nach 10 Monaten noch festgestellt:

> „Humanitarian Assistance was Inadequate Relative to Need. Ten Month Later, Large Numbers of the Earthquake-Affected Report Having Acute Needs for Basic Assistance."[265]

Zur Gestaltung der 7r zählt nicht nur die „richtige" Katastrophenbewältigung sondern auch die „richtige" Katastrophenvorsorge; aus diesem Grund enthält die Formulierung der 7r an zwei Stellen den Zusatz „potenziell". Der Ausbau der logistischen Leistungsbereitschaft des IFRC im Zuge der Umstrukturierung des Supply Chain Management im Jahr 2006 zählt zu solchen Maßnahmen der Katastrophenvorsorge. Im Rahmen des zur Verfügung gestellten Logistikbudget wurden zusätzlich zu der bereits in Panama bestehenden „Regional Logistics Unit" zwei weitere Einheiten in Kuala Lumpur und Dubai aufgebaut. Auf Basis empirischer Daten wird der zu erwartende Bedarf an Hilfsgütern in der jeweiligen Region ermittelt. Dieser voraussichtliche Bedarf wird in den Regional Logistics Units vorgehalten, um – entsprechend einer Erfüllung der 7r – zeitnah auf einen tatsächlichen Bedarf reagieren zu können.[266] Die Verbesserung der logistischen Zielgrößen in der Supply Chain ist messbar: Durch die Vorhaltung der Hilfsgüter in den Regional Logistics Unit konnte die Durchlaufzeit der Wertschöpfungskette bei gleichzeitiger Kostenreduzierung beschleunigt werden. Im Vergleich der Leistungserstellung nach dem Erdbeben in Indonesien im Mai des Jahres 2006 mit der Leistungserstellung nach dem Erdbeben in Pakistan im Jahr 2005 und dem Tsunami in Asien im Jahr 2004 lässt sich eine Verkürzung der Durchlaufzeit um den Faktor drei bzw. sechs feststellen. Gleichzeitig sind die Logistikkosten in der Wertschöpfungskette der Katastrophenbewältigung gesunken.[267] Einsparungen in den Logistikkosten lassen sich für andere wertschöpfende Tätigkeiten des Katastrophenmanagements einsetzen und tragen somit ggf. zu einer weiteren Verbesserung der Wettbewerbsfähigkeit bei. Trotz dieser gravierenden Erhöhung logistischer Zielerreichungsgrade besteht ein bislang ungenutztes Potenzial, die logistische Leistungserstellung weiter zu verbessern. Dieses lässt sich ebenfalls durch Daten über die logistische Leistungserstellung nach dem Erdbeben in Indonesien aus dem Jahr 2006 erahnen: Etwa 75% der benötigten Güter waren innerhalb von 8 Wochen nach dem Ereignis für die weitere Verteilung verfügbar.

Der folgende Abschnitt ist messbaren Kennzahlen für die logistische Leistungserstellung im Katastrophenmanagement gewidmet. Sowohl Entscheidungskriterien für

---

264 Vgl. Bliss, Desiree / Larsen, Lynnette (2006), S. 6-7.
265 Bliss, Desiree / Larsen, Lynnette (2006), S. 6.
266 Vgl. IFRC (Hrsg.) (2006), S. 10-11.
267 Vgl. IFRC (Hrsg.) (2006), S. 10-11

die Gestaltung der Logistik im Katastrophenmanagement als auch entsprechende Kennzahlen sind zielorientiert – und demnach unter Berücksichtigung der Vision, Strategie und (Logistik-) Ziele – zu bilden.

3.2.5.3 Ableitung von Entscheidungskriterien und zielorientierter Kennzahlen

Mit der Kenntnis übergreifender Unternehmensstrategien und -ziele sowie des logistischen Zielsystems lassen sich Entscheidungskriterien für die Gestaltung logistischer Systeme und Wertschöpfungsketten im Katastrophenmanagement ableiten. Zu den Entscheidungskriterien, die sich direkt aus dem logistischen Zielsystem ableiten lassen zählen[268]

- servicebezogene Kriterien (siehe Zielsetzung: Maximierung des Logistikservice) und
- kosten- bzw. budgetbezogene Kriterien (siehe Zielsetzung: unter Einsatz des zur Verfügung stehenden Logistikbudgets).

Zusätzlich sind mit Blick auf das Supply Chain Management
- integrationsbezogene Kriterien und
- marktbezogene Kriterien
als Entscheidungskriterien zu berücksichtigen.

Die **servicebezogenen Entscheidungskriterien** spezifizieren Anforderungen an die Qualität der (Logistik-) Leistung. Es handelt sich hierbei um mehrere Entscheidungskriterien, die sich durch die Angabe von Merkmalen und Merkmalsausprägungen beschreiben lassen. Zu wichtigen servicebezogenen Entscheidungskriterien im Katastrophenmanagement zählen[269]

- Zeitliche Merkmale (z. B. Zeitdauer bis zur Versorgung von 80% bedürftiger Menschen eines Katastrophengebietes mit Notfallkits),
- Flexibilitätsmerkmale im Sinne der Fähigkeit, auf veränderte Anforderungen an die Logistikleistung schnell zu reagieren (z. B. Fähigkeit zum zeitnahen Aufbau der logistischen Infrastruktur, Fähigkeit zum Einsatz alternativer Transportmittel / zur Generierung alternativer Routen bei zerstörten Straßen),
- Zuverlässigkeitsmerkmale (z. B. welcher Anteil der Hilfsgüter kommt innerhalb der geplanten Zeitdauer in der vorgesehenen Menge unbeschädigt bei den bedürftigen Menschen an). Begrifflich lassen sich Unterscheidungen zwischen der zeitlichen Zuverlässigkeit (Liefertreue, Termintreue) und der qualitativen Zuverlässigkeit (Lieferungsbeschaffenheit) vornehmen.

---

268 Vgl. Bölsche, Dorit (2008).
269 Vgl. z. B. Bölsche, Dorit (2008), S. 973; Christopher, Martin (2005), S. 48-50; Pfohl, Hans-Christian (2004b), S. 104-106; Schulte, Christof (2005), S. 7-8.

- Räumliche Merkmale und Merkmale der physischen Verfügbarkeit (z. B. Verfügbarkeit von Transportmitteln, Lagerbeständen oder Personal in einem bestimmten Katastrophengebiet),
- Merkmale zur Informationsfähigkeit (z. B. Fähigkeit, Partner in der Wertschöpfungskette sowie Geldgeber aus Katastrophengebieten heraus zeitnah mit relevanten Informationen zu versorgen).

Marktbezogene Kriterien richten sich auf erschließbare Marktpotenziale und damit im Katastrophenmanagement auf (potenzielle) Spender und Zuwendungsgeber.[270] Die Gestaltung der marktbezogenen Kriterien determiniert das zur Verfügung stehende Budget.

Die **budgetbezogenen Entscheidungskriterien** richten sich auf die Ableitung des Logistikbudgets aus dem Gesamtbudget des Katastrophenmanagements. **Kostenbezogene Entscheidungskriterien** bewegen sich im Rahmen dieses gegebenen Logistikbudgets. Zu den wichtigen Kostenblöcken zählen die Lager-, Transport- und Handlingskosten sowie die Steuerungs- und Systemkosten.[271] Die Höhe der Logistikkosten lässt sich durch die Gestaltung logistischer Systeme und Entscheidungen – z. B. über Eigenerstellung und Fremdbezug logistischer Leistungen – beeinflussen.[272] Eine Vielzahl der in den nachfolgenden Kapiteln vorgestellten Methoden und Konzepte der Logistik und des SCM ist auf die Reduzierung der Logistikkosten gerichtet.

Zu berücksichtigen sind **Wechselwirkungen** zwischen den **service-, markt- und budget- bzw. kostenbezogenen Kriterien**.
Auf eine der Wechselwirkungen weist die folgenden Aussage hin: „Donors are becoming increasingly demanding with respect to performance and impact."[273] Diese Aussage deutet an, dass sich die Erfüllung der logistischen Qualitätsforderungen der (potenziellen) Geldgeber auf das zukünftig zur Verfügung stehende Budget für das Katastrophenmanagement auswirken kann. Je höher die Erfüllung der logistischen Qualitätsforderungen „Kunden" desto höher ist tendenziell das zukünftige Budget. Ein höheres Logistikbudget lässt sich wiederum zur Erhöhung der Merkmalsausprägungen servicebezogener Kriterien einsetzen.
Im Rahmen der formulierten Zielsetzung „Maximierung des Logistikservice unter Einsatz des zur Verfügung stehenden Logistikbudgets" ergibt sich eine weitere Wechselwirkung, die auch die Logistikkosten betrifft. Wenn es gelingt, die Logistikkosten für die Erbringung der logistischen Serviceleistungen im Katastrophenmanagement zu reduzieren, so stehen aus dem gegebenen Budget weitere Gelder zur Verfügung. Diese lassen sich einsetzen, um die logistischen Qualitätsforderungen in

---

270 Vgl. Bölsche, Dorit (2008), S. 974.
271 Vgl. z. B. Schulte, Christoph (2005), S. 8-9.
272 Vgl. Bölsche, Dorit (2008), S. 972-973.
273 Thomas, Anisya / Kopczak, Laura (2005), S. 4.

Bezug auf die servicebezogenen Kriterien weiter zu erhöhen. So lässt sich z. B. eine schnellere Versorgung der betroffenen Bevölkerung realisieren oder ein höherer Anteil betroffener Menschen kann versorgt werden.
Eine weitere Wechselwirkung lässt sich durch den Begriff der Fehlerfolgekosten beschreiben. Fehler im logistischen System drücken sich in geringeren Erfüllungsgraden der servicebezogenen Kriterien aus und erhöhen in vielen Fällen gleichzeitig die Logistikkosten. Fehler in der Kommissionierung der Notfallkits, die mehrere Hilfsgüter beinhalten, wirken sich zum einen auf die Lieferzuverlässigkeit aus, da sich die Merkmalsausprägungen im Logistikservice verringern. Zum anderen steigen die Logistikkosten, da eine erneute Kommissionierung und Auslieferung der Hilfsgüter mit zusätzlichen Kosten verbunden ist.

Die **integrationsbezogenen Kriterien** setzen an der vertikalen Verkettung der Prozesse in der unternehmensübergreifenden Wertschöpfungskette an. Über den Austausch von relevanten Informationen hinaus ist eine Koordination zwischen den Akteuren der Wertschöpfungskette im Katastrophenmanagement unter besonderer Berücksichtigung möglicher Zielkonflikte erforderlich. Durch den Einsatz geeigneter physischer und informatorischer Standards entlang der Supply Chain, wie standardisierte Behälter und standardisierter elektronischer Geschäftsdatenaustausch, lässt sich der Abstimmungsaufwand gegebenenfalls reduzieren. Integrationsbezogene Kriterien wirken sich an den Schnittstellen zwischen den Wertschöpfungsstufen sowohl auf den Logistikservice als auch auf die Logistikkosten aus und beeinflussen demnach die Merkmalsausprägungen der logistischen Zielgrößen.[274]

Durch die Bildung und Erfassung zielgerichteter logistischer **Kennzahlen** lässt sich messen, welche Zielerreichungsgrade die servicebezogenen, budget- und kostenbezogenen, integrationsbezogenen und marktbezogenen Entscheidungskriterien im Katastrophenmanagement aufweisen.[275] In diesem Grundlagenkapitel werden einleitend einige Beispiele mit Bezug zu den aus vorherigen Abschnitten bekannten Katastrophenfällen benannt.

- Hurrikane Katrina (2005):[276]
    - Kennzahlen zur zeitlichen und räumlichen Verfügbarkeit dokumentieren signifikante Unterschiede der Versorgungszeiten bedürftiger Menschen in unterschiedlichen Regionen. Für die ersten 48 Stunden nach dem Ereignis wird angegeben, dass 40% der nicht evakuierten Menschen eine Hilfeleistung von außen erhielten (50% in Alabama, 42% in Mississippi und nur 32% in Louisiana).
    - Diese Kennzahlen stehen in enger Verbindung zur den Zuverlässigkeitskennzahlen: Eine Woche nach dem Hurrikane geben immer noch 26% der

---

274 Vgl. Bölsche, Dorit (2008), S. 973-974.
275 Vgl. Pfohl, Hans-Christian (2004b), S. 207-210.
276 Vgl. Fritz Institute (Hrsg.) (2006), S. 5-9.

nicht evakuierten Bevölkerung an, keinerlei Hilfeleistung von außen erhalten zu haben. Nach einem Monat ist die Mehrzahl betroffener Menschen mit Hilfsgütern versorgt worden, insbesondere mit Lebensmitteln und Wasser.[277] Eine Ausnahme stellt Louisiana dar: „This means that between 34% and 40% of Louisiana residents affected by Katrina were not satisfied with the delivery of relief services."[278]

- Erdbeben Pakistan (2005):[279] Die bisherigen Erläuterungen zur Versorgung der betroffenen Bevölkerung nach dem Erdbeben in Pakistan deuten bereits auf eine vergleichsweise geringe Erfüllung der logistischen Qualitätsanforderungen im Katastrophenmanagement hin.
  - Kennzahlen zur zeitlichen Verfügbarkeit in Kombination mit Kennzahlen zur Zuverlässigkeit: Erfasst wird beispielsweise der Anteil bedürftiger Menschen nach zwei und zehn Monaten, der keine Hilfeleistung erhalten hat. Dabei erfolgt eine Differenzierung nach mehreren Hilfsgütern und Hilfeleistungen. Die Kennzahl zur „Unzuverlässigkeit" beträgt z. B. für Kleidung 53% nach zwei Monaten und 64% nach zehn Monaten; für Lebensmittel 27% nach zwei Monaten und 52% nach zehn Monaten; für medizinische Versorgung 41% nach zwei Monaten und 46% nach zehn Monaten. Während sich die Merkmalsausprägungen der servicebezogenen Kennzahlen nach dem Hurrikane Katrina im Zeitablauf verbessert haben, zeigt die Entwicklung der Kennzahlenwerte in Pakistan, eine Verringerung des (Logistik-) Service im Zeitablauf auf.
  - Kennzahlen zur räumlichen Verfügbarkeit werden indirekt in Form von Zuverlässigkeitsquoten mit regionalem Bezug erfasst. „Overall, dissatisfaction seemed to be highest in Batagram and Kohistan, and lowest in Mansehra and Abbottabad."[280]
- Tsunami Asien (2004/2005):[281]
  - Kennzahlen zur physischen Verfügbarkeit: 60% der beteiligten Akteure in Indien und 58% der Akteure in Sri Lanka geben fehlende oder nicht adäquate Lagerkapazitäten an. 40% der Akteure in Indien und 52% der Akteure in Sri Lanka weisen auf fehlende oder ungeeignete Transportkapazitäten hin.
  - Kennzahlen zur Zuverlässigkeit: 40% der Akteure in Indien und 60% der Akteure in Sri Lanka weisen darauf hin, dass Medikamente nicht oder in nicht ausreichendem Maße zur Verfügung stehen.

---

277 Die Quelle enthält zahlreiche weitere Servicekennzahlen zur Art der verteilten Güter, zur zeitlichen und räumlichen Verfügbarkeit in Bezug auf den Bildungsstand der Bevölkerung, zur Versorgung der evakuierten Bevölkerung usw.
278 Fritz Institute (Hrsg.) (2006), S. 7.
279 Vgl. Bliss, Desiree / Larsen, Lynnette (2006), S. 4-12.
280 Bliss, Desiree / Larsen, Lynnette (2006), S. 6.
281 Vgl. Thomas, Anisya / Ramalingam, Vimala (2005a), S. 3, 11, 25.

- Kennzahlen zur Informationsfähigkeit: 25% der beteiligten Akteure in Indien und 38% der Akteure in Sri Lanka weisen auf Probleme, Lücken und Fehler im Informationsaustausch hin (10% der Akteure in Sri Lanka hatten als Folge Schwierigkeiten, die am stärksten betroffenen Menschen / Gebiete ausfindig zu machen).

Das Fritz Institute und das IFRC haben gemeinsam die wichtigsten Kennzahlenwerte (Key Performance Indicators in Humanitarian Logistics) identifiziert und am Beispiel des Tsunami in Asien erfasst. Hierzu zählen unter anderem[282]
- Kennzahlen zur zeitlichen Verfügbarkeit: Durchschnittliche Dauer von der Spende bis zur Übergabe der Leistung an bedürftige Menschen (33 Tage).
- Kennzahlen zur Zuverlässigkeit, gemessen in Anteil ausgelieferter und erbrachter Leistungen an der zu erbringenden Gesamtleistung (6% nach einer Woche, 48% nach zwei Monaten).
- Kennzahlen zu (Logistik-) Kosten und Budget: Anteil der Transportkosten an den Gesamtkosten (10%), Ist-Budget / Soll-Budget (nach 2 Monaten 148%).

3.2.5.4 Zielhierarchie von der Vision zu logistischen Kennzahlen

Die Ableitung individueller Kennzahlenwerte für die Leistungserstellung im Katastrophenmanagement aus dem übergreifenden Strategie- und Zielsystem visualisiert Abbildung 23. Die Darstellung stellt die Beispiele mit Bezug zur Internationalen Rotkreuz- und Rothalbmondbewegung aus den vorangegangenen Abschnitten zusammen.

---

[282] Vgl. Davidson, Anne Leslie (2006), S. 8.

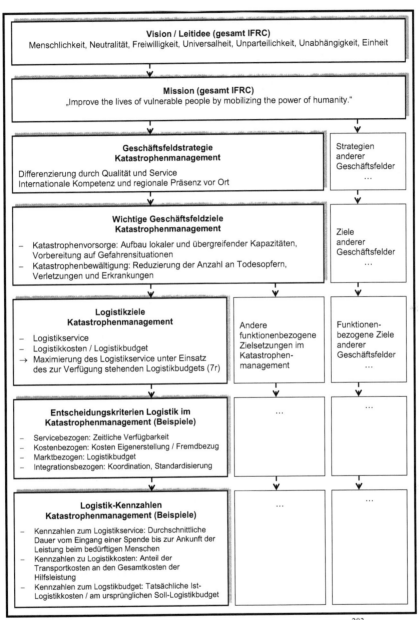

Abbildung 23: Strategie- und Zielhierarchie am Beispiel des IFRC[283]

---

283 Eigene Darstellung, abgeleitet aus den Inhalten der Abschnitte 3.2.5.1 bis 3.2.5.3 und der dort angegebenen Quellen.

3.2.6 Material- und Informationsflüsse im Katastrophenmanagement

3.2.6.1 Logistikobjekte im Katastrophenmanagement

Die zielbezogen ausgerichteten „7r" der logistischen Leistungserstellung im Katastrophenmanagement sprechen unter anderem „die richtigen Hilfsgüter und Dienstleistungen" an (siehe Abschnitt 3.2.5.2). Die Güter, durch die die (potenziell) betroffene Bevölkerung eines Katastrophengebietes versorgt wird, bilden in der Wertschöpfungskette des Katastrophenmanagements die Logistikobjekte, an denen die logistische Leistungserstellung vollzogen wird. Am Ende der Wertschöpfungskette erreichen diese Objekte die höchste Veredelungsstufe, während das Logistikobjekt der Lieferanten eine geringere Veredelung aufweist (z. B. Rohstoffe).

Wichtige Logistikobjekte des Katastrophenmanagements sind **Hilfsgüter**, die an die betroffene Bevölkerung **abgegeben** werden. Dies sind – je nach Art der Katastrophe und Rahmenbedingungen – z. B. Lebensmittel, Wasser, Medikamente und Impfstoffe, Kleidung, Zelte, Schlafstellen, Decken, sanitäre Güter, Mundschutz und Handschuhe sowie eigens auf den Katastrophenfall zusammengestellte Notfallpakete.[284]

Über diese an die Bevölkerung abgegebenen Hilfsgüter hinaus zählen zu den Logistikobjekten des Katastrophenmanagements auch Objekte, die zum **Aufbau von Kapazitäten** – wie Camps und die logistische Infrastruktur – benötigt werden.[285]

Für die Einrichtung und Versorgung von **Camps**, in denen evakuierte, geflüchtete oder obdachlose Menschen untergebracht werden, sind die oben angegebenen Hilfsgüter ebenfalls Gegenstand der logistischen Leistungserstellung. Zusätzlich ist für eine Grundversorgung z. B. mit Strom, Wasser (ggf. durch Stromgeneratoren und Wasseraufbereitungsanlagen), Anbindung an die Infrastruktur und Aufbau einer medizinischen Grundversorgung zu sorgen. Logistikobjekte sind in diesem Fall die Güter, die zum Aufbau dieser Grundversorgung erforderlich sind. Zum Aufbau einer „Emergency Response Unit" des Roten Kreuzes, durch die bis zu 20.000 Menschen medizinisch betreut und mit Medikamenten, Impfstoffen, Ernährungsprogrammen und Geburtshilfe versorgt werden können, müssen folgende Einheiten aufgebaut und die dafür erforderlichen Logistikobjekte zusammengestellt werden: Registrierung, Untersuchung, Behandlung, Labor, Apotheke, Beobachtung, Entbindung, Küche, Wassertank, Toilette und Stromgenerator. Die Zeitdauer für den Transport der erforderlichen Logistikobjekte und die Inbetriebnahme beträgt etwa 36 Stunden. Das „mobile Krankenhaus" enthält zusätzlich zu den Bestandteilen der „Emergency Response Unit" die Bereiche Röntgen, Sterilisation, Verwaltung, zwei bis drei Operationssäle sowie voneinander getrennte Frauen-/ Kinderstation und Männerstation. Mit einer Kapazität, die vergleichbar mit der eines deutschen Kreiskrankenhauses

---

[284] Vgl. z. B. Fritz Institute (Hrsg.) (2006), S. 17; Pan American Health Organization / World Health Organization (Hrsg.) (2001), S. 15-17, eine Kategorisierung der Hilfsgüter findet sich z. B. auf S. 35-38.

[285] Vgl. Pan American Health Organization / World Health Organization (Hrsg.) (2001), S. 17-18.

ist, beträgt der Zeitbedarf für Transport und Zusammenstellung der Logistikobjekte etwa 72 Stunden.[286]

Zum Aufbau der **logistischen Infrastruktur** des Katastrophenmanagements werden ebenfalls Logistikobjekte benötigt. Zu unterscheiden ist zwischen der logistischen Infrastruktur, die im Rahmen der Katastrophenvorsorge aufgebaut wird, und der logistischen Infrastruktur, die in der Katastrophenbewältigung kurzfristig wiederhergestellt und mittel- bis langfristig ggf. auch verbessert wird. Im Rahmen der *Katastrophenvorsorge* werden Logistikobjekte beispielsweise benötigt, um Lager in potenziellen Katastrophengebieten aufzubauen, Hilfsgüter vorzuhalten und eine Infrastruktur für die Transporte der Logistikobjekte über die unterschiedlichen Verkehrsträger zu ermöglichen. In der *Katastrophenbewältigung* werden Logistikobjekte benötigt, um eine zerstörte Infrastruktur wiederherzustellen, sodass eine Verteilung der benötigten Hilfsgüter in die betroffenen Regionen – gegebenenfalls auch über alternative Verkehrsträger und Transportmittel – ermöglicht wird.[287]

Unter den skizzierten Logistikobjekten des Katastrophenmanagements können sich **Gefahrgüter** befinden, so beispielsweise Kraftstoffe, Gas, medizinische und pharmazeutische Logistikobjekte. Diese Logistikobjekte stellen besondere Anforderungen an die logistische Leistungserstellung in Bezug auf Sicherheitsvorschriften und Sicherheitsmaßnahmen.[288]

Auch **Menschen** (und in einigen Fällen Tiere) sind Logistikobjekte des Katastrophenmanagements. Die betroffenen Menschen sind Logistikobjekte, wenn sie beispielsweise im Rahmen einer Evakuierung zu befördern sind; zudem muss Personal (sowohl als operativer als auch als dispositiver Faktor) in die Katastrophengebiete transportiert werden.[289]

Durch die logistischen Kernleistungen werden insbesondere zeitliche und räumliche Merkmalsausprägungen der Logistikobjekte verändert. Diese logistischen Kernleistungen sowie die ergänzenden Zusatz- und Informationsleistungen werden nachfolgend mit den besonderen Anforderungen des Katastrophenmanagements dargestellt. Die Erläuterungen basieren auf den in Abschnitt 3.1.4 vermittelten Grundlagen zu den Material- und Informationsflüssen in der Logistik.

---

286 Vgl. Deutsches Rotes Kreuz (Hrsg.) (2006), S. 8.
287 Vgl. Pan American Health Organization / World Health Organization (Hrsg.) (2001), S. 17-18.
288 Vgl. Pan American Health Organization / World Health Organization (Hrsg.) (2001), S. 38-41 mit einer Vorstellung der Gefahrgutklassen.
289 Vgl. Pan American Health Organization / World Health Organization (Hrsg.) (2001), S. 37.

3.2.6.2 Logistische Kernleistungen im Katastrophenmanagement

Logistikleistungen im Katastrophenmanagement verändern die räumlichen, raumzeitlichen und / oder sonstigen Merkmalsausprägungen der soeben dargestellten Logistikobjekte des Katastrophenmanagements. Durch die logistische Kernleistung Transport werden raum-zeitliche und durch die Lagerung ausschließlich zeitliche Merkmalsausprägungen verändert.[290]

Transporte im Katastrophenmanagement vollziehen sich in einer mehrstufigen Logistikkette, durch die die Logistikobjekte in das (potenzielle) Katastrophengebiet transportiert werden und im Katastrophengebiet zu verteilen sind. Dabei kommen unterschiedliche *Verkehrsträger und Transportmittel* zum Einsatz, insbesondere Luftverkehr über Flugzeuge und Hubschrauber, Straßenverkehr über Fahrzeuge (insbesondere LKW), Schienenverkehr über die Eisenbahn, Schiffsverkehr über Seeschiffe, Binnenschiffe und kleine Boote, Transporte über sonstige Wege durch Tiere und Menschen. Der Einsatz der jeweiligen Verkehrsträger setzt bestimmte Rahmenbedingungen voraus; so können Flugzeuge und Seeschiffe nur unter der Voraussetzung eingesetzt werden, dass in den entsprechenden Häfen eine Leistungsbereitschaft vorhanden ist. Transporte über Straßen- und Schienenverkehr setzen voraus, dass die Transportwege über Straßen, Brücken und Schienen befahrbar sind. Im Falle einer Zerstörung der erforderlichen Infrastruktur müssen entweder alternative Verkehrsträger bzw. Transportmittel eingesetzt werden oder alternative Wege gewählt werden.[291] „The requirement is to identify primary, secondary, and alternate (road) combinations that will be utilized in the event of a disaster for the purpose of evacuation or logistical support."[292]

Für die Durchführung von Transporten, die der *Katastrophenvorsorge* dienen und demnach i.d.R. nicht zeitkritisch sind, eignet sich die Auswahl kostengünstiger Verkehrsträger, wie das Seeschiff über große Transportentfernungen und das Binnenschiff sowie die Eisenbahn für den Transport großer Mengen im Binnenverkehr. Transporte mit dem LKW sind erforderlich, wenn Anschlüsse an das Schienennetz und Flüsse nicht vorhanden sind, und zusätzlich sinnvoll, wenn sie mit geringeren Transportkosten verbunden sind. Tendenziell eignet sich der LKW-Transport für kleinere Transportmengen, während Bahn und Schiff für größere Transportmengen eingesetzt werden. Zusätzlich können sich vergleichsweise kostenintensive Transporte mit dem Flugzeug für geringvolumige und geringgewichtige aber hochwertige Logistikobjekte eignen.[293]

---

290 Vgl. Abschnitt 3.1.4.
291 Eine ausführliche Charakterisierung der Verkehrsträger mit individuellen Vor- und Nachteilen enthält Pan American Health Organization / World Health Organization (Hrsg.) (2001), S. 111-112; Schulte, Christof (2005), S. 171-178; Vahrenkamp, Richard (2007), S. 250-327.
292 Henderson, James H. (2007), S. 60.
293 Vgl. auch Pan American Health Organization / World Health Organization (Hrsg.) (2001), S. 111-112.

Transporte in der *Katastrophenbewältigung* sind zeitkritisch, da die betroffene Bevölkerung zeitnah mit Hilfsgütern zu versorgen ist. Der Einsatz kostenintensiver Transportmittel wie das Flugzeug für weite Transportentfernungen und den Hubschrauber für mittlere Transportentfernungen können dem Zielsystem der Logistik im Katastrophenmanagement entsprechen, sofern die Hilfsgüter auf diese Weise die betroffene Bevölkerungen schneller, zuverlässiger und / oder flexibler erreichen. Den Rahmen für die Logistikkosten bildet das gegebene Logistikbudget. Beispielsweise wurden im Chad und in Darfur durch WFP (Word Food Programme) über mehrere Monate zwei Flugzeuge regelmäßig eingesetzt, um das im Katastrophenmanagement tätige Personal innerhalb einer kurzen Zeitdauer in die betroffenen Gebiete zu befördern. Die Transportzeit ließ sich so auf einer Entfernung von 950 km von ursprünglich 2 Tagen auf 2 Stunden reduzieren.[294] Der Einsatz von Tieren (insbesondere Esel), Menschen und kleinen Booten (auch Schlauchboote) als Transportmittel erfolgt über kurze Transportdistanzen in Gebiete, die über andere Verkehrsträger nicht erreichbar sind. Die Auswahl dieser ungewöhnlichen Transportmittel ist dann erforderlich, wenn die logistische Infrastruktur für den Einsatz anderer Transportmittel entweder bereits vor dem auslösenden Ereignis der Katastrophe nicht vorhanden war oder durch das Ereignis zerstört und (noch) nicht wiederhergestellt werden konnte.[295]

Für die Planung und Gestaltung der *Touren* im Katastrophenmanagement wird in Kapitel 4 mit dem Savings-Verfahren eine Methode der Tourenplanung vorgestellt, die sich für unterschiedliche Verkehrsträger und Transportmittel zeitnah umsetzen lässt. Insbesondere für die in der Katastrophenbewältigung häufig eingesetzten Transportmittel Hubschrauber, LKW, Menschen und Tiere sowie Boote kann das Savingsverfahren als heuristisches Verfahren eine für das Katastrophenmanagement geeignete Methode darstellen. Informationen über zerstörte bzw. nicht passierbare Transportrelationen lassen sich flexibel in die Berechnungen einbinden.

Weitere wichtige Entscheidungen zur logistischen Kernleistung des Transports betreffen Entscheidungen über *Eigenerstellung und Fremdbezug* der Transportleistungen. Im Rahmen des logistischen Zielsystems und der daraus abgeleiteten Entscheidungskriterien ist eine Entscheidung zu treffen, ob Transporte selbst erstellt oder durch Logistikdienstleister durchgeführt und ggf. auch geplant werden. Diese Fragestellung betrifft im Falle einer Entscheidung für den Fremdbezug die unternehmensübergreifende Logistikkette, sodass eine ausführliche Analyse im Rahmen des Supply Chain Managements in Kapitel 5 erfolgt.

Lagerleistungen sind im Katastrophenmanagement darauf gerichtet, Hilfsgüter und weitere erforderliche Logistikobjekte für potenzielle Katastrophenfälle vorzuhalten

---

294 Das Beispiel betrifft die Jahre 2004/05. Vgl. Thomas, Anisya / Mizushima, Mitsuku (2005), S. 61.
295 Vgl. Auch Pan American Health Organization / World Health Organization (Hrsg.) (2001), S. 111-112.

und in einem Katastrophenfall zwischenzulagern.²⁹⁶ Wichtige Grundlageninformationen zur Lagerung von Hilfsgütern hat die Pan American Health Organization gemeinsam mit der World Health Organization zusammengestellt. Aus Tabellen lässt sich beispielsweise die erforderliche Lagerkapazität für Hilfsgüter (z. B. 4-5 Kubikmeter für 25 Familienzelte) entnehmen. Ebenso wird angegeben, unter welchen Lagerbedingungen die einzelnen Hilfsgüter zu lagern sind (z. B. Anforderungen an die Luftfeuchtigkeit, Temperatur, Verpackung, Trennung von anderen Lagerobjekten).²⁹⁷
Das Lager erfüllt

- eine Sicherungsfunktion (z. B. zur Sicherung der Lieferfähigkeit im Fall eines Ereignisses, das eine Katastrophe auslöst),
- eine Ausgleichsfunktion bezogen auf Zeit und / oder Menge,
- eine Sortierungsfunktion (z. B. Zusammenstellung / Kommissionierung von Hilfslieferungen im Lager) sowie eine
- Spekulationsfunktion (z. B. bei befürchteten Verknappungen oder Preissteigerungen).²⁹⁸

Im Rahmen der *Katastrophenvorsorge* sorgen international ausgerichtete Hilfsorganisationen bereits vor einem Katastrophenfall für die Vorhaltung wichtiger Hilfsgüter. So unterhält das IFRC Zentralläger unter der Bezeichnung „Regional Logistics Units" in Panama, Kuala Lumpur und Dubai sowie auf einer weiteren Distributionsstufe eine Vielzahl an Regionallägern.²⁹⁹ Vergleichbar hält World Vision Hilfsgüter in Zentrallägern in Denver, Hannover, Brindisi und Dubai vor. Für den Fall, dass diese vorgehaltenen Bestände für die Versorgung der betroffenen Bevölkerung nicht ausreichen, werden bereits im Rahmen der Katastrophenvorsorge Verträge mit Lieferanten und Logistikdienstleistern über die Vorhaltung von Hilfsgütern vereinbart. Im Fall von World Vision stehen so zusätzliche Bestände unter anderem in Kenia, Kanada, Indien, Thailand und Australien zur Verfügung, auf die unter anderem nach dem Tsunami in Asien zurückgegriffen wurde.³⁰⁰ Ärzte ohne Grenzen unterhält Zentralläger in Europa, Ostafrika und Zentralamerika.³⁰¹ Zu den Lagerleistungen der Katastrophenvorsorge zählen demnach der Aufbau einer Distributionsstruktur mit eigenen Zentral- und Regionallägern der Hilfsorganisationen. Des Weiteren sind Bestände vorzuhalten und demnach entsprechende logistische Prozesse, wie Ein- und Auslagerungen sowie Lagerungen zu erbringen. Auch Entscheidungen über den Fremdbezug der Lagerleistungen sowie die Ausgestaltung des Fremdbezugs sind

---

296 Vgl. Gudehus, Timm (2007a), S. 359; Pan American Health Organization / World Health Organization (Hrsg.) (2001), S. 14.
297 Vgl. Pan American Health Organization / World Health Organization (Hrsg.) (2001), S. 87-104.
298 Vgl. z. B. Martin, Heinrich (2006), S. 310; Schulte, Christof (2005), S. 223.
299 Vgl. IFRC (Hrsg.) (2006), S. 10-11.
300 Vgl. Matthews, Steve (2005), S. 38.
301 Vgl. www.aerzte-ohne-grenzen.de, über den Link Organisation, Projekte, Logistik.

vorzunehmen. Mehrere Abschnitte des 4. und 5. Kapitels befassen sich mit Fragestellungen im Zusammenhang mit den in der Katastrophenvorsorge zu erbringenden Lagerleistungen. Hierzu zählt der bereits angesprochene Abschnitt zu den Entscheidungen über die Eigenerstellung und den Fremdbezug logistischer Leistungen (hier der Lagerleistungen), Entscheidungen über die Standorte in der Distributionsstruktur sowie Entscheidungen über die Arten und Mengen vorzuhaltender Hilfsgüter, beispielsweise auf Basis einer ABC-XYZ-Analyse. Dabei wird deutlich, dass sich Methoden und Instrumente, die sich in der Privatwirtschaft bewährt haben, auch im Katastrophenmanagement einsetzen lassen.

Das zur Verfügung stehende Logistikbudget wird für die angesprochenen Lagerleistungen im Rahmen der Katastrophenvorsorge zielgerecht eingesetzt, um in der *Katastrophenbewältigung* die Bevölkerung innerhalb relativ kurzer Zeit mit den vorgehaltenen Hilfsgütern versorgen zu können. Vor Ort ist gegebenenfalls innerhalb kurzer Zeitdauer eine zusätzliche Distributionsstufe aufzubauen. Beispielsweise sind Hilfsgüter in Camps einzulagern, zu lagern und bei Bedarf auszulagern, damit die bedürftigen Menschen in den (Flüchtlings-) Lagern versorgt werden können. Methoden der Standortplanung lassen sich einsetzen, um geeignete Standorte für Camps sowie weitere Auslieferungslager in den betroffenen Gebieten zeitnah zu ermitteln (vgl. hierzu Standortplanung in Kapitel 4). Zum Wideraufbau der Lagerleistungen im Rahmen der Katastrophenbewältigung zählt über den Aufbau der Bestände in der Distributionsstruktur auch die Bereinigung nicht bzw. nicht mehr benötigter Hilfsgüter. Wertvoller und kostenintensiver Lagerplatz sollte nicht mit Gütern gefüllt werden, die im Katastrophenmanagement keine Verwendung (mehr) finden. Hierzu zählen z. B. Medikamente und Lebensmittel mit abgelaufener Haltbarkeit, beschädigte und nicht mehr einsatzfähige Zelte sowie nicht benötigte bzw. qualitativ minderwertige Kleidung (dies ist häufig für second-hand-Kleidung der Fall). „Several disaster-response official mentioned that providing second-hand clothing was a waste of time and resources, and supplies were left piled up in warehouses months after the event."[302]

Am Beispiel der Lagerleistungen wird in Abbildung 24 exemplarisch dargestellt, wie sich logistische Kernleistungen in das Kreislaufmodell des Katastrophenmanagements einbinden lassen.

---

[302] Economist Intelligence Unit (Hrsg.) (2005), S. 14. Die Aussage ist auf nicht abgebaute Lagerkapazitäten nach dem Tsunami in Asien gerichtet.

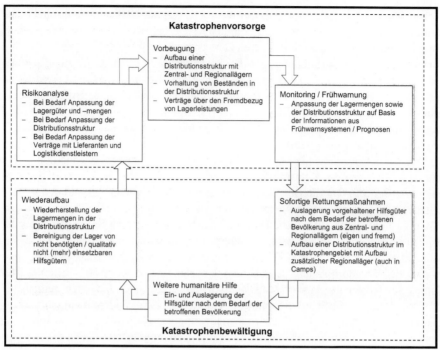

Abbildung 24: Lagerleistungen im Kreislauf des Katastrophenmanagements[303]

3.2.6.3 Logistische Zusatz- und Informationsleistungen im Katastrophenmanagement

Kommissionierung und Verpackung sind logistische Zusatzleistungen, durch die weitere als die raum-zeitlichen Merkmalsausprägungen der Logistikgüter eine Veränderung erfahren. Beide Zusatzleistungen vollziehen sich ebenso wie die Kernleistungen auf mehreren Stufen der Logistikkette. Einige Beispiele dokumentieren nachfolgend die Bedeutung der Zusatzleistungen für das Katastrophenmanagement.

Kommissionierung im Katastrophenmanagement erfolgt beispielsweise im Rahmen der Zusammenstellung von „Notfallpaketen", „Notfallkits" oder „Baukästen". Teilmengen der Hilfsgüter werden aus der im Lager zur Verfügung stehenden Gesamtmenge der Hilfsgüter nach den Bedarfsinformationen über die (potenziell) betroffene Bevölkerung zusammengestellt.[304]

Ärzte ohne Grenzen kommissionieren Baukästen im Rahmen der *Katastrophenvorsorge*:

---

303 Eigene Darstellung, in Ergänzung zu Abbildung 12.
304 Vgl. ausführliche Informationen zur Kommissionierung und zu Kommissioniersystemen z. B. Martin, Heinrich (2006), S. 367.

"Jeder Baukasten ist für eine spezifische Notsituation ausgerüstet. Er enthält bestimmte Medikamente und Materialien, wie beispielsweise medizinische Geräte, Zelte und Wassertanks. Dabei ist genau festgelegt, für wie viele Menschen und über welchen Zeitraum ein Kit ausreicht. So sichert beispielsweise ein Notfallkit für Flüchtlinge die Grundbedürfnisse von 10.000 Menschen in einer ländlichen Gegend über einen Zeitraum von drei Monaten. Insgesamt hat Ärzte ohne Grenzen rund 150 verschiedene Kits für spezifische Situationen entwickelt."[305]

In ähnlicher Weise kommissionieren auch andere Hilfsorganisationen in der Katastrophenvorsorge Baukästen, wie beispielsweise das IFRC mit den bereits benannten „Emergency Response Units" und „mobilen Krankenhäusern".[306] Die Zusammenstellung der Notfallpakete ist zwar mit Kommissionier- und Lagerkosten (auch Kapitalbindungskosten) verbunden; aufgrund der Möglichkeit, im Katastrophenfall mit einer Grundversorgung zeitnah und zuverlässig einsatzbereit zu sein, bewegt sich diese logistische Leistungserstellung aber im Rahmen des logistischen Zielsystems (sofern das vorgegebene Logistikbudget nicht überschritten wird). In Verbindung zu den logistischen Kernleistungen bieten die standardisierten Baukästen die Vorteile, dass die erforderlichen Raumkapazitäten für die Lagerung der Baukästen und die Transporte in betroffene Gebiete bekannt und zeitnah in die Planung eingebunden werden können. Die Baukästen werden in den Logistikzentren der Ärzte ohne Grenzen in Europa, Ostafrika (Nairobi) und Zentralamerika kommissioniert und abgefertigt durch den Zoll gelagert.[307]

Diese kombinierten Logistikleistungen der Kommissionierung, Lagerung und Zollabfertigung ermöglichen Ärzte ohne Grenzen und anderen Hilfsorganisationen, die solche Baukästen kommissioniert bereithalten, im Rahmen der *Katastrophenbewältigung* diese Baukästen

- zeitnah (die Baukästen stehen in Zentrallägern nahe der potenziellen Krisengebiete kommissioniert und abgefertigt bereit),
- flexibel (in Bezug auf die tatsächlichen Einsatzgebiete und in Bezug auf Art und Ausmaß der Katastrophe) und
- zuverlässig (im Rahmen einer standardisierten und weniger zeitkritischen Zusammenstellung der Baukästen sinken die Kommissionierfehler, erforderlich ist aber eine regelmäßige Überprüfung der Baukästen, z. B. auch nach Haltbarkeitsdatum der Lebensmittel und Medikamente)

mit hohen Zielerreichungsgraden bezüglich des Logistikservice einzusetzen.
Abbildung 25 ordnet die Zusatzleistung der Kommissionierung exemplarisch in den bereits bekannten Kreislauf des Katastrophenmanagements ein.

---

305 Vgl. www.aerzte-ohne-grenzen.de, über den Link Organisation, Projekte, Logistik.
306 Vgl. Vgl. Deutsches Rotes Kreuz (Hrsg.) (2006), S. 8 sowie Erläuterungen in Abschnitt 3.2.6.1.
307 Vgl. www.aerzte-ohne-grenzen.de, über den Link Organisation, Projekte, Logistik.

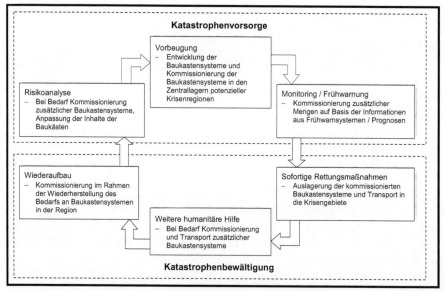

Abbildung 25: Kommissionierung im Kreislauf des Katastrophenmanagements[308]

Die **Verpackung** steht in der Logistik in enger Verbindung zu den **Informationsleistungen**. Sie hat sowohl eine Transport-, Lagerungs- und Bereitstellungsfunktion (inklusive des Schutzes der Logistikobjekte) als auch eine Informations- und Identifikationsfunktion.[309] Dabei kommen im Katastrophenmanagement unterschiedliche logistische Einheiten zum Einsatz, wie

- einzelne verpackte Hilfsgüter (z. B. Lebensmittel), die gemeinsam mit Packmittel und Packhilfsmittel zu
- Sammelpackungen zusammengefasst werden, die wiederum mit Ladehilfsmitteln und Sicherungsmitteln zu einer
- Ladeeinheit (z. B. Palette) und gemeinsam mit Ladungssicherungsmitteln zu einer
- Ladung (z. B. Container) verpackt werden.[310]

Durch besondere farbliche oder symbolische Kennzeichnung der Verpackungen und Ladeeinheiten lassen sich im Katastrophenmanagement die Arten verpackter Hilfsgüter schnell erkennen und den weiteren logistischen Prozessen zuführen, z. B. durch die farbliche Kennzeichnung

---

308   Eigene Darstellung, in Ergänzung zu Abbildung 12.
309   Vgl. z. B. Vahrenkamp, Richard (2007), S. 328-329; Martin, Heinrich (2006), S. 71.
310   Ausführliche Erläuterungen zur Verpackung, zu den standardisierten logistischen Einheiten und zur Bildung der Verpackungseinheiten enthalten beispielsweise die folgenden Quellen: Gudehus, Timm (2007a), S. 425-461; Martin, Heinrich (2006), S. 71-85; Vahrenkamp, Richard (2007), S. 328-340.

- grün für Medikamente und medizinisches Gerät,
- rot für Lebensmittel,
- blau für Kleidung und Haushaltsgüter und
- gelb für Ausstattungsgegenstände.[311]

Standardisierte Symbole werden verwendet, um die Art des Hilfsgutes differenzierter darzustellen, z. B. Symbole für Kleidungsstücke mit symbolischer Darstellung, ob sich diese an Frauen, Männer oder Kinder richten.[312] Weitere wichtige Informationen über die Güterart und damit über die Handhabung der Logistikeinheit in der Logistikkette betreffen Informationen über erforderliche Kühlungen (z. B. bei Impfstoffen) und Gefahrgutinformationen (mit Angabe der Gefahrgutklasse). Damit erfüllt die Verpackung wichtige Informationsfunktionen, die über die Information bezüglich der Art der Hilfsgüter auch weitere Informationen, z. B. über Menge, Gewicht, Volumen sowie Absender und Empfänger enthalten. Detaillierte Informationen, werden auf einer Pack- bzw. Lieferliste und / oder auf einem automatischen Identifikationssystem (z. B. Barcode, RFID-Transponder) erfasst.[313]
Weiteren Informationsleistungen in der Logistik- und Wertschöpfungskette des Katastrophenmanagements widmet sich – aufgrund der hohen Bedeutung für das internationale Katastrophenmanagement – ausführlich Kapitel 6.

3.2.7 Logistische Funktionen im Katastrophenmanagement

Die dargestellten logistischen Kern-, Zusatz- und Informationsleistungen vollziehen sich in den logistischen Funktionen, die in Abschnitt 3.1.5 allgemein vorgestellt wurden und sich auf die Logistik im Katastrophenmanagement übertragen lassen. In der einschlägigen Logistikliteratur werden zahlreiche Methoden und Instrumente vorgestellt, die sich zur Analyse, Bewertung und Gestaltung der Logistik in den Funktionen Beschaffungs-, Produktions- und Distributionslogistik einsetzen lassen.[314] Beispiele und Erläuterungen beziehen sich dabei in der Regel auf Industrie- und Handelsunternehmen. In der Literatur und Praxis des Katastrophenmanagements finden diese Methoden und Instrumente bislang nur ansatzweise Berücksichtigung, sodass im nachfolgenden Kapitel die Einsatzpotenziale dieser Methoden auf das Katastrophenmanagement an ausgewählten Methoden – ohne einen Anspruch auf Vollständigkeit – aufgezeigt werden.

---

311 Vgl. Pan American Health Organization / World Health Organization (Hrsg.) (2001), S. 47.
312 Standardisierte Symbole des IFRC sind exemplarisch in Pan American Health Organization / World Health Organization (Hrsg.) (2001), S. 53 dokumentiert.
313 Vgl. Pan American Health Organization / World Health Organization (Hrsg.) (2001), S. 47-50.
314 Vgl. z. B. Pfohl, Hans-Christian (2004a), S. 179-223; Schulte, Christof (2005), S. 263-504; Vahrenkamp, Richard (2007), S. 75-83; 173-201; 441-472.

Abbildung 26 enthält bereits eine Zuordnung der für diese Arbeit ausgewählten Methoden zu den logistischen Funktionen (vgl. Kapitel 4). In Abwandlung der allgemeinen Inhalte aus Abschnitt 3.1.5 werden die Funktionen nun auf Akteure des Katastrophenmanagements gerichtet, in diesem Fall auf Hilfsorganisationen mit den Lieferanten der Hilfsgüter und den bedürftigen Menschen als „Endkunden" der Logistikkette. Für die Hilfsorganisation werden die Produktions- und Distributionslogistik miteinander verbunden, da in der Dienstleistungsproduktion der Hilfsorganisationen Produktion und Distribution zeitgleich erfolgen.[315]

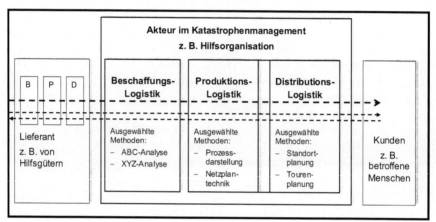

Abbildung 26: Auswahl funktionenbezogener Methoden der Logistik im Katastrophenmanagement[316]

Die in Zusammenhang mit den Lieferanten dargestellten Abkürzungen B für Beschaffungslogistik, P für Produktionslogistik und D für Distributionslogistik skizzieren, dass auch Akteure vorgelagerter Stufen in der Logistikkette diese logistischen Funktionen aufweisen und demnach die vorgestellten Methoden für die Analyse, Bewertung und Gestaltung der Logistik einsetzen (können). Des Weiteren wird durch die Verbindung zwischen Lieferant und Hilfsorganisation deutlich, dass die Distributionslogistik des Lieferanten auf die gleichen Material- und Informationsflüsse gerichtet ist wie die Beschaffungslogistik der Hilfsorganisation (jeweils aus einer unterschiedlichen Perspektive mit unterschiedlichen Verantwortlichkeiten und Zielsetzungen). Die durchgängigen Material- und Informationsflüsse von den Lieferanten (mit weiteren Vor-Lieferanten), über die Hilfsorganisation bis zu den bedürftigen Menschen verdeutlichen, dass die Material- und Informationsflüsse über die Schnittstellen der logistischen Funktionen hinaus zu gestalten sind. Entsprechende übergreifende und integrative Konzepte der Logistik und des Supply Chain Management sind Gegenstand des 5. Kapitels.

---

315 Vgl. Abschnitt 3.1.5.
316 Vgl. Eigene Darstellung auf der Grundlage von Abschnitt 3.1.5, mit Anpassung an die Akteure im Katastrophenmanagement.

4 Einsatz logistischer Methoden

4.1 ABC-XYZ-Analyse als Methode der Beschaffungslogistik im internationalen Katastrophenmanagement

4.1.1 Grundlagen der ABC-XYZ-Analyse

Durch den Einsatz der ABC-XYZ-Analyse lässt sich eine Klassifizierung, z. B. von Materialen, nach Werten (ABC) und Schwankungen (XYZ) vornehmen. In der Beschaffungslogistik wird die ABC-XYZ-Analyse beispielsweise im Bereich der Disposition eingesetzt, um aus einer entsprechenden Klassifizierung eine Vorauswahl geeigneter Beschaffungskonzepte zu treffen, und im Bereich des Lagers, um Entscheidungen über die Positionierung der Materialien im Lager zu unterstützen.[317]

Die **ABC-Analyse** geht von dem empirisch nachweisbaren Grundgedanken aus, dass einem relativ kleinen Mengenanteil einer Grundgesamtheit ein relativ hoher Wertanteil entspricht.[318] „Der ABC-Analyse liegt ein eindeutig zu klassifizierendes *Wertkriterium* zugrunde",[319] wie z. B. Verbrauchswert, Bestandswert, Bedarfswert, Reichweite und in Einzelfällen auch Mengengrößen je Zeiteinheit.[320] Es wird ein Mengen-Wert-Verhältnis ermittelt, das die relative Bedeutung – z. B. einer Materialart – widerspiegelt. Entsprechend der Wert-Mengen-Relationen lassen sich die zu klassifizierenden Objekte in die *Klassen A, B und C* einteilen:[321]

- A-Objekte haben einen hohen Anteil am Gesamtwert (ca. 70-80%) und einen geringen Anteil an der Gesamtmenge (ca. 10-20%),
- C-Objekte haben einen geringen Anteil am Gesamtwert (ca. 5-15%) und einen hohen Anteil an der Gesamtmenge (ca. 40-60%) und
- B-Artikel weisen mittlere Wert- und Mengenanteile auf.

Die zu klassifizierenden Objekte können Materialien, aber auch Lieferanten, Kunden oder andere Objekte bilden.[322] Die Klassengrenzen werden nicht fest vorgegeben, da diese individuell im Rahmen der Berechnungen zu bilden sind; auch die Bildung von nur zwei Klassen oder mehr als drei Klassen ist je nach Anwendungsfall möglich.[323]

---

317 Vgl. Fortmann, Klaus-Michael / Kallweit, Angela (2007), S. 57-60; Sommerer, Gerhard (1994), S. 161.
318 Vgl. Ehrmann, Harald (2005), S. 139.
319 Schulte, Christof (2005), S. 308.
320 Vgl. Gudehus, Timm (2007a, S. 133).
321 Vgl. Ehrmann, Harald (2005), S. 139; Schulte, Christof (2005), S. 308; Vahrenkamp, Richard (2007), S. 76.
322 Weitere Objekte benennt z. B. Gudehus, Timm (2007a), S. 133.
323 Vgl. z. B. Ehrmann, Harald (2005), S. 139.

Am Beispiel der Materialdisposition lässt sich diese Erkenntnis über Wert-Mengen-Relationen beispielsweise für die (Vor-) Auswahl geeigneter Beschaffungskonzepte nutzen. Dieser Auswahl liegt die Zielsetzung zugrunde, ein hohes (gegebenes) Niveau im Bereich servicelogistischer Zielgrößen zu geringen Logistikkosten realisieren zu können.[324] Für die relativ geringe Anzahl wertvoller A-Materialien kann sich eine *produktionssynchrone Anlieferung* (Just-in-time) eignen, da eine Vorhaltung der wertvollen Güter im Lager mit hohen Kapitalbindungskosten verbunden wäre.[325] Im Gegensatz dazu eignet sich für die vielen geringwertigen C-Güter eher das Konzept der *Verbrauchssteuerung*, das eine Vorhaltung der Güter bewusst vorsieht. Die Lagerung geringwertiger C-Güter verursacht eine geringere Kapitalbindung und demnach vergleichsweise geringe Kapitalbindungskosten.[326]

Die Vorauswahl der Beschaffungskonzepte bedarf einer zusätzlichen Beachtung weiterer Kriterien, z. B. der Verbrauchsschwankungen auf Basis einer XYZ-Analyse sowie ggf. einer LMN-Analyse auf Basis des Volumens der Materialarten (Ausführungen hierzu folgen im Anschluss an die ABC-Analyse).

Die *ABC-Analyse* läuft z. B. bei einer Einteilung der Materialien nach Jahresverbrauchswerten in folgenden *Schritten* ab:[327]

1. Ermittlung der Jahresverbrauchswerte für jede Materialart (absolut und relativ gemessen am gesamten Jahresverbrauchswert)
2. Sortierung der Materialarten nach absteigenden Jahresverbrauchswerten
3. Kumulation der relativen Anteile am gesamten Jahresverbrauchswert
4. Ermittlung der Jahresverbrauchsmengen für jede Materialart (absolut und relativ gemessen an der gesamten Jahresverbrauchsmenge)
5. Kumulation der relativen Anteile an der gesamten Jahresverbrauchsmenge (in der in Punkt 2. vorgenommenen Reihenfolge)
6. Definition der Klassengrenzen (A, B, C)

Die Ergebnisse der ABC-Analyse lassen sich in einer Lorenz-Kurve (vgl. Abbildung 27) grafisch darstellen. Dabei bilden die oben angegebenen Berechnungsschritte 1. bis 3. die Werte der y-Achse (Bewertungsmaßstab in %, kumuliert) und die Berechnungsschritte 4. bis 5. die Werte der x-Achse (Mengengröße in % kumuliert). Der charakteristische Verlauf der Konzentrationskurve entsteht durch die Sortierung der Klassifizierungsobjekte nach absteigenden relativen Werten im Berechnungsschritt 2. Die Klasseneinteilung in A, B und C orientiert sich in Schritt 6 nach dem Bewertungsmaßstab (und nicht nach der Mengengröße).

---

324 Vgl. Schulte, Christof (2005), S. 291-292.
325 Zum Beschaffungskonzept Just-in-time vgl. z. B. Schulte, Christof (2005), S. 293.
326 Zum Beschaffungskonzept der Verbrauchssteuerung bzw. Vorratsbeschaffung vgl. z. B. Schulte, Christof (2005), S. 292.
327 Vgl. z. B. Schulte, Christof (2005), S. 308-309; Sommerer, Gerhard (1994), S. 161.

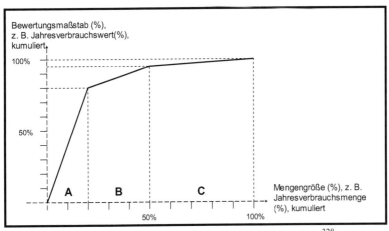

Abbildung 27: Lorenzkurve als Ergebnis einer ABC-Analyse[328]

Sowohl im Rahmen der Auswahl geeigneter Beschaffungskonzepte als auch in anderen Anwendungsfeldern der ABC-Analyse wird diese bei Bedarf durch eine **XYZ-Analyse** ergänzt, durch die Schwankungen erfasst werden. Im Bereich der Materialdispositionen betreffen die Schwankungen Verbrauchs- bzw. Bedarfsschwankungen der zu beschaffenden Materialien oder Materialarten.[329] Auch die Grundidee der XYZ-Analyse lässt sich empirisch nachweisen: Für einen hohen Mengenanteil einer Grundgesamtheit liegen geringe Verbrauchs- bzw. Bedarfsschwankungen vor, für diese gilt demnach eine hohe Vorhersagegenauigkeit und folglich eine hohe Prognosesicherheit.[330] Das Klassifizierungskriterium der XYZ-Analyse stellt eine *Maßgröße für Schwankungen* dar, so z. B. nach Punktwerten[331] oder nach statistischen Größen, wie Nullperiodenanteil[332] und Variationskoeffizient.[333] Im weiteren Verlauf wird der Variationskoeffizient als Maßgröße für die Schwankungen und als Klassifizierungskriterium der XYZ-Analyse eingesetzt, da statistische Größen eine im Vergleich zu subjektiven Punktwerten verlässlichere Datenbasis bilden. Der Variationskoeffizient als relatives Streuungsmaß lässt sich ermitteln, indem für Bedarfs- oder Verbrauchsverläufe der Klassifizierungsobjekte das absolute Streuungsmaß Standardabweichung durch den Mittelwert geteilt wird.[334] Entsprechend der auf Basis des Variationskoeffizienten gebildeten Streuungs-Mengen-Relationen lassen sich die

---

328 In Anlehnung an Gudehus, Timm (2007a), S. 134; Martin, Heinrich (2006), S 35; Schulte, Christof (2005), S. 308; Vahrenkamp, Richard (2007), S. 77.
329 Vgl. Schulte, Christof (2005), S. 310; Sommerer, Gerhard (1994), S. 161-162; Vahrenkamp, Richard (2007), S. 77.
330 Vgl. Ehrmann, Harald (2005), S. 142; Schulte, Christof (2005), S. 310.
331 Vgl. Sommerer, Gerhard (1994), S. 164, Wannenwetsch, Helmut (2004), S. 69-71.
332 Vgl. Gudehus, Timm (2007a), S. 291-293.
333 Vgl. Schulte, Christof (2005), S. 309.
334 Vgl. Bleymüller, Josef / Gehlert, Günther / Gülicher, Herbert (2004), S. 22, vgl. auch Formel in Abschnitt 4.1.2.

zu klassifizierenden Objekte in die Klassen X, Y und Z einteilen (analog zur ABC-Analyse lässt sich auch die tatsächliche Einteilung in die *Klassen X, Y und Z* erst im Rahmen der individuellen Berechnungen festlegen, sodass die folgenden Werte als Richtgrößen zu verstehen sind):[335]

- X-Objekte weisen eine geringe relative Streuung auf (der Variationskoeffizient selbst liegt unter 20% bzw. alternativ bei unter 20% an der Summe aller Variationskoeffizienten) und haben einen hohen Anteil an der Gesamtmenge (ca. 40-60%). Die Vorhersagegenauigkeit und Prognosesicherheit sind hoch.
- Z-Objekte weisen hohe Schwankungen auf (der Variationskoeffizient selbst liegt bei über 50% bzw. alternativ bei über 50% an der Summe aller Variationskoeffizienten) und weisen demnach eine geringe Vorhersagegenauigkeit auf. Der Anteil an der Gesamtmenge ist in der Regel gering (10-20%).
- Y-Artikel weisen eine mittlere Streuung und mittlere Mengenanteile auf.

Der *Ablauf der XYZ-Analyse* ist mit dem der vorgestellten ABC-Analyse vergleichbar. Die Berechnungsschritte 1 bis 3 erfolgen nun auf Basis der Variationskoeffizienten.[336]

1. Ermittlung der Variationskoeffizienten für jede Materialart (ggf. auch als Anteil an der Summe aller Variationskoeffizienten), z. B. auf Basis der Monatswerte eines Jahres
2. Sortierung der Materialarten nach aufsteigenden Variationskoeffizienten
3. Kumulation der (relativen Anteile der) Variationskoeffizienten
4. Ermittlung der Jahresverbrauchsmengen für jede Materialart (absolut und relativ gemessen an der gesamten Jahresverbrauchsmenge)
5. Kumulation der relativen Anteile an der gesamten Jahresverbrauchsmenge (in der in Punkt 2. vorgenommenen Reihenfolge)
6. Definition der Klassengrenzen (X, Y, Z) auf Grundlage der Variationskoeffizienten als Maß für die relativen Streuung

Abbildung 28 stellt eine Zusammenfassung der Berechnungsergebnisse der XYZ-Analyse dar. Der charakteristische Verlauf dieser Konzentrationskurve entsteht durch die Sortierung der Klassifizierungsobjekte nach aufsteigenden Variationskoeffizienten im Berechnungsschritt 2.

---

335 Vgl. Schulte, Christof (2005), S. 309-310; Sommerer, Gerhard (1994), S. 162.
336 Vgl. z. B. Schulte, Christof (2005), S. 309.

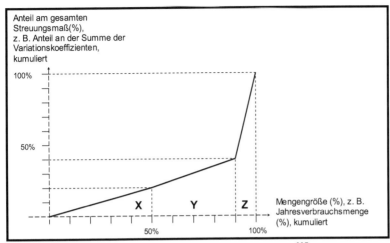

Abbildung 28: Grafische Darstellung der XYZ-Analyse[337]

Das Beispiel der **ABC-Analyse** für die Auswahl geeigneter Beschaffungskonzepte wird nun mit den Empfehlungen einer **XYZ-Analyse kombiniert**. Eine produktionssynchrone Anlieferung (Just-in-time) eignet sich für X-Materialien, da diese regelmäßig verbraucht werden. In der Wertigkeit der X-Güter konzentriert sich die *produktionssynchrone Anlieferung* auf die hochwertigen A-Güter, um für diese eine Lagerhaltung und hohe Kapitalbindung zu vermeiden. Für regelmäßig verbrauchte X-Güter mit geringen Wertanteilen (C-Güter) eignet sich eher eine *Verbrauchssteuerung* in Kombination mit der Auswahl geeigneter Dispositionsverfahren, wie der optimalen Bestellmenge.[338] Für die unregelmäßig eingesetzten Z-Güter eignet sich weder die Verbrauchssteuerung noch Just-in-time. Die Komplexität der unregelmäßigen Anlieferung im Rahmen von Just-in-time wäre nicht beherrschbar bzw. mit unverhältnismäßig hohen Kosten verbunden, und eine Verbrauchssteuerung würde bei einem sporadischen Verbrauch zu einem Aufbau hoher Lagerbestände führen. Für diese Güter kann sich eine *Bedarfssteuerung* (auch Einzelbeschaffung im Bedarfsfall) – insbesondere für hochwertige Güter A-Güter – eignen.[339] Bei einem geringen Wertanteil der Z-Güter sollte überprüft werden, ob diese tatsächlich benötigt werden, oder ob auf eine Beschaffung der Materialien verzichtet werden kann (*Sortenbereinigung*).[340]

---

337 In Anlehnung an Fortmann, Klaus-Michael / Kallweit, Angela (2007), S. 61; Schulte, Christof (2005), S. 309.
338 Das Dispositionsverfahren der optimalen Bestellmenge eignet sich für C-Güter, da bewusst Lagerbestände gehalten werden, beruht aber auf der Annahme eines regelmäßigen Verbrauchs, sodass es sich nur für X-Güter zielgerichtet einsetzen lässt. Vgl. zur Bestellrechnung z. B. Schulte, Christof (2005), S. 395-399.
339 Zum Beschaffungskonzept der Bedarfssteuerung vgl. z. B. Schulte, Christof (2005), S. 292.
340 Vgl. Schulte, Christof (2005), S. 312; Sommerer, Gerhard (1994), S. 165-166.

Eine zusammenfassende Darstellung über die Kombination der ABC- mit der XYZ-Analyse findet sich in Abbildung 29. Die Einteilung in vier anstelle von 9 Feldern soll dabei zum Ausdruck bringen, dass im Übergang zu B- bzw. Y-Artikeln die Eignung der jeweiligen Beschaffungskonzepte im Einzelfall zu prüfen ist.

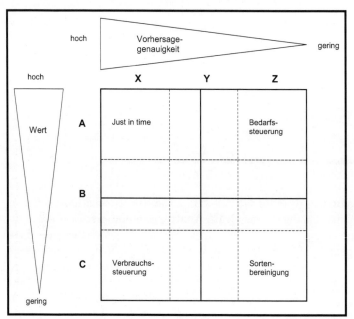

Abbildung 29: ABC-XYZ-Analyse, Vorauswahl von Beschaffungskonzepten[341]

Im Bereich des **Katastrophenmanagements** eignen sich die ABC- und XYZ-Analyse für mehrere Anwendungsfelder, von denen im Folgenden zwei Einsatzgebiete ausführlich durch Berechnungsbeispiele vorgestellt werden. Das erste Berechnungsbeispiel im folgenden Abschnitt 4.1.2 schließt an die Auswahl geeigneter Beschaffungskonzepte aus diesem Abschnitt an und passt die Berechnungen und Aussagen aus der ABC-XYZ-Analyse an die Bedürfnisse des Katastrophenmanagements an. Auf der Grundlage einer Klassifizierung mehrerer Hilfsgüter nach Verbrauchswerten und -schwankungen wird die Eignung von Beschaffungskonzepten im Rahmen der Katastrophenbewältigung am Beispiel Kenias mit Daten aus dem Jahr 2008 aufgezeigt. Der darauf folgende Abschnitt 4.1.3 widmet sich den Einsatzpotenzialen der ABC-XYZ-Analyse im Bereich der Katastrophenvorsorge (im Speziellen im Bereich der Vorbeugung). Auf Basis der bereits in Abschnitt 2.1 verwendeten Daten der EM-DAT (Emergency Events database), die durch das CRED (Centre for Research on the Epidemiology of Disasters) erfasst und bereitgestellt

---

341 In Anlehnung an Fortmann, Klaus-Michael / Kallweit, Angela (2007), S. 62; Sommerer, Gerhard (1994), S. 165.

werden, erfolgt eine ABC-XYZ-Analyse nach Regionen und Katastrophenarten.[342] Die Ergebnisse lassen sich unter anderem einsetzen, um eine Vorauswahl möglicher Standorte für Zentralläger der Hilfsorganisationen zu treffen. Die endgültige Auswahl von Standorten erfordert weitere Berechnungen unter Einsatz von Methoden der Standortplanung, die in Abschnitt 4.2.2 vorgestellt werden.
Weitere Einsatzgebiete aber auch Grenzen der ABC-XYZ-Analyse schließen das Kapitel ab.
Abbildung 30 ordnet diese beiden benannten Anwendungsfelder der ABC-XYZ-Analyse in den bekannten Kreislauf des Risikomanagements ein und benennt Ansätze weiterer Einsatzgebiete der ABC-XYZ-Analyse.

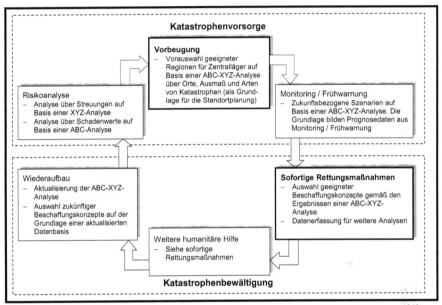

Abbildung 30: ABC-XYZ-Analyse, Kreislauf des Katastrophenmanagements[343]

4.1.2 ABC-XYZ-Analyse für Hilfsgüter (Kenia, Eldoret)

Die nachfolgenden Inhalte verdeutlichen an einem überschaubaren realen Beispiel die Durchführung, Ergebnisdarstellung und Auswertung einer ABC-XYZ-Analyse für Gestaltungsfragen der Katastrophenbewältigung. Diese sind auf die Klassifizierung von Hilfsgütern gerichtet, um die Auswahl geeigneter Beschaffungskonzepte im internationalen Katastrophenmanagement zielgerichtet zu unterstützen.

---

342 Vgl. www.emdat.be; Guha-Sapir, Debarati u.a. (2004); Hoyois, P. u.a. (2007), S. 13; Tschoegl, Liz u.a. (2007).
343 Eigene Darstellung, in Ergänzung zu Abbildung 12.

Die verwendete Datengrundlage des Joint Logistics Centre der UN bezieht sich auf die Katastrophenbewältigung in Kenia im Januar des Jahres 2008. Das Beispiel der Unruhen nach den Parlaments- und Präsidentenwahlen vom 27.12.2007 ist in Abschnitt 2.1.3 bereits inhaltlich skizziert worden. Nach ersten Unruhen und Ausschreitungen Ende Dezember des Jahres 2007 sind die sofortigen Rettungsmaßnahmen der Hilfsorganisationen vor Ort mit Beginn des Januar 2008 angelaufen. Insgesamt sind bis Ende Februar 3,823 Tsd. Tonnen Nahrungsmittel an über 370.000 Menschen verteilt worden, 296 Camps sind errichtet worden und 160.000 verletzte Menschen mussten medizinisch versorgt werden.[344]

Aus dieser Gesamtmenge zu verteilender Güter aus den Bereichen Lebensmittel („Food"), Nicht-Lebensmittel („Non Food Items") und Medikamente („Medicaments") werden ausschließlich die Lagerabgänge und demnach Verbrauchsmengen aus dem Lager des Kenianischen Roten Kreuzes in der Region Eldoret im Januar 2008 exemplarisch dargestellt.[345] Die Hilfsgüter sind über das Kenianische Rote Kreuz und das IFRC hinaus auch durch andere Hilfsorganisationen und Spender in das Lager geliefert worden, wie z. B. World Food Programme, World Vision, UNICEF, UNHCR, Catholic Relief Service, Family Finance Bank, Mechai International. Taggenaue Informationen über Lagereingänge und -abgänge liegen dokumentiert in mehreren Tabellen vor. Für das Berechnungsbeispiel wurden die taggenau erfassten Verbrauchsmengen zu Wochenmengen (jeweils von Mittwoch bis Dienstag im Januar 2008) zusammengefasst, damit sich das Berechnungsbeispiel übersichtlich darstellen lässt (vgl. folgende Tabellen). Schwächen in der Realitätsnähe der Datengrundlage betreffen insbesondere die Preise, die eine Berechnungsgrundlage für Verbrauchswerte der ABC-Analyse darstellen. Aufgrund nicht zugänglicher Daten mussten Annahmen getroffen werden, die voraussichtlich nicht den tatsächlichen Preisen entsprechen. So liegt den Preisen für Lebensmittel z. B. die vereinfachende Annahme zugrunde, dass 1 kg Lebensmittel 1 EUR kosten. Ebenfalls besteht eine Schwachstelle der Datenbasis in der Mengeneinheit Stück (pcs. für pieces, insbesondere für den Bereich Non-Food und Medikamente), über die nähere Angaben nicht vorliegen (handelt es sich um einzelne Stück, Kartons oder logistische Einheiten wie Paletten). Erforderliche Anpassungen unterschiedlicher Dimensionen konnten folglich nicht vorgenommen werden. Im Folgenden geht es darum, die Berechnungsschritte der ABC-XYZ-Analyse zu vermitteln, die unabhängig von der Datenbasis für jeden Anwendungsfall vergleichbar sind. Die Datenbasis ist jeweils durch die Akteure des Katastrophenmanagements an die reale Datenbasis und Fragestellung anzupassen, sodass die vereinfachenden Annahmen vertretbar sind.

Die nachfolgenden drei Tabellen bilden die **Datenbasis** für die ABC- und XYZ-Analyse. Dabei werden die Hilfsgüter der Bereiche „Food", „Non-Food" und „Medicaments" in alphabetischer Reihenfolge aufgelistet.

---

344 Vgl. weitere Erläuterungen in Abschnitt 2.1.3.
345 Die Daten sind dem Portal des Joint Logistics Centre der UN (www.logcluster.org) entnommen worden. Der Link zu den verwendeten Tabellen lautet Kenya, Supply Chain. Eine wichtige Datei stellt die Datei KRC Commodity Movement as of 29 January 2008 dar.

Hilfsgut „Food"	Zuordnung	Gewicht (kg)/Stück	Preis (EUR/ Stück) Annahme	Woche 1 2.-8. Januar	Woche 2 9.-15. Januar	Woche 3 16.-22. Januar	Woche 4 23.-29. Januar
Beans	Food, Pulses	90	90	100	63	14	5
Biscuits	Food, HEB	10	10	1.637	1.182	0	0
Bread	Food, Loaves	ohne Angabe	1,5	9	0	0	0
Cooking Fat Veg Oil	Food, Veg Oil	18 bis 22	20	344	1.365	53	413
Eggs	Food, Trays	ohne Angabe	2,5	170	50	10	13
Maize	Food, Cereals	90	90	4.189	3.531	238	1.470
Maize Flour	Food, Cereals	24	24	4.913	128	65	16
Milk, Vanilla Shakes	Food, Milk	1 bis 5	2,5	3.152	9.283	120	1.487
Nutropap	Food, Nutropap	8,4	8,5	41	0	74	0
Pulses	Food, Pulses	50	50	599	892	30	977
Rice	Food, Cereals	50	50	0	0	15	5
Salt	Food, Salt	1	5	0	2	0	1
Sugar	Food, bags	1	1	0	33	1	0
Sukuma wiki	Food, bags	1	1	14	0	0	0
Ujimix / Unimix	Food, blends	25	25	317	1.814	39	2.624

Tabelle 3: Datengrundlage ABC-XYZ, Verbrauchsmengen „Food"[346]

---

[346] Verbrauchsmengen zusammengestellt aus www.logcluster.org, Link Kenya, Supply Chain; Annahmen über Preise je Verbrauchsmenge.

Hilfsgut „Non-Food"	Zuordnung	Preis (EUR/ Stück) Annahme	Woche 1 2.-8. Januar	Woche 2 9.-15. Januar	Woche 3 16.-22. Januar	Woche 4 23.-29. Januar
Always Normal wing	NFI, pcs	5	0	48	0	0
Always with wings	NFI, pcs	5	0	112	0	0
Aquatabs	NFI, pcs	0,5	0	42.000	0	100.000
Aquatabs	NFI, ctns	200	0	0	7	3
Assorted clothes&Shoes	NFI, sacks / bags	3	0	3.345	199	8
Bladder Tank	NFI, pcs	100	0	0	1	3
Blankets	NFI, pcs	5	20	5.218	6.627	1.712
Block Board	NFI, pcs	20	0	0	0	12
Brooms	NFI, pcs	5	0	0	25	25
Buckets	NFI, pcs	2	0	3.980	1.040	1.000
Cooking pot	NFI, pcs	3	0	835	2.096	0
NFI Kits und Sets (Family, Displaced, Educational, Kitchen, Recreational, Rapid Fitting)	NFI, pcs	20	10	7.300	837	535
Distribution taps-tands	NFI, pcs	50	0	9	0	3
Jerrican	NFI, pcs	1	20	2.093	9.882	1.486
Mobilets	NFI, pcs	40	0	0	6	2
Mosq net	NFI, pcs	10	20	6.411	5.914	1.702
Pampers	NFI, pcs	20	0	126	0	0
Petroleum Jelly	NFI, pcs	5	0	7	0	0
Pick Axes	NFI, pcs	7	0	5	6	0
Plumb nut	NFI, pcs	7	0	50	0	0
R.Plastic Tank	NFI, pcs	50	0	1	0	0
Rakes	NFI, pcs	5	0	5	50	25
Sanitary Towels	NFI, pcs	5	0	336	1.440	5.936
Shovels	NFI, pcs	5	0	5	24	12
Soap	NFI, pcs	0,5	40	1.818	7.227	5.579
Tarpaulins	NFI, pcs	50	10	2.857	4.866	75
Tents	NFI, pcs	50	0	0	15	5
Toilet slabs	NFI, pcs	10	0	6	40	24
Tyre	NFI, pcs	50	0	0	2	2
Wheel Barrows	NFI, pcs	20	0	5	12	6

Tabelle 4: Datengrundlage ABC-XYZ, Verbrauchsmengen „Non-Food"[347]

---

347 Verbrauchsmengen zusammengestellt aus www.logcluster.org, Link Kenya, Supply Chain; Annahmen über Preise je Verbrauchsmenge.

Die nachfolgende Tabelle enthält lediglich Auszüge der Verbrauchsmengen bezogen auf Medikamente. Im Januar des Jahres 2008 erfolgte nur eine Medikamentenauslieferung; diese erfolgte am 12. Januar 2008 an die Mobile Clinic des Roten Kreuzes. Aufgrund dieser Besonderheit, werden die Auslieferungen der 29 unterschiedlichen Medikamente nachfolgend in einer gemeinsamen Summenposition in die weiteren Berechnungen einbezogen.

Hilfsgut „Medicaments"	Zuordnung	Preis EUR/ Stück Annahme	Woche 1 2.-8. Januar	Woche 2 9.-15. Januar	Woche 3 16.-22. Januar	Woche 4 23.-29. Januar
Amitripthylene	Med., pcs		0	1	0	0
Almox Syrup	Med., pcs		0	60	0	0
Ampus	Med., pcs		0	10	0	0
...	...		0	...	0	0
Vebtril	Med., pcs		0	3	0	0
Summe Medicaments		10	0	352	0	0

Tabelle 5: Datengrundlage ABC-XYZ, Verbrauchsmengen „Medicaments"[348]

Auf Basis der Datengrundlagen der drei Tabellen lässt sich nun die **ABC-Analyse** nach den 6 in Abschnitt 4.1.1 beschriebenen Schritten durchführen.[349]

1. In Schritt 1 erfolgt die **Ermittlung der Verbrauchswerte** für jede Materialart bzw. für jedes Hilfsgut (absolut und relativ gemessen am gesamten Verbrauchswert).

   Absolut wird im vorliegenden Berechnungsbeispiel der Verbrauchswert (W^m) einer Materialart (m) für den Januar des Jahres 2008 ermittelt, indem die jeweiligen Verbrauchsmengen (V_t^m) der Wochen (t) addiert und mit dem Preis (p^m) der Materialart (bzw. des Hilfsgutes) gewichtet werden.

$$W^m = \left(\sum_{t=1}^{T} V_t^m\right) \cdot p^m \text{, mit}$$

W^m	Verbrauchswert für Materialart m, mit m=1,...,M
W	Verbrauchswert für alle M Materialien
m	Index für die Materialart (hier Hilfsgut), mit m=1,..., M
V_t^m	Verbrauchsmenge für Materialart m, mit t=1,...,T
t	Periodenindex, mit t=1,...,T
p^m	Preis je Einheit für Materialart m

---

348 Verbrauchsmengen zusammengestellt aus www.logcluster.org, Link Kenya, Supply Chain; Annahmen über Preise je Verbrauchsmenge.
349 Vgl. Erläuterungen und angegebene Quellen im Grundlagenkapitel zur ABC-Analyse in Abschnitt 4.1.1.

Auf diese Weise lässt sich der Verbrauchswert der Bohnen („Beans") als erste Position der Lebensmittel („Food") aus Tabelle 3 ermitteln, indem die Verbrauchsmengen der Wochen addiert und mit dem Preis multipliziert werden:
$W^{1(beans)}$=(100+63+14+5) * 90 EUR / Einheit = 16.380 EUR

Um den *relativen Anteil* des Hilfsgutes am gesamten Verbrauchswert zu ermitteln, ist zunächst der gesamte Verbrauchswert (W) für das Lager in Eldoret bezogen auf den Januar des Jahres 2008 zu ermitteln:

$$W = \sum_{m=1}^{M} W^m$$

Die Summe der Verbrauchswerte für alle Hilfsgüter (Food, Non Food und Medicaments) beträgt im Berechnungsbeispiel 2.290.415 EUR (siehe Summe der Verbrauchswerte in Tabelle 6). Der relative Anteil des Hilfsgutes „beans" lässt sich nun wie folgt berechnen:

$$\frac{W^m}{W} = \frac{16.380}{2.290.415} = 0,72\%$$

Tabelle 6 enthält die Ergebnisse der ABC-Analyse mit Bezug zu den 6 Schritten einer ABC-Analyse. In den Spalten drei und vier finden sich die Berechnungsergebnisse aus Schritt 1.

2. **Sortierung** der Materialarten nach absteigenden **Verbrauchswerten**
In der Ergebnisdarstellung der nachfolgenden Tabelle werden die Hilfsgüter sortiert nach absteigenden Verbrauchswerten ausgewiesen, hier finden sich die „Beans" mit dem ermittelten Verbrauchswert in Höhe von 16.380 EUR auf Rang 14. Die höchsten Verbrauchswerte weisen auf Rang 1 Mais („Maize") und auf Rang 2 Zeltplanen („Tarpaulins") auf. Auf den Ausweis der Hilfsgüter mit einem Anteil am gesamten Verbrauchswert unterhalb von 0,1% wird in der Tabelle verzichtet (durch eine leere Zeile erfolgt ein Hinweis auf die 23 nicht ausgewiesenen Hilfsgüter mit einem Wertanteil von insgesamt 0,47%).

3. Die **Kumulation** der relativen Anteile am gesamten **Verbrauchswert** wird in Spalte 5 ausgewiesen. Dabei wird die Summe über die Anteile am gesamten Verbrauchswert bis zum jeweiligen Rang gebildet. Einen Rang nach den „Beans" wird auf Rang 15 „Jerrican" mit kumulierten relativen Wertanteilen in Höhe von 97,57% ausgewiesen. Durch Addition der in Schritt 1 ermittelten relativen Wertanteile der Jerrican (0,59%) zu den 96,98% kumulierten Wertanteilen der Bohnen lässt sich der kumulierte relative Wertanteil auf dem Rang der Position „Jerrican" in Höhe von 97,57% ermitteln.

Schritt 2 Sortierung Hilfsgut:	Zuordnung	Schritt 1 Verbrauchswert im Januar 2008 (geschätzt)	Schritt 1 Anteil am Verbrauchswert im Januar 2008	Schritt 3 Kum. Anteil (Wert)	6. A B C	Schritt 4 Durchschn. Verbrauchsmenge pro Woche im Januar 2008	Schritt 4 Anteil an der Verbrauchsmenge im Januar 2008	Schritt 5 Kum. Anteil (Menge)
				0%				0%
1. Maize	Food, Cer.	848.520	37,05%	37,05%	A	2.357,0	3,40%	3,40%
2. Tarpaulins	NFI, pcs	390.400	17,04%	54,09%	A	1.952,0	2,82%	6,22%
3. NFI Kits	NFI, pcs	173.640	7,58%	61,67%	B	2.170,5	3,13%	9,36%
4. Mosq net	NFI, pcs	140.470	6,13%	67,81%	B	3.511,8	5,07%	14,43%
5. Pulses	Food, Pulses	124.900	5,45%	73,26%	B	624,5	0,90%	15,33%
6. Maize Flour	Food, Cer.	122.928	5,37%	78,63%	B	1.280,5	1,85%	17,18%
7. Ujimix / Unimix	Food, blends	119.850	5,23%	83,86%	B	1198,5	1,73%	18,91%
8. Aquatab	NFI, pcs	71.000	3,10%	86,96%	C	35.500,0	51,26%	70,17%
9. Blanket	NFI, pcs	67.885	2,96%	89,92%	C	3.394,3	4,90%	75,07%
10. Veg Oil	Food, Veg Oil	43.497	1,90%	91,82%	C	543,7	0,79%	75,86%
11. San. Towels	NFI, pcs	38.560	1,68%	93,50%	C	1.928,0	2,78%	78,64%
12. Milk, ...	Food, Milk	35.105	1,53%	95,04%	C	3.510,5	5,07%	83,71%
13. Biscuits	Food, HEB	28.190	1,23%	96,27%	C	704,8	1,02%	84,73%
14. Beans	Food, Pulses	16.380	0,72%	96,98%	C	45,5	0,07%	84,79%
15. Jerrican	NFI, pcs	13.481	0,59%	97,57%	C	3.370,3	4,87%	89,66%
16. Bucket	NFI, pcs	12.040	0,53%	98,10%	C	1.505,0	2,17%	91,83%
17. Assorted clothes...	NFI, bags	10.656	0,47%	98,56%	C	888,0	1,28%	93,11%
18. Cooking pot	NFI, pcs	8.793	0,38%	98,95%	C	732,0	1,06%	94,17%
19. Soap	NFI, pcs	7.332	0,32%	99,27%	C	3.666,0	5,29%	99,47%
20. Medikamente	Med., pcs	3.520	0,15%	99,42%	C	88,0	0,13%	99,59%
21. Pampers	NFI, pcs	2.520	0,11%	99,53%	C	31,5	0,05%	99,64%
22.-45.		...	...	...	C	...	...	...
46. Bread	Food, Loave	14	0,00%	100%	C	2,3	0,00%	100%
Summe		**2.290.415**	**100%**			**69.253,2**	**100%**	

Tabelle 6: Ergebnisse der ABC-Analyse, Kenia, Januar 2008[350]

---

350 Eigene Darstellung mit Ausblendung der Ränge 22-45. Rundungsdifferenzen sind möglich.

4. Durch die Berechnungen in Schritt 4 werden die **Verbrauchsmengen** für jede Materialart bzw. für jedes Hilfsgut (absolut und relativ gemessen an der gesamten Verbrauchsmenge) ermittelt.

Absolut wird im vorliegenden Berechnungsbeispiel der durchschnittliche Verbrauch (μ^m) einer Materialart (m) je Woche im Januar des Jahres 2008 ermittelt, indem die zugehörige Verbrauchsmenge (V_t^m) der Wochen (t) summiert und durch die Anzahl der Wochen (T) geteilt werden:

$$\mu^m = \frac{\sum_{t=1}^{T} V_t^m}{T}$$, es gelten die oben angegebenen Symbole und zusätzlich

μ^m Mittelwert für Materialart bzw. Hilfsgut m
μ Mittelwert für alle M Materialien / Hilfsgüter

Die durchschnittliche Verbrauchsmenge der Bohnen („Beans") einer Woche im Januar des Jahres 2008 lässt sich aus den Daten der Tabelle 3 ermitteln:

$\mu^{1(beans)}$=(100+63+14+5) / 4 = 45,5

Durchschnittlich wurden in jeder Woche 45,5 Säcke mit einem Gewicht von jeweils 90 kg ausgeliefert. Dieses Ergebnis lässt sich ebenso der Ergebnistabelle zur ABC-Analyse entnehmen wie der *relative Anteil* an der gesamten Verbrauchsmenge im Januar 2008 (vgl. hierzu Tabelle 6):

$$\frac{\mu^m}{\mu} = \frac{45,5}{69.253,2} = 0,07\%, \text{ mit } \mu = \sum_{m=1}^{M} \mu^m$$

5. Die **Kumulation** der relativen Anteile an der gesamten **Verbrauchsmenge** erfolgt in der letzten Spalte analog zu Berechnungsschritt 3 und bezieht sich nun auf die relativen Mengen (84,79% für die Position der „Beans").

6. Die **Festlegung der Klassengrenzen** (A, B, C) in Schritt 6 wird in einer Spalte zwischen der Wert- und Mengenrechnung ausgewiesen, da sich die Klasseneinteilung an den relativen Verbrauchs*werten* orientiert. In diesem Berechnungsbeispiel bietet es sich an, die Klassengrenze zwischen A- und B-Hilfsgütern bereits nach den ersten beiden Positionen Mais und Zeltplanen zu setzen. Abweichend von den in Abschnitt 4.1.1 angegebenen üblichen 70-80% Wertanteile der A-Güter liegen diese zwar nur bei 54,09%. Diese beiden Positionen heben sich mit den relativen Anteilen an den Verbrauchswerten jedoch so deutlich von den folgenden Hilfsgütern ab, dass die Güter in einer gesonderten Klasse ausgewiesen werden sollten. Abbildung 31 visualisiert die Ergebnisse der ABC-Analyse aus Tabelle 6 mit den Klassengrenzen der A-, B- und C-Hilfsgüter.

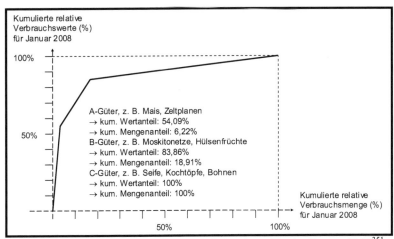

Abbildung 31: Ergebnisdarstellung ABC-Analyse, Kenia, Januar 2008[351]

Über die Wertigkeit der Hilfsgüter hinaus wird nun ergänzend die Verbrauchsschwankung durch eine **XYZ-Analyse** analysiert. Die Datengrundlagen bilden die drei bereits bekannten Tabellen zu den wöchentlichen Verbrauchsmengen der Hilfsgüter in Kenia, Eldoret im Monat Januar 2008. Die Grundlage für die Klasseneinteilung bilden nun nicht Verbrauchswerte sondern Variationskoeffizienten als Maß für die Verbrauchsschwankungen.

In Schritt 1 der XYZ-Analyse wird für jede Materialart (in diesem Beispiel stellen die Materialarten wiederum Hilfsgüter dar) der **Variationskoeffizient** (VK^m) ermittelt. Dieser gibt die relative Streuung um den Mittelwert an.[352]

$VK^m = \sigma^m / \mu^m$, mit

VK^m	Variationskoeffizient für Materialart / Hilfsgut m
VK	Summe der Variationskoeffizienten für alle M Materialarten
σ^m	Standardabweichung für Materialart / Hilfsgut m
μ^m	Mittelwert für Materialart / Hilfsgut m (Formel bekannt aus ABC)

Die Formel zur Berechnung der Mittelwerte ist aus der ABC-Analyse bereits bekannt; zusätzlich ist die Standardabweichung als absolutes Maß für die Streuung um den Mittelwert nach folgender Formel zu berechnen:[353]

$$\sigma^m = \sqrt{\frac{\sum_{t=1}^{T}(V_t^m - \mu^m)^2}{T}}$$

---

351 Eigene Darstellung auf Grundlage der Berechnungsergebnisse.
352 Vgl. zur Berechnung des Variationskoeffizienten Bleymüller, Josef / Gehlert, Günther / Gülicher, Herbert (2004), S. 13-22.
353 Vgl. Bleymüller, Josef / Gehlert, Günther / Gülicher, Herbert (2004), S. 19-22.

Das Berechnungsbeispiel der „Beans" als erste Position der Tabelle mit den Hilfsgütern aus dem Bereich „Food" wird nun fortgeführt. Der Mittelwert (Verbrauchswert je Woche ist bereits bekannt: 45,5), die Standardabweichung beträgt:

$$\sigma^{beans} = \sqrt{\frac{(100-45,5)^2 + (63-45,5)^2 + (14-45,5)^2 + (5-45,5)^2}{4}} = \sqrt{\frac{5909}{4}} = 38,44$$

Demnach beträgt der Variationskoeffizient der „Beans"

$$VK^{beans} = \sigma^{beans} / \mu^{beans} = \frac{38,44}{45,5} = 0,845.$$

Da der Variationskoeffizient bereits eine relative Größe darstellt, wird auf eine Ermittlung der Anteile am gesamten Variationskoeffizienten in der XYZ-Analyse häufig verzichtet. Aufgrund der außerordentlich hohen Variationskoeffizienten im Katastrophenmanagement (diese liegen mehrfach über 1) werden im Folgenden die Anteile am gesamten Variationskoeffizienten ebenfalls ermittelt, nur so lassen sich die Ergebnisse der XYZ-Analyse grafisch in der bekannten Verlaufsform darstellen.
Für das Berechnungsbeispiel beträgt die Summe der Variationskoeffizienten

$$VK = \sum_{m=1}^{M} VK^m = 55,625$$

und damit der Anteil des Variationskoeffizienten der „Beans" an dieser Summe

$$\frac{VK^m}{VK} = \frac{0,845}{55,625} = 1,52\%.$$ (Vgl. grau hinterlegte Zeile der Tabelle 7).

Der Variationskoeffizient aller anderen Hilfsgüter wird ebenso nach den angegebenen Formeln berechnet. Die folgende Ergebnistabelle der XYZ-Analyse enthält die Hilfsgüter bereits in der Rangbildung nach aufsteigenden Variationskoeffizienten (Schritt 2). Die Mengenberechnung (Schritt 4) lässt sich aus der ABC-Analyse übertragen (nachfolgend gerundet auf ganze Stück); die Kumulation in den Schritten 3 und 5 erfolgt nun in der neuen Reihenfolge.
Die Ränge 22-45 werden wie in der ABC-Analyse nicht mit den Detailinformationen ausgewiesen, damit sich die Ergebnisse übersichtlich darstellen lassen. Es handelt sich um Hilfsgüter mit Variationskoeffizienten, die den Wert 1,0792 übersteigen und somit sehr hohe Mengenschwankungen über die vier erfassten Wochen aufweisen.
In Schritt 6 der XYZ-Analyse erfolgt die **Einteilung** der Hilfsgüter in die **Klassen X, Y und Z**. Sowohl die Klassenzuordnung als auch der Verlauf der Konzentrationskurve (siehe hierzu Abbildung 32) ist ungewöhnlich, da der Lagerabgang aller Hilfsgüter über die vier Wochen im Januar 2008 sehr hohe Schwankungen aufweist. Der geringste Wert eines Variationskoeffizienten beträgt 0,5937 für die Hülsenfrüchte; ein Wert, der in vielen Branchen der Privatwirtschaft einem Z-Gut entsprechen würde. Dennoch wird zu Darstellungs- und Erläuterungszwecken eine entsprechende Einteilung und Darstellung vorgenommen.

Schritt 2 Sortierung Hilfsgut:	Zuord-nung	Schritt 1 Variations-koeffizient im Januar 2008 (ge-schätzt)	Schritt 1 Anteil am VK im Januar 2008	Schritt 3 Kum. Anteil (VK)	6. X Y Z	Schritt 4 Durchschn. Verbrauchs-menge pro Woche im Januar 2008	Schritt 4 Anteil an der Verbrauchs-menge im Januar 2008	Schritt 5 Kum. Anteil (Menge)
1. Pulses	Food, Pulses	0,5937	1,07%	1,07%	X	625	0,90%	0,90%
2. Maize	Food, Cer.	0,6712	1,21%	2,27%	X	2.357	3,40%	4,31%
3. Wheel Barrows	NFI, pcs	0,7417	1,33%	3,61%	Y	6	0,01%	4,31%
4. Mosq net	NFI, pcs	0,7752	1,39%	5,00%	Y	3.512	5,07%	9,38%
5. Blan-kets	NFI, pcs	0,7794	1,40%	6,40%	Y	3.394	4,90%	14,29%
6. Soap	NFI, pcs	0,7823	1,41%	7,81%	Y	3.666	5,29%	19,58%
7. Beans	Food, Pulses	0,8447	1,52%	9,33%	Y	46	0,07%	19,64%
8. Shovels	NFI, pcs	0,8791	1,58%	10,91%	Y	10	0,01%	19,66%
9. Ujimix / Unimix	Food, blends	0,8882	1,60%	12,50%	Y	1.199	1,73%	21,39%
10. Toilet slabs	NFI, pcs	0,8976	1,61%	14,12%	Y	18	0,03%	21,42%
11. Veg Oil	Food, Veg Oil	0,9069	1,63%	15,75%	Y	544	0,79%	22,20%
12. Rakes	NFI, pcs	0,9843	1,77%	17,52%	Z	20	0,03%	22,23%
13. Buckets	NFI, pcs	0,9890	1,78%	19,30%	Z	1.505	2,17%	24,40%
14. Milk, ...	Food, Milk	0,9974	1,79%	21,09%	Z	3.511	5,07%	29,47%
15. Brooms	NFI, pcs	1,0000	1,80%	22,89%	Z	13	0,02%	29,49%
16. Tyre	NFI, pcs	1,0000	1,80%	24,68%	Z	1	0,00%	29,49%
17. Pick Axes	NFI, pcs	1,0082	1,81%	26,50%	Z	3	0,00%	29,50%
18. Biscuits	Food, HEB	1,0257	1,84%	28,34%	Z	705	1,02%	30,51%
19. Tarpaulins	NFI, pcs	1,0438	1,88%	30,22%	Z	1.952	2,82%	33,33%
20. Eggs	Food, Trays	1,0702	1,92%	32,14%	Z	61	0,09%	33,42%
21. Nutropap	Food, Nu-trop.	1,0792	1,94%	34,08%	Z	29	0,04%	33,46%
22.-45.		...	...	...	Z	...	...	...
46. Pampers	NFI, pcs	1,7321	3,11%	100%	Z	32	0,05%	100%
Summe		55,6253	100%			69.253	100%	

Tabelle 7: Ergebnisse der XYZ-Analyse, Kenia, Januar 2008[354]

---

354 Eigene Darstellung. Rundungsdifferenzen sind möglich.

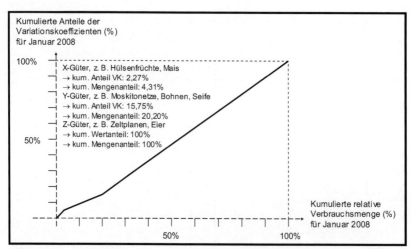

Abbildung 32: Ergebnisdarstellung XYZ-Analyse, Kenia, Januar 2008[355]

In der Zusammenfassung der Ergebnisse aus der ABC- und XYZ-Analyse lassen sich Hilfsgüter nach ihrem Anteil sowohl am Verbrauchswert als auch an den Verbrauchsschwankungen klassifizieren, so z. B.

- Mais „Maizes" als AX-Hilfsgut,
- Seife „Soap" als CY-Hilfsgut sowie
- Moskitonetze „Mosq Net" als BY-Hilfsgüter.

Damit kann sich für das AX-Hilfsgut Mais eine sofortige Anlieferung durch die Mais-Lieferanten eignen. Durch Verträge mit Landwirten und Lieferanten vor Ort kann sichergestellt werden, dass ausreichend Mais vorgehalten und im Bedarfsfall sofort geliefert wird. Durch eine Verteilung auf mehrere Lieferanten und Standorte sollte sichergestellt werden, dass auch bei einer Zerstörung von Teilen der Infrastruktur eine Versorgung der Bevölkerung erfolgen kann. Auch das Lager des Kenianischen Roten Kreuzes kann als Lagerstandort gewählt werden, jedoch ist eine Lagerung der gesamten Bedarfsmenge im Katastrophenfall mit einer zu hohen Kapitalbindung verbunden.

Für die Seife als CY-Hilfsgut kann sich mit einer bewussten Lagerhaltung im Lager des Kenianischen Roten Kreuzes das Beschaffungskonzept der Verbrauchssteuerung eignen. Der Wert der Seife ist vergleichsweise gering, sodass die mit der Lagerung verbundenen Kapitalbindungskosten relativ gering sind.

Für Hilfsgüter, wie Moskitonetze, die mittlere relative Verbrauchswerte und Schwankungen aufweisen, ist die Eignung der Beschaffungskonzepte im Einzelfall zu prüfen, in einigen Fällen wird auch eine Kombination aus mehreren Beschaffungskonzepten gewählt werden.

---

355 Eigene Darstellung auf Grundlage der Berechnungsergebnisse.

Für die reale Anwendung einer ABC-XYZ-Analyse zur Vor-Auswahl geeigneter Beschaffungskonzepte ist den Akteuren des Katastrophenmanagements eine Erweiterung der Berechnung auf mehrere Perioden und Katastrophen in einem größeren Gebiet anzuraten. Die Verbrauchswerte, -mengen und -schwankungen der Hilfsgüter lassen sich auf mehrere Jahre und auf mehrere Katastrophen in Kenia oder einer größeren Region Afrikas beziehen. Da die Auswahl von Beschaffungskonzepten für Hilfsgüter nicht kurz- sondern eher mittel- bis langfristig ausgerichtet ist und sich in der Regel auf ein größeres Gebiet bezieht, sollte auch die Datenbasis auf einen entsprechend längeren Zeitraum und ein entsprechend größeres Gebiet ausgeweitet werden.

Die Berechnungsbeispiele des folgenden Abschnitts beziehen sich auf längere Zeiträume (mehrere Jahre) und größere Gebiete (weltweit), um entsprechende Anhaltspunkte für eine Erweiterung der Berechnungen zu erhalten. Der Bezug zu jedem einzelnen Hilfsgut lässt sich jedoch in diesem größeren Kontext anschaulich nicht mehr darstellen, sodass eine zusammenfassende Darstellung mit Bezug zu weltweiten Regionen und zu Katastrophenarten erfolgt. Die Akteure des Katastrophenmanagements verfügen über Daten (oder können diese generieren), um eine ABC-XYZ-Analyse für eine Kombination aus Region, Katastrophenart und Hilfsgut zu erstellen.

4.1.3 ABC-XYZ-Analyse für Regionen und Katastrophenarten

Die nachfolgenden Berechnungen geben zum Einen Anhaltspunkte, wie die Berechnungen zur Vor-Auswahl geeigneter Beschaffungskonzepte aus einer Klassifizierung der Hilfsgüter des vorherigen Abschnitts in einen breiteren Kontext eingebunden werden können; zum Anderen lassen sich die nachfolgenden Berechnungen für weitere Gestaltungsfragen der Katastrophenvorsorge einsetzen. So lässt sich eine Auswertung nach weltweiten Regionen verwenden, um mögliche Standorte für Zentrallager der Hilfsorganisationen zu identifizieren, die dann im Rahmen einer differenzierten Standortplanung einer Bewertung und Auswahl unterzogen werden. Die Bewertung der Katastrophen erfolgt im Folgenden zudem auf einer anderen Grundlage, sodass die Vielfalt möglicher Einsatzgebiete der ABC-XYZ-Analysen verdeutlicht wird. Die Bewertungsgrundlage bildet nachfolgend anstelle von Verbrauchswerten die Anzahl der durch Katastrophen betroffenen Menschen.

Je nach Bewertungskriterium wird eine andere Zielsetzung aus dem Zielsystem des Katastrophenmanagement und der Logistik angesprochen: Während Verbrauchswerte in Verbindung mit der Auswahl von Beschaffungskonzepten verwendet werden, um geringe Lagerkosten (insbesondere Kapitalbindungskosten) realisieren zu können, setzt die Anzahl betroffener Menschen zur Auswahl von Standortgebieten für Zentrallager eher an Servicegrößen an: Angestrebt wird, die Zentrallager so zu positionieren, dass möglichst viele betroffene Menschen innerhalb eines möglichst kurzen Zeitraumes mit Hilfsgütern versorgt werden können.

	Anzahl Katastrophen	Anzahl betroffener Menschen (in Tsd.)					
	Durchschnitt pro Jahr 1974-2003	1974-78	1979-83	1984-88	1989-93	1994-98	1999-2003
Afrika, Summe	30,5	17.508	52.512	64.219	74.328	39.829	99.583
Afrika, Osten	12,6	8.737	25.636	26.316	55.146	33.847	84.909
Afrika, Mitte	3,0	1.921	1.275	3.908	3.509	289	921
Afrika, Norden	4,2	346	2.540	14.531	9.912	1.698	5.839
Afrika, Süden	3,4	131	1.086	7.798	970	922	1.887
Afrika, Westen	7,3	6.373	21.975	11.666	4.791	3.073	6.027
Amerika, Summe	55,6	9.412	46.720	21.511	9.596	25.918	22.861
Amerika, Karibik	7,8	1.100	3.066	3.772	1.417	4.174	6.789
Amerika, Mittel	10,9	6.441	969	1.778	1.476	5.650	5.677
Amerika, Norden	19,0	4	201	1.106	583	2.434	932
Amerika, Süden	17,9	1.867	42.484	14.855	6.120	13.660	9.463
Asien, Summe	85,5	165.729	603.985	720.882	704.329	969.061	1.373.557
Asien, Osten	24,2	6.930	7.182	94.504	438.813	736.390	663.359
Asien, Süd-Mitte	30,7	136.010	568.434	597.727	218.863	178.883	651.610
Asien, Süd-Ost	24,5	22.251	27.505	26.150	45.023	50.950	54.346
Asien, Westen	6,1	538	864	2.501	1.630	2.838	4.242
Europa, Summe	28,4	2.238	1.820	383	4.907	10.263	10.961
Europa, Osten	8,0	1.389	38	241	540	3.296	6.026
Europa, Norden	3,4	0	0	0	984	270	27
Europa, Süden	8,7	823	1.777	134	3.264	6.265	626
Europa, Westen	8,3	26	5	8	119	432	4.282
Australien / Ozeanien, Summe	12,2	99	685	712	7.321	10.296	269
Austr. / Neuseel.	6,7	59	97	20	6.543	9.096	29
Austr., Melanesien	3,7	24	434	684	479	1.157	121
Austr., Micronesien	0,5	0	0	0	12	35	102
Austr., Polynesien	1,3	16	154	8	287	8	17
Summe	212,2	194.986	705.722	807.707	800.481	1.055.367	1.507.231

Tabelle 8: Datengrundlage ABC-XYZ nach Regionen[356]

---

[356] Die Daten der Tabelle wurden zusammengestellt aus www.em-dat.be sowie Guha-Sapir, Debarati u.a. (2004), S. 80 und 86.

Tabelle 8 enthält als **Datengrundlage Kontinente**, jeweils unterteilt in vier bis fünf **Regionen**, mit der Anzahl der durch Katastrophen in den Jahren 1974-2003 **betroffenen Menschen**. Dabei werden jeweils 5 Jahre in einer Spalte zusammengefasst. Eine zusätzliche Spalte enthält die durchschnittliche Anzahl der Katastrophen je Jahr, die ebenfalls aus dem 30-Jahreszeitraum zusammengestellt worden ist. Die Daten sind aus der Datenbank des CRED bzw. der entsprechenden Veröffentlichung über die Entwicklung und Auswirkung weltweiter Katastrophen im 30-Jahres-Zeitraum entnommen worden.[357]

In Schritt 1 der **ABC-Analyse** werden nun nicht Verbrauchswerte ermittelt sondern die durchschnittliche Anzahl betroffener Menschen in einem Jahr, so beispielsweise für den Osten Afrikas: (8.737+25.636+26.316+55.146+33.847+84.909)/30 = 7.820. Dies entspricht einem Anteil an der Gesamtzahl betroffener Menschen im Jahresdurchschnitt in Höhe von (7.820/169.050)= 4,63%. Die Rangbildung / Sortierung in Schritt 2 erfolgt nun nach absteigender Anzahl betroffener Menschen.

Die Mengenberechnung der Schritte 4 und 5 orientiert sich an der durchschnittlichen Anzahl Katastrophen pro Jahr im Betrachtungszeitraum, die in Tabelle 8 bereits mit 12,6 (dies entspricht 5,9% der weltweiten Katastrophenanzahl im Jahresdurchschnitt in Höhe von 212,2) ausgewiesen ist. Die einzelnen Berechnungsschritte, auch zur Kumulation, lassen sich mit den Erläuterungen aus Abschnitt 4.1.2 nachvollziehen. Die Ergebnisse der ABC-Analyse werden in Tabelle 9 ausgewiesen.

Die Ermittlung des Variationskoeffizienten in Schritt 1 der **XYZ-Analyse** orientiert sich nun ebenfalls an der Anzahl betroffener Menschen. Ermittelt werden die Schwankungen um den Mittelwert, bezogen auf die in Tabelle 8 angegebenen 5-Jahres-Spalten im 30-Jahres-Zeitraum. Für den Osten Afrikas lässt sich der Variationskoeffizient wie folgt berechnen:

$$VK^{Afrika,Osten} = \sigma^{Afrika,Osten} / \mu^{Afrika,Osten} \ \frac{24.665}{7.820*5} = 0{,}6308 \ .$$

Der Mittelwert ist bereits aus der ABC-Analyse bekannt; die Standardabweichung lässt sich nach der bekannten Formel (nun mit Bezug auf die Anzahl betroffener Menschen) wie folgt berechnen:

$$\sigma^{Afrika,Osten} = \sqrt{\frac{(8.737 - 7.820*5)^2 + (25.636 - 7.820*5)^2 + \ldots + (84.909 - 7.820*5)^2}{6}}$$

$$= \sqrt{\frac{3.650.154.314}{6}} = 24.665$$

---

[357] Vgl. www.em-dat.be sowie Guha-Sapir, Debarati u.a. (2004), insbesondere S. 80 und 86.

Schritt 2 Sortierung Regionen:	Schritt 1 Betroffene Menschen, Durchschnitt 1973-2004 (Tsd./Jahr)	Schritt 1 Anteil am Durchschnitt betroffener Menschen	Schritt 3 Kum. Anteil betr. Menschen	6. A B C	Schritt 4 Anz. Katastrophen, Durchschnitt der Jahre 1973-2004	Schritt 4 Anteil an der Anz. Katastrophen	Schritt 5 Kum. Anteil (Anz. Katastrophen)
			0%				0%
Asien, Süd-Mitte	78.384	46,37%	46,37%	A	30,7	14,47%	14,47%
Asien, Osten	64.906	38,39%	84,76%	A	24,2	11,42%	25,88%
Afrika, Osten	7.820	4,63%	89,39%	B	12,6	5,95%	31,84%
Asien, Süd-Ost	7.541	4,46%	93,85%	B	24,5	11,56%	43,40%
Amerika, Süden	2.948	1,74%	95,59%	C	17,9	8,45%	51,85%
Afrika, Westen	1.797	1,06%	96,66%	C	7,3	3,46%	55,30%
Afrika, Norden	1.162	0,69%	97,34%	C	4,2	1,99%	57,30%
Amerika, Mittel	733	0,43%	97,78%	C	10,9	5,12%	62,42%
Amerika, Karibik	677	0,40%	98,18%	C	7,8	3,66%	66,08%
Austr.-Neuseel.	528	0,31%	98,49%	C	6,7	3,14%	69,22%
Europa, Süden	430	0,25%	98,74%	C	8,7	4,10%	73,32%
Afrika, Süden	426	0,25%	99,00%	C	3,4	1,59%	74,90%
Asien, Westen	420	0,25%	99,24%	C	6,1	2,86%	77,76%
Afrika, Mitte	394	0,23%	99,48%	C	3,0	1,43%	79,19%
Europa, Osten	384	0,23%	99,71%	C	8,0	3,79%	82,97%
Amerika, Norden	175	0,10%	99,81%	C	19,0	8,95%	91,93%
Europa, Westen	162	0,10%	99,90%	C	8,3	3,91%	95,84%
Australien, Melanes.	97	0,06%	99,96%	C	3,7	1,73%	97,57%
Europa, Norden	43	0,03%	99,99%	C	3,4	1,60%	99,17%
Australien, Polynes.	16	0,01%	100,00%	C	1,3	0,61%	99,78%
Australien, Micrones.	5	0,00%	100,00%	C	0,5	0,22%	100,00%
Summe	**169.050**	**100,00%**			**212,2**	**100,00%**	

Tabelle 9: Ergebnisse der ABC-Analyse, Regionen weltweit[358]

---

358 Eigene Darstellung. Rundungsdifferenzen in der zweiten Nachkommastelle sind möglich.

Die Mengenberechnung der XYZ-Analyse in Schritt 4 orientiert sich in diesem Berechnungsbeispiel ebenfalls an der durchschnittlichen Anzahl jährlich betroffener Menschen (und ist für den Osten Afrikas mit 7.820 bereits bekannt). Die Ergebnisse der XYZ-Analyse lassen sich mit diesen Informationen aus der Datengrundlage (Tabelle 8) analog zur Vorgehensweise der XYZ-Analyse in Abschnitt 4.1.2 ermitteln und werden nachfolgend in der Ergebnistabelle dargestellt.

Die Ergebnisdarstellung der **ABC- und XYZ-Analyse** zeigt die typischen Verlaufsformen der Lorenzkurve (vgl. Abbildung 33). Ein relativ kleiner Anteil der Katastrophen führt zu einer Vielzahl betroffener Menschen. Ca. 85% aller durch Katastrophen betroffenen Menschen der Jahre 1974-2003 lassen sich den beiden Regionen Asien-Süd-Mitte und Asien-Osten zuordnen. Die Anzahl der dort aufgetretenen Katastrophen weist einen geringen Anteil von nur 25,88% an den weltweiten Katastrophen auf. Für die Region Asien-Süd-Mitte lässt sich zugleich ein vergleichsweise regelmäßiger Verlauf betroffener Menschen im Zeitablauf feststellen.

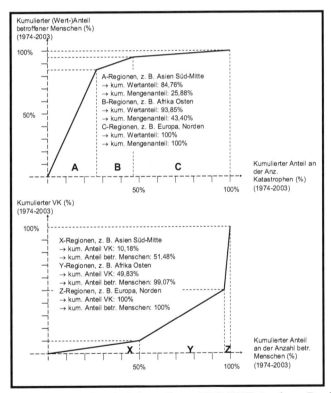

Abbildung 33: Ergebnisdarstellung ABC-XYZ-Analyse, Regionen weltweit[359]

---

359 Eigene Darstellung auf Grundlage der Berechnungsergebnisse.

Schritt 2 Sortierung Regionen:	Schritt 1 VK nach betroffenen Menschen	Schritt 1 Anteil am ges. VK	Schritt 3 Kum. Anteil VK	6. X Y Z	Schritt 4 Anz. betr. Menschen, Durchschnitt der Jahre 1973-2004	Schritt 4 Anteil an betr. Menschen	Schritt 5 Kum. Anteil (betr. Menschen)
			0%				0%
Asien, Süd-Ost	0,3394	1,69%	1,69%	X	7.541	4,46%	4,46%
Asien, Süd-Mitte	0,5529	2,75%	4,43%	X	78.384	46,37%	50,83%
Amerika, Karibik	0,5597	2,78%	7,21%	X	677	0,40%	51,23%
Asien, Westen	0,5980	2,97%	10,18%	X	420	0,25%	51,48%
Amerika, Mittel	0,6233	3,10%	13,28%	Y	733	0,43%	51,91%
Afrika, Osten	0,6308	3,13%	16,41%	Y	7.820	4,63%	56,54%
Afrika, Mitte	0,6725	3,34%	19,75%	Y	394	0,23%	56,77%
Afrika, Westen	0,7099	3,53%	23,28%	Y	1.797	1,06%	57,83%
Austr., Melanesien	0,7739	3,84%	27,12%	Y	97	0,06%	57,89%
Afrika, Norden	0,8614	4,28%	31,40%	Y	1.162	0,69%	58,58%
Amerika, Süden	0,8926	4,43%	35,83%	Y	2.948	1,74%	60,32%
Amerika, Norden	0,9060	4,50%	40,33%	Y	175	0,10%	60,43%
Asien, Osten	0,9346	4,64%	44,97%	Y	64.906	38,39%	98,82%
Europa, Süden	0,9776	4,86%	49,83%	Y	430	0,25%	99,07%
Europa, Osten	1,1100	5,51%	55,34%	Z	384	0,23%	99,30%
Afrika, Süden	1,2120	6,02%	61,36%	Z	426	0,25%	99,55%
Austr., Polynesien	1,2914	6,41%	67,78%	Z	16	0,01%	99,56%
Austr./ Neuseeland	1,4146	7,03%	74,80%	Z	528	0,31%	99,88%
Austr., Micronesien	1,4771	7,34%	82,14%	Z	5	0,00%	99,88%
Europa, Norden	1,6762	8,33%	90,46%	Z	43	0,03%	99,90%
Europa, Westen	1,9198	9,54%	100%	Z	162	0,10%	100,00%
Summe	**20,1338**	**100%**			**169.050**	**100%**	

Tabelle 10: Ergebnisse der XYZ-Analyse, Regionen weltweit[360]

In der Einordnung der weltweiten Regionen in die ABC-XYZ-Kategorien der Abbildung 34 wird deutlich, dass in Regionen, in denen der Anteil betroffener Menschen mit 85% besonders hoch ausgeprägt ist (Asien Süd-Mitte 46,37% sowie Asien Osten 38,39%), zugleich relativ regelmäßig mit dem Auftritt von Katastrophen und dadurch mit betroffenen Menschen gerechnet werden kann.

---

360 Eigene Darstellung. Rundungsdifferenzen in der zweiten Nachkommastelle sind möglich.

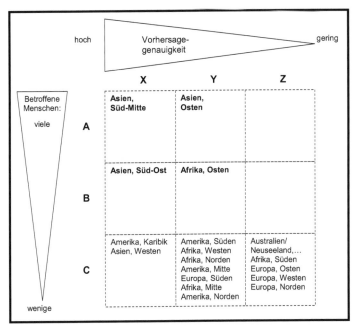

Abbildung 34: ABC-XYZ-Analyse, Vorauswahl der Standorte für Zentralläger[361]

Auch die Regionen Asien Süd-Ost sowie Afrika Osten (B-Regionen mit einem Anteil von 4,46% bzw. 4,63% an den weltweit betroffenen Menschen) zählen ausschließlich zu den Kategorien X und Y, sodass die Regelmäßigkeit von Katastrophen und insbesondere der dadurch betroffenen Menschen vergleichsweise hoch ist. Bezogen auf diese vier Felder der Abbildung 34 (AX, AY, BX und BY) sollte bei der Planung von Zentrallägern und weiteren Lagerstrukturen ein besonderer Schwerpunkt gelegt werden. Durch die Vielzahl regelmäßig betroffener Menschen kann sich auch der Aufbau mehrerer Zentralläger (durch einen oder mehrere Akteure) anbieten.
Für die Vielzahl der Regionen der Kategorie C ist der Anteil betroffener Menschen relativ gering (nur für zwei Kategorien, nämlich für den Süden Amerikas und den Westen Afrikas, liegt dieser über 1%, ansonsten unterhalb von 1%). Dennoch muss in der gesamten weltweiten Lagerstruktur nationaler und internationaler Akteure sichergestellt werden, dass eine Versorgung dieser Menschen im Katastrophenfall erfolgen kann. Für Amerika bietet sich ein Standort in der Mitte Amerikas an, so lassen sich der Norden, Süden, die Mitte und die Karibik gleichermaßen versorgen. Für die Regionen Europas und Australiens tendieren die Auswertungen deutlich in Richtung CZ. Dies bedeutet, dass der Anteil der durch Katastrophen betroffenen Menschen gering ist und zugleich hohe Schwankungen zu verzeichnen sind. Der Aufbau von Zentrallägern ist demnach in Frage zu stellen. Die Versorgung der Be-

---

361 Eigene Darstellung, in Anlehnung an die Darstellung im Grundlagenabschnitt 4.1.1.

völkerung im Katastrophenfall kann durch alternative Maßnahmen erfolgen, beispielsweise durch Verträge mit Lieferanten und Logistikdienstleistern vor Ort, aus Regionallägern nationaler Organisationen sowie aus entfernten Zentrallägern. Der Transport der vergleichsweise geringen Anzahl benötigter Hilfsgüter von Asien nach Australien (auch über den Flugverkehr) wird voraussichtlich mit geringeren Kosten verbunden sein als der Aufbau eines zusätzlichen Zentrallagers in Australien.

Wird die ABC-XYZ-Analyse zusammengefasst nach Kontinenten auf einen aktuelleren Zeitraum (1997-2006) bezogen, so hat sich zwar die Anzahl der Katastrophen und der betroffenen Menschen im Jahresdurchschnitt erheblich erhöht; die Anteile weisen aber ein vergleichbares Verhältnis zum Zeitraum 1974-2003 auf. 85,37% der durch Katastrophen betroffenen Menschen leben in Asien (AY-Kontinent), gefolgt vom BX-Kontinent Afrika (11,07%) und dem CY-Kontinent Amerika (2,81%). Die Anteile Europas und Australiens liegen unterhalb von 1% bei zugleich hohen Streuungen.[362] Auf eine vollständige Vorstellung der ABC-XYZ-Analyse wird an dieser Stelle verzichtet; die Ergebnisse weisen aber darauf hin, dass sich an den Schwerpunktregionen für die Planung von Zentrallägern keine entscheidungsrelevanten Veränderungen ergeben haben. Aufgrund der gestiegenen Anzahl der Katastrophen im Jahresdurchschnitt und dem zu erwartenden weiteren Anstieg ist die Anzahl und Ausstattung der Zentralläger regelmäßig zu überprüfen. Gegebenenfalls sind im Zeitablauf weitere Zentralläger aufzubauen, um die betroffenen Menschen zeitnah, flexibel und zuverlässig versorgen zu können (vgl. differenzierte Erläuterungen und Berechnungen zur Standortwahl in Abschnitt 4.2.2).

Auf der Grundlage der internationalen Datenbasis EM-DAT lassen sich weitere ABC-XYZ-Analysen durchführen. Exemplarisch werden ergänzend die Ergebnisse einer ABC-Analyse nach **Katastrophenarten** vorgestellt. Die Bewertung des Ausmaßes der Katastrophenarten erfolgt ebenso wie das Beispiel zu den Kontinenten / Regionen nach der Anzahl betroffener Menschen im Jahresdurchschnitt (hier der Jahre 1997-2006); die Mengenrechnung auf Basis der Anzahl der Katastrophen, ebenfalls im Jahresdurchschnitt der Jahre 1996-2007.[363]

---

362 Die Datengrundlage der ABC-XYZ-Analyse bildet www.em-dat.de sowie die Veröffentlichung über den angegebenen 10-Jahres-Zeitraum in IFRC (Hrsg.) (2007), S. 185 und 187.
363 Vgl. www.em-dat.be sowie IFRC (Hrsg.) (2007), S. 189 und 191.

Art der Katastrophe	Anzahl Betroffener Durchschnitt 1997-2006	Anteil Betroffener Durchschnitt 1997-2006	Kum. Anteil Betr. 1997-2006	A B C	Anzahl Katastr. Durchschn. 1997-2006	Anteil Katastr. Durchschn. 1997-2006	Kum. Anteil Katastr. 1997-2006
			0%				0%
Überflutungen	115.513,9	43,12%	43,12%	A	148,6	21,83%	21,83%
Dürren/ Hunger	110.619,0	41,29%	84,40%	A	29,4	4,32%	26,15%
Stürme	36.548,4	13,64%	98,05%	B	94,2	13,84%	39,99%
Erdbeben/ Tsunamis	3.998,2	1,49%	99,54%	C	30,7	4,51%	44,50%
Extremtemp.	576,3	0,22%	99,75%	C	20,4	3,00%	47,50%
Bergrutsch/ Lawinen	268,4	0,10%	99,85%	C	18,8	2,76%	50,26%
Industriekat.	149,4	0,06%	99,91%	C	53,8	7,90%	58,17%
Vulkanausbrüche	131,3	0,05%	99,96%	C	5,9	0,87%	59,04%
Waldbrände/ Feuer	53,1	0,02%	99,98%	C	16,5	2,42%	61,46%
Andere techn. Katastrophen	42,4	0,02%	99,99%	C	47,4	6,96%	68,42%
Transportunfälle	9,1	0,00%	100,00%	C	212,4	31,21%	99,63%
Andere Naturkatastrophen	5,7	0,00%	100,00%	C	2,5	0,37%	100,00%
Summe	**267.915,2**	**100,00%**			**680,6**	**100,00%**	

Tabelle 11: Ergebnisse der ABC-Analyse, Katastrophenarten weltweit[364]

Als wichtiges Ergebnis lässt sich feststellen, dass Überflutungen und Dürren in Verbindung mit Hungerkatastrophen die stärksten Auswirkungen auf die Bevölkerung haben. Diese beiden Katastrophenarten haben zwar nur einen Anteil in Höhe von 26,15% an der Anzahl gemeldeter Katastrophen, die Auswirkungen sind mit einem Anteil von 84,4% an den weltweit durch Katastrophen betroffenen Menschen aber gravierend. Diese beiden A-Katastrophenarten heben sich deutlich von den Stürmen ab (B-Katastrophenart mit einem Anteil von 13,64% an betroffenen Menschen). Alle anderen Katastrophenarten der C-Kategorie weisen insgesamt einen vergleichsweise geringen Anteil von insgesamt 1,95% auf, obwohl diese insgesamt 60 % der Anzahl an weltweiten Katastrophen bilden.

Die ABC-Analyse (und ergänzend auch eine XYZ-Analyse) zu den Katastrophenarten lässt sich in komplexeren Berechnungen der Akteure des Katastrophenmanagements mit anderen Datengrundlagen verbinden. So ließe sich im Zeitablauf beispielsweise eine Datenbank aufbauen, durch die Katastrophenarten mit den benötig-

---

364 Daten aus www.em-dat.be sowie IFRC (Hrsg.) (2007), S. 189 und 191. Rundungsdifferenzen in der zweiten Nachkommastelle möglich.

ten Hilfsgütern in einer Region verbunden werden. Die Art und Menge der benötigten Hilfsgüter unterscheidet sich je nach Katastrophenart und Region: Während im Fall von Dürren und Hungerkatastrophen Lebensmittel in großen Mengen benötigt werden, müssen bei Überflutungen z. B. trockene Decken, Kleidung und Unterkünfte bereit gestellt werden. Die Hilfsgüter unterscheiden sich auch nach weltweiten Regionen: In einigen Gebieten (so z. B. nach dem Erdbeben in Pakistan) werden kältebeständige Zelte und Zeltplanen benötigt, während in wärmeren Regionen eher wärmeabweisende Zelte von Vorteil sind. Ebenso unterscheiden sich die Mengen benötigter Hilfsgüter nach weltweiten Regionen. Stürme führen in ärmeren Regionen häufiger zur Zerstörung der Häuser / Hütten als in den westlichen Industrienationen, sodass der zu erwartende Bedarf an Hilfsgütern zum Aufbau von Unterkünften in Camps höher ausgeprägt ist.

Die in dieser Arbeit vorgestellten Ergebnisse zur (Vor-) Auswahl von Beschaffungskonzepten und zur (Vor-) Auswahl von Standorten können durch eine entsprechende breitere Datenbasis gestärkt und weiter fundiert werden. Die Vorgehensweise der Analysen in Form von Berechnungsschritten und Ergebnisinterpretationen sind in diesem Kapitel vorgestellt worden und ermöglichen den Akteuren des Katastrophenmanagements diese auf den individuellen und realitätsnahen Bedarf anzupassen.

4.1.4 Weitere Einsatzpotenziale und Grenzen der ABC-XYZ-Analyse

Weitere Einsatzpotenziale der ABC-XYZ-Analyse sind im vorherigen Abschnitt bereits in Form einer Verknüpfung der Daten zu Hilfsgütern, Regionen und Katastrophenarten benannt worden.[365] Weitere Anpassungen und Ergänzungen betreffen z. B. die folgenden Punkte:

- Die Analysen zu den weltweiten Regionen lassen sich bis zur Ebene einzelner *Länder* detaillieren.[366] Auf die Vorstellung einer solchen Detailauswertung wurde hier aus Gründen der Übersichtlichkeit verzichtet; die Vorgehensweise unterscheidet sich aber nicht von den dargestellten Berechnungsschritten (nur die Anzahl der Zeilen vervielfacht sich). Bei der Vorauswahl der Standorte für Zentralläger kann ein solche Analyse weitere wertvolle Hinweise liefern, so z. B. mit Bezug zu den Ländern Indien und China: Über 74% der in den Jahren 1974-2003 durch Katastrophen betroffenen Menschen lassen sich zu etwa gleichen Teilen den beiden Ländern China und Indien zuordnen (die Anzahl der

---

365 Eine Datengrundlage zur Verknüpfung zwischen Regionen und Katastrophenarten liefert www.em-dat.be sowie Guha-Sapir, Debarati u.a. (2004) in mehreren Anhängen. Eine Verknüpfung zu den jeweils benötigten Hilfsgütern muss durch Akteure des Katastrophenmanagements, z. B. Hilfsorganisationen, vorgenommen werden.
366 Eine länderbezogene Datengrundlage liefert www.em-dat.be sowie Guha-Sapir, Debarati u.a. (2004) in mehreren Anhängen.

Katastrophen ist mit einem Anteil von knapp 11% vergleichsweise gering). In der Standortwahl der Zentralläger international tätiger Hilfsorganisationen sollten diese beiden Länder eine besondere Beachtung finden.[367]
- Anstelle der Gesamtanzahl betroffener Menschen wird die *Anzahl betroffener Menschen je 100.000 Einwohner* in der Analyse aus 4.1.3 einbezogen.[368]
- Anstelle der Gesamtanzahl betroffener Menschen wird die Anzahl der durch Katastrophen *getöteten Menschen* in die Analyse einbezogen. Diese Datengrundlage ist für das internationale Katastrophenmanagement von hoher Bedeutung; bei Fragen der logistischen Versorgung der betroffenen Bevölkerung mit Hilfsgütern ist aber die Gesamtanzahl der betroffenen Menschen die wichtigere „Bewertungsgröße" für die ABC-Analyse.[369]
- Eine ABC-XYZ-Analyse lässt sich auf der Grundlage der *finanziellen Schäden* (je Region oder je Katastrophenart) vornehmen. Diese Datengrundlage wird eher für Versicherungen als für die Gestaltung der Logistik und des Supply Chain Management relevant sein.[370]
- Die (Vor-) Auswahl der Beschaffungskonzepte in Abschnitt 4.1.2 wird ausschließlich durch eine ABC-Analyse nach Verbrauchswerten und eine XYZ-Analyse nach Verbrauchsschwankungen begründet. Eine Anpassungsmöglichkeit besteht darin, anstelle von Verbrauchswerten *Bedarfswerte* zugrunde zu legen. Für die Gestaltung zukünftiger Beschaffungskonzepte für das Katastrophenmanagement sollte eher eine Orientierung am tatsächlichen bzw. für die Zukunft prognostiziertem Bedarf der Bevölkerung erfolgen, der durch die ausgelieferten Hilfsgüter voraussichtlich nicht in vollem Umfang dargestellt wird.[371]
- Eine weitere Anpassungs- und Erweiterungsmöglichkeit besteht in einer zusätzlichen Klassifizierung der Hilfsgüter nach Volumen und weiteren Kriterien, wie das Haltbarkeitsdatum. Eine Einteilung der zu lagernden Hilfsgüter nach ihrem *Volumen* kann weitere Informationen für die Auswahl der Beschaffungskonzepte und Lagerhaltungsstrategien liefern, da großvolumige Hilfsgüter mehr Lagerplatz in Anspruch nehmen und damit zu höheren Lagerkosten führen. Tendenziell eignet sich eine Lagerhaltung bei einem relativ regelmäßigen Verbrauch

---

367 Die Anteile für die Länder Indien und China wurden aus Guha-Sapir, Debarati u.a. (2004), S. 75-85 generiert. Die hohen Anteile betroffener Menschen der Regionen Asien, Osten und Asien-Süd-Mitte in Abschnitt 4.1.3 lassen sich demnach zu großen Anteilen den Ländern China und Indien zuordnen.
368 Die Datengrundlage liefert www.em-dat.be sowie Guha-Sapir, Debarati u.a. (2004), z. B. auf S. 92 mit Bezug zu weltweiten Regionen.
369 Daten zur Anzahl getöteter Menschen liefert www.em-dat.be sowie IFRC (Hrsg.) (2007), z. B. auf S. 186.
370 Daten zu den ökonomischen Schäden liefert www.em-dat.be, Guha-Sapir, Debarati u.a. (2004), z. B. auf S. 182 und 188 sowie IFRC (Hrsg.) (2007), z. B. auf S. 188.
371 Zum Einsatz von Prognoseverfahren im Rahmen der Bedarfsrechnung vgl. z. B. Gudehus, Timm (2007a), S. 293-316; Schulte, Christof (2005), S. 375-394; Tufinkgi, Philippe (2006), S. 301-304.

geringwertiger und geringvolumiger Hilfsgüter. Diese Analyse, die in der Literatur als GMK-Analyse (G für großvolumig, M für mittelvolumig und K für kleinvolumig) aber auch als LMN-Analyse benannt wird, folgt nach vergleichbaren Berechnungsschritten wie die ABC- und XYZ-Analyse. Schritt 1 und die Rangfolgenbildung in Schritt 2 erfolgen in diesem Fall nach dem Volumen der Hilfsgüter.[372] Über die Volumenberechnung hinaus muss sich die Auswahl der Beschaffungskonzepte im Katastrophenmanagement auch an weiteren Kriterien, insbesondere der *Haltbarkeit* der Güter und der Bedeutung der Hilfsgüter für das Überlegen der Menschen orientieren. Des Weiteren sind besondere Anforderungen (z. B. erforderliche Kühlung, Gefahrgut, Rückführbarkeit und Aufbereitung) zu berücksichtigen.[373] Die Haltbarkeit betrifft insbesondere die Kategorien Medikamente und Impfstolle sowie Lebensmittel; die Rückführbarkeit von Hilfsgütern ggf. mit Aufbereitung betrifft den Bereich „Non-Food" (z. B. Zelte, Decken).

- Über die Auswahl der vorgestellten Beschaffungskonzepte hinaus lässt sich die ABC-XYZ-Analyse auch zur Auswahl *weiterer Sourcing-Konzepte* einsetzten. Hierzu zählen unter anderem die Konzepte single und multiple Sourcing (Beschaffung bei einem oder mehreren Lieferanten) sowie global und local sourcing (internationale oder regionale Beschaffung).[374]
- Über Hilfsgüter, Regionen und Katastrophenarten hinaus lässt sich die ABC-XYZ-Analyse für weitere Klassifizierungen nach Wert-Mengen sowie Schwankungs-Mengen-Verhältnissen, z. B. der *Lieferanten, Geldgeber und Kooperationspartner*, einsetzen.

Mit den weiteren Einsatzpotenzialen und Erweiterungsmöglichkeiten der ABC-XYZ-Analyse sind auch bereits **Grenzen** angesprochen worden. Die vielen Erweiterungs- und Ergänzungsmöglichkeiten lassen sich nicht alle gleichzeitig realisieren und würden eher zu einer unbeherrschbaren Datenflut als zu einer Entscheidungsunterstützung führen. Aus diesem Grund müssen vor der Datensammlung und Berechnung Gegenstand (z. B. Auswahl geeigneter Beschaffungskonzepte) und Zielsetzung (kosten- und / oder servicebezogen) der Analyse eindeutig festgelegt werden.[375] Zudem sind die folgenden Grenzen zu beachten:

---

[372] Vgl. zur GMK-Analyse Wannenwetsch, Helmut (2004), S. 71-73; Schulte, Christof (2005), S. 310-311. Eine Umrechnungstabelle von Tonnen bestimmter Hilfsgüter in Volumenwerte findet sich z. B. in Pan American Health Organization / World Health Organization (Hrsg.) (2001), S. 87-88.
[373] Weitere Klassifizierungskriterien beschreibt z. B. Ehrmann, Harald (2005), S. 143-147.
[374] Vgl. ausführliche Erläuterungen zu den Sourcing-Konzepten z. B. in Ehrmann, Harald (2005), S. 277-300; Schulte, Christof (2005).
[375] Vgl. hierzu Gudehus, Timm (2007a), S. 133: „ein Verfahren..., das von Logistikern und Unternehmensberatern gern genutzt aber auch häufig missbraucht wird." „...die Gefahr groß, zu falschen Schlüssen zu gelangen."

- Die ABC- und XYZ-Analysen sind Verfahren der Strukturanalyse; sie ermöglichen die Strukturierung einer Vielzahl von Daten nach bestimmten Kriterien.[376] Eine Entscheidung, z. B. über Beschaffungskonzepte und Standortwahl, kann damit in komplexen Entscheidungssituationen vorbereitet, nicht aber endgültig getroffen werden. Aus diesem Grund wird in den vorangehenden Abschnitten häufig der Begriff der *Vor*auswahl und nicht der Auswahl bzw. Entscheidung eingesetzt.
- Die Anzahl und die Übergänge zwischen den Klassengrenzen sind nicht eindeutig festgelegt und haben damit auch einen subjektiven Charakter.[377] Es empfiehlt sich, so wie in den Berechnungsbeispielen vorgestellt, die Klassengrenzen an denjenigen Stellen zu ziehen, an denen deutliche Sprünge der anteiligen Wert- bzw. Streuungsgrößen festzustellen sind. Starre Vorgaben, wie eine 70-20-10-Regel für die Klasseneinteilung, sollten vermieden werden.
- Die Berechnungsbeispiele haben verdeutlicht, dass die XYZ-Analyse im Katastrophenmanagement teilweise nicht die typischen Verlaufsformen aufzeigt (insbesondere gilt dies für die Klassifizierung der Hilfsgüter, siehe Abbildung 32). Die Ergebnisinterpretation auf der Grundlage der XYZ-Analyse ist damit kaum möglich und sinnvoll. Es ist anzunehmen, dass sich mit einer Ergänzung der Datenbasis um weitere Zeiträume sowie Regionen der Verlauf der XYZ-Analyse der typischen Verkaufsform nähern wird. Dennoch muss jede Ergebnisdarstellung kritisch beurteilt und ggf. bei untypischen Verläufen auf weitere Bewertungen auf Basis der Analyse verzichtet werden.

4.2 Methoden der Distributionslogistik im internationalen Katastrophenmanagement

4.2.1 Die Distributionsstruktur im Katastrophenmanagement

In Bezug auf die physische Distribution ist eine Vielzahl interdependenter Teilprobleme zu lösen. Beispielsweise ist die Gestaltung der **Distributionsstruktur** mit der Standort-, Transport- und Tourenplanung eng verbunden.[378] Die *vertikale Distributionsstruktur* beschreibt die Stufigkeit eines Distributionssystems und besagt, über wie viele Lagerstufen die Güter von der Produktion bis zum Kunden gelangen. Die Zahl der Lager je Stufe, ihre Standorte und die Zuordnung von Standorten zu Absatzgebieten werden durch die *horizontale Distributionsstruktur* beschrieben.

---

376 Vgl. Gudehus, Timm (2007a), S. 133.
377 Vgl. Ehrmann, Harald (2005), S. 139.
378 Vgl. Domschke, Wolfgang / Schildt, Birgit (1998), S. 213-215.

Damit wird durch die Distributionsstruktur auch beschrieben, welche Transportrelationen zwischen den Stufen aufzubauen sind.[379]
Bezogen auf Industrie- und Handelsunternehmen wird die vertikale Distributionsstruktur i. d. R. über die Lagerstufen Werkslager, Zentrallager, Regionallager und Auslieferungslager beschrieben.[380] Dabei nimmt die Kundennähe vom Werks- bis zum Auslieferungslager sukzessive zu. Nicht alle der benannten Lagerstufen werden in jedem Distributionssystem aufgebaut. Realisiert werden sowohl zentrale Strukturen wie Direktbelieferungen der Kunden ab Werk oder Aufbau eines Zentrallagers als auch dezentrale Strukturen über mehrere Lagerstufen und eine Vielzahl dezentraler Auslieferungslager.[381] Die strategische Gestaltung der Distributionsstruktur orientiert sich im Einzelfall jeweils an übergreifenden Unternehmensstrategien und Zielen sowie dem daraus abgeleiteten logistischen Zielsystem (mit den Teilzielen Logistikservice und Logistikkosten).[382]
Auch für Akteure des internationalen **Katastrophenmanagements** hat die Distributionsstruktur eine zentrale Bedeutung.[383] In Anlehnung an die WHO lässt sich diese durch folgende charakteristische vertikale Distributionsstufen beschreiben:[384]

- *„General Delivery Warehouses"*: Diese werden charakterisiert durch strategische Positionen in einem Land oder einem größeren Gebiet und weisen hohe Kapazitäten auf. Hilfsgüter lassen sich in solchen Zentrallägern über einen längeren Zeitraum bevorraten.
- In *„Slow Rotation Warehouses"* werden Hilfsgüter und weitere Güter vorgehalten, die nicht zeitkritisch sind und nicht dauerhaft im Einsatz sind. Hierzu zählen auch großvolumige Teile, Ausstattungsgegenstände und EDV-Zubehör. Güter mit einer geringen Umschlagshäufigkeit („slow rotation") können sowohl auf der Stufe der Zentralläger als auch auf regionaler Ebene gelagert werden.

---

379 Vgl. z. B. Chopra, Sunil / Meindl, Peter (2004), S. 72-73; Domschke, Wolfgang / Schildt, Birgit (1994), S. 213-215; Schulte, Christof (2005), S. 459-460 sowie 464-467; Vahrenkamp, Richard (2007), S. 87; Vastag, Axel (2008), S. 421-422.
380 Vgl. Fortmann, Klaus-Michael / Kallweit, Angela (2007), S. 137-138; Günther, Hans-Otto / Tempelmeier, Horst (2003), S. 61-64; Schulte, Christof (2005), S. 460; Wannenwetsch, Helmut (2004), S. 261.
381 Vgl. Chopra, Sunil / Meindl, Peter (2004), S. 77-92; Schulte, Christof (2005), S. 463; Vahrenkamp, Richard (2007), S. 93-103. Die angegebenen Quellen enthalten auch praktische Beispiele zu realisierten Distributionssystemen und Kriterien für den Grad der (De-) Zentralisierung.
382 Vgl. Chopra, Sunil / Meindl, Peter (2004), S. 73; Domschke, Wolfgang / Schildt, Birgit (1998), S. 214-216; Ehrmann, Harald (2005), S. 357; Vahrenkamp, Richard (2007), S. 87-92; vgl. auch Erläuterungen zu Logistikzielen in Abschnitt 3.1.2.
383 „The entire storage process is of crucial importance for protecting emergency supplies until they can be handed over to their recipients." An organized system must be in place ...". Pan American Health Organization / World Health Organization (Hrsg.) (2001), S. 83.
384 Vgl. Pan American Health Organization / World Health Organization (Hrsg.) (2001), S. 83-84.

- *„Quick Rotation Warehouses"* bevorraten Hilfsgüter, die regelmäßig (ggf. auch täglich) benötigt werden. Sie werden im Falle einer mehrstufigen vertikalen Distributionsstruktur regional aufgebaut, um die betroffene Bevölkerung im Bedarfsfall zeitnah versorgen zu können. Als Standorte können sich beispielsweise Gebiete in der Nähe von Flughäfen oder Häfen in einem Land eignen.
- Die *„Temporary Collection Sites"* unterscheiden sich von den oben benannten Auslieferungslagern in der Weise, dass es sich häufig nicht um eigens errichtete Lager handelt sondern in vielen Fällen um verfügbare Flächen, die zur Zwischenlagerung im Katastrophenfall genutzt werden. Es kann sich hierbei z. B. um Büros, Turnhallen, Schulen, Garagen und Kellerräume handeln. Im Falle eines Aufbaus von Camps können auch in diesen Räumlichkeiten für „Temporary Collection Sites" vorgesehen werden. Eintreffende Hilfsgüter werden klassifiziert, sortiert und so lange gepuffert, bis eine Auslieferung an die betroffenen Menschen erfolgen kann.

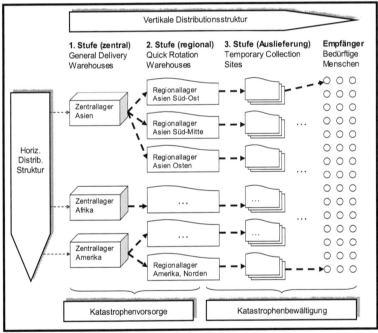

Abbildung 35: Distributionsstruktur im Katastrophenmanagement

Die Distributionsstruktur lässt sich durch einen Graphen visualisieren, in dem die Knoten die Lagerstandorte und die Pfeile die Transportrelationen darstellen. Abbildung 35 visualisiert eine dreistufige vertikale Distributionsstruktur mit drei zentralen „General Delivery Warehouses". Diese sind vergleichbar mit den „Regional Logistics Units" des IFRC in Panama, Kuala Lumpur und Dubai.[385] Hilfsgüter mit geringer Umschlaghäufigkeit („slow rotation") werden in diesem Beispiel ebenfalls zentral gelagert. Die Transporte der Lieferanten in diese Zentrallager sind als Transportrelationen angedeutet; diese liegen jedoch nicht im Gestaltungsbereich der Hilfsorganisationen sondern vorwiegend in der Verantwortung der Lieferanten und Dienstleister. Die weiteren vertikalen Stufen skizzieren die zunehmende Dezentralisierung und Regionalisierung (dargestellt durch die zunehmende Anzahl an Lagern in der horizontalen Struktur) bis zu den Empfängern der Leistungen des Katastrophenmanagements. Zwischen den Lagern sind jeweils Transportrelationen – bis zur Auslieferung der Touren an die bedürftigen Menschen – aufzubauen. Damit skizziert die Abbildung wichtige Zusammenhänge zwischen Distributionsstruktur, Standortplanung sowie Transport- und Tourenplanung.

Ergänzend erfolgt in Abbildung 35 eine Einordnung der vertikalen Lagerstufen in Aufgabenbereiche der **Katastrophenvorsorge und Katastrophenbewältigung**. Im Rahmen der Katastrophenvorsorge erfolgt der strategische Aufbau des langfristig ausgerichteten Distributionssystems. Die Planung der Standorte, die Wahl der Verkehrsträger sowie die Dimensionierung der Lager- und Transportkapazitäten auf der Stufe der Zentral- und Regionallager orientieren sich an den Strategien und langfristig ausgerichteten Zielen der Hilfsorganisationen. Der Betrieb der Regionallager und Transporte zu den Auslieferungslagern sind bereits der Katastrophenbewältigung zuzuordnen. Auch die auf jeden Katastrophenfall individuell, flexibel und zeitnah aufzubauenden Auslieferungslager sowie die Transporte bzw. Touren zu den Empfängern stellen operative Aufgaben der Katastrophenbewältigung dar. Die Interdependenzen zwischen Katastrophenvorsorge und -bewältigung sind aus dem Kreislauf des Katastrophenmanagements bekannt.[386] Werden Schwachstellen in der gesamten Distributionsstruktur im Rahmen der Risikoanalyse erkannt, so sind gegebenenfalls Anpassungen erforderlich, beispielsweise Aufbau bzw. Schließung von Standorten, Wahl anderer Verkehrsträger, Anpassung der Planungsinstrumente, Anpassung von Entscheidungen über Eigenerstellung und Fremdbezug.

Sowohl der Aufbau der Distributionsstruktur als auch die Schwachstellen- bzw. Risikoanalyse sind dabei mit **Bezug zum Zielsystem** vorzunehmen. In Abschnitt 3.2.5 wurde eine realitätsnahe Formulierung für die Logistik im Katastrophenmanagement erarbeitet, die in einer Maximierung des Logistikservice unter Einsatz des zur Verfügung stehenden Logistikbudgets besteht. Methoden der Standort- und Tourenplanung, die Gegenstand der nachfolgenden Kapitel sind, können demnach sowohl auf service- als auch auf kostenbezogene Entscheidungskriterien gerichtet sein. Die Auswahl der Methoden ist an dem übergreifenden Zielsystem auszurichten und zu begründen, damit sich aus den Ergebnissen zielgerichtet Handlungsempfehlungen ableiten lassen.

---

385 Vgl. IFRC (Hrsg.) (2006), S. 10.
386 Vgl. Abbildung 12.

Die vorgestellten Methoden der Standort- und Tourenplanung in den Abschnitten 4.2.2 und 4.2.3 sind vorwiegend kostenbezogen ausgerichtet. In das Zielsystem der Hilfsorganisationen lassen sich diese kostenbezogenen Berechnungen mit der folgenden Begründung einbinden: Wenn es gelingt, die Kosten eines Distributionssystems mit einem bestimmten Logistikservice zu reduzieren, dann lässt sich das Logistikbudget durch die Einsparungen für weitere Anwendungen einsetzen. Diese sollten so ausgerichtet sein, dass sie zur weiteren Verbesserung der Servicegrößen beitragen.

Die *Kosten eines Distributionssystems* setzen sich aus zwei wesentlichen Kostenkomponenten zusammen: Den Transportkosten und den Lagerkosten (mit Standortkosten und Kosten der Bewirtschaftung des Lagers). Da die beiden Kostenfunktionen gegenläufig verlaufen, besteht in der Gestaltung der Standortplanung auf der einen Seiten und der Transport-/ Tourenplanung auf der anderen Seite ein enges Abhängigkeitsverhältnis. Abbildung 36 stellt diesen Zusammenhang zwischen Transport- und Lagerkosten dar. Die Lagerkosten steigen mit einem zunehmenden Dezentralisierungsgrad, da z. B. für jedes Lager Fixkosten in Form von Abschreibungen auf Investitionen in Lagergebäude und -einrichtung sowie Personalkosten anzusetzen sind. Im Gegensatz dazu sinken die Transportkosten mit zunehmender Dezentralisierung, da mit zunehmender Lageranzahl in der Regel die Transportstrecken zu den Empfängern sinken (bei zu geringer Auslastung der Transportmittel kann die Funktion ab einem bestimmten Dezentralisierungsgrad auch ansteigen).[387]

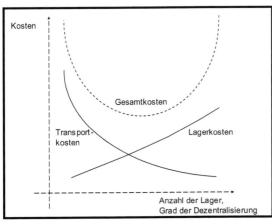

Abbildung 36: Kostenstruktur von Distributionssystemen[388]

Die Summe der Lager- und Transportkosten bildet die Gesamtkostenfunktion, die gemäß der kostenbezogenen Entscheidungskriterien eines Distributionssystems das

---

387 Vgl. Schulte, Christof (2005), S. 462-464; Vahrenkamp, Richard (2007), S. 93-95.
388 Die Darstellung findet sich in vergleichbarer oder ähnlicher Form in Chopra, Sunil / Meindl, Peter (2004), S. 74-76; Schulte, Christof (2005), S. 462; Vahrenkamp, Richard (2007), S. 94; Vastag, Axel (2008), S. 421.

Minimum bzw. ein geringes Niveau annehmen sollten. Eine Abweichung vom Minimum lässt sich sinnvoll in das benannte Zielsystem einbinden, wenn sich durch einen höheren Dezentralisierungsgrad logistische Servicegrößen begründbar verbessern lassen.

Methodisch lassen sich die logistischen Zielgrößen *Logistikkosten und Logistikservice* durch eine Nutzwertanalyse verbinden. Die in den nachfolgenden Kapiteln ermittelten Ergebnisse kostenbezogener Methoden werden dabei ebenso wie die servicebezogenen Entscheidungskriterien nach ihrer Bedeutung für das Katastrophenmanagement gewichtet, für alternative Distributionsstrukturen bewertet und zu einem Gesamtnutzwert zusammengefasst. Auf eine Nutzwertanalyse mit ihren Einsatzpotenzialen und Grenzen (insbesondere für die Standortplanung) wird in diesem Kapitel verzichtet. Eine Erläuterung der Methode erfolgt an späterer Stelle dieser Arbeit in Abschnitt 5.4.6 (mit inhaltlicher Ausrichtung auf die Auswahl von Partnern entlang der Wertschöpfungskette) und lässt sich auf Entscheidungen zur Standortplanung analog übertragen.[389]

Für das Katastrophenmanagement liegen Beschreibungen zu den Lagerstufen und zur operativen Bewirtschaftung von Lagern ebenso wie zur operativen Gestaltung der Transportprozesse im Katastrophenfall vor.[390] Zu den Einsatzmöglichkeiten der in der Privatwirtschaft etablierten Methoden der betrieblichen Standort- und Tourenplanung im Katastrophenmanagement finden sich jedoch kaum Dokumentationen. Hier setzten die Erläuterungen und Beispielrechnungen der nachfolgenden Abschnitte an.

4.2.2 Standortplanung im internationalen Katastrophenmanagement

4.2.2.1 Die Methodenvielfalt der Standortplanung

Zur Vielfalt alternativer Methoden der betrieblichen Standortplanung zählen über die bereits benannte Nutzwertanalyse hinaus z. B.

- weitere qualitativ begründete Methoden (z. B. Stärken-Schwächen-Analysen),
- Wirtschaftlichkeitsberechnungen, wie Investitionsrechnungen und break-even-Analyse,

---

389 Das Verfahren der Nutzwertanalyse wird für die Standortplanung beispielsweise durch Günther, Hans-Otto / Tempelmeier, Horst (2003) auf S. 68-70 an einem Beispiel beschrieben. Entscheidungskriterien, die in die Nutzwertanalyse einbezogen werden können, lassen sich beispielsweise aus Murphy, Paul R. / Wood, Donald F. (2004), S. 245-256 sowie Pfohl, Hans-Christian (2004a), S. 128-129 generieren. Über die bekannten Größen des Logistikservice lassen sich auch Kriterien zur Verfügbarkeit von Personal, rechtliche und politische Rahmenbedingungen einbinden. Vgl. auch Abschnitt 5.4.6.
390 Vgl. insbesondere Pan American Health Organization / World Health Organization (Hrsg.) (2001), S. 83-142 sowie Tufinkgi, Philippe (2006), z. B. S. 316-324.

- diskrete Standortplanung in Netzen mit einer endlichen Anzahl potenzieller Standorte (vgl. nachfolgender Abschnitt) und kontinuierliche Standortplanung in der Ebene mit einer unbeschränkten Anzahl potenzieller Standorte (z. B. Steiner-Weber-Modell),
- Methoden für einstufige und mehrstufige Standortplanungen (vgl. folgender Abschnitt),
- kapazitierte und unkapazitierte Standortplanungen (vgl. folgender Abschnitt) sowie
- optimierende und exakte Verfahren (z. B. Branch & Bound-Verfahren), Heuristiken (z. B. Add- und Drop-Algorithmus) und Simulationen.[391]

Aus dieser Vielzahl zur Verfügung stehender Methoden werden in den folgenden Abschnitten exemplarisch das diskrete Warehouse Location Problem und der Add-Algorithmus als heuristisches Lösungsverfahren für diskrete Standortprobleme vorgestellt. Eine vereinfachte Beispielrechnung wird die Eignung für das Katastrophenmanagement verdeutlichen.

Die Standortplanung läuft in der Umsetzung vielfach zweistufig ab:[392] Im ersten Schritt wird darüber entschieden, an welchen Standorten bzw. in welchen Gebieten Standorte potenziell zu errichten sind, und im zweiten Schritt erfolgt die tatsächliche Auswahl der zu errichtenden Standorte. In Abschnitt 4.1.3 ist durch eine ABC-XYZ-Analyse nach weltweiten Regionen bereits dargestellt worden, wie der erste Schritt der Standortplanung – die Bestimmung potenzieller Standorte – methodisch unterstützt werden kann. Durch eine Einordnung weltweiter Regionen in eine ABC-XYZ-Matrix wurden Schwerpunktgebiete für die Standortwahl der Zentrallager in Asien (mit besonderer Berücksichtigung Chinas und Indiens) und Afrika identifiziert. Methoden zur tatsächlichen Auswahl in Schritt 2, die nachfolgend beschrieben werden, setzen bereits Ergebnisse aus Schritt 1 voraus: Potenzielle Standorte bzw. Gebiete sind bekannt.

4.2.2.2 Formale Beschreibung der Warehouse Location Probleme

Stellvertretend für die Vielzahl verfügbarer Methoden zur Beschreibung und Lösung betrieblicher Standortprobleme wird nachfolgend als diskretes Modell das einstufige Warehouse Location Problem beschrieben (einstufiges WLP: die Standortplanung betrifft nur eine Lagerstufe). Die Erläuterungen werden bereits an die Standortplanung im Katastrophenmanagement angepasst.

---

391 Vgl. z. B. Domschke, Wolfgang / Drexl, Andreas (1996); Domschke, Wolfgang und Schildt, Birgit (1998), S. 213-222; Domschke, Wolfgang (2008), S. 97-107; Günther, Hans-Otto / Tempelmeier, Horst (2003) auf S. 67-76.
392 Vgl. Pfohl, Hans-Christian (2004a), S. 128, in dieser Quelle werden die beiden Stufen der interlokalen und lokalen Standortwahl beschrieben.

Abbildung 37 **visualisiert** das **einstufige WLP** am Beispiel der Standortwahl für die Zentrallager (General Delivery Warehouses).

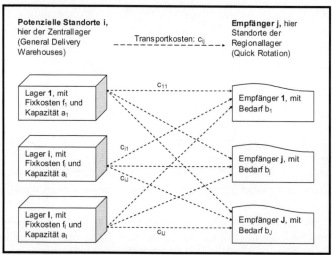

Abbildung 37: Struktur eines einstufig kapazitierten WLP[393]

Die potenziellen Lagerstandorte werden durch den Index i beschrieben (mit i=1,…,I). Die Fixkosten für jeden dieser potenziellen Standort f_i, die im Falle der Errichtung des Standortes entstehen, sowie die jeweils maximal zur Verfügung stehende Lagerkapazität a_i sind bekannt bzw. lassen sich ermitteln. Die Kapazität ist nur dann relevant, wenn diese für die Lösung der Problemstellung entscheidungsrelevant ist. Lässt sich jeder Standort mit einer Kapazität errichten, durch die der Gesamtbedarf gedeckt werden kann, so wird a_i vernachlässigt (unkapazitiertes WLP), ansonsten ist a_i in einer Nebenbedingung zu berücksichtigen (kapazitiertes WLP). Durch die Zentrallager sollen die Quick Rotation Warehouses als Empfänger der Hilfsgüter auf der nächsten Lagerstufe bedient werden, diese werden durch den Index j (mit j=1,…J) gekennzeichnet. Der jeweilige Bedarf der Hilfsgüter b_j für die auf die Zukunft gerichtete Bezugsperiode ist zwar nicht mit Sicherheit bekannt; dieser lässt sich aber auf der Grundlage von Vergangenheitswerten und Prognosemethoden für die Berechnungen ermitteln (z. B. in der Dimension Tonnen je Bezugsperiode). Für Transporte zwischen dem Lager i und dem Empfänger j entstehen Transportkosten c_{ij} (in Geldeinheiten je Mengeneinheit), falls das Quick Rotation Warehouse j durch ein am Standort i errichtetes Zentrallager mit b_j beliefert wird. Durch eine Binärvariable lässt sich mathematisch beschreiben, ob ein Standort i

---

[393] In Anlehnung an Domschke, Wolfgang / Drexl, Andreas (1996), S. 52; Domschke, Wolfgang (2008), S. 97 mit Anpassungen zur Distributionsstruktur im Katastrophenmanagement.

errichtet wird ($y_i=1$) oder nicht ($y_i=0$). Die Variable x_{ij} gibt die Menge an, die Empfänger j durch einen Standort i erhält.[394]

Das einstufige kapazitierte **WLP** mit der Zielsetzung der Minimierung der Gesamtkosten K aus Transport- und Lagerkosten lässt sich nun wie folgt **formulieren**:[395]

Zielfunktion: $\quad Min\ K(x,y) = \sum_{i=1}^{I} \sum_{j=1}^{J} c_{ij} x_{ij} + \sum_{i=1}^{I} f_i y_i$

unter den Nebenbedingungen

(1) $\sum_{j=1}^{J} x_{ij} \leq a_i y_i$, für alle $i = 1,...,I$

(2) $x_{ij} \leq b_j y_i$, für alle $i = 1,...,I$ und $j = 1,...,J$

(3) $\sum_{i=1}^{I} x_{ij} = b_j$, für alle $j = 1,...,J$ $\qquad$ mit

(4) $y_i \in \{0,1\}$, für alle $i = 1,...,I$

(5) $x_{ij} \geq 0$, für alle $i = 1,...,I$ und $j = 1,...,J$

i	Index für Standort i (General Delivery Warehouse), mit i=1,...,I
j	Index für Empfänger j (Quick Rotation Warehouse), mit j=1,...,J
f_i	Fixkosten für Standort i
a_i	Kapazität des Standorts i (nur für kapazitiertes WLP)
b_j	Bedarf Empfänger j
c_{ij}	Variable Transportkosten von Standort i zu Empfänger j
y_i	Binärvariable, die beschreibt, ob Standort i errichtet wird ($y_i=1$) oder nicht ($y_i=0$)
x_{ij}	Variable, die beschreibt, welche Menge Empfänger j durch einen Standort i erhält

Die Variablen des Modells sind die Größen x_{ij} und y_i. Gesucht wird diejenige Kombination der Variablen, durch die die Gesamtkosten als Summe aus Transport- und Lagerkosten minimiert werden. In der Zielfunktion stellt die Binärvariable y_i, sicher, dass die Fixkosten eines Lagers f_i nur für diejenigen Lösungen berücksichtigt werden, für die der Standort i errichtet wird ($y_i=1$). Durch die Variable x_{ij}, werden variable Transportkosten jeweils nur mit dem relevanten Anteil des Bedarfs b_j den der Empfänger j durch den Standort i erhält, berücksichtigt. Die Nebenbedingungen des

---

[394] Vgl. Chopra, Sunil / Meindl, Peter (2004), S. 111; Domschke, Wolfgang / Drexl, Andreas (1996), S. 51; Domschke, Wolfgang (2008), S. 97; Günther, Hans-Otto / Tempelmeier, Horst (2003) auf S. 72-73. Die Quellen formulieren das Modell für die betriebliche Standortplanung und damit für die Relation Unternehmen – Kunden.

[395] Vgl. Chopra, Sunil / Meindl, Peter (2004), S. 111-112; Domschke, Wolfgang / Drexl, Andreas (1996), S. 53.

Modells stellen sicher, dass die Variablen nur die vorgesehenen Werte annehmen (Binärvariable für Standorte in Bedingung 4) und (Nichtnegativitätsbedingung für Mengenlieferungen in Bedingung 5). Die Kapazitätsbedingung (1) gewährleistet für das kapazitierte WLP, dass Mengenlieferungen an alle Empfänger j von einem Standort i die zur Verfügung stehende Kapazität an diesem Standort nicht übersteigen darf (zu erfüllen ist diese Kapazitätsbedingung für alle Standorte). Die Nachfragebedingung (3) beschreibt, dass die Gesamtmengen, die ein Empfänger j von allen Standorten enthält, seinem Bedarf entsprechen müssen (zu erfüllen ist diese Nachfragebedingung für alle Empfänger). Ergänzend stellt die Bedingung (2) sicher, dass Empfänger nur von solchen Standorten beliefert werden können, die auch errichtet werden.[396]

Eine vereinfachte Form dieses Modells stellt das einstufige unkapazitierte WLP in der aggregierten Form dar; dieses wird auch in der nachfolgenden Beispielrechnung in Abschnitt 4.2.2.3 zugrunde gelegt. In dieser Form sind Kapazitätsrestriktionen nicht zu beachten, und jeder Empfänger j wird von einem Standort i aus vollständig beliefert. In der Standortplanung nach dieser Form des WLP wird eine Belieferung der Regionallager von unterschiedlichen Standorten nicht vorgesehen, um den damit verbundenen Koordinationsaufwand zu reduzieren. Bei Nachschubengpässen einzelner Zentrallager in der realen Katastrophenbewältigung ist eine Versorgung durch weitere Zentrallager dennoch nicht ausgeschlossen. Die Zielfunktion ändert sich nicht:[397]

Zielfunktion: $\quad Min\ K(x,y) = \sum_{i=1}^{I} \sum_{j=1}^{J} c_{ij} x_{ij} + \sum_{i=1}^{I} f_i y_i$

Die Nebenbedingungen lassen sich nun vereinfacht formulieren:

(1) entfällt

(2) $x_{ij} \leq y_i$, für alle $i = 1,...,I$ und $j = 1,...,J$

(3) $\sum_{i=1}^{I} x_{ij} = 1$, für alle $j = 1,...,J$

(4) $y_i \in \{0,1\}$, für alle $i = 1,...,I$

(5) $x_{ij} \in \{0,1\}$, für alle $i = 1,...,I$ und $j = 1,...,J$

Das Modell der WLP ist formal bewusst sehr allgemein formuliert worden, um es auch auf andere Stufen des Distributionssystems übertragen zu können. Es lässt sich ohne weiteren Anpassungsbedarf auch auf die nachfolgenden vertikalen Stufen im Distributionssystem des Katastrophenmanagements übertragen (vgl. hierzu Stufen des Distributionssystems in Abbildung 35):

---

[396] Vgl. Chopra, Sunil / Meindl, Peter (2004), S. 111-115; Domschke, Wolfgang / Drexl, Andreas (1996), S. 52-54; Günther, Hans-Otto / Tempelmeier, Horst (2003), S. 72-75.
[397] Vgl. Domschke, Wolfgang / Drexl, Andreas (1996), S. 53. Die Quelle sieht zusätzlich vor, dass eine maximale Anzahl an Empfängern durch einen Standort beliefert werden kann.

- Welche der potenziellen Regionallager i (Quick Rotation Warehouses) sind zu errichten und welche Mengen erhalten Auslieferungslager j (Temporary Collection Sites) von diesen Standorten, wenn eine kostenminimale Lösung angestrebt wird?
- Welche der potenziellen Auslieferungslager i (Temporary Collection Sites) sind zu errichten und welche Mengen erhalten die bedürftigen Menschen im Gebiet j von diesen Standorten, wenn eine kostenminimale Lösung angestrebt wird?

Diese Einsatzfelder des einstufigen WLP zeigen die Möglichkeiten des flexiblen Einsatzes; gleichzeitig werden aber auch **Grenzen** aufgezeigt: Einstufige WLP lassen sich jeweils nur für die Standortwahl auf einer Stufe des Distributionssystems einsetzen. Sofern Standorte auf mehreren Stufen in einem diskreten Modell zu planen sind, lassen sich mehrstufige WLP einzusetzen, deren Komplexität mit zunehmender Anzahl zu beplanender Distributionsstufen ansteigt.[398] Auch die Erweiterung um nicht-lineare Kostenfunktionen erhöht die Komplexität in der Modellierung der WLP.[399]

Die nachfolgende Beispielrechnung bezieht sich aus Darstellungs- und Erläuterungszwecken auf diskrete Modelle einstufiger WLP.[400] Als Lösungsverfahren wird mit dem Add-Algorithmus eine **Heuristik** anstelle eines Optimierungsverfahrens eingesetzt. Heuristische Verfahren gehen nach Vorgehensregeln zur Lösungsfindung (Eröffnungsverfahren) und Lösungsverbesserung (Verbesserungsverfahren) vor. Sie können keine optimale Lösung des formulierten Problems (in diesem Fall ein Kostenminimum) garantieren und werden folglich als suboptimal bezeichnet. Die Regeln werden aber so bestimmt, dass sie bezüglich der Problemstellung und Zielsetzung sinnvoll, zweckmäßig und erfolgversprechend sind, sodass mit einer guten Problemlösung gerechnet werden kann.[401] Der Add-Algorithmus und Drop-Algorithmus stellen heuristische Lösungsverfahren der Standortplanung dar:[402]

- Der *Drop-Algorithmus* startet in seiner Eröffnung mit einer Lösung, die davon ausgeht, dass jeder potenzielle Standort i auch errichtet wird. Die Gesamtkosten dieser ersten Lösung lassen sich aus der Summe aller Fixkosten und den Transportkosten der jeweils günstigsten Belieferung der Empfänger j ermitteln. Die Verfahrensregeln des Drop-Algorithmus sehen vor, dass in jeder Iteration des Verfahrens diejenigen Standorte aus der Lösung entfernt werden („drop"), durch die sich die höchsten Kosteneinsparungen erzielen lassen. Kosteneinspa-

---

398 Ein zweistufiges WLP wird beispielsweise formuliert in Domschke, Wolfgang / Drexl, Andreas (1996), S. 57-59 sowie Domschke, Wolfgang (2008), S. 98-99.
399 Nicht-lineare Kostenfunktionen werden in einem WLP beispielsweise formuliert in Domschke, Wolfgang / Drexl, Andreas (1996), S. 54-57.
400 Eine Vielzahl weiterer Modelle zur Beschreibung und Lösung von Problemen der Standortplanung findet sich z. B. in Domschke, Wolfgang / Drexl, Andreas (1996).
401 Vgl. Domschke, Wolfgang / Drexl, Andreas (1996), S. 29; Scholl, Armin (2008), S. 48.
402 Vgl. Domschke, Wolfgang / Drexl, Andreas (1996), S. 60-72; Domschke, Wolfgang (2008), S. 98; Günther, Hans-Otto / Tempelmeier, Horst (2003), S. 76.

rungen entstehen immer dann, wenn die mit der Schließung eines Lagers verbundene Transportkostensteigerung geringer ist als die Fixkosten des jeweiligen Standortes, die im Falle einer Streichung nicht mehr anfallen.
- Der *Add-Algorithmus* wählt in seiner Eröffnung zunächst eine Lösung mit nur einem Standort. Dabei wird derjenige Standort i gewählt, der die geringsten Gesamtkosten aus Transportkosten zu allen Empfängern und Fixkosten für den Standort i aufweist. Nach den Regeln des Add-Algorithmus wird in jeder Iteration ein Standort hinzugefügt („add"), und zwar derjenige, für den die positive Differenz aus Transportkosteneinsparungen aufgrund der Nähe zu den Kunden j und zusätzlichen Fixkosten des Lagers am größten ist.

Beide Verfahren enden, wenn keine zusätzlichen Einsparungen erzielbar sind bzw. alle Standorte endgültig in die Lösung einbezogen oder „verboten" sind. Heuristiken bieten den Vorteil, dass der Rechenaufwand erheblich reduziert wird.[403] Lösungen lassen sich für das Katastrophenmanagement schnell und einfach umsetzen und können in der Katastrophenbewältigung vor Ort auch ohne EDV-gestützte Optimierungsberechnungen „auf Papier" generiert werden.

4.2.2.3 Standortplanung für Zentrallager einer Hilfsorganisation

Das nachfolgende Beispiel schließt sich an die Ergebnisse aus der ABC-XYZ-Analyse an: In der Standortplanung für die Zentrallager bzw. *General Delivery Warehouses* sollen Regionen mit gleichzeitig hohem Anteil und hoher Regelmäßigkeit der durch Katastrophen betroffenen Menschen (AX, AY, BX und BY) besondere Berücksichtigung finden.[404]
Ein diskretes Modell (wie das beschriebene WLP) ist für diese Fragestellung geeignet und den Modellen der Standortplanung in der Ebene aus folgendem Grund vorzuziehen: Nicht jeder Standort in einer Ebene eignet sich als zentraler Standort für General Delivery Warehouses im Katastrophenmanagement. Aus diesem Grund sind die **potenziellen Standorte** für die Formulierung des diskreten Modells in einem ersten Schritt so auszuwählen, dass sie bestimmte erforderliche Bedingungen erfüllen. Einige dieser **Kriterien** werden nachfolgend benannt:

- Eine gute Verkehrsanbindung, insbesondere auch an Verkehrsträger des internationalen und nationalen Fernverkehrs (z. B. Flughafenanbindung, ggf. Anbindung an die Seeschifffahrt, gute Anbindung an das Straßen- und ggf. Schienennetz),
- ausreichende und verfügbare Kapazität (Fläche) für die Errichtung eines Zentrallagers,

---

403 Vgl. Domschke, Wolfgang / Drexl, Andreas (1996), S. 29; Domschke, Wolfgang (2008), S. 98; Scholl, Armin (2008), S. 48.
404 Vgl. Abschnitt 4.1.3.

- ausreichende und verfügbare Personalkapazitäten (qualitativ und quantitativ) sind am Standort verfügbar bzw. einsetzbar,
- ein Mindestmaß an politischer und rechtlicher Stabilität am Standort,
- es handelt sich um kein Risikogebiet, für das eine Zerstörung durch ein Katastrophen auslösendes Ereignis mit einer zuvor definierte Wahrscheinlichkeit zu erwarten wäre und
- aufgrund der Nähe zu den Standorten auf der nächsten Lagerstufe – insbesondere zu denjenigen mit hohen Bedarfsmengen an Hilfsgütern – ist von einer guten Erfüllung der zeitlichen Servicekriterien auszugehen.

Die Standortplanung für Zentrallager erfolgt durch eine **fiktive Hilfsorganisation**, die international im Katastrophenmanagement tätig ist und weltweit knapp 5% der Hilfeleistungen in der Katastrophenbewältigung erbringt. Bislang ist die Hilfsorganisation in der Lagerstruktur dezentral aufgestellt und verfügt über zahlreiche Regionallager, die in ihrer Anzahl, mit ihren Standorten, Kapazitäten und zukünftig erwarteten Bedarfsmengen bekannt sind. Aufgrund der steigenden Bedarfsmengen und bislang nicht erfüllter Servicekriterien in der Versorgung der Regionallager soll zukünftig eine Stufe mit Zentrallagern in die vertikale Distributionsstruktur aufgenommen werden. Die Hilfsorganisation hat eine erste gründliche internationale Standortanalyse durchgeführt und sieben potenzielle Standorte identifiziert (I=7). Die Auswahl erfolgte unter besonderer Berücksichtigung der Ergebnisse der ABC-XYZ-Analyse, und zudem wird angenommen, dass alle Standorte die oben benannten Mindestkriterien erfüllen.[405]

Potenzielle Zentrallager sind für die Regionen Asien-Süd-Mitte (AX), Asien-Osten (AY), Asien-Süd-Ost (BX) und Afrika-Osten (BY) vorzusehen. Für Asien Süd-Mitte sollte aufgrund des hohen Anteils betroffener Menschen in Indien ein potenzieller Standort direkt in Indien oder in der Nähe dieses Landes liegen, vergleichbares gilt für China in der Region Asien-Osten. Vereinfachend wird in die Beispielrechnung ein gemeinsamer potenzieller Standort aus den Regionen Asien Süd-Mitte und Westen in den Vereinigten Arabischen Emiraten (Abu Dhabi, i=1) aufgenommen. Für die asiatischen Regionen im Osten und Süd-Osten werden durch die Länder China (Shanghai, i=2) und Thailand (Bangkok, i=3) zwei potenzielle Standorte berücksichtigt. Als potenzieller Standort in Afrika wird mit Kenia (Nairobi, i=4) bewusst ein Land im Osten (BY-Region) einbezogen. Die Anzahl der potenziellen Standorte sieht für alle Regionen Europas gemeinsam einen potenziellen Standort vor, ebenso für alle Regionen Australiens / Ozeaniens. Die Begründung liegt in der starken Tendenz der Regionen zur Klassifizierung als CZ-Region (mit einem vergleichsweise unregelmäßigen und geringen Bedarf an Hilfsgütern). Der potenzielle Standort in Europa liegt mit Spanien (Barcelona, i=5) im Süden, da in dieser Y-Region Hilfsgüter regelmäßiger benötigt werden als in den

---

405 In einer realen Umsetzung einer Standortplanung würde die Hilfsorganisation voraussichtlich mehr als sieben potenzielle Standorte identifizieren und in die Berechnung einbeziehen.

Z-Regionen Europas. Für Australien/Ozeanien wird mit Melbourne (i=6) ein potenzieller Standort im Süden Australiens vorgesehen. Für Amerika wurde bereits die Vermutung geäußert, dass sich ein Standort in der Mitte Amerikas anbietet, auch in dieser Region wird ein potenzieller Standort vorgesehen, in diesem Fall Panama mit der Stadt Panama (i=7).

Abbildung 38 gibt einen Überblick über die geografische Einordnung der potenziellen Standorte. Vereinfachend sei angenommen, dass die potenziellen Standorte keine Kapazitätsbegrenzungen aufweisen.

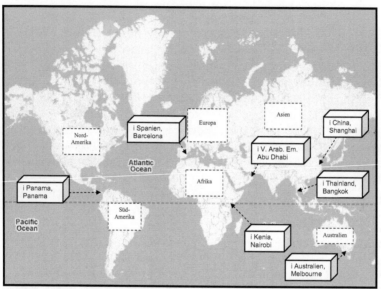

Abbildung 38: Potenzielle Standorte für Zentrallager (Beispiel)[406]

Für die Auswahl der tatsächlich zu errichtenden Standorte enthält die nachfolgende Tabelle die fiktive aber realitätsnahe Datengrundlage der Hilfsorganisation für die Standortplanung auf der zentralen Lagerstufe. Die Zeilen repräsentieren die potenziellen Standorte i; die Spalten enthalten mit den **Empfängern** j die bekannten und bereits bestehenden **Regionallager** bzw. Quick Rotation Warehouses. Aufgrund der Vielzahl weltweit errichteter Regionallager international tätiger Hilfsorganisationen erfolgt in der Beispielrechnung jeweils eine Zusammenfassung der Regionallager zu übergreifenden Gebieten. Für Asien werden die Regionallager drei unterschiedlichen Gebieten zugeordnet, da in Asien aufgrund der Vielzahl regelmäßig betroffener Menschen und der geografischen Ausdehnung eine große Anzahl Regionallager vorhanden ist. Es handelt sich hierbei um die Regionallager für Asien-Süd-Mitte und Asien-Westen (j=1), Asien-Osten (j=2) und Asien Süd-Osten (j=3).[407] Die Regional-

---

406 Quelle der Weltkarte: google maps unter http://maps.google.de.
407 In Anlehnung an die Strukturierung der Regionen in www.emdat.be.

lager der anderen Kontinente Afrika (j=4), Europa (j=5), Australien/Ozeanien (j=6) und Amerika (j=7) werden jeweils zu einer Empfängergruppe zusammengefasst.[408]
Die **Datengrundlage** für den Einsatz des Add-Algorithmus stellen Transport- und Lagerkosten dar: Transportkosten c_{ij} entstehen, wenn eine Region j durch einen Standort i voll beliefert wird. Darüber hinaus wird in der letzen Spalte für jeden Standort i angegeben, welche Fixkosten f_i zu erwarten sind, wenn der potenzielle Standort i auch tatsächlich errichtet wird.

		c_{ij} (EUR/Jahr)						f_i (EUR/Jahr)
		Asien-Süd-Mitte, Asien-West	Asien-Osten	Asien-Süd-Osten	Afrika	Europa	Australien	Amerika	
		j=1	j=2	j=3	j=4	j=5	j=6	j=7	
V. Arab. Emirate, Abu Dhabi	i=1	9.831.819	21.452.009	2.253.726	5.264.076	365.978	51.548	2.362.774	1.273.133
China, Shanghai	i=2	16.278.543	12.956.459	1.941.678	7.675.130	479.368	42.992	2.483.355	1.060.944
Thailand, Bangkok	i=3	14.720.200	16.712.537	1.505.294	6.745.784	475.750	41.301	2.729.576	1.167.038
Kenia, Nairobi	i=4	13.220.847	25.402.434	2.593.922	3.914.684	383.634	51.088	2.276.036	742.661
Spanien, Barcelona	i=5	14.917.819	25.749.667	2.969.041	6.226.306	241.204	63.866	1.850.185	1.591.416
Australien, Melburne	i=6	21.282.939	23.391.591	2.610.782	8.398.564	646.908	23.813	2.441.276	1.485.321
Panama, Panama	i=7	23.407.595	32.420.948	4.140.160	8.977.937	449.676	58.577	992.429	954.849

Tabelle 12: Datengrundlage Standortplanung einer Hilfsorganisation

Die Realitätsnähe der **Transport- und Lagerkosten** – zumindest in ihrem Verhältnis zueinander – lässt sich wie folgt begründen:
Alle Datengrundlagen beziehen sich auf den gleichen Betrachtungszeitraum, in diesem Fall ein Jahr. Der Bedarf der Regionallager stellt eine zentrale Berechnungsgrundlage für die Lager- und Transportkosten dar. Dieser lässt sich auf der Grundlage der durchschnittlich in einem Jahr betroffenen Menschen in der jeweiligen Region j im Zeitraum 1996-2007 ermitteln.[409] Die betroffenen Menschen werden durch die hier betrachtete Hilfsorganisation mit einem Anteil von knapp 5% versorgt; in der Berechnung werden 3% angesetzt. Weiterhin wird angenommen, dass für jeden betroffenen Menschen durchschnittlich 20kg Hilfsgüter benötigt werden, davon wird ¼ (5kg) im Zentrallager vorgehalten bzw. über dieses verteilt. Da sich die Berechnungen auf die Zukunft beziehen und in den kommenden Jahren mit einem weiteren

---

408 In der realen Umsetzung der Standortplanung würde die Hilfsorganisation jedes einzelne der Regionallager als Empfänger j erfassen.
409 Die Daten sind entnommen aus IFRC (Hrsg.) (2007), S. 185-187 sowie www.emdat.be.

Anstieg des weltweiten Bedarfs an Hilfsgütern zu rechnen ist, wird dieser Bedarf mit einer 10%igen Steigerung angesetzt. Mit diesen Angaben lässt sich die für Menschen in Afrika zu lagernde und vom Zentrallager i nach Afrika zu transportierende Menge b_j wie folgt ermitteln:

b_4 = 29.657 Tsd. (durchschnittlich betroffene Menschen/Jahr) * 1,1 (10% Steigerung in den kommenden Jahren) * 20 kg (Hilfsgüter je betroffenem Menschen) * ¼ (Mengenanteil, der über das Zentrallager abgewickelt wird) * 0,03 (Marktanteil) = 4.893 to / Jahr (gerundet).

Eine weitere wichtige Größe für die Ermittlung der variablen Transportkosten von einem potenziellen Standort – beispielsweise von Abu Dhabi (i=1) nach Afrika (j=4) c_{14} – stellt die Entfernung dar. Die Entfernung von Abu Dhabi nach Afrika beträgt 3.447 km; für die Entfernungsmessung wurde jeweils ein großer Flughafen in der Stadt (Abu Dhabi) bzw. in der Region (in diesem Fall Nairobi in Afrika) als Referenzgröße verwendet.[410] In jeder Region sind weitere Transportkosten für die Verteilung der Hilfsgüter an mehrere in dem Gebiet verteilte Regionallager zu berücksichtigen. Das Beispiel rechnet einheitlich mit zusätzlichen 10.000 km an jedem Standort.

Aus dem Bedarf und der Entfernung lassen sich die zu verteilenden Tonnenkilometer (tokm) für die Relation Abu Dhabi – Afrika ermitteln. In der Berechnung wird angenommen, dass für jeden Tonnenkilometer Transportkosten in Höhe von 0,08 EUR entstehen.[411] Hierbei handelt es sich um einen Durchschnittswert aus unterschiedlichen Verkehrsträgern sowie Eigen- und Fremdtransport. Mit diesen Angaben lässt sich der in Tabelle 12 grau hinterlegte Beispielwert berechnen:

c_{14} = (4.893,356 to * 13.447 km * 0,08 EUR / tokm = 5.264.076 EUR)

Die Ermittlung der Lagerkosten f_i basiert ebenfalls auf den angegebenen Bedarfsmengen b_j. Für jede Tonne Hilfsgüter wird ein durchschnittlicher Lagerwert in Höhe von 800 EUR angenommen. Logistikkosten lassen sich erfahrungsgemäß als Anteil an diesen Werten erfassen, im Berechnungsbeispiel bewegen sich diese Anteile zwischen 7% (für Nairobi) und 15% (für Barcelona). Die Abweichungen zwischen den Standorten lassen sich u.a. durch Personalkostenunterschiede und Differenzen in den Investitionen (die sich wiederum auf die jährlichen Abschreibungen auswirken) begründen. Der Anteil der fixen Lagerkosten an diesem Wert beträgt 30%. Variable Lagerkosten sind in diesem Beispiel nicht entscheidungsrelevant für die Standortauswahl, da sich diese an den Standorten nicht unterscheiden.[412]

Mit einer realen differenzierten Datengrundlage ist die Datentabelle durch jede Hilfsorganisation, die den Algorithmus zur Standortplanung umsetzen möchte, an-

---

410 Die Entfernungsmessung für alle Verbindungen zwischen i und j wurde unter Einsatz von www.flugstatistik.de vorgenommen.
411 Zu Transportkosten in US$ je tokm vgl. Chopra, Sunil und Meindl, Peter (2004), S. 416. In diesem Fall wird angenommen, dass ein Großteil der Strecken über den Seeweg transportiert wird.
412 Bei Entscheidungsrelevanz der variablen Lagerkosten lassen sich diese ergänzend als ci in das Modell einbinden. Vgl. hierzu Domschke, Wolfgang / Drexl, Andreas (1996), S. 51.

zupassen: Die Regionallager sind als Spalten der Tabelle einzurichten, mehrere potenzielle Standorte sollten nach den individuellen Bedürfnissen ausgewählt und in die Auswahl einbezogen werden, die Transportkostenermittlung ist anzupassen (an prognostizierte Bedarfsmengen, Entfernungen, Transportkostensätze aus Verträgen und der eigenen Kostenrechnung), die Ermittlung der Fixkosten für das Lager ist anzupassen und bei Bedarf sind ergänzend Kapazitätsbegrenzungen zu berücksichtigen.

Unter Einsatz der Datengrundlage aus Tabelle 12 wird nun die Standortplanung unter **Einsatz des Add-Algorithmus** erläutert. Im Startschritt und in jeder Iteration wird genau ein Standort endgültig ausgewählt.[413]

Im *Startschritt* des Add-Algorithmus wird aus der Datentabelle für jeden potenziellen Standort i die Zeilensumme aus Transport- und Lagerkosten ermittelt. Derjenige Standort, für den diese Zeilensumme aus Transport- und Lagerkosten minimal ist, wird endgültig gewählt:

Wähle i nach der Verfahrensregel $Min\left\{\sum_{j=1}^{J} c_{ij} + f_i \mid i = 1,...,I\right\}$

Tabelle 13 weist für jeden der sieben Standorte in der letzten Spalte diese Summe aus Transport- und Lagerkosten aus.

	f_i (EUR/Jahr)	c_{ij} (EUR/Jahr)							$c_{ij}+f_i$ (EUR/Jahr)
		j=1	j=2	j=3	j=4	j=5	j=6	j=7	
i=1	1.273.133	9.831.819	21.452.009	2.253.726	5.264.076	365.978	51.548	2.362.774	**42.855.063**
i=2	1.060.944	16.278.543	12.956.459	1.941.678	7.675.130	479.368	42.992	2.483.355	42.918.469
i=3	1.167.038	14.720.200	16.712.537	1.505.294	6.745.784	475.750	41.301	2.729.576	44.097.480
i=4	742.661	13.220.847	25.402.434	2.593.922	3.914.684	383.634	51.088	2.276.036	48.585.306
i=5	1.591.416	14.917.819	25.749.667	2.969.041	6.226.306	241.204	63.866	1.850.185	53.609.504
i=6	1.485.321	21.282.939	23.391.591	2.610.782	8.398.564	646.908	23.813	2.441.276	60.281.194
i=7	954.849	23.407.595	32.420.948	4.140.160	8.977.937	449.676	58.577	992.429	71.402.171

Tabelle 13: Startschritt des „Add"

Für i=1 (Abu Dhabi in den Vereinigten Arabischen Emiraten) ist die Summe mit 42.855.063 EUR / Jahr am Geringsten, sodass dieser Standort endgültig gewählt wird. Damit ist eine erste zulässige Lösung des Standortproblems gefunden: Mit Abu Dhabi wird ein Zentrallager errichtet, das die Regionallager aller sieben Gebiete beliefern würde. Bezeichnet I1 die Menge der endgültig einbezogenen Standorte, so ist diese nun mit dem Standort Abu Dhabi gefüllt: I1={1}. Durch die nachfolgen-

---

413 Vgl. Domschke, Wolfgang / Drexl, Andreas (1996), S. 61.

den Iterationen wird angestrebt, diese Lösung, die mit Kosten in Höhe von 42.855.063 EUR pro Jahr verbunden ist, zu verbessern.

Die weiteren Iterationen berücksichtigen die verbleibenden potenziellen Standorte, in der *ersten Iteration* sind dies die Standorte i=2 bis i=7. Als Spalten sind weiterhin alle mit Hilfsgütern zu beliefernden j=1,…,J regionale Empfängergruppen vorzusehen. Eine Hilfsmatrix erfasst nachfolgend anstelle der Transportkosten c_{ij} die Transportkostenersparnis ω_{ij}, die entsteht, wenn die Empfängergruppe j anstelle von Standorten der Menge I1 (endgültig gewählte Standorte) durch Standort i beliefert wird. Für die i-j-Relationen der Tabelle 14 errechnen sich die Transportkosteneinsparungen für jeden Empfänger j, indem die Differenz zwischen den Transportkosten bei Belieferung durch den endgültig gewählten Standort und bei Belieferung durch den potenziellen Standort i ermittelt wird. Die Hilfsmatrix erfasst nur positive ω_{ij}, da nur positive Werte eine Einsparung gegenüber einer Belieferung durch die Menge I1 darstellen. Wird beispielsweise die Empfängergruppe j=3 (Asien, Süd-Osten) anstelle von dem gewählten Standort Abu Dhabi (i=1) mit Transportkosten in Höhe von c_{13} = 2.253.726 EUR vom potenziellen Standort Shanghai (i=2) beliefert, so lassen sich die Transportkosten auf c_{23} = 1.941.678 EUR reduzieren. Die Differenz wird als Transportkostenersparnis ω_{23} = 312.048 EUR wird in Tabelle 14 ausgewiesen. ω_{13} wird in der nachfolgenden Tabelle mit dem Wert 0 erfasst, da eine Belieferung der Empfängergruppe j=1 (Asien-Süd-Mitte, Asien-Westen) durch den potenziellen Standort Shanghai mit Mehrkosten gegenüber dem gewählten Standort Abu Dhabi verbunden wäre. Sollte die Standortauswahl auf Shanghai treffen, so würde die Belieferung der Empfängergruppe j=1 weiterhin durch i=1 (Abu Dhabi) erfolgen. Die Auswahl eines Standortes in der ersten Iteration erfolgt nun nach der Verfahrensregel, dass derjenige Standort endgültig gewählt wird, für den die Nettoersparnis gegenüber dem gewählten Standort der Menge I1 am größten ist. Diese Nettoersparnis errechnet sich für jede Zeile der potenziellen Standorte, indem die Summe über alle Transportkostenersparnisse gebildet und die anfallenden Fixkosten für den Standort von dieser Ersparnis abgezogen wird.[414]

Wähle i nach der Verfahrensregel Max $\{ \sum_{j=1}^{J} \omega_{ij} - f_j \; | i = 1,...,I \text{ ohne } I1, I0 \}$

---

[414] Zur formalen Darstellung vgl. Domschke, Wolfgang / Drexl, Andreas (1996), S. 61-62.

	f_i (EUR/Jahr)	$\omega_{ij} \geq 0$ (EUR/Jahr)							$\omega_{ij}-f_i$ (EUR/Jahr)
		j=1	j=2	j=3	j=4	j=5	j=6	j=7	
i=2	1.060.944	0	8.495.550	312.048	0	0	8.556	0	**7.755.210**
i=3	1.167.038	0	4.739.472	748.432	0	0	10.247	0	4.331.113
i=4	742.661	0	0	0	1.349.392	0	460	86.738	693.929
i=5	1.591.416	0	0	0	0	124.774	0	512.589	-954.052
i=6	1.485.321	0	0	0	0	0	27.735	0	-1.457.586
i=7	954.849	0	0	0	0	0	0	1.370.345	415.496

Tabelle 14: Iteration 1 des „Add"

Der letzten Spalte der Tabelle lässt sich entnehmen, dass diese Nettoersparnis für den Standort Shanghai (i=2) mit 7.755.210 EUR den höchsten Wert aufweist. Die Menge I1 wird um den Standort erweitert, sodass nun gilt: I1={1,2}. Durch die Nettoersparnis reduzieren sich die Gesamtkosten von 42.855.063 EUR (nach dem Startschritt) um 7.755.210 EUR auf 35.099.853 EUR.

Eine weitere Verfahrensregel des Add-Algorithmus sieht für die Iterationen zusätzlich vor, dass alle potenziellen Standorte, die eine negative Nettoersparnis aufweisen, für die also die zusätzlich anfallenden Fixkosten die Einsparungen der Transportkosten übersteigen, als Standort endgültig „verboten" werden. Diese Standorte werden in die Menge I0 der endgültig verbotenen Standorte aufgenommen:[415]

Streiche alle i, für die gilt: $\sum_{j=1}^{J} \omega_{ij} \leq f_i | i = 1,...,I$ ohne $I1, I0$

Im Beispiel sind dies Barcelona und Melbourne mit negativen Werten in der Spalte der Nettoersparnisse, sodass diese Standorte 5 und 6 gestrichen werden: I0={5,6}.

Die nachfolgende *zweite Iteration* der Heuristik berücksichtigt die verbleibenden potenziellen Standorte, die nicht in die Menge der endgültig gewählten oder endgültig verbotenen Standorte aufgenommen wurden. Mit I1={1,2} und I0={5,6} verbleiben als potenzielle Standorte Bangkok, Nairobi und Panama (i=3, 4 und 7). Tabelle 15 stellt in der aus der ersten Iteration bekannten Form die Werte der Hilfsmatrix mit Fixkosten, Transportkosteneinsparungen und Nettoersparnis dar. Bei der Ermittlung der Transportkostenersparnisse ist nun der Vergleich mit allen Standorten der Menge I1 relevant: Ersparnisse werden in der Hilfsmatrix als positive Werte ausgewiesen, wenn ein Empfänger j von dem potenziellen Standort i kostengünstiger beliefert werden kann als von allen endgültig gewählten Standorten der Menge I1. Die Berechnung dieser Werte ω_{ij} erfolgt ab der zweiten Iteration auf dem schnellsten Wege, indem als Vergleichswerte die ω_{ij} des in der vorherigen Iteration endgültig gewählten Standortes (im Beispiel ω_{2j} für Shanghai) zugrunde gelegt werden. So

---
[415] Vgl. Domschke, Wolfgang / Drexl, Andreas (1996), S. 61-62.

entstehen die in der nachfolgenden Tabelle ausgewiesenen ω_{33}=436.384 EUR aus einem Vergleich der Transportkostenersparnisse aus der vorherigen Tabelle 14: Für den in der letzten Iteration gewählten Standort Shanghai werden in Tabelle 14 ω_{23}=312.048 EUR im Vergleich zu Abu Dhabi ausgewiesen, und für den nun betrachteten potenziellen Standort Bangkok beträgt der Vergleichswert ω_{33}=748.432 EUR. Durch die Wahl des Standortes Bangkok hätte sich also eine um 436.384 EUR höhere Transportkostenersparnis realisieren lassen, die in Tabelle 15 ausgewiesen wird. Negative Einsparungen werden – wie bereits bekannt – als 0 EUR ausgewiesen. Die Verfahrensregeln ändern sich im Vergleich zur ersten Iteration nicht. Als Ergebnis der zweiten Iteration wird demnach der Standort mit der höchsten Nettoersparnis – in diesem Fall Nairobi (i=4) – in die Menge I1={1,2,4} aufgenommen. Die Menge der endgültig verbotenen Standorte wird um Standorte mit einer negativen Nettoersparnis ergänzt, sodass Bangkok (i=3) nun Bestandteil dieser Menge I0={3,5,6} ist. Durch die Auswahl Nairobis reduzieren sich die Gesamtkosten um die Nettoersparnis in Höhe von 693.469 EUR auf 34.406.384 EUR.

	f_i (EUR/ Jahr)	$\omega_{ij} \geq 0$ (EUR/Jahr)							ω_{ij}-f_i (EUR/ Jahr)
		j=1	j=2	j=3	j=4	j=5	j=6	j=7	
i=3	1.167.038	0	0	436.384	0	0	1.691	0	-728.963
i=4	742.661	0	0	0	1.349.392	0	0	86.738	**693.469**
i=7	954.849	0	0	0	0	0	0	1.370.345	415.496

Tabelle 15: Iteration 2 des „Add"

Für die *dritte und abschließende Iteration* verbleibt der potenzielle Standort Panama (i=7). Die Werte der nachfolgenden Tabelle lassen sich mit den Erläuterungen zu den Verfahrensregeln aus der zweiten Iteration des Add-Algorithmus nachvollziehen. Aufgrund der positiven Nettoersparnis wird Panama als Standort gewählt und folglich in die Menge I1={1,2,4,7} aufgenommen. Die Gesamtkosten reduzieren sich um weitere 328.758 EUR auf 34.077.626 EUR.

	f_i (EUR/ Jahr)	$\omega_{ij} \geq 0$ (EUR/Jahr)							ω_{ij}-f_i (EUR/ Jahr)
		j=1	j=2	j=3	j=4	j=5	j=6	j=7	
i=7	954.849	0	0	0	0	0	0	1.283607	**328.758**

Tabelle 16: Iteration 3 des „Add"

Die Höhe der Gesamtkosten lässt sich auch aus der folgenden Ergebnistabelle zusammenstellen. Die Datengrundlage bildet Tabelle 12.

Als Zeilen werden die gewählten Standorte der Menge I1 in die Ergebnistabelle aufgenommen. Für alle 4 Standorte fallen Fixkosten an, die sich aus den Werten der letzten Spalte f_i zu 4.031.587 addieren. Als Transportkosten c_{ij} wird für jede Spalte die kostengünstigste Belieferung der Empfängergruppe j vorgesehen: Jedes Regionallager wird durch dasjenige errichtete Zentrallager beliefert, das die günstigsten Transportkosten zu dieser Empfängergruppe aufweist. Die Summe der Transportkosten beträgt 30.046.039 EUR, sodass sich in der Summe aus Transport- und Lagerkosten die bekannten Gesamtkosten 34.077.626 EUR ermitteln lassen.

		c_{ij} (EUR/Jahr)							f_i (EUR/Jahr)
		Asien-Süd-Mitte, Asien-West	Asien-Osten	Asien-Süd-Osten	Afrika	Europa	Australien	Amerika	
		j=1	j=2	j=3	j=4	j=5	j=6	j=7	
V. Arab. Emirate, Abu Dhabi	i=1	9.831.819				365.978			1.273.133
China, Shanghai	i=2		12.956.459	1.941.678			42.992		1.060.944
Kenia, Nairobi	i=4				3.914.684				742.661
Panama, Panama	i=7							992.429	954.849

Tabelle 17: Ergebnis der Standortplanung einer Hilfsorganisation

Mit Blick auf die in Abbildung 36 allgemein dargestellte Kostenstruktur von Distributionssystemen lassen sich die Kostenverläufe auch für das Beispiel der Zentrallagerauswahl durch die Hilfsorganisation darstellen (vgl. Abbildung 39). Der Add-Algorithmus arbeitet schrittweise von links nach rechts (in jedem Schritt wird ein Standort ausgewählt). Die Kostenverläufe zeigen in der Reihenfolge der ausgewählten Standorte Abu Dhabi, Shanghai, Nairobi und Panama, dass sich mit jedem gewählten Standort die Gesamtkosten reduzieren lassen, da mit der Wahl jedes Standortes die Transportkostenersparnisse höher sind als die zusätzlich anfallenden Fixkosten. Eine weitere Wahl der Standorte aus der Menge I0 würde zu einem nicht erwünschten Anstieg der Gesamtkosten führen.

An mehreren Stellen des Berechnungsbeispiels wurde auf kritische Aspekte bezüglich des diskreten Modells, des Einsatzes einer Heuristik und des erforderlichen Anpassungsbedarfs der Datengrundlage hingewiesen. Auch methodische Ergänzungen wurden benannt. Diese können die Berücksichtigung von Servicekriterien, methodische Anpassungen und Erweiterungen sowie den Einsatz weiterer Verbesserungsverfahren betreffen.

Abschließend sollen mit den Berechnungsergebnissen und der Darstellung in Abbildung 39 aber auch die Einsatzpotenziale herausgestellt werden, die mit dem

Einsatz logistischer Modelle der betrieblichen Standortplanung verbunden sind. Die Beispielrechnung verdeutlicht, dass durch den Einsatz des Add-Algorithmus nachvollziehbar und durch relativ einfache Berechnungsschritte eine kostengünstige Lösung der Standortplanung generiert werden kann. Aufgrund der Einbindung der Entfernungen in die Ermittlung der Transportkosten werden indirekt auch Servicekriterien in die Problemlösung eingebunden: Die Entfernung zwischen zwei Standorten wirkt sich gleichgerichtet auf Transportkosten und Lieferzeit aus. So lässt sich erklären, dass mit der Wahl der Standorte Abu Dhabi, Shanghai, Nairobi und Panama in dem Berechnungsbeispiel auch aus Servicegesichtspunkten eine realistische Lösung für die Wahl der Zentrallager gefunden wurde. Eine Ausweitung des Modelleinsatzes auf weitere Stufen in der Distributionsstruktur der Hilfsorganisationen ist möglich und insbesondere auf der operativen Ebene zur Planung der Temporary Collection Sites zu empfehlen.

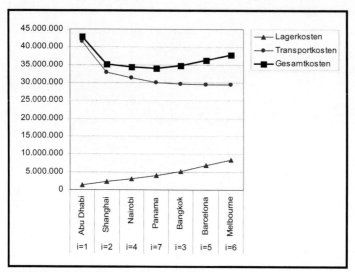

Abbildung 39: Kostenverläufe im Beispiel der Standortplanung (in EUR / Jahr)[416]

---

416 Eigene Darstellung, in Abwandlung der Abbildung 36.

4.2.3 Tourenplanung im internationalen Katastrophenmanagement

4.2.3.1 Grundlagen und Methodenvielfalt der Transport- und Tourenplanung

Die Erläuterungen zur Distributionsstruktur in Abschnitt 4.2.1 gelten für die Transport- und Tourenplanung gleichermaßen wie für die Standortplanung. Während in der Standortplanung die zielbezogene Auswahl von Standorten für eine Distributionsstruktur auf einer oder mehreren vertikalen Stufen im Vordergrund stand, geht die Transport- und Tourenplanung von gegebenen Standorten aus.

Die vertikale und horizontale Struktur des Distributionssystems in Abbildung 35 ist mit Anzahl und Standorten der General Delivery Warehouses, der Quick Rotation Warehouses und der Temporary Collection Sites gegeben, und auch die Standorte der bedürftigen Menschen können – zumindest näherungsweise – bestimmt werden. In dieser Struktur geht es nun darum, die Transportrelationen zwischen den gegebenen Standorten zielgerecht zu gestalten.

Gegenstand der mittelfristig ausgerichteten *Transportplanung* ist die Wahl der Transportwege und Transportmittel.[417] Einige Methoden der Transportplanung lassen sich der nachfolgenden Aufzählung entnehmen. Hierzu zählen[418]

– qualitativ begründete Verfahren zur Auswahl der Verkehrsträger (z. B. Nutzwertanalyse, Stärken-Schwächen-Analyse),
– Wirtschaftlichkeitsanalysen und Kostenvergleichsrechnungen zur Auswahl der Verkehrsträger,
– Methodeneinsatz zur Wahl zwischen Eigenerstellung und Fremdbezug der Transporte,
– Modelle des Transportmitteleinsatzes in Linienfahrplänen oder für die tägliche Disposition sowie
– mathematische Modelle zur Netzwerkflusserhaltung in mehrstufigen Transportplanungen.

Die *Tourenplanung* stellt einen Spezialfall der Transportplanung und -steuerung dar. Sie ist in der Regel kurzfristig ausgerichtet und hat die Aufgabe, kleinere Transportaufträge, die einzeln ein Fahrzeug bzw. Transportmittel nicht auslasten, zu Touren

---

417 Vgl. Gietz, Martin (2008), S. 137-138.
418 Vgl. Domschke, Wolfgang / Drexl, Andreas (2002), S. 74-86; Domschke, Wolfgang (2007), S. 99-133; Ehrmann, Harald (2005), S. 485-490; Gietz, Martin (2008), S. 138-144; Fleischmann, Bernhard (2008b), S. 237-245; Günther, Hans-Otto und Tempelmeier, Horst (2003), S. 261-267. Ausführliche Beschreibungen der Verkehrsträger mit Vor- und Nachteilen sowie ihrer Eignung lassen sich z. B. Chopra, Sunil / Meindl, Peter (2004), S. 411-420; Schulte, Christof (2005), S. 171-213; Vahrenkamp, Richard (2007), S. 251-327 sowie Wood, Donald F. (2002), S. 89-244 entnehmen.

zusammenzufassen.[419] Zu den Methoden der Tourenplanung zählen unter anderem[420]

- exakte und optimierende Verfahren sowie Heuristiken (mit Eröffnungs- und Verbesserungsverfahren),
- depotfreie Probleme, Eindepotprobleme und Mehrdepotprobleme,
- knoten- und kantenorientierte Probleme,
- Einperioden- und Mehrperiodenprobleme,
- statische und dynamische Verfahren sowie
- deterministische und stochastische Methoden.

Für diese Methoden lassen sich je nach Bedarf und Relevanz unterschiedliche Rahmen- bzw. Nebenbedingungen berücksichtigen, so z. B. Kapazitätsrestriktionen bei homogenen oder heterogenen Transportmitteln, Zeitfenster und maximale Tourdauer.[421]

In der Distributionsstruktur des Katastrophenmanagements stellt die lang- bis mittelfristige Transportplanung zwischen der Stufe der Zentrallager und der Regionallager eher eine Gestaltungsaufgabe der Katastrophenvorsorge dar. Kurzfristig ausgerichtete Tourenpläne die sich auf die Verbindung zwischen Regionallagern und den Temporary Collection Sites bis zu den bedürftigen Menschen richten, sind eher der Katastrophenbewältigung zuzuordnen. Da sich das Beispiel der Standortplanung für die zentralen General Delivery Warehouses in Abschnitt 4.2.2.3 auf strategische Einsatzpotenziale logistischer Methoden in der Katastrophenvorsorge gerichtet hat, soll der inhaltliche Schwerpunkt nachfolgend bewusst auf die operative Tourenplanung im Katastrophenfall bezogen werden. Dies betrifft insbesondere die Auswahl des Beispiels in Abschnitt 4.2.3.3.

Aus der Vielzahl der skizzierten Methoden, die sich mit der Lösung von Problemen der Transport- und Tourenplanung befassen, wird nachfolgend zunächst das klassische Transportproblem (TPP) vorgestellt, das in seiner Struktur dem aus Abschnitt 4.2.2.2 bekannten Warhouse Location Problem (WLP) sehr ähnlich ist. Als Lösungsverfahren für die Tourenplanung in der Katastrophenbewältigung wird anschließend mit dem „Savings"-Verfahren eine Heuristik vorgestellt und auf ein realitätsnahes Beispiel der Katastrophenbewältigung bezogen.

---

419 Vgl. Gietz, Martin (2008), S. 144.
420 Vgl. Chopra, Sunil / Meindl, Peter (2004), S. 437-453; Domschke, Wolfgang / Drexl, Andreas (2002), S. 74-86; Ehrmann, Harald (2005), S. 490-492; Fleischmann, Bernhard (1998), S. 287-300; Gietz, Martin (2008), S. 147-150; Fortmann, Klaus-Michael / Kallweit, Angela (2007), S. 139-142; Günther, Hans-Otto / Tempelmeier, Horst (2003), S. 268-273; Vahrenkamp, Richard (2007), S. 441-447.
421 Vgl. Gietz, Martin (2008), S. 145; Vahrenkamp, Richard (2007), S. 442-443.

4.2.3.2 Formale Beschreibung des klassischen Transportproblems

Die zur Visualisierung des WLP bekannte Abbildung 37 lässt sich ohne weitere Anpassungen auf das klassische Transportproblem übertragen. Da die Inhalte zur Transport- und Tourenplanung jedoch weniger strategisch sondern vorwiegend operativ auf die Gestaltung in der Katastrophenbewältigung ausgerichtet werden sollen, wird Abbildung 40 auf andere Stufen in der vertikalen Distributionsstruktur bezogen, die näher an den bedürftigen Menschen liegen. Standorte der Empfänger j bilden nun die Auslieferungslager (Temporary Collection Sites). Bei den Standorten i als Quelle der Transportleistungen handelt es sich um die Stufe der Regionallager (und nicht der Zentrallager, wie in der Erläuterung zum WLP).[422]

Während die Standorte i im Warehouse Location Problem potenzielle Standorte darstellen, aus denen mit der Lösung des WLP eine Auswahl erfolgt, handelt es sich in der Formulierung des klassischen Transportproblems um gegebene Standorte. Das Modell des einstufigen TPP enthält folglich keine Binärvariable, die beschreibt, ob ein Standort gewählt wird oder nicht (vgl. y_i in der Formulierung des WLP). Variablen des klassischen TPP sind ausschließlich x_{ij} für alle i-j-Relationen, die angeben, ob und mit welcher Menge ein Empfänger j von Standort i beliefert wird.

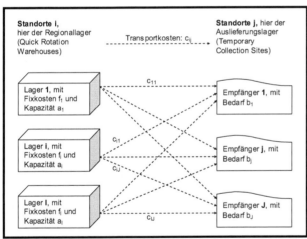

Abbildung 40: Struktur des einstufig kapazitierten TPP[423]

Die kostenminimierende Zielfunktion des klassischen Transportproblems lässt sich im Vergleich zur Zielfunktion des WLP aus Abschnitt 4.2.2.2 verkürzt aufstellen:[424]

---
422 Die gewählten Stufen dienen Erläuterungszwecken. Beide Modelle – WLP und TPP – lassen sich auf allen Stufen der vertikalen Distributionsstruktur einsetzen.
423 In Anlehnung an Domschke, Wolfgang / Drexl, Andreas (2002), S. 74; Domschke, Wolfgang (2007), S. 42 mit Anpassungen zur Distributionsstruktur im Katastrophenmanagement.
424 Vgl. Domschke, Wolfgang / Drexl, Andreas (2002), S. 74; Domschke, Wolfgang (2007), S. 42-43; Günther, Hans-Otto und Tempelmeier, Horst (2003), S. 262-263.

Zielfunktion: $Min\ K(x) = \sum_{i=1}^{I} \sum_{j=1}^{J} c_{ij} x_{ij}$

unter den Nebenbedingungen

(1) $\sum_{j=1}^{J} x_{ij} \leq a_i$, für alle $i = 1,...,I$

(2) $\sum_{i=1}^{I} x_{ij} = b_j$, für alle $j = 1,...,J$

(3) $x_{ij} \geq 0$, für alle $i = 1,...,I$ und $j = 1,...,J$

Die Bedingung (1) des einstufigen TPP stellt als Kapazitätsbedingung für jeden Standort i der Regionallager sicher, dass die Empfänger j (Auslieferungslager) insgesamt nur die im Lager zur Verfügung stehende Menge a_i erhalten können.[425] Die zweite Bedingung berücksichtigt als Nachfragebedingung den Bedarf b_j jedes einzelnen Auslieferungslagers j, der durch die Summe der Lieferungen aus den Regionallagern zu decken ist. Im Katastrophenmanagement kann die Nachfragebedingung nach gravierenden Ereignissen häufig nicht gedeckt werden. Um in diesen Fällen eine gleichmäßige und gerechte Verteilung der Hilfsgüter in die betroffenen Gebiete zu planen, kann durch eine Ergänzung der Nebenbedingungen vorgesehen werden, dass der Bedarf aller Auslieferungslager zu gleichen Anteilen gedeckt wird.[426]

Grenzen des Modelleinsatzes richten sich unter anderem auf die lineare Kostenfunktion, die Einstufigkeit, die Einperiodigkeit und die beliebigen Transportkapazitäten. Zur Überwindung einiger dieser Grenzen wurden – vergleichbar zu den Anpassungen des Warehouse Location Problems – Modellerweiterungen entwickelt.[427]

Ebenso wie zur Lösung der einstufigen WLP wird nachfolgend auch für die Lösung von Transportproblemen eine Heuristik eingesetzt.[428]

4.2.3.3 Tourenplanung für Hilfsorganisationen in Kenia

Die Heuristik des Savings-Verfahrens wird am bekannten Beispiel Kenias im ersten Quartal des Jahres 2008 vorgestellt. Die Karte der Abbildung 41, die über das Joint Logistics Centre bereits frühzeitig im Januar 2008 veröffentlicht worden ist, bildet eine erste Informationsgrundlage für operative Aufgaben der Katastrophenbewältigung.

---

425 Alle Symbole sind aus der Formulierung des WLP bekannt.
426 Vgl. Domschke, Wolfgang (2007), S. 43-44; Günther, Hans-Otto und Tempelmeier, Horst (2003), S. 263.
427 Grenzen und Modellanpassungen werden beispielsweise beschrieben in Domschke, Wolfgang (2007), S. 41-50; Günther, Hans-Otto und Tempelmeier, Horst (2003), S. 263.
428 Eine Charakterisierung der Heuristiken und eine Abgrenzung zu Optimierungsmethoden finden sich in Abschnitt 4.2.2.2.

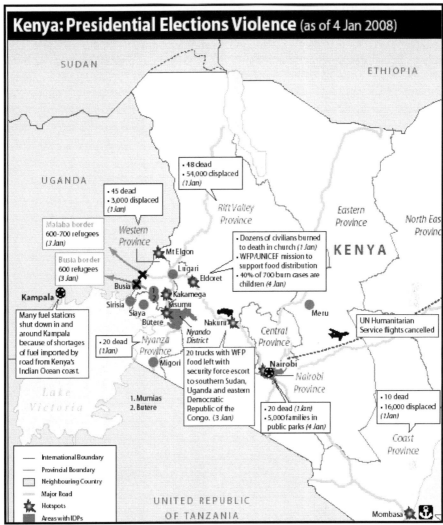

Abbildung 41: Informationsgrundlage zur Tourenplanung, Beispiel Kenia[429]

Abbildung 42 ordnet das gewählte Beispiel in die **vertikale und horizontale Distributionsstruktur** einer Hilfsorganisation ein. Auf der Stufe der Zentrallager wird das Ergebnis der Standortplanung zugrunde gelegt: In Nairobi steht ein Zentrallager zur Verfügung, durch das die regional ausgerichteten Quick Rotation Warehouses versorgt werden. Des Weiteren wird angenommen, dass als Ergebnis der mittel- bis

---

429 Die Karte ist entnommen worden aus www.logcluster.org, Link Kenya, Map Centre. Das Joint Logistics Cluster stellt Karten – sofern vorhanden – für Katastrophengebiete jeweils im Map Centre der Internet-Seite zusammen.

langfristig ausgerichteten Standort- und Tourenplanung die Standorte der Regionallager in Kenia sowie die Transportrelationen zwischen Nairobi und der folgenden Lagerstufe bereits gestaltet worden sind. Die Regionallager Eldoret, Kisumu und Nakuru liegen innerhalb der durch die Unruhen stark betroffenen Gebiete. Auch die Orte, in bzw. in deren Nähe Auslieferungslager errichtet werden, sind in dieser Struktur bereits bekannt und werden in der nachfolgenden Abbildung benannt.

Das Beispiel ist mit der Auswahl der Standorte realitätsnah gestaltet worden: So lehnt sich die Auswahl der Regionallagerstruktur an die Standorte des World Food Programme (WFP) für die Lagerung von Lebensmitteln in Kenia an (z. B. Eldoret und Kisumu).

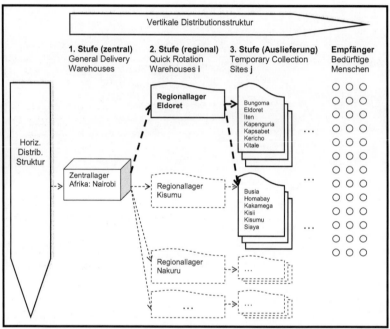

Abbildung 42: Die Distributionsstruktur für das Beispiel der Tourenplanung[430]

Das Beispiel der Tourenplanung richtet sich auf ein Teilgebiet der gesamten Distributionsstruktur: Geplant wird die Versorgung der Auslieferungslager j durch das Regionallager i in Eldoret. Bei den zu verteilenden Gütern handelt es sich um insgesamt 600 50kg-Säcke Hülsenfrüchte, für deren Auslieferung in der ersten Januarwoche 2008 mehrere LKWs mit einer Kapazität von jeweils 6-8 to zur Verfügung stehen. Da diese Lebensmittelsäcke nur in Eldoret, nicht aber in Kisumu gelagert werden, sind auch Auslieferungslager in der Region Kisumus durch Transporte vom Standort Eldoret zu versorgen. Durch die Tourenplanung werden die Transportauf-

---

430 Vgl. Abbildung 35, mit Anpassung an das Beispiel der Tourenplanung in Kenia.

träge der Hilfsorganisation aus Eldoret, die einzeln ein Transportmittel nicht auslasten, zu Touren zusammengefasst.[431]

Die Gestaltung der Tourenplanung orientiert sich an den **Zielsetzungen** und den gegebenen **Rahmenbedingungen**. Die WHO gibt als wichtigstes Kriterium für die Wahl der jeweiligen Route die *Sicherheit* an:

> „As a gerneral principle, the safest route must be chosen even if it is not the fastest or the shortest one … It is also important to identify potentially insecure segments of the route, …"[432]

In der Tourenplanung sollten Sicherheitsaspekte als Ausschluss-Kriterien zugrunde gelegt werden: Alle direkten Verbindungen zwischen Quellen (Abgangsorte) und Senken (Zielorte), die zuvor definierte Sicherheitskriterien nicht erfüllen, werden als potenzielle Verbindung ausgeschlossen. Bekannte Informationen über Straßenverhältnisse und Sicherheitsbedingungen werden ebenfalls durch das Joint Logistics Centre zur Verfügung gestellt und lassen sich bei einer Unterschreitung von Toleranzgrenzen in die Tourenplanung einbinden.[433] Für die nach der Sicherheitsprüfung verbleibenden Verbindungen wird der Tourenplan des Beispiels unter der Zielsetzung aufgestellt, dass der gesamte Tourenplan eine möglichst *geringe Gesamtentfernung* aufweist. Durch diese Zielsetzung werden gleichermaßen die logistischen Zielgrößen Logistikservice und Logistikkosten berücksichtigt: Mit sinkender Gesamtentfernung des Tourenplans werden die betroffenen Gebiete in der Regel sowohl schneller als auch kostengünstiger versorgt. Die Zielsetzung der Tourenplanung fügt sich demnach in die für Hilfsorganisationen im Katastrophenmanagement herausgearbeiteten Logistikziele schlüssig ein.[434]

Alternativ lässt sich ein Tourenplan unter Einsatz des Savings-Verfahrens bei anderen Zielen, wie Minimierung der Lieferzeit oder Minimierung der Kosten, aufstellen.[435]

Im Falle der erläuterten Zielsetzung stellt die **Entfernungstabelle** zwischen dem Regionallager i in Eldoret und den zu beliefernden Auslieferungslagern j sowie zwischen den Auslieferungslagern untereinander (j1 und j2) eine wesentliche Infor-

---

431 Die Daten stellen Annahmen dar, basieren aber auf realen Informationen. In der ersten Januarwoche wurden aus dem Lager des IFRC in Eldoret 599 50kg-Säcke ausgeliefert; diese Angaben lassen sich einer Auswertung des „Consolidated Stock Report" unter www.logcluster.org für Kenia entnehmen. Die LKW-Kapazitäten entsprechen denen mittelgroßer LKW, die auch durch die Pan American Health Organization / World Health Organization (Hrsg.) (2001) auf S. 127 angegeben warden. Vgl. auch Abschnitt 4.2.3.1.
432 Pan American Health Organization / World Health Organization (Hrsg.) (2001), S. 124.
433 Vgl. www.logcluster.org, Link Kenya. So werden unter dem Link „Map Centre" beispielsweise Karten zur Verfügung gestellt, in denen Straßenbedingungen besonders gekennzeichnet werden (z. B. Gefahr von Überflutungen währen der Regenzeit unter der Bezeichnung „Wet Season Road Conditions"), und unter dem Link „Road Transport" werden weitere Informationen zur Verfügung gestellt, die auch gesperrte oder zerstörte Straßen und Brücken benennen.
434 Zur Strategie- und Zielorientierung vgl. Abschnitt 3.2.5.
435 Alternative Ziele benennen beispielsweise Fleischmann, Bernhard (1998), S. 288 sowie Vahrenkamp, Richard (2007), S. 446. Hierzu lassen sich Daten des UNJLC einsetzen, z. B. „Kenyan Surface Transport Rates per Route".

mationsgrundlage dar.[436] Die nachfolgende Tabelle enthält in den Spalten und Zeilen die J=13 Orte der Auslieferungslager (vgl. Darstellung der Distributionsstruktur). Die Spalte „Lager Eldoret" weist die Entfernung $e_{i,j1}$ zwischen dem Regionallager i und den Auslieferungslagern j (bzw. j1) aus; die weiteren Spalten geben die Entfernungen zwischen den Auslieferungslagern untereinander $e_{j1,j2}$ an.

Die Hin- und Rückwege weisen für das gewählte Beispiel gleiche Streckenlängen auf, sodass die Matrix Entfernungen für j1-j2-Relationen nicht aber für die gleichwertigen j2-j1-Relationen angibt.[437]

Die in grauer Schrift dargestellten Entfernungswerte zwischen zwei Auslieferungslagern der Tabelle 18 sind Werte ab 140 km, die im weiteren Verlauf des Savings-Verfahrens keine Berücksichtigung finden werden. Ab einer bestimmten Entfernung zwischen zwei Orten wird eine Zusamenfassung zu einer Tour nicht mehr berücksichtigt, da sich auf diese Weise die Berechnungszeit verkürzen lässt. Zugleich ist die Wahrscheinlichkeit, dass das Ergebnis des Tourenplans beeinflusst wird, als gering einzustufen.

Auch durchgestrichene Werte finden sich in der Tabelle; diese stellen exemplarisch Verbindungen für zwei Orte dar, für die die Mindestanforderungen an die Sicherheitsbedingungen zum Zeitpunkt der Aufstellung des Tourenplans nicht erfüllt sind. Tabelle 18 gibt ebenso den Bedarf der Auslieferungslager an, der unter dem bekannten Symbol b_j in Mengeneinheiten ausgewiesen wird. Es handelt sich jeweils um den Bedarf an 50kg-Säcken der Hülsenfrüchte, der in der ersten Januarwoche des Jahres 2008 ausgeliefert werden soll (insgesamt 600 Stück, Gewicht 30.000 kg bzw. 30 to).

Unter Einsatz der Datengrundlage aus Tabelle 18 wird nachfolgend die Tourenplanung unter **Einsatz des Savings-Verfahrens** erläutert. Analog zu anderen Heuristiken wird in einem Startschritt zunächst eine zulässige Lösung generiert, die in den nachfolgenden Schritten sukzessive verbessert wird. Die Verbesserungen beziehen sich auf Einsparungen („savings"), die sich auf die jeweilige Zielgröße – im gewählten Beispiel auf Entfernungen des Tourenplans – richten.[438]

---

436 Die Auslieferungslager j werden um die Ziffer 1 bzw. 2 ergänzt, um zwei Empfängerorte j1 und j2 formal voneinander abgrenzen zu können.
437 Zur Symmetrie der Entfernungen vgl. auch Fleischmann, Bernhard (1998), S. 294.
438 Vgl. Fleischmann, Bernhard (1998), S. 293; Gietz, Martin (2008), S. 147.

	b_j, M E	*Lager Eldoret*		Bungoma	Busia	Eldoret	Homabay	Iten	Kakamega	Kapsabet	Kapenguria	Kericho	Kisii	Kisumu	Kitale	Siaya
		i,j	i	1	2	3	4	5	6	7	8	9	10	11	12	13
Bungoma	40	1	*100*	0												
Busia	30	2	*162*	62	0											
Eldoret	100	3	*5*	99	163	0										
Homabay	30	4	*428*	287	303	427	0									
Iten	30	5	*34*	134	196	33	462	0								
Kakamega	40	6	*110*	72	95	108	215	144	0							
Kapsabet	20	7	*46*	100	123	44	241	80	46	0						
Kapenguria	70	8	*98*	123	185	100	536	132	147	144	0					
Kericho	50	9	*162*	202	218	165	162	343	130	52	260	0				
Kisii	20	10	*266*	235	251	265	58	300	163	171	364	104	0			
Kisumu	60	11	*160*	122	138	158	165	194	50	76	197	80	113	0		
Kitale	90	12	*69*	84	146	71	497	103	108	115	39	231	335	158	0	
Siaya	20	13	*164*	115	63	163	245	198	92	118	239	160	193	80	200	0

Tabelle 18: Entfernungstabelle (km) für die Tourenplanung[439]

Der *Startschritt* des Savings-Verfahrens bildet zunächst ausschließlich Pendeltouren von einer Quelle i zu jedem einzelnen Empfänger j (bzw. j1). Im Beispiel Kenias erfolgt die Initialisierung des Verfahrens, indem von Eldoret als Regionallager i jedes Auslieferungslager j angefahren wird; nach der Belieferung erfolgt die Rückfahrt nach Eldoret, ohne weitere Orte anzufahren (vgl. Abbildung 43). Die Gesamtentfernung des Tourenplans lässt sich ermitteln, indem die Entfernungen zwischen dem Regionallager in Eldoret zu allen Auslieferungslagern addiert und mit dem Faktor zwei (für Hin- und Rückfahrt der Pendeltour) multipliziert werden.

$E^{Start} = \sum_{j=1}^{J} e_{i,j1} * 2$. Für die Datengrundlage der Tabelle 18 gilt (in km):

E^{Start}=(100+162+5+428+34+110+46+98+162+266+160+69+164)*2=3.608

---

439 Zusammengestellt aus der „Kenya Road Distance Matrix", die unter www.logcluster.org, Link Kenya, Road Transport zur Verfügung steht.

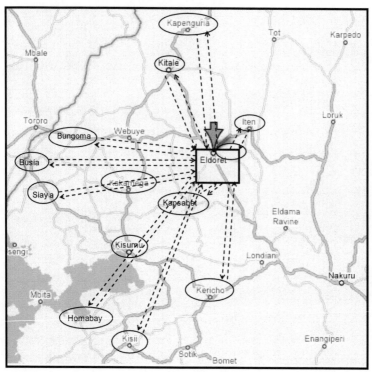

Abbildung 43: Startschritt des in der Tourenplanung, Beispiel Kenia[440]

Als Berechnungsgrundlage für die weiteren Verbesserungen des Verfahrens werden nun für Kombinationen zwischen Auslieferungslagern (j1 und j2) *Savings-Werte* ermittelt, denen folgende Überlegung zugrunde liegt: Welche Einsparungen „savings" $s_{j1,j2}$ lassen sich erzielen, wenn anstelle der Pendeltouren zu j1 und j2 die Empfänger zu einer Tour zusammengefasst werden? Abbildung 44 stellt diese Grundüberlegung grafisch dar und zeigt am Beispiel der zu beliefernden Orte Kitale j1 und Kapenguria j2, dass sich durch die Verbindung der beiden Auslieferungslager in einer gemeinsamen Tour jeweils die Entfernung zwischen Eldoret und Kitale $e_{i,j1}$ sowie Eldoret und Kapenguria $e_{i,j2}$ einsparen lässt. Im Vergleich zur Pendeltour entsteht jedoch eine neue Verbindung zwischen Kitale und Kapenguria $e_{j1,j2}$, die die Streckeneinsparung mindert. Für alle Kombinationen zwischen j1 und j2 lässt sich der Savings-Wert gemäß der angegebenen Formel $s_{j1,j2} = e_{i,j1} + e_{i,j2} - e_{j1,j2}$ ermitteln; für Kitale und Kapenguria beträgt der Wert unter Einsatz der Entfernungstabelle (Tabelle 18):[441] $s_{12,8} = 69 + 98 - 39 = 128$.

---

[440] Die Karte ist aus maps.google.de entnommen und um die Auslieferungslager sowie einen Großteil der Pendeltouren ergänzt worden.
[441] Zur Ermittlung der Savings-Werte vgl. Chopra, Sunil / Meindl, Peter (2004), S. 437-439; Fleischmann, Bernhard (1998), S. 294; Gietz, Martin (2008), S. 147.

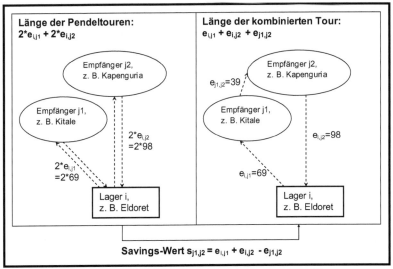

Abbildung 44: Skizze der „Savings-Werte", Beispiel Kenia[442]

Der Rechenaufwand des Verfahrens lässt sich reduzieren, indem j1,j2-Konstellationen, die einen zuvor definierten Wert übersteigen, nicht berücksichtigt werden (Werte ab 140 km für das Beispiel Kenia). Für alle anderen Verbindungen werden die Savings-Werte ermittelt (vgl. Tabelle 19) und anschließend nach absteigenden Werten sortiert.[443]

Die Sortierung nach absteigenden Savings-Werten folgt der Überlegung, dass die Touren in den folgenden *Iterationen des Verfahrens* so gebildet werden, dass jeweils eine möglichst hohe Einsparung – repräsentiert durch den Savings-Wert – realisiert werden soll. Den höchsten Savings-Wert weist mit der Kombination von j4 und j10 die Verbindung zwischen Homabay und Kisii auf. Sofern sich diese beiden Auslieferungslager in einer Tour verbinden lassen, so lässt sich die Ausgangslösung aus dem Startschritt mit einer Gesamtlänge von 3.608 km um den in Tabelle 19 angegebenen und grau hinterlegten Savings-Wert ($s_{4,10}$=636 km) reduzieren.

---

[442] Eigene Darstellung.
[443] Vgl. Fleischmann, Bernhard (1998), S. 295; Gietz, Martin (2008), S. 147-148.

j1	j2	$e_{i,j1}$	$e_{i,j2}$	$e_{j1,j2}$	$s_{j1,j2}$	j1	j2	$e_{i,j1}$	$e_{i,j2}$	$e_{j1,j2}$	$s_{j1,j2}$
1	2	100	162	62	200	4	10	428	266	58	636
1	3	100	5	99	6	5	7	34	46	80	0
1	5	100	34	134	0	5	8	34	98	132	0
1	6	100	110	72	138	5	12	34	69	103	0
1	7	100	46	100	46	6	7	110	46	46	110
1	8	100	98	123	75	6	9	110	162	130	142
1	11	100	160	122	138	6	11	110	160	50	220
~~1~~	~~12~~	~~100~~	~~69~~	~~84~~	~~85~~	6	12	110	69	108	71
1	13	100	164	115	149	6	13	110	164	92	182
2	6	162	110	95	177	7	9	46	162	52	156
2	7	162	46	123	85	7	11	46	160	76	130
2	11	162	160	138	184	7	12	46	69	115	0
2	13	162	164	63	263	7	13	46	164	118	92
3	5	5	34	33	6	8	12	98	69	39	128
3	6	5	110	108	7	9	10	162	266	104	324
3	7	5	46	44	7	~~9~~	~~11~~	~~162~~	~~160~~	~~80~~	~~242~~
3	8	5	98	100	3	10	11	266	160	113	313
3	12	5	69	71	3	~~11~~	~~13~~	~~160~~	~~164~~	~~80~~	~~244~~

Tabelle 19: Berechnung der „Savings-Werte" (Beispiel Kenia)

Bevor diese Verbindung endgültig realisiert wird, ist sicherzustellen, dass die Nebenbedingungen durch die Veränderung des Tourenplans nicht verletzt werden. Hierzu zählen die folgenden Bedingungen:

- Kapazitätsbedingung: Eine Tour darf die Kapazität der Transportmittel nicht übersteigen. In dem Beispiel stehen folgende Kapazitäten zur Verfügung:[444] Ein LKW hat eine Kapazität von 8 to, jeweils 2 LKW stehen mit einer Kapazität in Höhe von 6 bzw. 7 to zur Verfügung. Für die Belieferung der Orte Kisii und Homabay wird der Bedarf für Hülsenfrüchte in Tabelle 18 mit 20 und 30 Säcken ausgewiesen. Bei einem Gewicht von 50 kg je Lebensmittelsack beträgt der Bedarf beider Auslieferungslager 2,5 to ((20+30 Säcke) * 50 kg je Sack / 1000 kg je Tonne); die Kapazitätsbedingung wird folglich nicht verletzt.
- Weitere Kapazitäts- oder Rahmenbedingungen, die sich auf die Knoten der Sender oder Empfänger richten, werden in diesem Beispiel nicht berücksichtigt. Als weitere Nebenbedingung werden in der Tourenplanung häufig Zeitfenster

---

444 Vgl. Chopra, Sunil / Meindl, Peter (2004), S. 440; Fleischmann, Bernhard (1998), S. 294-299; Vahrenkamp, Richard (2007), S. 445.

(z. B. für die Ablieferung bei den Empfängern) eingebunden, diese sind für die Katastrophenbewältigung weniger relevant, da ein Auslieferungslager für die Annahme von Hilfsgütern keine engen Zeitfenster vorgeben wird.[445]

- Reihenfolgebedingung: Jeder Empfänger j, der in eine Tour neu aufgenommen wird, darf nur am Beginn oder am Ende einer Tour als „Randkunde" eingebunden werden. Diese Bedingung wird nachfolgend mit Bezug zum Beispiel nochmals erläutert.[446]

Die Zusammenfassung der Pendeltouren
- i (Eldoret) – 4 (Homabay) – i (Eldoret) und
- i (Eldoret) – 10 (Kisii) – i (Eldoret) zu einer gemeinsamen Tour
→ i (Eldoret) – 4 (Homabay) – 10 (Kisii) – i (Eldoret).

verletzt keine der angegebenen Nebenbedingungen, sodass die gemeinsame Belieferung der Auslieferungslager realisiert wird. Die Gesamtlänge des Tourenplans beträgt nun 3.608 km (Ausgangslösung) – 636 km (realisierter Savings-Wert) = 2.972 km. Die Auslastung des ersten LKWs beträgt 2,5 to (vgl. Rang 1 in Tabelle 20).
In der *zweiten Iteration* des Verfahrens wird die Realisierung des zweithöchsten Savings-Wert $s_{9,10}$ = 324 km geprüft. Empfängerknoten 10 (Kisii) ist bereits Bestandteil der ersten Tour und wird dort nicht mehr herausgelöst, da das Savings-Verfahren realisierte Verbindungen nicht mehr auflöst (andernfalls würden die höheren Savings-Werte aus früheren Rangfolgen zerstört werden).[447] Zu prüfen ist demnach, ob die erste Tour um das Auslieferungslager 9 (Kericho) verlängert werden kann. Gemäß der Reihenfolgebedingung ist die Einfügung des Knotens in die Tour ausschließlich am Beginn oder Ende der Tour zulässig (damit die hohe Einsparung zwischen den Knoten 4 und 10 nicht aufgehoben wird). Nach Prüfung der Kapazitätsbedingung (2,5 to aus der bisherigen Tour 1 + 50 Säcke * 50 kg je Sack / 1.000 kg je to als Bedarf des Auslieferungslagers 9 = 5 to Kapazitätsauslastung der verlängerten Tour 1) wird Tour 1 verlängert und nimmt nun mit der neuen Verbindung zwischen Kisii und Kericho den folgenden Verlauf an (vgl. Rang 2 in Tabelle 20):
→ i (Eldoret) – 4 (Homabay) – 10 (Kisii) – 9 (Kericho) – i (Eldoret).
Mit der Realisierung des Savings-Wertes verkürzt sich die Gesamtentfernung des Tourenplans um weitere 324 km auf 2.648 km.
Der auf Rang 3 der nachfolgenden Tabelle ausgewiesene Savings-Wert zwischen den Knoten 10 und 11 lässt sich aufgrund einer Verletzung der Reihenfolgebedingung nicht realisieren.

---

445 Vgl. Fleischmann, Bernhard (1998), S. 296-297; Vahrenkamp, Richard (2007), S. 445. Für die Katastrophenbewältigung können andere Zeitrestriktionen relevant sein, z. B. Belieferung eines bestimmten Ortes an erster Stelle des Tourenplans, da dort der Bedarf besonders zeitkritisch ist.
446 Vgl. Fleischmann, Bernhard (1998), S. 294; Gietz, Martin (2008), S. 147-148.
447 Vgl. Fleischmann, Bernhard (1998), S. 294-296; Gietz, Martin (2008), S. 147-148.

Rang	j1	j2	$s_{j1,j2}$	Realisierte $s'_{j1,j2}$	Tour	Tourenplan	Kapazität LKW (to)
1	4	10	636	636	1	i - 4 (Homabay) -10 (Kisii) - i	2,5
2	9	10	324	324	1	i - 4 (Homabay) -10 (Kisii) - 9 (Kericho) - i	5
3	10	11	313		-	Verbindung 10-11 nicht möglich.	
4	2	13	263	263	2	i - 2 (Busia) -13 (Siaya) - i	2,5
5	~~11~~	~~13~~	~~244~~	-	-	Sicherheitsbedingungen nicht erfüllt.	-
6	~~9~~	~~11~~	~~242~~	-	-	Sicherheitsbedingungen nicht erfüllt.	-
7	6	11	220	220	3	i - 6 (Kakamega) -11 (Kisumu) - i	5
8	1	2	200	200	2	i - 1 (Bungoma) - 2 (Busia) -13 (Siaya) - i	4,5
9	2	11	184	-		Empfänger sind bereits in Tour 2 und 3.	
10	6	13	182	-		Empfänger sind bereits in Tour 2 und 3, Zusammenlegung nicht möglich (Kapazität).	
11	2	6	177	-		Empfänger sind bereits in Tour 2 und 3.	
12	7	9	156	156	1	i - 4 (Homabay) -10 (Kisii) - 9 (Kericho) - 7 (Kapsabet) - i	6
13	1	13	149	-		Empfänger sind bereits in Tour 2.	
14	6	9	142	-		Empfänger sind bereits in Tour 1 und 2.	
15	1	6	138	-		Empfänger sind bereits in Tour 2 und 3.	
16	1	11	138			Empfänger sind bereits in Tour 2 und 3.	
17	7	11	130			Empfänger sind bereits in Tour 1 und 3.	
18	8	12	128	128	4	i - 8 (Kapenguria) -12 (Kitale) - i	8
19	6	7	110	-			
20	7	13	92			Zusammenfassend für Rang 19-29:	
21	~~1~~	~~12~~	~~85~~	-	-	Verletzung der Nebenbedingungen: - Kapazitätsbedingung, - Reihenfolgebedingung oder - Sicherheitsbedingung oder Empfänger j1, j2 sind bereits in Touren eingebunden.	
22	2	7	85	-			
23	1	8	75	-			
24	6	12	71	-			
25	1	7	46	-			
26	3	6	7	-			
27	3	7	7		-		
28	1	3	6	-			
29	3	5	6	6	5	i - 3 (Eldoret) -5 (Iten) - i	6,5

Tabelle 20: Iterationen zur Tourenbildung (Beispiel Kenia)

In der vierten Iteration wird eine zweite kombinierte Tour gebildet, die die Orte Busia und Siaya miteinander verbindet und in der Zeile des 8. Ranges um Bungomova verlängert wird. Tabelle 20 enthält die 29 Iterationen des Savings-Verfahrens

mit Erläuterungen zur Tourenbildung, zur Realisierung der Savings-Werte sowie Kapazitätsauslastung der LKWs. Grau hinterlegt sind die endgültigen Touren.
Die *Iterationen* des Verfahrens werden *abgeschlossen*, wenn alle Auslieferungslager Bestandteil einer kombinierten Tour sind oder keine weiteren positiven Savings-Werte zu überprüfen sind. Der *erstellte Tourenplan* für die Belieferung der Auslieferungslager durch Eldoret mit Hülsenfrüchten in der ersten Januarwoche 2008 lautet mit Angabe der Bedarfe und eingesetzten LKW (vgl. auch Darstellung in Abbildung 45):

→ i (Eldoret) – 4 (Homabay) – 10 (Kisii) – 9 (Kericho) – 7 (Kapsabet) – i (Eldoret): 6to (LKW 1: 7to)
→ i (Eldoret) – 1 (Bungoma) – 2 (Busia) – 13 (Siaya) – i (Eldoret): 4,5to (LKW 2: 6to)
→ i (Eldoret) – 6 (Kakamega) – 11 (Kisumu) – i (Eldoret): 5to (LKW 3: 6to)
→ i (Eldoret) – 8 (Kapenguria) – 12 (Kitale) – i (Eldoret): 8to (LKW 4: 8to)
→ i (Eldoret) – 3 (Eldoret, j) – 5 (Iten) – i (Eldoret): 6,5 to (LKW 5: 7to)

Die fünf zur Verfügung stehenden LKWs weisen teilweise freie Kapazitäten auf; diese lassen sich ggf. durch die Mitlieferung weiterer Hilfsgüter auslasten.

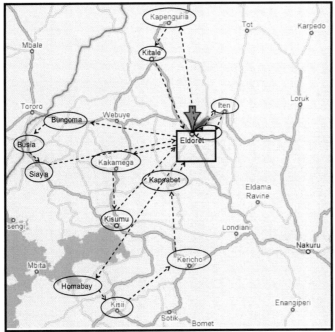

Abbildung 45: Ergebnisdarstellung der Tourenplanung, Beispiel Kenia[448]

---

448 Die Karte ist aus maps.google.de entnommen und um den Tourenplan ergänzt worden.

Die Spalte der realisierten Savings-Werte s'$_{j1,j2}$ summiert sich zu 1.933 km, die im Vergleich zu den Pendeltouren eingespart werden. Die *Gesamtentfernung* des endgültigen Tourenplans E^{Ende} reduziert sich im Vergleich zur Ausgangslösung E^{Start} um diese Summe der realisierten Savings-Werte (in km):

$$E^{Ende} = E^{Start} - \sum_{j=1}^{J} s'_{j1,j2} = 3.608 - 1.933 = 1.675$$

Diese 1.675 km lassen sich auch durch die Einzelverbindungen des Tourenplans nachweisen. Von den Entfernungswerten der Tabelle 18 werden in Tabelle 21 nur diejenigen ausgewiesen, die Gegenstand des ermittelten Tourenplans sind. Die Summe dieser $e_{i,j1}$ und $e_{j1,j2}$ ergibt 1.675 km.

	b_j, ME		Lager Eldoret	Bungoma	Busia	Eldoret	Homabay	Iten	Kakamega	Kapsabet	Kapenguria	Kericho	Kisii	Kisumu	Kitale	Siaya
		i, j	i	1	2	3	4	5	6	7	8	9	10	11	12	13
Bungoma	40	1	100													
Busia	30	2		62												
Eldoret	100	3	5													
Homabay	30	4	428													
Iten	30	5	34			33										
Kakamega	40	6	110													
Kapsabet	20	7	46													
Kapenguria	70	8	98													
Kericho	50	9								52						
Kisii	20	10					58					104				
Kisumu	60	11	160					50								
Kitale	90	12	69									39				
Siaya	20	13	164		63											

Tabelle 21: Entfernungstabelle (km) mit Ergebnissen der Tourenplanung

Die hier vorgestellte Methode des Savings-Verfahrens zeigt exemplarisch die Einsatzpotenziale heuristischer Verfahren für die Tourenplanung,[449] deren Zielerreichungsgrade sich durch den anschließenden Einsatz von Verbesserungsverfahren

---

[449] Als weitere Heuristik wird beispielsweise das Sweep-Verfahren in Gietz, Martin (2008), S. 148 sowie Fortmann, Klaus-Michael / Kallweit, Angela (2007), S. 140-141 vorgestellt.

teilweise noch verbessern lassen.[450] Das hier vorgestellte Beispiel dokumentiert nur einen kleinen Ausschnitt des Planungsproblems der realen Katastrophenbewältigung. Mit einer zunehmenden Anzahl an Regionallagern (z. B. auch Nakuru und Kisumu), Auslieferungslagern und Produkten (nicht nur Hülsenfrüchte) nimmt die Komplexität des Planungsproblems zu. Das methodische Vorgehen des relativ einfachen und schnell umsetzbaren Savings-Verfahrens vereinfacht und verbessert die Planungsergebnisse der Tourenplanung gegenüber einer rein intuitiven Tourenplanung; zugleich lassen sich Änderungen im Vergleich zu den optimierenden Verfahren flexibel und zeitnah umsetzen. Ebenfalls ist eine Übersetzung sowohl der Grundlagendaten als auch der Ergebnisse in andere logistische Zielgrößen – wie Zeit und Kosten – möglich und erfordert keine Anpassung des methodischen Vorgehens.

Auch auf weiteren Stufen der vertikalen Distributionsstruktur ist eine Anwendung des Verfahrens möglich, um Touren für die Versorgung der betroffenen Menschen aus den Auslieferungslagern bzw. „Temporary Collection Sites" zu ermöglichen. Der Einsatz und die Kapazität der Transportmittel hängen dabei von Art und Ausmaß der Katastrophe und weiteren Rahmenbedingungen ab. Für die Verteilung der Hilfsgüter an die bedürftigen Menschen werden auch Transportmittel kleinerer Kapazitäten, wie Hubschrauber (261 kg bis zu 8to), Pickups (ca. 1 to), Tiere wie Kamele, Pferde und Esel (50-300 kg, mit Anhängern bis zu 1,2 to) und auch Menschen (20-70 kg) sowie Schlauchboote eingesetzt.[451] So wurden beispielsweise im Jahr 2005 nach dem Hurrikane Katrina für sofortige Rettungsmaßnahmen, die sich an die nicht evakuierte Bevölkerung richteten, häufig Boote eingesetzt. Im gleichen Bezugsjahr wurden in Pakistan nach dem Erdbeben Menschen und Tiere als Transportmittel eingesetzt, um Menschen in entlegenen Gebirgsgegenden zu versorgen.[452] Mit bekannten bzw. schätzbaren Daten zu Kapazitäten der Transportmittel, Bedarf der Menschen an den zu versorgenden Orten sowie bekannten Entfernungen (oder Angaben zu alternativen Zielgrößen) ließe sich für vergleichbare Planungsaufgaben in der Zukunft ebenfalls das vorgestellte Savings-Verfahren einsetzen.

---

450 Vgl. zum Verfahren 2-opt bzw. 3-opt Chopra, Sunil / Meindl, Peter (2004), S. 443; Fleischmann, Bernhard (1998), S. 299; Gietz, Martin (2008), S. 149.
451 Die Kapazitäten für Transportmittel lassen sich detailliert Pan American Health Organization / World Health Organization (Hrsg.) (2001), S. 127-130 entnehmen.
452 Zur Beschreibung der Katastrophen vgl. Abschnitt 2.1.3.

4.3 Methoden der Produktionslogistik im internationalen Katastrophenmanagement

4.3.1 Prozessdarstellung zur Produktion katastrophenlogistischer Leistungen

Zu den wesentlichen Aufgaben der Produktionslogistik zählen über Transport- und Lageraufgaben hinaus insbesondere die Fabrikplanung, die Planung und Steuerung der Produktion sowie die interne Materialbereitstellung in die Produktion und Montage. Damit widmet sich die Produktionslogistik den Managementaufgaben, die sich mit Material- und Informationsflüssen innerhalb der Produktion befassen.[453]

Für das Katastrophenmanagement als Dienstleistung haben Fragestellungen der Produktionslogistik insbesondere dann eine Bedeutung, wenn der Produktionsbegriff – wie in dieser Arbeit – auch die **Produktion von Dienstleistungen** einbezieht.[454] Wird der Begriff der Produktion weiter gefasst als die rein technische Fertigung, umfasst dieser jede Art von wertschaffender Erzeugung und damit auch die Dienstleistungsproduktion. Die Besonderheit der Dienstleistungsproduktion besteht darin, dass der Dienstleistungsproduzent – in diesem Fall die Akteure des Katastrophenmanagements – keine bereits produzierten Leistungen des Katastrophenmanagements anbieten können sondern lediglich die Bereitschaft zur Leistungsproduktion.[455] Dies ist darauf zurückzuführen, dass Dienstleistungen – so auch logistische Leistungen im Katastrophenmanagement – durch Immaterialität gekennzeichnet sind.[456]

Aufgrund dieser Besonderheiten bietet es sich für die Produktion logistischer Leistungen im Katastrophenmanagement an, aus der Vielzahl unterschiedlicher Methoden zur Prozessdarstellung[457] eine Modellierungsart auszuwählen, die eine Abgrenzung zwischen der Leistungsbereitschaft, Leistungserstellung und Leistungsergebnis ermöglicht.[458]

Eine entsprechende **Modellierung elementarer logistischer Leistungsprozesse**, die sich zu Logistikketten verbinden lassen, erfolgt in Abbildung 46. Zunächst befindet sich ein *externer Faktor*, an dem die Dienstleistung vollzogen wird, in einem Ausgangszustand 0. Dieser soll durch die Dienstleistungsproduktion in einen ande-

---

453 Vgl. z. B. Ehrmann, Harald (2005), S. 399; Schulte, Christof (2005), S. 343 sowie allgemeine Erläuterungen zur Produktionslogistik in Abschnitt 3.1.5.
454 Vgl. Abschnitt 3.1.5.
455 Vgl. Bölsche, Dorit (2001), S. 55; Fortmann, Klaus-Michael / Kallweit, Angela (2007), S. 152; Maleri, Rudolf (2008); Pfohl, Hans-Christian (2004a), S. 280-281.
456 Vgl. Bölsche, Dorit (2001), S. 56; Isermann, Heinz (1999), S. 72.
457 Zu den Methoden der Prozessdarstellung zählen beispielsweise Prozesslandkarten (vgl. Wilhelm, Rudolf (2007), S. 34), Flussdiagramme (Wilhelm, Rudolf (2007), S. 44-57), Prozesspfeile (vgl. Tufinkgi, Philippe (2006), S. 74-95 und 203-276) sowie Ereignisgesteuerte Prozessketten (vgl. Wilhelm, Rudolf (2007), S. 207-228). „Es gibt viele brauchbare Modelle für die Logistik." Kuhn, Axel (2008), S. 224.
458 Vgl. Bölsche, Dorit (2001), S. 55-56; Isermann, Heinz (1999), S. 72; Wilhelm, Rudolf (2007), S. 149.

ren Zustand – Zustand 1 – transformiert werden, der sich für die logistische Leistungserstellung durch Merkmale und ihre veränderten Ausprägungen beschreiben lässt. Zu diesen Merkmalen zählen für die logistische Dienstleistungsproduktion insbesondere räumliche und raum-zeitliche Merkmale eines Logistikgutes. Durch die *Vorkombination* wird zunächst die (logistische) Leistungsbereitschaft zielgerecht vorbereitet. Der Aufbau des generellen und situativ verfügbaren Leistungspotenzials durch die Kombination interner Produktionsfaktoren ist erforderlich, damit der externe Faktor dem Prozess zugeführt werden kann. Die Leistungsbereitschaft, die Einbringung des externen Faktors und weitere Produktionsfaktoren sind erforderlich, damit durch die *Hauptkombination* der logistische Ausgangszustand des externen Faktors in den angestrebten Endzustand transformiert werden kann.[459] Im Anschluss an die Hauptkombination kann eine *Nachkombination* erforderlich sein, um die eingesetzten Potenzialfaktoren wieder in den Zustand der generellen Leistungsbereitschaft zu überführen (diese ist in der nachfolgenden Abbildung nicht dargestellt).[460]

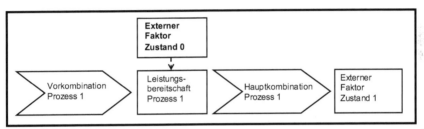

Abbildung 46: Modellierung eines elementaren logistischen Leistungsprozesses[461]

Externe Faktoren der logistischen Leistungen im Katastrophenmanagement sind in vielen Fällen Hilfsgüter, die im Rahmen der Hauptkombination Zustandsänderungen erfahren. Hauptkombinationen stellen die logistischen Leistungen wie Transport, Lager, Umschlag, Kommissionierung und Verpackung dar, durch die die Hilfsgüter zeitliche, raum-zeitliche oder sonstige logistische Transformationen erfahren. Die nachfolgende Abbildung skizziert einen solchen elementaren logistischen Leistungsprozess im Katastrophenmanagement. In Anlehnung an die Beispiele der Standort- und Tourenplanung soll ein Hilfsgut, z. B. eine Getreidelieferung, von einem Zentrallager in Nairobi (Zustand 0) in das Regionallager in Eldoret (Zustand 1) transportiert werden. Die Leistungsbereitschaft ist durch die Vorkombination erstellt, sobald LKW und Fahrer für den Transport zur Verfügung stehen, der LKW betankt ist und Informationen (z. B. über die Route und Transportbedingungen) zur Verfügung stehen. Erst wenn die Leistungsbereitschaft hergestellt ist, kann die Ge-

---

459 Vgl. Bölsche, Dorit (2001), S. 55-56; Isermann, Heinz (1998), S. 26-27; Isermann, Heinz (1999), S. 72-73.
460 Vgl. Isermann, Heinz (1999), S. 73.
461 In Anlehnung an Isermann, Heinz (1998), S. 28; Isermann, Heinz (1999), S. 77.

treidelieferung dem LKW zugeführt werden. Der hierzu erforderliche elementare Leistungsprozess des Umschlags lässt sich ebenfalls als einzelner elementarer logistischer Leistungsprozess darstellen. Im Anschluss kann der Transport durchgeführt werden, mit dem Ergebnis, dass sich die Getreidelieferung zu einem späteren Zeitpunkt an einem anderen Ort, in diesem Fall in Eldoret, befindet. Als veränderte Merkmalsausprägungen des Logistikgutes, die über Zeit- und Rauminformationen hinausgehen, lassen sich ergänzend z. B. auch Kosteninformationen sowie Service- und Qualitätsinformationen erfassen (Welche Kosten sind mit dem Transport verbunden? Ist die Hilfslieferung ohne Beschädigung eingetroffen? Wurden vereinbarte Zeitzusagen eingehalten?).[462] In der Nachkombination wird der LWK nach Nairobi gefahren und für eine nachfolgende Transportleistung vorbereitet (z. B. wird der LKW betankt).

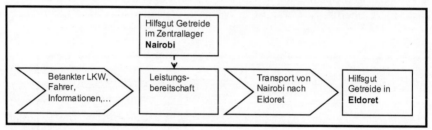

Abbildung 47: Beispiel eines elementaren logistischen Leistungsprozesses[463]

„Eine Verknüpfung elementarer logistischer Leistungsprozesse mit dem Ziel, den logistischen Anfangszustand des Logistikgutes in den intendierten logistischen Endzustand zu transformieren, wird als **Logistikkette oder logistische Prozesskette** bezeichnet."[464]

Abbildung 48 modelliert in allgemeiner Form, wie sich elementare logistische Leistungsprozesse zu Logistikketten verbinden lassen.

---

462 Ausführliche Erläuterungen zur Operationalisierung logistischer Zustände, zur produktionstheoretischen Charakterisierung logistischer Prozesse und zur Bewertung logistischer Prozesse finden sich in Isermann, Heinz (1999), S. 76-85.
463 Die Darstellung basiert auf der allgemeinen Modellierung in Abbildung 46.
464 Isermann, Heinz (1999), S. 73. Vgl. auch Gudehus, Timm (2007a), S. 29.

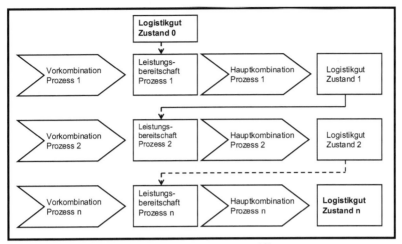

Abbildung 48: Modellierung einer Logistikkette[465]

Die allgemeine Modellierung einer logistischen Prozesskette lässt sich ebenfalls für das Beispiel des Katastrophenmanagements umsetzen. Abbildung 49 ergänzt den elementaren logistischen Leistungsprozess der Abbildung 47 um weitere Prozesse. An die Hauptkombination des Transportes nach Eldoret schließt sich die Lagerung in Eldoret an. In der Vorkombination dieses elementaren Prozesses ist sicherzustellen, dass das Lager mit seiner Einrichtung und mit dem erforderlichen Personal zur Verfügung steht, und dass ein Lagerplatz für das Hilfsgut vorhanden ist. Informationen geben beispielsweise Auskunft über den zugewiesenen Lagerplatz und die vorgesehene Lagerdauer. Das Getreide wird so lange gelagert, bis weitere Hilfsgüter für die Auslieferung zur Verfügung stehen und die Leistungsbereitschaft für die weitere Verteilung an die Auslieferungslager (Fahrzeug, Fahrer, Tourenplan,...) aufgebaut ist. In einer weiteren Detaillierungsstufe ließen sich die elementaren Leistungsprozesse weiter untergliedern und weitere Prozesse der Einlagerung, Auslagerung, Kommissionierung und Verpackung darstellen. Der „gestrichelt" dargestellte Pfeil deutet darauf hin, dass zwischen Prozess 2 und n weitere Prozesse ablaufen, so beispielsweise die Transporte vom Regionallager in Eldoret zu den Auslieferungslagern, die Lagerung in den Auslieferungslagern sowie die Kommissionierung der Hilfslieferungen. Die Logistikkette findet ihren Abschluss mit dem elementaren Prozess des Transportes von den Auslieferungslagern (z. B. in Kitale, Kapenguria, Busia, Kericho) zu den bedürftigen Menschen in der Region.

---

465 In Anlehnung an Bölsche, Dorit (2001), S. 57; Isermann, Heinz (1998), S. 28.

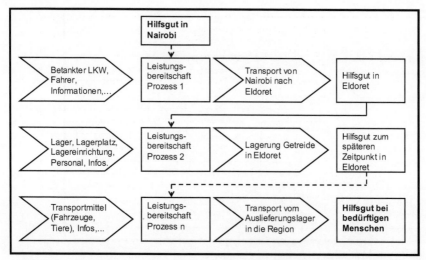

Abbildung 49: Beispiel einer Logistikkette im Katastrophenmanagement[466]

Nach der Beendigung von Hilfsmaßnahmen kommt der Nachkombination eine besondere Bedeutung zu: So sind beispielsweise Lagerbestände abzubauen, Lebensmittel und Medikamente mit abgelaufenem Haltbarkeitsdatum zu entsorgen, Camps abzubauen und wiederverwendbare Güter aufzubereiten (z. B. Zelte, Decken). Die Transporte wieder einsetzbarer Güter zu Regional- oder Zentrallägern und die dortige Lagerung stellen zugleich die Nachkombination eines abgeschlossenen und die Vorkombination folgender Katastropheneinsätze dar. Demnach lassen sich die **prozessbezogenen Begriffe** der Vor-, Haupt- und Endkombination auch in den **Kreislauf des Katastrophenmanagements** einbinden.

---

466 Die Darstellung basiert auf der allgemeinen Modellierung in Abbildung 48.

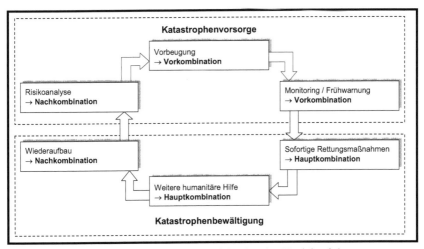

Abbildung 50: Vor-, Haupt- u. Nachkombination im Kreislauf des Katastrophenmanagements[467]

Die in diesem Abschnitt beschriebene Prozessdarstellung zur Produktion katastrophenlogistischer Dienstleistungen in Form von elementaren logistischen Leistungsprozessen und deren Verknüpfung zu Logistikketten ist für Akteure des Katastrophenmanagements aus mehreren Gründen geeignet:

- Durch die Berücksichtigung der Vorkombination zum Aufbau der Leistungsbereitschaft werden die besonderen Anforderungen an die Dienstleistungserstellung – insbesondere aufgrund der Immaterialität – gewürdigt und in die Modellierung der Produktionsprozesse eingebunden.
- Mit den Begriffen der Vor-, Haupt- und Nachkombination lässt sich ein direkter Bezug zum Kreislauf des Katastrophenmanagements herstellen. Die Katastrophenvorsorge erhält durch die Vor- und Nachkombination eine besondere Berücksichtigung.
- Auf der Grundlage der vorgestellten Prozessdarstellung lassen sich Standardmodelle mit einer Modellierung der generellen Leistungsbereitschaft entwickeln. Diese lassen sich jeweils auf die Katastrophenart, das Einsatzgebiet und die situative Leistungsbereitschaft anpassen.
- Die Modellierung unterstützt die zielgerichtete Abstimmung mit anderen Akteuren des Katastrophenmanagements. Wer sorgt für den Aufbau welcher Leistungsbereitschaft? Wie werden (logistische) Prozesse des Katastrophenmanagements, die in unterschiedlichem Verantwortungsbereich liegen, aufeinander abgestimmt und miteinander verkettet?
- Für das internationale Katastrophenmanagement lässt sich die geographische Verteilung des generellen Leistungspotenzials modellieren.

---

467 Eigene Darstellung, in Ergänzung zu Abbildung 12.

- Steht die Gestaltung der Hauptkombination im Vordergrund, so lässt sich die Prozessdarstellung zur Produktion katastrophenlogistischer Dienstleistungen auch verkürzt darstellen. Eine Logistikkette lässt sich vereinfacht durch eine Aneinanderreihung der Hauptkombinationen skizzieren, indem die Informationen über die Vor- und ggf. Nachkombination ausgeblendet werden:

Abbildung 51: Vereinfachte Modellierung einer Logistikkette im Katastrophenmanagement[468]

- Weitere Methoden lassen sich auf der Grundlage einer solchen Prozessdarstellung einsetzen. Hierzu zählen unter anderem prozessorientierte Ansätze der Kostenrechnung, Kennzahlensysteme, durch die sich Soll- und Ist-Merkmalsausprägungen der Hilfsgüter dokumentieren und analysieren lassen, sowie die Gestaltung von Netzplänen.

Die Netzplantechnik wird im folgenden Abschnitt als Methode, die im Rahmen der Produktion und Produktionslogistik häufig Anwendung findet, vorgestellt. Die praktische Anwendung bezieht sich wiederum auf die Produktion logistischer Dienstleistungen im Katastrophenmanagement.

4.3.2 Einsatz der Netzplantechnik im Katastrophenmanagement

4.3.2.1 Grundlagen und Methodenvielfalt der Netzplantechnik

Auf der Grundlage einer Prozessdarstellung lassen sich Managementaufgaben der Planung, Steuerung und Kontrolle (logistischer) Prozesse im Katastrophenmanagement durch den Einsatz betriebswirtschaftlicher und logistischer Methoden unterstützen. Exemplarisch wird im Folgenden die Netzplantechnik vorgestellt, die unter anderem für das Management komplexer Projekte eingesetzt wird.[469]
Da es sich bei den Aufgaben der Katastrophenvorsorge und -bewältigung vielfach um komplexe Projekte handelt, kann der Einsatz der Netzplantechnik für das Katastrophenmanagement geeignet sein.

---

468 Eine ähnliche Darstellungsweise verwendet Tufinkgi, Philippe (2006) zur Entwicklung eines logistischen Referenzmodells für Katastrophenfälle, z. B. S. 77 und 204.
469 Vgl. Domschke, Wolfgang / Drexl, Andreas (2002), S. 87; Ehrmann, Harald (2005), S. 161; Gudehus, Timm (2007a), S. 251. Zum Begriff des Projektes vgl. ausführliche Erläuterungen in Deutsches Institut für Normung (2007).

Die durch einen Netzplan zu planenden Projekte lassen sich in einzelne Aktivitäten unterteilen, die auch mit anderem Namen bezeichnet werden: Mit Blick auf die Prozessdarstellung in Abschnitt 4.3.1 kann es sich hierbei um einen Prozess bzw. eine Vor-, Haupt- oder Endkombination handeln, in der Produktion wird häufig der Begriff des Arbeitsgangs oder einer Tätigkeit eingesetzt, und in der Netzplantechnik findet sich der Begriff des Vorgangs.[470] Ein *Vorgang* ist ein zeitforderndes Geschehen mit definiertem Anfang und Ende; ein *Ereignis* ist ein Zeitpunkt, der das Eintreten eines bestimmten Projektzustandes markiert. Demnach gehören zu jedem Vorgang ein Anfangs- und Endereignis.[471] In der in Abschnitt 4.3.1 vorgestellten Prozessmodellierung eines elementaren logistischen Leistungsprozesses bzw. einer Logistikkette werden die Projektzustände des externen Faktors bzw. des Hilfsgutes durch Merkmale und Merkmalsausprägungen in den Zuständen 0, 1, ..., n beschrieben. Das Anfangsereignis einer Hauptkombination erfordert die Zuführung des externen Faktors nach Erstellung der Leistungsbereitschaft. Das Endereignis tritt ein, sobald die Hauptkombination abgeschlossen ist. Die Struktur eines Projektes wird in einem Netzplan durch *Reihenfolgebeziehungen* (auch als Anordnungsbeziehungen, Vorgänger-Nachfolger-Beziehungen bezeichnet) zwischen Vorgängen bzw. Ereignissen beschrieben.[472] In der Modellierung einer Logistikkette (vgl. Abschnitt 4.3.1) werden diese Reihenfolgebeziehungen durch Pfeile dargestellt. Diese kennzeichnen die Zuführung externer Faktoren aus einem Endzustand eines elementaren Leistungsprozesses in einen nachfolgenden elementaren Leistungsprozess. Auch in der Netzplantechnik werden Pfeile eingesetzt, um die Reihenfolgenbeziehungen zu modellieren. Zusammenfassend werden in einem Netzplan die einzelnen Vorgänge und Ereignisse, die Dauer der Vorgänge und ihre Reihenfolgebeziehungen untereinander dargestellt.[473]

In der Produktionslogistik werden Netzpläne als Bestandteil der Produktionsplanung und -steuerung eingesetzt. In der *Durchlaufterminierung* werden „für jeden Arbeitsgang eines aktuellen Auftragsbestandes die Anfangs- und Endtermine ohne explizite Einbeziehung von Kapazitätsrestriktionen so berechnet, dass eine Einhaltung der Fertigstellungstermine der Aufträge möglich erscheint."[474] Im Rahmen der *Kapazitätsterminierung* werden ebenfalls Anfangs- und Endtermine der Arbeitsgänge festgelegt, „und zwar unter Berücksichtigung des begrenzten Kapazitätsangebots der Betriebsmittel."[475]

Mit Bezug zum internationalen Katastrophenmanagement lassen sich Netzpläne ebenfalls für das Management logistischer Leistungen einsetzen. Der Einsatzbereich

---

470 Vgl. Domschke, Wolfgang / Drexl, Andreas (2002), S. 87; Fleischmann, Bernhard (2008a), S. 6; Günther, Hans-Otto / Tempelmeier, Horst (2003), S. 206-207; Schulte, Christof (2005), S. 399.
471 Vgl. Domschke, Wolfgang / Drexl, Andreas (2002), S. 87.
472 Vgl. Domschke, Wolfgang / Drexl, Andreas (2002), S. 88; Fortmann, Klaus-Michael / Kallweit, Angela (2007), S. 174.
473 Vgl. Fleischmann, Bernhard (2008a), S. 6.
474 Schulte, Christof (2005), S. 399.
475 Schulte, Christof (2005), S. 403.

bezieht sich in diesem Fall jedoch nicht auf die Produktionslogistik eines Fertigungsbetriebes sondern auf das Projektmanagement der Dienstleister im Katastrophenmanagement. Einige Hilfsorganisationen legen für Projekte der Katastrophenbewältigung Kriterien für das Anfangsereignis eines Einsatzes fest. Zum *Beispiel* senden „*Ärzte ohne Grenzen*" nach ersten Meldungen über Ereignisse, die Krisen oder Katastrophen potenziell auslösen können, ein Team in das betroffene Gebiet. Zu dem Team zählen in der Regel eine medizinische Fachkraft und ein Logistiker. Auf der Grundlage erster Informationen über Hintergründe und Ausmaß des Ereignisses, die Bevölkerungsstruktur, Bedürfnisse der Menschen, Infrastruktur, Mittel vor Ort, potenzielle Partnern vor Ort und die logistischen Durchführbarkeit wird über den Einsatz entschieden. Die Entscheidung basiert auf Kriterien über die Sterblichkeitsrate, die erwartete Entwicklung, die Konsequenzen des Ereignisses, die Sicherheit für das Personal, die erforderliche Qualifikation des Personals und die Finanzierung des Einsatzes. Ärzte ohne Grenzen legen für die Sterblichkeitsrate beispielsweise fest, dass es sich bei mehr als einem Todesfall am Tag pro 10.000 Menschen um eine medizinisch akute Notfallsituation handelt. Eine extreme Notfallsituation liegt vor, wenn mehr als fünf Todesfälle am Tag pro 10.000 Menschen auftreten. Damit liegen Kriterien vor, nach denen die Hilfsorganisation über einen Katastropheneinsatz entscheidet (Anfangsereignis). Auf das Anfangsereignis folgen Vorgänge mit Vorgangszeiten, die mit anderen Vorgängen Reihenfolgebeziehungen aufweisen. So kann beispielsweise der Vorgang „Einreise medizinisches Personal" erst dann begonnen werden, wenn der Vorgang „Visum für medizinisches Personal" abgeschlossen ist. Ebenso kann der Vorgang „Versorgung der betroffenen Bevölkerung durch medizinisches Personal" erst dann begonnen werden, wenn die Vorgänge „Einreise medizinisches Personal", „Anlieferung medizinisches Gebrauchsmaterial" und „Anlieferung medizinisches Verbrauchsmaterial" abgeschlossen sind. Auch für das Projektende (Endereignis) definieren Ärzte ohne Grenzen Kriterien. Mit der Beantwortung von Fragestellungen, wie „Liegt die Sterberate unter einem Todesfall pro 10.000 Menschen am Tag?", „Sind die Grundbedürfnisse der Bevölkerung abgedeckt?", „Gibt es genügend sauberes Wasser für die Menschen?" wird regelmäßig über die Fortführung bzw. den Abbruch eines Projektes entschieden.[476]

Da sich die Projektphasen für vergleichbare Katastrophen und geographische Gebiete sowohl in den einzelnen Vorgängen als auch in ihren Reihenfolgebeziehungen untereinander ähneln, lassen sich *Standard-Netzpläne* erstellen, die sich individuell ergänzen (z. B. weitere Vorgänge, weitere Reihenfolgebeziehungen) und anpassen lassen (z. B. in Bezug auf die Dauer der Vorgänge). Der Zeitaufwand für die Erstellung der Netzpläne lässt sich so auch während eines Einsatzes auf ein realisierbares Maß reduzieren. Die Vorgehensweise sowie der Nutzen der Netzplantechnik werden nach einer kurzen formalen Beschreibung an einem Beispiel vorgestellt. Dabei wird

---

476 Erläuterungen zu Projektstart, Projektphase und Projektende der Organisation Ärzte ohne Grenzen finden sich unter www.aerzte-ohne-grenzen.de über den Link Organisation und Projekte.

Bezug auf das bereits aus der Standort- und Tourenplanung sowie der ABC-Analyse bekannte Beispiel Kenias genommen.
Aus der Vielfalt der zur Netzplantechnik zählenden Vorgehensweisen und Ergebnisdarstellungen[477]

- deterministische oder stochastische Netzpläne,
- Vorgangsknoten-, Vorgangspfeilnetzpläne oder ereignisorientierte Netzpläne
- Ergebnisdarstellung als Tabelle, Graph oder Diagramm

wird für das nachfolgende Beispiel der MPM-Netzplan (MPM: Metra Potential Method) exemplarisch ausgewählt. Hierbei handelt es sich um einen deterministischen vorgangsknotenorientierten Netzplan ohne Kapazitätsbegrenzungen;[478] die Ergebnisdarstellung erfolgt durch einen vorgangsknotenorientierten Graphen.

4.3.2.2 Formale Beschreibung eines MPM-Netzplans

Im Folgenden wird angenommen, dass ein Strukturplan mit der Bezeichnung der Vorgänge, den jeweiligen Dauern der Vorgänge und den Reihenfolgebeziehungen bereits aufgestellt wurde. Gegenstand der Zeit- oder Terminplanung eines deterministischen Vorgangsknotennetzplans ist dann die Ermittlung frühester und spätester Anfangs- und Endzeitpunkte für Vorgänge sowie der Zeitreserven.[479]
Jeder Vorgang wird durch einen Knoten k repräsentiert, der Informationen über diese Zeiten und Zeitreserven bzw. Pufferzeiten enthält:

k		
FAZ_k	d_k	FEZ_k
SAZ_k	GP_k	SEZ_k

- In einer *Vorwärtsrechung*[480] werden zunächst früheste Anfangszeitpunkte (FAZ_k, mit k=1,...,κ) sowie früheste Endzeitpunkte der Vorgänge (FEZ_k, mit k=1,..., κ) ermittelt. Es wird angenommen, dass der erste Vorgang k=1 den frü-

---

477 Einen Überblick über die unterschiedlichen Methoden geben z. B. Domschke, Wolfgang / Drexl, Andreas (2002), S. 87-107.
478 Vgl. Domschke, Wolfgang / Drexl, Andreas (2002), S. 88-89; Günther, Hans-Otto / Tempelmeier, Horst (2003), S. 207.
479 Vgl. Domschke, Wolfgang / Drexl, Andreas (2002), S. 90-93; Günther, Hans-Otto / Tempelmeier, Horst (2003), S. 206.
480 Informationen und Formeln zur Vorwärtsrechnung finden sich in Domschke, Wolfgang / Drexl, Andreas (2002), S. 94; Ehrmann, Harald (2005), S. 161-162; Gudehus, Timm (2007a), S. 255; Günther, Hans-Otto / Tempelmeier, Horst (2003), S. 208-209; Schulte, Christof (2005), S. 400.

hesten Anfangszeitpunkt $FAZ_1=0$ aufweist (alternativ kann auch ein Datum mit Uhrzeit angegeben werden). Der späteste Endzeitpunkt lässt sich für jeden Vorgang k berechnen, indem zum frühesten Anfangszeitpunkt die Vorgangsdauer d_k addiert wird:

$FEZ_k = FAZ_k + d_k$, für alle k=1,..., κ

Die Anfangszeitpunkte der Vorgänge FAZ_k lassen sich durch die frühesten Endzeitpunkte der direkten Vorgänger-Knoten υ ermitteln. Ein nachfolgender Knoten k kann erst dann begonnen werden, wenn alle Vorgänger $υ \in ς_υ$ zeitlich abgeschlossen sind. Bei Bedarf lassen sich zusätzlich Mindestabstände zwischen zwei Vorgängen berücksichtigen, die nachfolgend aufgrund der geringen Relevanz für das Katastrophenmanagement nicht abgebildet werden:

$FAZ_k = \max \{FEZ_υ | \text{Vorgänger } υ \in ς_υ\}$

Der früheste Endzeitpunkt des abschließenden Knotens κ beträgt $FEZ_κ$.

- Im *Übergang* zwischen der *Vorwärts- und Rückwärtsrechung* wird der früheste Endzeitpunkt $FEZ_κ$ auf den spätesten Endzeitpunkt des abschließenden Vorgangs $SEZ_κ$ übertragen:

$FEZ_κ = SEZ_κ$

So lässt sich in der Zeitplanung berücksichtigen, dass Projekte im Katastrophenmanagement möglichst zeitnah umgesetzt werden sollen. Die gesamte Projektdauer beträgt in diesem Fall $FEZ_κ = SEZ_κ$.

- Die spätesten Anfangszeitpunkte der Vorgänge SAZ_k lassen sich nun in der *Rückwärtsrechnung*[481] wie folgt berechnen:

$SAZ_k = SEZ_k - d_k$, für alle k=1,..., κ

Die spätesten Endzeitpunkte werden aus den spätesten Anfangszeitpunkten der jeweiligen Nachfolgerknoten bestimmt. Gibt es für einen Knoten k mehrere Nachfolger $v \in N_v$, so wird der geringste späteste Anfangszeitpunkt der Nachfolger auf den Knoten k übertragen:

$SEZ_k = \min \{SAZ_v | \text{Nachfolger } v \in N_v\}$

- Nach Abschluss der Vorwärts- und Rückwärtsrechnung lässt sich für jeden Vorgang k die *gesamte Pufferzeit* GP_k als Differenz zwischen spätester und frühester Anfangszeit bzw. als Differenz zwischen spätestem und frühestem Endzeitpunkt ausweisen:[482]

$GP_k = SAZ_k - FAZ_k = SEZ_k - FEZ_k$

Der gesamte Puffer eines Vorgangs zeigt an, um welche Zeitdauer der Vorgang maximal verschoben bzw. verlängert werden darf, ohne dass sich die gesamte

---

481 Informationen und Formeln zur Rückwärtsrechnung finden sich in Domschke, Wolfgang / Drexl, Andreas (2002), S. 94-95; Ehrmann, Harald (2005), S. 161-162; Gudehus, Timm (2007a), S. 255-256; Günther, Hans-Otto / Tempelmeier, Horst (2003), S. 209; Schulte, Christof (2005), S. 400.

482 Vgl. Domschke, Wolfgang / Drexl, Andreas (2002), S. 97; Günther, Hans-Otto / Tempelmeier, Horst (2003), S. 209.

Projektzeit FEZ_K erhöht.[483] Vorgänge, die eine gesamte Pufferzeit mit dem Niveau 0 Zeiteinheiten aufweisen, werden als *kritische Vorgänge* bezeichnet. Sie bilden gemeinsam den *kritischen Weg* bzw. kritischen Pfad eines Netzplans. Treten auf diesem Pfad Verzögerungen auf, so wirkt sich dies direkt und in vollem zeitlichen Umfang auf die gesamte Projektdauer aus.[484]

4.3.2.3 MPM-Netzplan im Katastrophenmanagement

Das aus den vorangehenden Abschnitten bekannte Beispiel der Katastrophe in Kenia nach den Präsidentschaftswahlen in der ersten Jahreshälfte des Jahres 2008 wird nun fortgesetzt, um die Vorgehensweise und Einsatzpotenziale der Netzplantechnik an einem Beispiel zu erläutern. Bezüge zu den Ergebnissen der anderen Abschnitte werden bewusst aufgenommen, um auch die Beziehungen zwischen den logistischen Methoden und Berechnungsergebnissen aufzuzeigen.

Die Informationsgrundlage für die Erstellung des Netzplans bildet ein Strukturplan (vgl. Tabelle 22). Dieser bezieht sich auf einen ausgewählten Teilbereich der Leistungserstellung, und zwar auf die Errichtung eines Notfallcamps in der betroffenen Region Eldoret. Durch den Netzplan soll zunächst die gesamte Dauer bis zur Inbetriebnahme des Notfallcamps ermittelt und analysiert werden. Zudem sollen Pufferzeiten Informationen über mögliche Zeitreserven und kritische Vorgänge liefern. Weitere Erkenntnisse aus dem Netzplan werden im Anschluss an die Berechnungen vorgestellt. In der realen Umsetzung der Netzplantechnik durch Hilfsorganisationen sind einige der Vorgänge voraussichtlich differenzierter auszuweisen und Verbindungen zu weiteren Vorgängen bzw. Akteuren aufzunehmen. Zu Darstellungszwecken wird jedoch auf einen zu hohen Detaillierungsgrad verzichtet. Im Strukturplan werden wichtige Vorgänge, die für die Errichtung eines Notfallcamps erforderlich sind, benannt und kurz erläutert. Des Weiteren wird für jeden Vorgang die erwartete Dauer angegeben, und die Reihenfolgebeziehungen des Netzplanes werden durch die Angabe der direkten Vorgänger dokumentiert.

---

483 Weitere Pufferzeiten, wie die freie und die unabhängige Pufferzeit werden ergänzend zur gesamten Pufferzeit in Domschke, Wolfgang / Drexl, Andreas (2002), S. 97-98 vorgestellt.
484 Vgl. Domschke, Wolfgang / Drexl, Andreas (2002), S. 97; Fortmann, Klaus-Michael / Kallweit, Angela (2007), S. 174-175; Günther, Hans-Otto / Tempelmeier, Horst (2003), S. 209; Schulte, Christof (2005), S. 401.

k	Beschreibung zu Vorgang k	Direkte Vorgänger $\upsilon \in \varsigma_\upsilon$	Dauer d_k in Std.
1	**Erkundung** vor Ort: Ein erstes Team entscheidet über die Fortführung des Projektes und sammelt erste Informationen z. B. über Art und Ausmaß der Katastrophe, Bedürfnisse der Menschen, Infrastruktur, politische Rahmenbedingungen.	-	18
2	Ermittlung **Bruttobedarf** für die Erstversorgung durch das Camp: Food (z. B. Mais und Hülsenfrüchte), Non-Food (z. B. Zelte, Medikamente, medizinisches Ge- und Verbrauchsmaterial, mobiles Krankenhaus, Wasseraufbereitungsanlage).	1	6
3	**Bestandsermittlung** im Regionallager (Eldoret), in Zentrallagern (Nairobi u.a.) und bei Logistikdienstleistern	1	2
4	**Abstimmung** mit anderen Hilfsorganisationen über den Aufbau des Camps (Leistungsbereitschaft) und die Zuständigkeiten in der Leistungserstellung.	2, 3	3
5	Herstellung der **Leistungsbereitschaft** für **internationale Transporte** (z. B. Information über Leistungsbereitschaft Flughafen, Hafen, Anbindung an die nationale Infrastruktur).	4	3
6	Herstellung der **Leistungsbereitschaft** für **nationale / regionale Transporte** (z. B. Bereitstellung Transportmittel, Fahrer, Treibstoff, Informationen über die Befahrbarkeit der Routen).	4	8
7	Herstellung der **Leistungsbereitschaft** für die weitere Errichtung des **Camps** (z. B. Bereitstellung und Information über die Fläche, Anbindung an die Infrastruktur, technisches Personal).	6	7
8	Disposition und **Bestellung Food / Non-Food** auf der Grundlage des Bedarfs, des Bestands und der Abstimmung mit den anderen Hilfsorganisationen.	4	4
9	**Mobiles Krankenhaus**: Transport aus dem Zentrallager in Abu Dhabi und Aufbau auf dem Gelände des Camps.	5, 7, 8	48
10	**Wasseraufbereitungsanlage**: Transport aus dem Zentrallager in Nairobi und Aufbau bis zur Inbetriebnahme.	7, 8	8
11	Weitere **Lieferungen Non-Food** aus dem Zentrallager in Nairobi: Zelte, Zeltplanen, Moskitonetze, Decken, Betten, Ge- und Verbrauchsfaktoren für die medizinische Versorgung, ...	7, 8	5
12	Just-in-time **Lieferungen Food** (z. B. Mais) durch einen Logistikdienstleister (Kooperationspartner).	7, 8	4
13	Weiteres **Personal einsatzbereit** vor Ort: Über das technische und logistische Personal zur Erstellung der Leistungsbereitschaft wird zusätzliches Personal im Camp eingesetzt. Ärzte, Pfleger, Seelsorger und weiteres Personal wird eingeflogen, zum Camp transportiert und mit den wichtigsten Informationen versorgt.	5, 7	30
14	**Abschließende Maßnahmen** zur Inbetriebnahme des Camps. Die Erstversorgung der Bevölkerung im Camp kann starten.	9, 10, 11, 12, 13	1

Tabelle 22: Strukturplan zum Netzplan „Errichtung Camp in Kenia"

Der Strukturplan beschreibt, dass nach einer Erkundung durch ein kleines Expertenteam vor Ort zunächst der Bedarf an Hilfsgütern zu ermitteln ist. Ohne Beachtung der Lagerbestände wird zunächst ein Bruttobedarf ermittelt. Mit ergänzenden Informationen über die eigenen Lagerbestände und die der Kooperationspartner können erste Abstimmungen mit anderen Hilfsorganisationen über folgende Zuständigkeiten und Verantwortlichkeiten geführt werden. Gemeinsam mit den anderen Akteuren des Katastrophenmanagements werden Entscheidungen über Standort sowie Dimensionierung des Notfallcamps getroffen und die logistische Leistungsbereitschaft, insbesondere in Bezug auf die internationalen und nationalen Transporte, hergestellt. Sobald die Leistungsbereitschaft aufgebaut ist und Bestellungen für verschiedene Hilfsgüter vorgenommen wurden, können die Hilfslieferungen in das Notfallcamp eingeleitet und durchgeführt werden. Nachdem auch das Personal für den Betrieb des Camps einsatzbereit vor Ort ist, kann mit der Versorgung der betroffenen Bevölkerung in dem Camp begonnen werden. Die Vorgänge, Vorgangszeiten und Reihenfolgebeziehungen sind für das Berechnungsbeispiel fiktiv ausgewählt worden. Je nach Einsatzgebiet, Art der Katastrophe, Abstimmung mit anderen Akteuren und weiteren Rahmenbedingungen kann der Strukturplan erheblich von dem hier vorgestellten Beispiel abweichen.

Bezüge zu den Berechnungsergebnissen vorangehender Abschnitte sind in mehreren Vorgangsbeschreibungen des Strukturplans enthalten:

- Mit den Vorgängen 9, 10 und 11 wird Bezug zur Distributionsstruktur, insbesondere zur Struktur der Zentrallager aus Abschnitt 4.2.2.3, genommen: Das mobile Krankenhaus wird aus dem Zentrallager in Abu Dhabi geliefert, da dieses aufgrund der hohen Kapitalbindung nicht in jedem der internationalen Zentrallager vorgehalten werden kann. Andere Hilfsgüter (z. B. die Wasseraufbereitungsanlage, Medikamente) werden aus dem Zentrallager in Nairobi geliefert.
- Mit der Beschreibung des Vorgangs 12 werden Ergbebnisse aus der ABC-XYZ-Analyse aus Abschnitt 4.1.2 aufgenommen: Für die Lieferung der Lebensmittel Mais und Hülsenfrüchte (jeweils mit einer Tendenz in Richtung AX) wird eine Just-in-time-Anlieferung durch einen Logistikdienstleister realisiert. Es wird angenommen, dass die Auswahl des Beschaffungskonzeptes Just-in-time ein Ergebnis der ABC-XYZ-Analyse darstellt. Verträge stellen sicher, dass der Logistikdienstleister bestimmte Mengen dieser Lebensmittel innerhalb eines vereinbarten Zeitrahmens innerhalb Kenias ausliefern kann.

Unter Einsatz des Strukturplans aus Tabelle 22 und der formalen Beschreibung des MPM-Netzplans aus Abschnitt 4.3.2.2 lässt sich der nachfolgende MPM-Netzplan erstellen:
Duch die *Vorwärtsrechnung* werden zunächst die frühesten Anfangs- und Endzeitpunkte der Vorgänge ermittelt. Der frühesten Anfangszeitpunkt des Vorgangs 1 (Erkundung vor Ort) wird definitionsgemäß auf $FAZ_1=0$ festgelegt. Bei einer erwarteten Dauer der Erkundung $d_1=18$ Stunden kann der Vorgang frühestens nach 18 Stunden beendet werden ($FEZ_1 = FAZ_1+d_1 = 0+18 = 18$). Dieser frühesten Endzeitpunkt wird auf die direkten Nachfolgerknoten 2 und 3 (Ermittlung Bruttobedarf und Bestandsermittlung) übertragen, da diese Vorgänge frühestens starten können, wenn die Erkundung abgeschlossen ist.

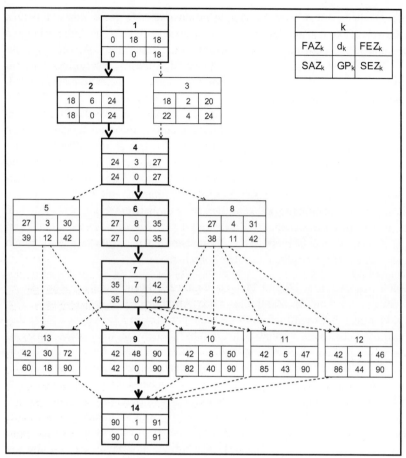

Abbildung 52: MPM-Netzplan „Errichtung Camp in Kenia"

Die frühesten Endzeitpunkte der beiden Vorgänge 2 und 3 lassen sich durch die Summe aus diesem frühesten Anfangszeitpunkt und der jeweiligen Dauer ermitteln (so z. B. für Vorgang 3: $FEZ_3 = FAZ_3 + d_3 = 18+2 = 20$). Die Abstimmung mit den anderen Hilfsorganisationen (Vorgang 4) hat zwei Vorgänger (Vorgang 2 und 3) mit zwei unterschiedlichen frühesten Endzeitpunkten ($FEZ_2 = 24$ Stunden und $FEZ_3 = 20$ Stunden). Da beide Vorgänge abgeschlossen sein müssen, bevor mit der Abstimmung frühestens begonnen werden kann, wird nach der bekannten Formel $FAZ_k = \max \{FEZ_\upsilon \mid \text{Vorgänger } \upsilon \in \varsigma_\upsilon\}$ der höhere der beiden Werte als frühester Anfangszeitpunkt für den Vorgang der Abstimmung übernommen: $FAZ_4 = \max \{FEZ_\upsilon \mid \text{Vorgänger } \upsilon \in \{2, 3\}\} = \max \{24, 20\} = 24$. Die Vorwärtsrechnung lässt sich analog für die nachfolgenden Vorgänge fortsetzen, bis für die abschließenden Maßnahmen des Vorgangs 14 ein frühester Endzeitpunkt $FEZ_\kappa = FEZ_{14} = 91$ Stunden ermittelt wird.

Ein erstes wichtiges Ergebnis liegt nach Abschluss der Vorwärtsrechnung bereits vor: Unter der Voraussetzung, dass sich an den Dauern und Reihenfolgebeziehungen in der realen Umsetzung keine Veränderungen ergeben, kann das Projekt „Errichtung eines Notfallcamps in Kenia / Eldoret" nach frühestens 91 Stunden abgeschlossen werden. Die *gesamte Projektdauer* beträgt 91 Stunden; nachfolgende Projekte, wie „Versorgung der Bevölkerung im Notfallcamp" können nun starten. Eine Information über die gesamte Projektdauer ist aus dem in Tabelle 22 angegebenen Strukturplan aufgrund der Leistungsverflechtungen zwischen den Vorgängen nicht direkt erkennbar. Da die Hilfsorganisation bestrebt ist, das Notfallcamp möglichst zeitnah in Betrieb zu nehmen und die betroffene Bevölkerung zu versorgen, wird der früheste Endzeitpunkt des abschließenden Vorgangs 14 auf den spätesten Endzeitpunkt übertragen: $FEZ_{14} = SEZ_{14} = 91$ Stunden.

Die Ergebnisse der *Rückwärtsrechnung* werden im Netzplan der Abbildung 52 in den unteren Zeilen der Vorgänge ausgewiesen. Für Vorgang 14 errechnet sich der späteste Anfangszeitpunkt aus der Differenz zwischen dem spätesten Endzeitpunkt und der Dauer des Vorgangs: $SAZ_{14} = SEZ_{14} - d_{14} = 91-1 = 90$ Stunden. Da die Vorgänger-Knoten (9, 10, 11, 12 und 13) beendet sein müssen bevor mit den abschließenden Maßnahmen spätestens begonnen werden kann, werden diese 90 Stunden als spätester Endzeitpunkt auf die vorangehenden Knoten übertragen. Analog setzt sich die Rückwärtsrechnung bis zum ersten Knoten (Erkundung vor Ort) fort. Dabei ist für Vorgänge mit mehreren Nachfolgern zu beachten, dass nach der Formel $SEZ_k = $ min $\{SAZ_v \mid $ Nachfolger $v \in N_v\}$ jeweils der minimale späteste Anfangszeitpunkt übernommen wird. Zum Beispiel hat Vorgang 8 (Disposition und Bestellung der Hilfsgüter) mit den Vorgängen 9, 10, 11 und 12 mehrere Nachfolger. Die Vorgänge der Lieferungen unterschiedlicher Hilfsgüter (mobiles Krankenhaus, Wasseraufbereitungsanlage, weitere Non-Food-Lieferungen und Lieferungen der Lebensmittel) weisen unterschiedliche späteste Anfangszeitpunkte auf (zwischen 42 und 86 Stunden). Da für Vorgang 9 bekannt ist, dass dieser bereits nach 42 Stunden spätestens begonnen werden muss, um die gesamte Projektzeit einhalten zu können, muss der Vorgängerknoten 8 nach diesen 42 Stunden spätestens abgeschlossen sein. Formal lässt sich diese Überlegung wie folgt beschreiben: $SEZ_8 = $ min $\{SAZ_v \mid $ Nachfolger $v \in \{9, 10, 11, 12\}\} = $ min $\{42, 82, 85, 86\} = 42$ Stunden.

Als Bestandteil der Rückwärtsrechnung wird für jeden Vorgang im mittleren Feld der unteren Zeile auch der *gesamte Puffer* ausgewiesen. Dieser errechnet sich nach der angegebenen Formel $GP_k = SAZ_k - FAZ_k = SEZ_k - FEZ_k$. Für einige Vorgänge weist dieses Feld GP_k einen positiven Wert auf, beispielsweise für die Bestandsermittlung ($GP_3 = 22-18 = 24-20 = 4$ Stunden), für andere Vorgänge wird der Wert 0 ausgewiesen, beispielsweise für die Ermittlung des Bruttobedarfs ($GP_2 = 18-18 = 24-24 = 0$ Stunden).

Diese Informationen sind für die Planung, Steuerung und Kontrolle des internationalen Katastrophenmanagements von besonderer Bedeutung, denn sie geben Hinweise darauf, um wie viele Zeiteinheiten sich ein Vorgang verschieben bzw. verzögern darf, ohne dass dies Auswirkungen auf die gesamte Projektzeit hat. Erhöht sich beispielsweise die Dauer für die Ermittlung des Bruttobedarfs in Vorgang 2 von der angegebenen Dauer (d_2 = 6 Stunden) um eine weitere Stunde auf 7 Stunden, so hat dies zur Folge, dass sich die Inbetriebnahme des Notfallcamps von FEZ_{14}=91 Stunden auf 92 Stunden erhöht. Verzögert sich die Bestandsermittlung in Vorgang 3 von den angegebenen 2 Stunden um eine weitere Stunde auf drei Stunden, so hat dies keine Auswirkungen auf die gesamte Projektzeit. Das Notfallcamp kann nach der geplanten Zeit von 91 Stunden die ersten bedürftigen Menschen versorgen, da Vorgang 3 eine gesamte Pufferzeit von 4 Stunden aufweist. Verzögert sich der Vorgang der Bestandsermittlung jedoch um mehr als 4 Stunden, beeinflusst diese über die 4 Stunden hinausgehende Verzögerung ebenfalls die gesamte Projektdauer.

Diejenigen Vorgänge, deren gesamte Pufferzeit jeweils 0 beträgt, bilden gemeinsam den *kritischen Pfad* des Netzplans. Für das Beispiel sind dies die Vorgänge 1-2-4-6-7-9-14, also die Abfolge Erkundung vor Ort (1) – Ermittlung des Bruttobedarfs (2) – Abstimmung mit anderen Hilfsorganisationen (4) – Leistungsbereitschaft nationale / regionale Transporte (6) – Leistungsbereitschaft Camp (7) – Mobiles Krankenhaus (9) – Abschließende Maßnahmen (14). Dieser kritische Pfad mit den jeweiligen Knoten und Verbindungspfeilen ist in Abbildung 52 besonders hervorgehoben. Im Sinne der Zielsetzung eines hohen Logistikservice sind Verzögerungen auf diesem Pfad aufgrund der direkten Auswirkungen auf die gesamte Projektzeit zu vermeiden. Der kritische Pfad ist folglich durch das internationale Katastrophenmanagement besonders zu beachten. In der Personaleinsatzplanung ist beispielsweise darauf zu achten, dass auf Personalausfälle auf dem kritischen Pfad sofort reagiert wird. Personal, das für Tätigkeiten anderer Vorgänge (mit positivem Gesamtpuffer) vorgesehen ist, kann in einem solchen Fall gegebenenfalls auf den kritischen Pfad übertragen werden. Ebenfalls sind für Vorgänge auf dem kritischen Pfad, die mit besonderen Risiken verbunden sind, Alternativen zu entwickeln. Besteht beispielsweise eine Unsicherheit über die Befahrbarkeit bestimmter Straßen, so sollten alternative Transportwege bereits vorzeitig bekannt sein und zeitnah in die Planung eingebunden werden. Der Netzplan lässt sich bei neuen Erkenntnissen über die Dauer der Vorgänge, die Reihenfolgebeziehungen und die Einbindung alternativer Vorgänge flexibel anpassen, sodass bei Veränderungen des Struktur- und Netzplans die Auswirkungen auf die gesamte Projektzeit und die Pufferzeiten sichtbar sind.

Der kritische Weg eines Netzplans liefert darüber hinaus Ansatzpunkte für *Verkürzungen der gesamten Projektzeit*. Erscheint der Hilfsorganisation die Dauer von 91 Stunden bis zur Inbetriebnahme des Notfallcamps zu lang, so sollten Bestrebungen zur Durchlaufzeitverkürzung ebenfalls auf dem kritischen Pfad ansetzen.[485] Gelingt der Hilfsorganisation, beispielsweise durch einen verstärkten Personaleinsatz, eine Verkürzung der Dauer für Vorgang 3 (Bestandsermittlung) von 2 Stunden auf 1 Stunde, so hat dies lediglich eine Auswirkung auf diesen Vorgang 3. Vorgang drei wird früher beendet, und die gesamte Pufferzeit erhöht sich von 4 auf 5 Stunden. Die gesamte Projektdauer lässt sich aber nicht verkürzen. Gelingt jedoch eine Verkür-

---

485 Vgl. zur Durchlaufzeitverkürzung z. B. Schulte, Christof (2005), S. 401-402.

zung des Vorgangs 2 (Ermittlung des Bruttobedarfs) von 6 auf 5 Stunden, indem verstärkt Personal für diese Tätigkeiten eingesetzt wird, so bewirkt dies eine Verkürzung, die sich aufgrund des nicht vorhandenen zeitlichen Puffers über den gesamten Netzplan bis zum abschließenden Vorgang 14 fortsetzt: Die gesamte Projektdauer kann von 91 auf 90 Stunden verkürzt und die betroffene Bevölkerung eine Stunden früher versorgt werden.

Ob die Umsetzung entsprechender Maßnahmen möglich und unter Beachtung des individuellen Zielsystems sinnvoll ist, erfordert eine inhaltliche Verbindung dieses zeitlich ausgerichteten Netzplans mit weiteren Methoden der Kosten- und Kapazitätsplanung.[486]

Mit der Prozessdarstellung zur Produktion katastrophenlogistischer Dienstleistungen (Abschnitt 4.3.1) und der Netzplantechnik (Abschnitt 4.3.2) liegt nun der Übergang zum Themenbereich des Supply Chain Management nahe. Charakteristisch für das Supply Chain Management sind unter anderem die Prozessorientierung, die Integrationsorientierung sowie die unternehmensübergreifende Ausrichtung einer Wertschöpfungskette. Diese Themenstellungen wurden in diesem Abschnitt unter anderem durch die Modellierung elementarer logistischer Leistungsprozesse und deren Integration zu Logistikketten sowie durch Vorgänge an der Schnittstelle zu anderen Unternehmen (andere Hilfsorganisationen und Logistikdienstleister als Kooperationspartner) bereits behandelt. Im nachfolgenden Kapitel soll die besondere Bedeutung des Supply Chain Management für das internationale Katastrophenmanagement noch deutlicher hervorgehoben und vertieft werden.

---

[486] Informationen hierzu finden sich z. B. in Domschke, Wolfgang / Drexl, Andreas (2002), S. 105-109; Günther, Hans-Otto / Tempelmeier, Horst (2003), S. 210-218; Schulte, Christof (2005), S. 403.

5 Anwendungsbereiche des Supply Chain Management

5.1 Grundlagen des SCM im internationalen Katastrophenmanagement

5.1.1 Ursprünge des Supply Chain Management

Erste wissenschaftliche Veröffentlichungen zur Wertschöpfungskette sind bereits in den 60er Jahren in den USA – unter anderem durch Forresters „Industrial Dynamics" am M.I.T – erschienen.[487] Der Begriff des Supply Chain Management tauchte erstmals in den 80er Jahren in der wissenschaftlichen Literatur und (Beratungs-)Praxis auf und ist demnach jünger als die Begriffe Logistik und Logistikmanagement. Zunächst richteten sich die Untersuchungen auf das Zusammenwirken zwischen Prognosen sowie den Zielgrößen Bestandshöhe und Durchlaufzeit.[488]

In den 90er Jahren prägte Christopher den Begriff des „Wettbewerbs von unternehmensübergreifenden Wertschöpfungsketten".[489] Dabei stützt er sich zunächst auf den Begriff der „Value Chain" nach Porter, der ein Unternehmen in primäre – und damit strategisch relevante Aktivitäten auf der einen Seite – und unterstützende Aktivitäten auf der anderen Seite untergliedert (vgl. Abbildung 53).[490]

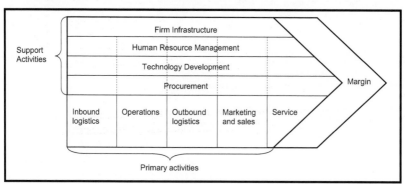

Abbildung 53: Die Wertkette nach Porter[491]

---

487 Vgl. insbesondere Forrester, Jay Wright (1961).
488 Vgl. Corsten, Daniel und Gabriel, Christoph (2004), S. 6.
489 Vgl. Corsten, Daniel und Gabriel, Christoph (2004), S. 6; Christopher, Martin (2005), S. 28-29, die Erstauflage ist im Jahr 1992 erschienen.
490 Vgl. Porter, Michael E. (1985).
491 Porter, Michael E. (1985), S. 37.

Jede Aktivität der Wertkette ist daraufhin zu untersuchen, ob das Unternehmen durch die jeweilige Aktivität in der Weise Werte für den Kunden generieren kann, dass das Unternehmen einen Wettbewerbsvorteil gegenüber den direkten Konkurrenten aufweist. Sofern solche Werte nicht erzielt werden können, ist eine Fremdvergabe der Aktivität in Betracht zu ziehen. Wenn nun aufgrund von Kosten- und / oder Nutzenvorteilen ein Fremdbezug umgesetzt wird, bedeutet dies gleichzeitig eine Ausweitung des Konzeptes der Wertkette über die Unternehmensgrenzen hinweg. Werte werden nun nicht mehr durch einzelne Unternehmen generiert sondern durch die miteinander verbundenen Organisationseinheiten.[492] Eine Skizze eines solchen Unternehmensverbundes stellt die folgende Abbildung dar. Im Wettbewerb zueinander stehen nun unternehmensübergreifende Wertschöpfungsketten. Diese können unter anderem auf die international ausgerichtete Leistungserstellung im Katastrophenmanagement gerichtet sein. Hilfsorganisationen bilden in der Regel den Abschluss einer solchen Wertschöpfungskette; in den vorgelagerten Wertketten können weitere Akteure, beispielsweise Logistikdienstleister und Lieferanten der Hilfsgüter mitwirken. Innerhalb der einzelnen Wertketten vollziehen sich elementare (logistische) Leistungsprozesse, die sowohl innerhalb eines Unternehmens als auch unternehmensübergreifend zielgerichtet zu integrieren sind.

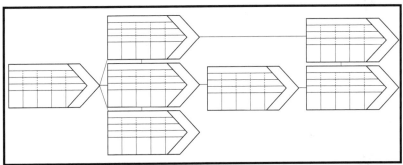

Abbildung 54: Skizze unternehmensübergreifender Wertschöpfungsketten[493]

Die Komplexität unternehmensübergreifender Wertschöpfungsketten erfordert ein Management der Supply Chains – und damit Konzepte des Supply Chain Management.[494] Bevor die charakteristischen Elemente des Supply Chain Management sowie Referenzmodelle und Konzepte vorgestellt werden, bedarf es zunächst einer Begriffsdefinition und -abgrenzung.

---

492 „The effect of outsourcing is to extend the value chain beyond the boundaries of the business. In other words, the supply chain becomes a value chain. Value (and cost) is created not just by the focal firm in a network, but by all the entities that connect to each other." Christopher, Martin (2005), S. 14.
493 Eigene Darstellung auf Basis der Value Chain nach Porter.
494 „Outsourcing has made supply chains more complex and hence has made the need for effective supply chain management more pressing." Christopher, Martin (2005), S. 14.

5.1.2 Begriffe zum SCM im Katastrophenmanagement

Der Begriff der **Supply Chain** hat sich mit steigender Komplexität in der unternehmensübergreifenden Zusammenarbeit von einer kettenorientierten zu einer netzwerkorientierten Betrachtung entwickelt.[495] Eine umfassende Begriffsdefinition, die eine Supply Chain zugleich prozess-, institutionen- und netzwerkorientiert beschreibt, geht auf Christopher zurück [in Klammern mit Anmerkungen der Verfasserin]: „The suppy chain is a

- network [Netzwerkorientierung anstelle der reduzierten Kettenorientierung]
- of organisations [Institutionenorientierung]
- that are involved, through upstream and downstream linkages, [Integrationsorientierung]
- in the different prozesses and activities [Prozessorientierung]
- that produce value [Wertorientierung]
- in form of products and services [zugleich Sach- und Dienstleistungsorientierung]
- in the hand of the ultimate customer [Kundenorientierung]."[496]

In der deutschsprachigen Literatur finden sich mehrere Übersetzungen für den Begriff Supply Chain, so beispielsweise Lieferkette, Logistikkette, Versorgungskette[497] und Wertschöpfungskette[498]. Im weiteren Verlauf wird der Begriff der **Wertschöpfungskette** verwendet. Unter Berücksichtigung der zugrunde gelegten Definition beschreiben die Begriffe Supply Chain und Wertschöpfungskette aber im Sinne Christophers zugleich **Wertschöpfungsnetzwerke**.[499]

Das Begriffsverständnis der „Wertschöpfungskette" ist folglich in dieser Arbeit umfassender als das der „Logistikkette".[500] Während sich in den Prozessen einer Logistikkette raum-zeitliche und weitere Transformationen durch logistische Kern-, Zusatz- und Informationsleistungen (wie Transport, Lagerung, Umschlag, Kommissionierung und Verpackung) vollziehen, gehen Prozesse und Aktivitäten einer Wertschöpfungskette über logistische Leistungen hinaus. Hierzu zählen insbesondere

---

495 Eine ausführliche Vorstellung der unterschiedlichen Begriffsdefinitionen mit den jeweiligen Schwerpunkten (z. B. prozessorientiert, institutionenorientiert, wertorientiert, kettenorientiert, netzwerkorientiert) findet sich in Schulte, Christof (2005), S. 12-15 sowie Sucky, Eric (2004), S. 7-9.
496 Christopher, Martin (2005), S. 17. Vgl. auch Chopra, Sunil / Meindl, Peter (2004), S. 4; Staberhofer, Franz / Rohrhofer, Evelyn (2007), S. 38; Sucky, Eric (2004), S. 9.
497 Der Begriff der Versorgungskette findet sich z. B. in Corsten, Daniel und Gabriel, Christoph (2004), S. 6; Schulte, Christof (2005), S. 12.
498 Der Begriff der Wertschöpfungskette findet sich z. B. in Busch, Axel und Dangelmaier, Wilhelm (2004), S. 1-21.
499 Vgl. hierzu auch Klaus, Peter (2007), S. 21; Staberhofer, Franz / Rohrhofer, Evelyn (2007), S. 39 und 46-47; Sydow, Jörg (2006), S. 1-5.
500 Vgl. hierzu z. B. Schulte, Christof (2005), S. 12 sowie Sucky, Eric (2004), S. 8.

nicht-logistische Einkaufs-, Produktions- und Absatzaktivitäten.[501] Analog zur Abgrenzung der Begriffe Logistikkette und Wertschöpfungskette wird nachfolgend Supply Chain Management von Logistik bzw. Logistikmanagement abgegrenzt.

Da bereits die Begriffe der Wert- und Wertschöpfungskette in Anlehnung an Christopher definiert wurden, wird auch das Begriffsverständnis zum **Supply Chain Management** an Christopher angelehnt:

„The management of upstream and downstream relationships with suppliers and customers to deliver superior customer value at less cost to the supply chain as a whole."[502]

Im Wesentlichen fügt Christopher die Managementfunktion zum Begriff der „Supply Chain" mit seiner Institutionen-, Integrations-, Prozess-, Wert- und Kundenorientierung hinzu.[503] Supply Chain Management wird demnach im Folgenden auch als Planung, Gestaltung, Abwicklung und Kontrolle von Wertschöpfungsketten (im Sinne der zugrunde liegenden Definition einer Supply Chain) verstanden.[504]

Auch wenn einige Literaturquellen die Begriffe Logistikmanagement und Supply Chain Management synonym einsetzen,[505] lässt sich als vorherrschende Meinung identifizieren, dass Logistikmanagement einen Teilbereich des Supply Chain Management bildet. So finden sich in Büchern zu Logistik und Supply Chain Management z. B. folgende Überschriften:

- „Supply Chain Management is a wider concept than logistics"[506],
- "The Role of Logistics in International Supply Chain Management"[507],
- Bowersox weist unter der Überschrift „Supply Chain Logistics Management" darauf hin, dass durch Supply Chain Management der weitere Rahmen geschaffen wird, in dem sich Logistikstrategien entwickeln und umsetzen lassen,[508] und
- Schulte ordnet unter der Überschrift "Logistik und Supply Chain Management" das Logistikmanagement dem Supply Chain Management unter.[509]

Diesem Verständnis wird im weiteren Verlauf gefolgt, da sich das Supply Chain Management im Sinne dieser Arbeit nicht nur auf rein logistische Prozesse be-

---

501 Vgl. zu den Grundlagen logistischer Leistungen Abschnitt 3.1.4.
502 Christopher, Martin (2005), S. 5.
503 Zum Managementbegriff vgl. auch Abschnitt 3.1.3.
504 Einen Überblick über die Vielzahl unterschiedlicher Definitionsansätze gibt z. B. Sucky, Eric (2004), S. 18-21. Ähnliche Definitionen finden sich beispielsweise auch in Chopra, Sunil / Meindl, Peter (2004), S. 6. Das Begriffsverständnis unabhängiger Organisationen wie der Bundesvereinigung für Logistik (BVL, siehe www.bvl.de) und des Council of Supply Chain Management Professionals (www.cscmp.org) steht in enger Verbindung zu diesem Definitionsansatz.
505 Vgl. z. B. Wildemann, Horst (2000), S. 75.
506 Christopher, Martin (2005), S. 4.
507 Wood, Donald F. (2002), S. 412.
508 Vgl. Bowersox, Donald J. / Closs, David J. / Cooper, Bixby M. (2007), S. 1.
509 Vgl. Schulte (2005), S. 12. Dieses Verständnis teilen auch die Bundesvereinigung für Logistik (BVL, siehe www.bvl.de) und das Council of Supply Chain Mangement Professionals (www.cscmp.org).

schränkt.[510] Die wesentlichen Gemeinsamkeiten zwischen Logistik- und Supply Chain Management bestehen in der Fluss- und Prozessorientierung sowie in der integrierten Betrachtung der Material- und Informationsflüsse. In einigen Punkten geht das Konzept aber über die Ansätze des Logistikmanagement hinaus. Hierzu zählen nicht nur die bereits erwähnte Einbindung nicht-logistischer wertschöpfender Prozesse und Aktivitäten sondern insbesondere auch

- die stärkere Orientierung auf Institutionen und deren Beziehungen untereinander und
- die Wertorientierung (die nicht ausschließlich auf Logistikservice und Logistikkosten abzielt).[511]

Der Begriff der Supply Chain (bzw. der Wertschöpfungskette, beide Begriffe werden synonym verwendet) wird nun an die Besonderheiten des Katastrophenmanagements angepasst. Demnach ist eine **Supply Chain des Katastrophenmanagements**

- ein Netzwerk
- das sich aus Akteuren des Katastrophenmanagements zusammensetzt,
- die flussauf- und -abwärts verkettet sind und
- in den unterschiedlichen Prozessen und Aktivitäten
- Leistungen in Form von Produkten oder Dienstleistungen erbringen,
- die auf (potenziell) durch Katastrophen betroffene Menschen ausgerichtet sind und
- zu höheren Zielerreichungsgraden in Bezug auf das Katastrophenmanagement beitragen."[512]

SCM im Katastrophenmanagement ist auf die Planung, Gestaltung, Abwicklung und Kontrolle der Wertschöpfungskette des Katastrophenmanagements gerichtet.
Diesen Definitionen folgend soll die Supply Chain (und demnach die Wertschöpfungskette) auch im Folgenden nicht nur als Kette sondern vielmehr als Netzwerk verstanden werden. Spezielle Anpassungen in der Ausrichtung auf das Katastrophenmanagement betreffen „Akteure des Katastrophenmanagements", die anstelle von „Organisationen" in der allgemeinen Form aufgenommen werden, sowie die „(potenziell) durch Katastrophen betroffenen Menschen", die anstelle der „Endkunden" den Abschluss der Wertschöpfungskette bilden. Der im Zusammenhang mit dem Katastrophenmanagement verwirrende Begriff der „Wertsteigerung" wird er-

---

510 In einer Wertschöpfungskette im Sinne dieser Arbeit vollziehen sich Prozesse und Aktivitäten, die über logistische Leistungen hinausgehen. Folglich muss auch das Management einer Wertschöpfungskette weiter gefasst werden als das Management der Logistik(kette).
511 Eine Diskussion über die Abgrenzung zwischen Logistikmanagement und Supply Chain Management findet sich beispielsweise in Schulte, Christof (2005), S. 12-16 sowie Sucky, Eric (2004), S. 18-21.
512 Eigene Begriffsbildung, in Anlehnung an Christopher, Martin (2005), S. 17.

setzt durch eine Ausrichtung auf „höhere Zielerreichungsgrade in Bezug auf das Katastrophenmanagement". Diese Anpassung des Zielbezugs ist geeignet, da z. B. Maßnahmen der Katastrophenvorsorge, durch die eine Katastrophe verhindert werden kann, nicht tatsächlich als Wertsteigerung für die betroffene Bevölkerung sondern eher als ein Werterhalt des Lebens und der Lebensbedingungen angesehen werden. In der Katastrophenbewältigung stellen Maßnahmen, durch die ökonomische Schäden verringert, Leben gerettet, Gesundheit erhalten oder wiederhergestellt sowie Leid verringert werden kann, zwar eine Form der „Wertsteigerung" dar; unter Berücksichtigung der Bedingungen vor dem auslösenden Ereignis soll auf diesen Begriff aber verzichtet werden. Ebenso wird durch diese Änderung der Definition zum Ausdruck gebracht, dass die Zielsetzung vieler beteiligter Akteure nicht auf die Gewinnerzielung ausgerichtet ist sondern auf humanitäre Zielsetzungen (siehe hierzu auch Abschnitt 3.2.4 und 3.2.5).

Analog zur Abgrenzung der Begriffe humanitäre Logistik und Logistik im Katastrophenmanagement wird die **humanitäre Wertschöpfungskette** als ein übergeordneter Begriff zur Supply Chain des Katastrophenmanagements verstanden. Während sich die humanitäre Supply Chain allgemein auf Menschen in (potenziellen) Gefahren-/ Notsituationen richtet, ist die Supply Chain des Katastrophenmanagements speziell auf (potenziell) durch Katastrophen betroffene Menschen ausgerichtet.

5.1.3 Der Bullwhip-Effekt als Grundproblem des SCM im Katastrophenmanagement

Unter der Überschrift „Ursprünge des Supply Chain Management" in Abschnitt 5.1.1 ist bereits darauf hingewiesen worden, dass sich die frühen Arbeiten zum Supply Chain Management in den 80er Jahren insbesondere auf die Zielgrößen Bestandshöhe und Durchlaufzeit gerichtet haben. Die Befassung mit der Bestandshöhe ist auf den **„Bullwhip-Effekt** bzw. Peitschenschlag-Effekt" zurückzuführen, der als zu lösendes Grundproblem des Supply Chain Managements gesehen wird.[513]
Der Bullwhip-Effekt beschreibt das Phänomen des Aufschaukelns der Nachfragemengen und Lagerbestände in einer Wertschöpfungskette. Die Schwankungen in den Nachfrage- und Lagermengen verstärken sich stromaufwärts von den Endkunden über die Stufen einer Wertschöpfungskette bis zum Rohstofflieferanten (skizziert in der nachfolgenden Abbildung).[514]

---

513 Vgl. z. B. Christopher, Martin (2005), S. 195-199; Corsten, Daniel / Gabriel, Christoph (2004), S. 9-10; Murphy, Paul R. / Wood, Donald F. (2004), S. 42; Schulte, Christof (2005), S. 15-16; Sucky, Eric (2004), S. 21-22.
514 Vgl. z. B. Corsten, Daniel / Gabriel, Christoph (2004), S. 9; Murphy, Paul R. / Wood, Donald F. (2004), S. 42; Schulte, Christof (2005), S. 15; Sucky, Eric (2004), S. 21. Dieser Effekt wird auch als Forrester-Effekt bezeichnet, da dieser Effekt erstmals durch Forrester über drei Wertschöpfungsstufen hinweg untersucht wurde. Vgl. Forrester, Jay Wright (1961).

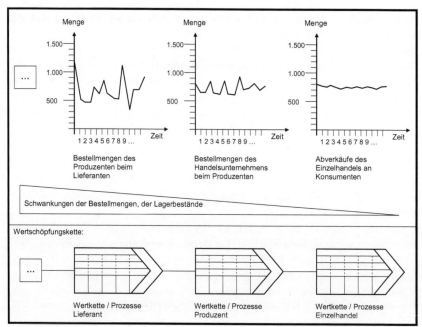

Abbildung 55: „Bullwhip"-Effekt[515]

Bildlich verhalten sich Nachfragemengen und Lagerbestände in einer Wertschöpfungskette wie eine Bullenpeitsche: Leichte Bewegungen im Handgelenk des Endkunden, der den Griff dieser Peitsche hält, führen zu immer stärkeren Ausschlägen der Peitsche „stromaufwärts" bis zum Rohstofflieferanten.[516] Empirisch ließ sich für unterschiedliche Produkte feststellen, dass sich leichte Veränderungen in der Endkonsumentennachfrage (3 bis 5 %) über die Stufen der Wertschöpfungskette bis zum Rohstofflieferanten zu „Ausschlägen" in Höhe von 30 bis 50% verstärken.[517] Erste Untersuchungen richteten sich zunächst auf den Bullwhip-Effekt bei Babywindeln,[518] für andere Produkte wie Tütensuppen, Bier, Hardware-Produkte und Maschinen ließ sich der Effekt aber gleichermaßen nachweisen.[519]

---

515 In Anlehnung an Corsten, Daniel / Gabriel, Christoph (2004), S. 9; Schulte, Christof (2005), S. 15.
516 Vgl. Corsten, Daniel / Gabriel, Christoph (2004), S. 10
517 Vgl. Corsten, Daniel / Gabriel, Christoph (2004), S. 10; Lee, Hau L. / Padmanabhan, V. (Paddy) / Whang, Seungjin (1997), S. 546-558.
518 "If the variability in demand among babies was small, why was there such a market variability in demand from retailers?" Lee, Hau L. / Padmanabhan, V. (Paddy) / Whang, Seungjin (1997), S. 546-558.
519 Vgl. Corsten, Daniel / Gabriel, Christoph (2004), S. 10; Lee, Hau L. / Padmanabhan, V. (Paddy) / Whang, Seungjin (1997), S. 546-558.

Für den beschriebenen Effekt wurden mehrere Ursachen identifiziert; einige dieser Ursachen werden nachfolgend benannt:[520]

- Preisaktionen im Einzelhandel: Bei Preisaktionen werden häufig in kurzen Zeitintervallen große Mengen nachgefragt, nachfolgend sinkt die Nachfrage stark ab. Die dem Einzelhandel vorgelagerten Wertschöpfungsstufen erhöhen Sicherheitsbestände, um Nachfragespitzen bei Aktionen im Einzelhandel bedienen zu können.
- Bestellung in diskreten Zeitintervallen / Bestellung nach „optimaler Bestellmenge": Die Bestellmengen und Bestelltermine sind häufig über die Wertschöpfungsstufen hinweg nicht abgestimmt, zusätzlich wird auf Veränderungen der Rahmenbedingungen erst zeitverzögert reagiert. Auch auf diese Ursache wird durch höhere Sicherheitsbestände reagiert.
- Nicht abgestimmte Prognosen: Werden die Prognosen über die Nachfrage im Einzelhandel nicht mit den Produktionsplänen der Lieferanten abgestimmt, können erhebliche Abweichungen (z. B. auch in Verbindung mit Aktionen im Einzelhandel) auftreten. Bestände werden vorgehalten, um das Risiko zu geringer Prognosemengen zu verringern.
- Rationierte Produktzuteilungen: Wenn die Nachfrage nach einem Produkt voraussichtlich das Angebt des Produzenten übersteigen wird, führen einige Produzenten Produktzuteilen an den Einzelhandel durch. Werden diese Produktzuteilungen im Verhältnis zu den Bestellungen durch den Handel vorgenommen, so kann es zu übertriebenen Bestellmengen – in Verbindung mit nachfolgenden Stornierungen – kommen.
- Lieferverzögerungen durch vorgelagerte Wertschöpfungsstufen: Lieferverzögerungen können mehrere Ursachen, wie Maschinenausfälle, Personalausfälle, Staus und Streiks haben. Sicherheitsbestände in nachfolgenden Wertschöpfungsstufen sollen sicherstellen, dass die Nachfrage auch in solchen Fällen bedient werden kann.

Konzepte des Supply Chain Management zielen darauf ab, den Bullwhip-Effekt zu vermeiden bzw. zu reduzieren. Einige dieser Konzepte werden in einem nachfolgenden Abschnitt vorgestellt. Diesen Konzepten ist gemeinsam, dass eine Verstetigung bzw. eine Synchronisation des Materialflusses mit der Kundennachfrage angestrebt wird („move from stops and starts to continuous flow")[521]. In der Regel erfolgt dies, indem eine zeitnahe Informationsbereitstellung der relevanten Nachfragedaten für die vorgelagerten Akteure in der Wertschöpfungskette realisiert wird.[522]

---

520 Vgl. z. B. Christopher, Martin (2005), S. 195-197; Corsten, Daniel / Gabriel, Christoph (2004), S. 15; Corsten, Hans / Gössinger, Ralf (2008), S. 11-93; Schulte, Christof (2005), S. 16; Sucky, Eric (2004), S. 21.
521 Murphy, Paul R. / Wood, Donald F. (2004), S. 42.
522 Vgl. Sucky, Eric (2004), S. 22. „Vor der Entwicklung durchgängiger Informationssysteme stand man dem Peitscheneffekt machtlos gegenüber." Corsten, Daniel und Gabriel, Christoph (2004), S. 15.

Die besondere **Bedeutung des SCM für das Katastrophenmanagement** ist auf den **Bullwhip-Effekt** zurückzuführen. Der Effekt ist im Katastrophenmanagement besonders stark ausgeprägt, da bereits bei den (potenziell) durch Katastrophen betroffenen Menschen vergleichsweise stärkere Bedarfsschwankungen vorliegen als bei den Endkunden für Produkte, die z. B. über den Einzelhandel verkauft werden. Die Ergebnisse der XYZ-Analyse in Kapitel 4 quantifizieren und belegen diese Vermutungen über relativ starke Bedarfs- und Verbrauchsschwankungen im Katastrophenmanagement.

Nach Katastrophen auslösenden Ereignissen, wie dem Hurrikane Katrina in den USA, dem Erdbeben in Pakistan, dem Tsunami in Asien und aktuell den Unruhen nach den Präsidentschaftswahlen in Kenia, steigt der Bedarf der Bevölkerung nach Hilfsgütern innerhalb eines kurzen Zeitraumes stark an, bleibt über mehrere Wochen oder Monate bestehen und flacht dann allmählich ab. Differenziert nach den unterschiedlichen Hilfsgütern unterliegt der Bedarf unterschiedlichen Schwankungen: Während Zelte, Decken, Wasseraufbereitungsanlagen und eine medizinische Grundversorgung in Camps häufig zeitnah nach dem Ereignis zur Verfügung gestellt werden, erstreckt sich der Bedarf nach anderen Hilfsgütern, wie Lebensmittel und Medikamente über einen längeren Zeitraum. Bei Katastrophen wie Dürren, die weniger plötzlich auftreten, steigt die Bedarfskurve weniger stark an, bleibt aber häufig über einen längere Periode hinweg auf hohem Niveau bestehen, bis die Dürre und ihre Folgen für die betroffene Bevölkerung sich abschwächen. Katastrophenarten sind in der Vergangenheit in bestimmten Regionen mehrfach aufgetreten, so beispielsweise mehrere Tsunamis in Asien (so beispielsweise nach dem Tsunami im Dezember 2004 ein weiterer schwerer Tsunami am 17. Juli 2006 an der Südküste Javas)[523] und mehrere Hurrikane in den USA (so beispielsweise vor dem Hurrikane Katrina im Jahr 2005 Hurrikane Andrew im Jahr 1992).[524] Die Bedarfskurve einer Region weist in diesem Fall mehrere Anstiege im Zeitablauf auf, die je nach Ausmaß der Ereignisse und der Katastrophen ein unterschiedliches Niveau annimmt.[525]

Die kurzen Erläuterungen verdeutlichen, dass die Bedarfsschwankungen am Ende der Wertschöpfungskette des Katastrophenmanagements stark ausgeprägt sind. Die nachfolgende Abbildung skizziert diese Bedarfsschwankungen für Notfallpakete, die eine Hilfsorganisation an die betroffene Bevölkerung in einem Katastrophengebiet (z. B. Indonesien) ausliefert. Der Bedarfsverlauf deutet auf zwei in einem Jahr aufeinander folgende Ereignisse hin, von denen das erste einen stärkeren Bedarf an Notfallpaketen hervorruft. Die Hilfsorganisation erhält die Notfallpakete von einem Logistikdienstleister, der mit der Lagerung der Hilfsgüter und der Kommissionierung der Notfallpakete in der Region beauftragt ist. Dieser wiederum bestellt die einzelnen Hilfsgüter der Notfallpakete bei mehreren Produzenten, von denen einer exemplarisch dargestellt wird (der Bullwhip-Effekt setzt sich weiter fort über die

---

523 Vgl. Bliss, Desiree / Campbell, Jennifer (2007).
524 Vgl. DKKV (2002), S. 13.
525 Detaillierte Auswertungen hierzu ermöglicht die Datenbank des CRED unter www.emdat.be.

Lieferanten). Der Bedarf – und folglich auch der Lagerbestand – unterliegt von der Bevölkerung über die Hilfsorganisation und Produzenten bis zu den Lieferanten der Rohstoffe immer stärkeren Schwankungen. Einige der in Abschnitt 5.1.3 erläuterten Ursachen für den Bullwhip-Effekt gelten auch für das Katastrophenmanagement, so beispielsweise „nicht abgestimmte Prognosen" und „Bestellung nach optimaler Bestellmenge" (insbesondere bei Produzenten und Lieferanten); andere Ursachen haben im Katastrophenmanagement keine Bedeutung, wie „Preisaktionen im Handel".[526]

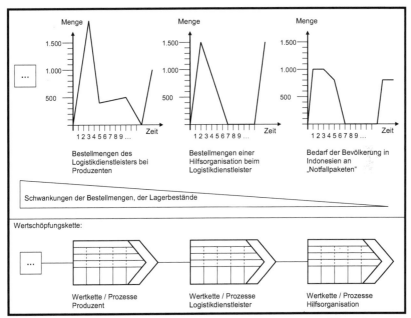

Abbildung 56: Bullwhip-Effekt im Katastrophenmanagement[527]

Konzepte des Supply Chain Management zielen im Wesentlichen darauf ab, den Bullwhip-Effekt zu reduzieren und so die Zielerreichungsgrade in Bezug auf Kosten (z. B. Bestandskosten) und Service (z. B. Lieferzeit und -zuverlässigkeit) zu erhöhen. Konzepte aus Industrie und Handel, insbesondere Cross-Docking, Vendor Managed Inventory (VMI), Collaborative Planning, Forecasting and Replenishment (CPFR) und Postponement sind auf ihre Eignung für das Katastrophenmanagement zu überprüfen. Gegebenenfalls lässt sich auch im Katastrophenmanagement das charakteristische Aufschaukeln des Bedarfs und der Bestände abschwächen. Eine ausführliche Analyse der Einsatzpotenziale und Grenzen erfolgt in einem gesonder-

---

526 Vgl. Erläuterungen zum Bullwhip-Effekt, seinen Ursachen und Auswirkungen in Abschnitt 5.1.3.
527 In Anlehnung an Corsten, Daniel / Gabriel, Christoph (2004), S. 9; Anpassung Abbildung 55 aus Abschnitt 5.1.3.

ten Abschnitt dieses Kapitels. Gemeinsame und offene Informationssysteme (wie das Joint Logistics Centre der UN) sowie Datenbanken (wie die Emergency Events Database des CRED) als Grundlage für gemeinsame Planungen und Prognosen werden in diesem Zusammenhang Voraussetzungen darstellen, die eine erfolgreiche Umsetzung der Konzepte des SCM ermöglichen.

5.1.4 Material- und Informationsflüsse

Die Elemente, durch die sich Supply Chain Management charakterisieren lassen, sind zum einen in der grundlegenden Problemstellung des Peitscheneffektes begründet. Zum anderen spiegelt sich aber auch die Weiterentwicklung des Supply Chain Management zu einem wert- und institutionenorientierten Konzept in den charakteristischen Elementen wieder (vgl. vorangehende Abschnitte zur Entwicklung und zum Begriff des Supply Chain Management).
Im Folgenden werden in Anlehnung an die Elemente der Begriffsdefinition „Logistik" ebenfalls die charakteristischen Elemente des SCM skizziert. Da Supply Chain Management die umfassendere Managementaufgabe darstellt, gelten die Erläuterungen zur Logistik in den Abschnitten 3.1.2 bis 3.1.5 in uneingeschränktem Maße; nachfolgend werden Ergänzungen und besondere Schwerpunke des Supply Chain Management charakterisiert. Folglich gelten auch die Erläuterungen zu den Material- und Informationsflüssen in der Logistik gleichermaßen für das Supply Chain Management. Hierbei finden die Kundenorientierung sowie der Integrationsgedanke im Supply Chain Management besondere Berücksichtigung. Diese werden in den nachfolgenden Abschnitten besonders herausgestellt.

5.1.5 Kunden- und Zielorientierung

Die Erkenntnisse über den Bullwhip-Effekt haben dazu geführt, dass durch Supply Chain Management eine Verstetigung des Materialflusses mit der Kundennachfrage angestrebt wird. Damit wird die Kundenorientierung ebenso stark betont wie in hohen Entwicklungsstufen des Logistikmanagements.
Das „**Pull-Prinzip**" bringt zum Ausdruck, dass kein Unternehmen „stromaufwärts" der Wertschöpfungskette Leistungen erbringen sollte, bevor sie ein nachfolgender Akteur nachfragt. Indem der Kunden die Wertschöpfungskette „zieht" und damit die Leistungsproduktion über die einzelnen Stufen auslöst, erfolgt die Abstimmung des Materialflusses. Bezogen auf die beiden Zielgrößen, die in frühen Arbeiten zum

Supply Chain Management im Vordergrund stehen – Bestandshöhe und Durchlaufzeiten – lassen sich so i. d. R. höhere Zielerreichungsgrade realisieren.[528]
Mit der wertorientierten Überlegung Christophers,[529] dass nicht einzelne Unternehmen sondern ganze Wertschöpfungskette im Wettbewerb zueinander stehen, muss die **Zielsetzung** des Supply Chain Management noch weiter gefasst werden. „The objective of every supply chain is to maximize the overall value generated."[530] Aus strategischer Sicht sind die Ziele einer gesamten Wertschöpfungskette auf das Schaffen und Erhalten wettbewerbsfähiger Supply Chains ausgerichtet. Realisierbare Zielsysteme der Supply Chain lassen sich wie folgt formulieren:[531]

- Maximierung des *Gewinns* bzw. des *Gesamtdeckungsbeitrags*
- Minimierung der *Gesamtkosten* eines gegebenen Leistungsprogramms einer Wertschöpfungskette bei Erfüllung der Sachziele.

Die Zielsetzung des Supply Chain Management ist demnach umfassender als die des Logistikmanagements: Die Logistikkosten stellen nur einen Teil der Gesamtkosten einer Supply Chain dar, und die Erfüllung des Logistikservice stellt nur einen Teilbereich der Sachziele einer Wertschöpfungskette dar (z. B. Erfüllung einer angestrebten Produktqualität).

Im Zusammenhang mit dem strategischen Dreieck können die grundlegenden Aussagen Porters zur „*Wertkette*" in abgewandelter Form für das Katastrophenmanagement Anwendung finden:[532] Akteure des Katastrophenmanagements erbringen primäre und unterstützende Aktivitäten und müssen untersuchen, ob die Aktivitäten Werte für den Kunden generieren, sodass ein Wettbewerbsvorteil gegenüber den direkten Konkurrenten vorliegt. Im Katastrophenmanagement richtet sich der Wertbegriff aber weniger auf Gewinn und Deckungsbeitrag sondern vielmehr auf die Verhinderung, Verringerung und Begrenzung menschlicher, physischer, wirtschaftlicher und ökologischer Verluste, die im Zusammenhang mit Katastrophen (potenziell) erlitten werden.[533] Abschnitt 5.1.1 enthält Erläuterungen, wie Überlegungen zum Fremdbezug von Leistungen sukzessive zum *Wettbewerb unternehmensübergreifender Supply Chains* führen. Auch für das Katastrophenmanagement werden

---

528 Vgl. Chopra, Sunil / Meindl, Peter (2004), S. 14-17; Christopher, Martin (2005), S. 123-128; Corsten, Daniel und Gabriel, Christoph (2004), S. 6-7, 16-17 und 24-28; Murphy, Paul R. / Wood, Donald F. (2004), S. 40.
529 „...the goal is to link the marketplace, the distribution network, the manufacturing process and the procurement activity in such a way that customers are serviced at higher levels and yet at lower cost. Christopher, Martin (1995), S. 13.
530 "The value a supply chain generates is the difference between what the final product is worth to the consumer and the effort the supply chain expends in filling the customer's request." Murphy, Paul R. / Wood, Donald F. (2004), S. 6. Vgl. auch Simchi-Levi, David / Kaminsky, Philip / Simchi-Levi, Edith (2003), S. 238-249.
531 Vgl. Staberhofer, Franz / Rohrhofer, Evelyn (2007), S. 39; Sucky, Eric (2004), S. 23.
532 Vgl. Erläuterungen zu den Ursprüngen des SCM und zur Wertkette nach Porter in Abschnitt 5.1.1.
533 Vgl. Abschnitt 2.2.

solche unternehmensübergreifenden Supply Chains mit strategischer Ausrichtung gebildet, beispielsweise in Form von Kooperationen zwischen Logistikdienstleistern und Hilfsorganisationen (Kooperation zwischen IFRC und DHL sowie zwischen WFP und TNT)[534]. Auch wenn beteiligte Unternehmen der Privatwirtschaft – wie DHL und TNT – voraussichtlich gewinnorientierte Zielsetzungen verfolgen, muss die Supply Chain übergreifend auf das Katastrophenmanagement ausgerichtet sein.[535] Andernfalls besteht die Gefahr, dass Geldgeber finanzielle Mittel kürzen, streichen oder in alternative Wertschöpfungsketten einbringen und die Wertschöpfungskette im Wettbewerb nicht bestehen kann: „Donors are becoming less tolerant of obvious and expensive duplication of effort and are strongly encouraging aid agencies to collaborate around the creation of common services."[536]

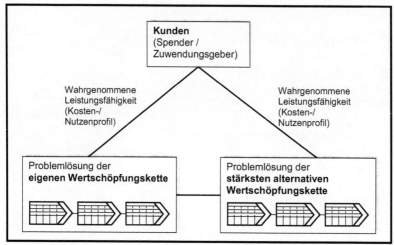

Abbildung 57: Strategisches Dreieck einer Supply Chain[537]

---

534 Vgl. Erläuterungen zu den Akteuren im Katastrophenmanagement in Abschnitt 2.3.
535 Vgl. Chopra, Sunil / Meindl, Peter (2004), S. 44-49.
536 Thomas, Anisya / Kopczak, Laura (2005), S. 4.
537 Eigene Darstellung, in Anlehnung an Isermann, Heinz (2008), S. 876; Ohmae, Kenichi (1982); Schulte, Christof (2005), S. 27.

5.1.6 Integration, Koordination und Managementaufgaben

Integration erfolgt im Supply Chain Management auf mehreren Ebenen. Über die Integration der Material- und Informationsflüsse hinaus ist eine Integration durch Koordination zwischen den beteiligten Wertschöpfungspartnern charakteristisches Element und Ausdruck der Institutionenorientierung des SCM.

Die **Integration der Materialflüsse** basiert auf dem vorangehend erläuterten Pull-Prinzip und damit durch die konsequente Ausrichtung der Materialflüsse auf die jeweils nachfolgenden Wertschöpfungsstufen.

Da die Integration des Materialflusses über die gesamte Wertschöpfungskette i. d. R. über eine zeitnahe Informationsbereitstellung der relevanten Nachfragedaten für die vorgelagerten Akteure in der Wertschöpfungskette realisiert wird, ist eine **Informationsintegration** notwendige Voraussetzung für ein zielgerichtetes Supply Chain Management.[538] Eine Informationsintegration setzt sich aus mehreren Bestandteilen zusammen, hierzu zählen unter anderem ERP-Systeme (Enterprise-Resource-Planning), SCM-Software, Datenbanksysteme, Systeme für den elektronischen Geschäftsdatenaustausch, automatische Identifikationssysteme sowie Systeme zur Gestaltung der Schnittstellen.[539] An späterer Stelle erfolgt eine ausführliche Vorstellung der Informationssysteme im Supply Chain Management (vgl. hierzu Kapitel 6), dabei findet die Eignung und Umsetzung der Systeme im Katastrophenmanagement besondere Berücksichtigung.

„Koordination umfasst die zielgerichtete Abstimmung mehrerer Aktionen oder Entscheidungen verschiedener Akteure."[540] Beziehungen zwischen Akteuren und Institutionen werden auf der **Koordinationsebene** durch Regeln[541] charakterisiert, die soweit allgemeine Anerkennung erlangt haben, dass die Akteure wechselseitige Verhaltenserwartung besitzen.[542] Eine Integration auf der Koordinationsebene ist notwendiger Bestandteil des unternehmensübergreifenden Supply Chain Management, denn "Supply chain management by definition is about the management of relationships across complex networks of companies that, whilst legally independent, are in reality independent."[543] Die grundsätzlich selbständig agierenden Akteure in einer Supply Chain müssen ihre Aktivitäten – unter Berücksichtigung der beschriebenen unternehmensübergreifenden Zielsetzungen – an den gemeinsamen Zielen der Supply Chain ausrichten. Die unternehmensbezogenen Zielsetzungen

---

538 Vgl. Murphy, Paul R. / Wood, Donald F. (2004), S. 47, 49-50.
539 Vgl. z. B. Chopra, Sunil / Meindl, Peter (2004), S. 510-526; Corsten, Hans / Gössinger, Ralf (2008), S. 160-181; Schulte, Christof (2005), S. 61-146 und 539.
540 Bölsche, Dorit (2001), S. 53. Vgl. auch weitere dort angegebene Literaturquellen zur Vielzahl unterschiedlicher Definitionsansätze.
541 Auch Property Rights im Sinne von Eigentums- und Verfügungsrechten und -pflichten; Murphy, Paul R. / Wood, Donald F. (2004) betonen die Bedeutung von „formal contracts" (S. 47).
542 Vgl. Bölsche, Dorit (2001), S. 52; Erlei, Mathias / Leschke, Martin / Sauerland, Dirk (1999), S. 520, Richter, Rudolf / Furubotn, Eirik G. (2003), S. 145.
543 Christopher, Martin (2005), S. 40.

bleiben jedoch bestehen. Koordination dient im Supply Chain Management der zielgerichteten Abstimmung über die verschiedenen Stufen der Wertschöpfungskette und ermöglicht damit die Integration auf der Materialfluss- und Informationsebene. Häufig mündet die unternehmensübergreifende Koordination im Supply Chain Management in Kooperationen. Eine besondere Herausforderung stellt dabei die Aufteilungsregel für den Gewinn bzw. für Wertsteigerungen einer Supply-Chain dar.[544] In den nachfolgenden Abschnitten wird am Beispiel des Katastrophenmanagements die Koordination zwischen den Akteuren einer Wertschöpfungskette ausführlich aufgegriffen. Bei der Umsetzung einer Fremdvergabe und anderen Formen der Kooperation durch Konzepte des Supply Chain Management sind Entscheidungen über die Wahl der Koordinationsform und Koordinationsinstrumente zu unterstützen und zu treffen.

Die Umsetzung der Ziel- und Kundenorientierung sowie der Integrationsorientierung auf den dargestellten Ebenen stellen **Managementaufgaben** dar. Zur Systematisierung der komplexen operativen und strategischen Managementaufgaben, die auch für das Katastrophenmanagement relevant sind, werden drei miteinander verbundene Aufgabenbereiche beschrieben:[545]

- Die *Supply Chain Configuration* (auch supply chain strategy / supply chain design) ist strategisch ausgerichtet und umfasst beispielsweise auf der Koordinationsebene Entscheidungen über Eigenerstellung und Fremdbezug, die Auswahl der Wertschöpfungspartner sowie die Vertragsgestaltung. Auf der Ebene der Material- und Informationsflüsse sind beispielsweise Entscheidungen über, Standorte, logistische Kapazitäten sowie den Einsatz von Informations- und Kommunikationstechnologien zu treffen.
- *Supply Chain Planning* umfasst die taktische Planungsebene und setzt die strategischen Entscheidungen der Supply Chain Configuration in mittel- bis langfristige Programme um. Im Sinne einer kundenorientierten Gestaltung der Wertschöpfungskette werden Planungsdaten über die zeitliche und quantitative Verteilung des Bedarfs in Prognosen für die einzelnen Akteure der Supply Chain transformiert. Planungsgrundlage für Prognosen – und damit für die Dimensionierung der Materialflüsse – bilden vergangeinheits- und / oder zukunftsbezogene Informationen über die Bedarfe.
- Durch die *Supply Chain Execution* (auch Supply Chain Operation) werden die mittel- bis langfristig ausgerichteten Leistungsprogramme bei Bedarf kurzfristig angepasst und anschließend realisiert. Aktuelle Entwicklungen, z. B. in Bezug auf Bedarfsentwicklungen, Lagerbestände, Lieferverzögerungen sowie Produktions- und Personalkapazitäten, werden in die Erstellung der kurzfristigen Planung und Umsetzung einbezogen.

---

544 Vgl. Bowersox, Donald J. / Closs, David J. / Cooper, Bixby M. (2007), S. 7-8; Klaus, Peter (2007), S. 22; Schulte, Christof (2005), S. 526-530; Sucky, Eric (2004), S. 25 und 31.
545 Vgl. z. B. Corsten, Hans und Gössinger, Ralf (2008), S. 160-162; Chopra, Sunil / Meindl, Peter (2004), S. 7-8; Sucky, Eric (2004), S. 27.

Die Supply Chain Execution ist demnach im Katastrophenmanagement der Katastrophenbewältigung zuzuordnen, während Configuration und Planning der Supply Chain Bestandteil der Katastrophenvorsorge sind.

Auf allen Integrationsebenen lassen sich **Standards** einsetzen, um den Zeit- und Abstimmungsaufwand der Integration zu reduzieren. Auf der Materialflussebene ist zu prüfen, ob sich standardisierte Behälter bzw. logistische Einheiten einsetzen lassen (z. B. Gitterbox, Europalette), auf der Ebene der Informationsflüsse stehen informatorische Standards zur Verfügung (z. B. durch Standards für den elektronischen Geschäftsdatenaustausch sowie für den Einsatz automatischer Identifikationssysteme), und auf der Koordinationsebene lassen sich über Standards in Form von Gesetzen auch standardisierte Verträge sowie internationale Vereinbarungen einsetzen.[546] Auch die im nachfolgenden Abschnitt vorgestellten Referenzmodelle des Supply Chain Management dienen als Standard der Integration.

Integration als charakteristisches Element des Supply Chain Management erfordert eine **übergreifende Abstimmung** zwischen den Ebenen der Material- und Informationsflüsse sowie der Koordination. Die folgende Abbildung skizziert auf der Materialflussebene eine Supply Chain, z. B. eine Supply Chain des Katastrophenmanagements (wie bereits in Abschnitt 5.1.1 dargestellt). Die Informationsflüsse sind auf die Wertschöpfungsaktivitäten der gesamten Supply Chain abzustimmen. Die Ebene der Informationsflüsse der nachfolgenden Abbildung kann beispielsweise modellieren, dass die Informationssysteme der Akteure in der Supply Chain (hier als Kreise dargestellt) an eine gemeinsame Informationsplattform (als Rechteck dargestellt) angeschlossen sind. Hierbei kann es sich beispielsweise um die gemeinsame Internet-Seite des Joint Logistics Centre der UN handeln, die unter anderem relevante Stamm- und Bewegungsdaten über die Akteure des Katastrophenmanagements sowie über Materialflüsse mit Bezug zu einzelnen Katastrophen enthält und regelmäßig aktualisiert wird. Auf der Koordinationsebene lässt sich beispielsweise darstellen, welche Abstimmungen zwischen den Akteuren der Wertschöpfungskette, die sich am Joint Logistics Centre beteiligen, getroffen werden und welche Intensität die zielgerichtete Abstimmung aufweist. Je stärker eine Verbindungslinie zwischen den Akteuren skizziert wird, desto stärker ist die Intensität in der Koordination. So könnte die starke Umrandung der drei Akteure in der nachfolgenden Abbildung skizzieren, dass drei Akteure des Katastrophenmanagements im Rahmen eines bestimmten Katastropheneinsatzes im Joint Logistics Centre Verantwortungsbereiche übernommen haben und diese aufeinander abstimmen. Da Material- und Informationsflüsse Gegenstand der Koordination sind, ist eine Abstimmung zwischen allen Ebenen unverzichtbar.

---

546 Vgl. Isermann, Heinz und Lieske, Dorit (1998), S. 408.

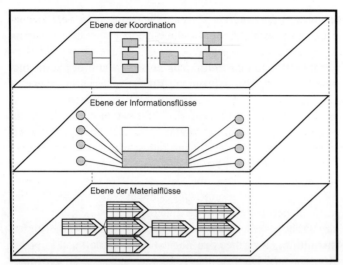

Abbildung 58: Integration Materialfluss-, Informations- und Koordinationsebene[547]

5.2 Referenzmodelle und Konzepte

5.2.1 Referenzmodelle des SCM im internationalen Katastrophenmanagement

5.2.1.1 Das SCOR-Modell

Sowohl Referenzmodelle als auch Konzepte des Supply Chain Management wurden entwickelt, um dem Bullwhip-Effekt entgegenzuwirken und die unternehmensübergreifende Wertschöpfungskette zielgerichtet zu gestalten.
Referenzmodelle werden als allgemeingültige Beschreibungs- und Informationsmodelle eingesetzt, die sich um Analyse- und Optimierungsinstrumente erweitern lassen. Sie sollten abstrakt, robust gegenüber Veränderungen von Rahmenbedingungen, anpassungs- und erweiterungsfähig sowie konsistent aufgebaut sein.[548]
Für das Supply Chain Management wurde durch das im Jahr 1996 gegründete Supply Chain Council ein branchenübergreifendes Standard-Prozess-Referenzmodell entwickelt – das SCOR™-Modell.[549] Das *SCOR-Modell* (*S*upply *C*hain *O*perations *R*eferenzmodel) lässt sich als Referenzmodell heranziehen, um die Wertschöpfungskette standardisiert zu visualisieren und auf Basis von Kennzahlenwerten

---

547 Eigene Darstellung, in Anlehnung an Sucky, Eric (2004), S. 28, 37 und 38.
548 Vgl. Bolstorff, Peter A. / Rosenbaum, Robert G. / Poluha, Rolf G. (2007), S. 15-17; Poluha, Rolf G. (2006), S. 105; Schulte, Christof (2005), S. 530
549 Vgl. Bolstorff, Peter A. / Rosenbaum, Robert G. / Poluha, Rolf G. (2007), S. 16; www.supply-chain.org.

sowie Best-Practice-Analysen zu analysieren.[550] Durch die einheitliche, vergleichbare und bewertbare Darstellung der unternehmensübergreifenden Prozesse auf der operativen Ebene und der Planungsebene erfüllt es die beschriebenen charakteristischen Elemente des SCM: Das SCOR-Modell bildet die Prozesse kundenorientiert ab und erfüllt durch den standardisierten Aufbau die Integrationsanforderungen des Supply Chain Management auf der Informations- und Koordinationsebene.[551]

Das SCOR-Modell stellt ein prozessbezogenes Rahmenwerk, die Standardterminologie, die gemeinsame Beschreibung von Kennzahlen und die entwickelten Softwareanwendungen zur Verfügung.[552] Durch diese Bestandteile bildet das SCOR-Modell einen Ansatz mit den folgenden **Aufgabenstellungen**:[553]

- Prozesse der Wertschöpfungsketten lassen sich mit ihren Verbindungen untereinander standardisiert beschreiben. „Dadurch können ungleichartige Branchen verknüpft werden, um gleichsam die Tiefe und Weite einer beliebigen Lieferkette zu beschreiben."[554]
- Die Leistungsfähigkeit der Prozesse und Wertschöpfungsketten lässt sich bewerten und vergleichen.
- Durch den Einsatz weiterer Analyse- und Gestaltungsinstrumente lassen sich die Wertschöpfungsketten über die Partner der Wertschöpfungskette hinweg gestalten. Dies kann zu einer Reduzierung der (Logistik-) Kosten und zu einer Erhöhung des (Logistik-) Service beitragen.[555]
- Einsatzbereiche für eine Softwareunterstützung lassen sich auf der Grundlage des SCOR-Modells identifizieren und mit der erforderlichen Funktionalität bestimmen.

Mit diesen Aufgabenstellungen des SCOR-Modells kann das Referenzmodell gegebenenfalls auch für die unternehmensübergeifende Zusammenarbeit im **Katastro-**

---

550 Vgl. z. B. Arnold, Ulli / Warzog, Frank (2001), S. 26-29; Corsten, Hans / Gössinger, Ralf (2008), S. 148-160; Murphy, Paul R. / Wood, Donald F. (2004), S. 38-39; Schulte, Christof (2005), S. 530-538. Zum Zeitpunkt der Veröffentlichung dieses Buches lag das SCOR-Modell in der Version 8.0 vor. Eine Kurzbeschreibung des Modells findet sich in Supply-Chain Council (Hrsg.) (2006).
551 Vgl. Corsten, Hans / Gössinger, Ralf (2008), S. 149; Kuhn, Axel (2008), S. 227; Poluha, Rolf G. (2006), S. 66-67; Sürie, Christopher / Wagner, Michael (2008), S. 41.
552 Vgl. Corsten, Hans / Gössinger, Ralf (2008), S. 149; Poluha, Rolf G. (2006), S. 66. Ebenfalls auf S. 66: "Ein großer Nutzen des SCOR-Modells liegt in der Definition einer gemeinsamen Sprache zur Kommunikation zwischen den verschiedenen innerbetrieblichen Funktionen und den außerbetrieblichen Partner der Lieferkette."
553 Vgl. Bolstorff, Peter A. / Rosenbaum, Robert G. / Poluha, Rolf G. (2007), S. 149; Poluha, Rolf G. (2006), S. 81.
554 Poluha, Rolf G. (2006), S. 103.
555 Die dadurch erzielbaren Potenziale quantifiziert beispielsweise Poluha, Rolf G. (2006), S. 109-114. Die Verbesserungspotenziale betreffen sowohl die Logistikkosten (z. B. Reduzierung der Beschaffungskosten, der Distributionskosten, des Gesamtressourceneinsatzes) als auch den Logistikservice (z. B. Erhöhung der Durchlaufzeiten, der Prognosegenauigkeit und der Lieferleistung sowie Reduzierung der Qualitätsmängel).

phenmanagement geeignet sein. Staatliche und nicht-staatliche Akteure unterschiedlicher Branchen, z. B. aus unterschiedlichen Industriebereichen, Handelsunternehmen, Logistikdienstleister und weitere Dienstleister sowie Hilfsorganisationen arbeiten im internationalen Umfeld zusammen. Setzen diese jeweils unternehmens- oder branchenbezogene Modelle für die Beschreibung, Bewertung und Gestaltung der Prozesse ein, so kann eine unternehmensübergreifende Darstellung, Abstimmung und Bewertung der Abläufe nicht bzw. nur unter Einsatz weiterer Anpassungen und Vereinheitlichungen erfolgen. Das Referenzmodell bietet den Akteuren des Katastrophenmanagements ein Rahmenwerk, durch das ein gemeinsames Grundverständnis über Begriffe, Abläufe, Analyseinstrumente in Form von Kennzahlen und die entsprechende Datengrundlage geschaffen werden kann.

Standardisierte Referenzmodelle weisen Grenzen auf, die ebenfalls zu beachten sind, wenn über den Einsatz eines solchen Modells im internationalen Katastrophenmanagement entschieden wird.[556] So ist zu prüfen, ob das Modell in der Lage ist, die Individualität in der Leistungserstellung der einzelnen Akteure – auch der nicht privatwirtschaftlich ausgerichteten Akteure – in geeigneter Weise abzubilden. Die nachfolgenden Erläuterungen über das Begriffs- und Prozessverständnis sowie die Detaillierungsebenen des hierarchisch aufgebauten SCOR-Modells sollen nun die Fragestellung klären, ob der Einsatz des SCOR-Modells für Akteure des internationalen Katastrophenmanagements empfohlen werden kann.

Das SCOR-Modell spezifiziert eine Wertschöpfungskette über mehrere hierarchisch aufgebaute Ebenen und lässt sich darüber hinaus um weitere unternehmensindividuell gestaltete Ebenen ergänzen. Auf der **Ebene 1**, die am höchsten aggregiert ist, werden die **Kernprozesse** abgebildet (vgl. Abbildung 59).

Bei den fünf Kernprozessen handelt es sich um „Plan" (Planen), „Source" (Beschaffen), „Make" (Produzieren), „Deliver" (Ausliefern) und „Return" (Rückführen). Das Begriffsverständnis des Supply-Chain Council entspricht den in diesem Buch bereits vorgestellten Begriffen der Planung und der logistischen Funktionen Beschaffung, Produktion und Distribution, sodass diese nicht nochmals erläutert werden müssen.[557] Aus Abbildung 59 lässt sich erkennen, dass die Funktionen durch das Prozess-Referenzmodell integriert abgebildet werden, und zwar über alle Akteure einer Wertschöpfungskette. Das SCOR-Modell erstreckt sich von den Lieferanten der eigenen Lieferanten bis zu den Kunden der eigenen Kunden und lässt sich demnach

---

556 Schwächen und Grenzen des Modells beschreibt beispielsweise Poluha, Rolf G. (2006), S. 114-118: Das SCOR-Modell unterliegt Veränderungen und damit einer Dynamik, die sowohl Vor- als auch Nachteile mit sich bringt, ergänzende individuelle Beschreibungen sind im SCOR-Modell zwingend erforderlich, und bestimmte Funktionsbereiche werden in der Organisationsstruktur vorausgesetzt.

557 Vgl. „Grundlagen der Logistik" in Abschnitt 3.1. Vgl. zum Begriffsverständnis des Supply-Chain Council: Bolstorff, Peter A. / Rosenbaum, Robert G. / Poluha, Rolf G. (2007), S. 19; Corsten, Hans / Gössinger, Ralf (2008), S. 150; Schulte, Christof (2005), S. 533.

flussauf- und -abwärts beliebig ergänzen.[558] Der Kernprozess „Plan" erfolgt übergreifend und bezieht mehrere Funktionen, Prozesse und Akteure übergreifend ein.

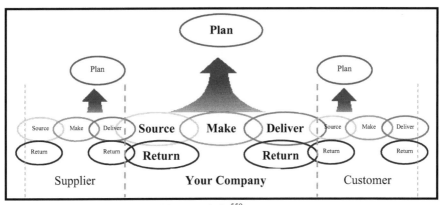

Abbildung 59: Ebene 1 des SCOR-Modells[559]

Ebene 1 des SCOR-Modells erfüllt die in diesem Kapitel definierten Anforderungen an das Supply Chain Management – auch an das SCM im internationalen Katastrophenmanagement: Die Wertschöpfungskette wird durch das SCOR-Modell prozess-, kunden- und integrationsbezogen dargestellt und umfasst sowohl die Material- und Informationsströme als auch die Akteure bzw. Institutionen.[560] Durch den Kernprozess der „Rückführung" ist das Modell auch in der Lage, die Prozesse der „Nachkombination" im internationalen Katastrophenmanagement zu modellieren. Für das Katastrophenmanagement deutet sich auf der Ebene 1 des Modells bereits ein Anpassungsbedarf für eine Vielzahl der beteiligten Akteure an: Der Kernprozess des „Produzierens" ist nicht im Sinne einer Produktion von Sachleistungen zu verstehen. Vielmehr ist für die Produktion von Dienstleistungen – entsprechend der Prozessdarstellung zur Produktion katastrophenlogistischer Dienstleistungen in Abschnitt 4.3.1 – eine gemeinsame Modellierung der Kernprozesse „Produzieren" und „Ausliefern" erforderlich. Diese erforderlichen Anpassungen sind bereits für eine Vielzahl anderer Dienstleistungsunternehmen realisiert worden und können für die standardisierte Leistungserstellung im Katastrophenmanagement eine Grundlage darstellen.[561]

Die fünf Kernprozesse werden auf der **zweiten Ebene** des SCOR-Modells in 30 **Prozesskategorien** differenziert. Auf der Planungs-Ebene wird sowohl die Planung

---

558 Vgl. Bolstorff, Peter A. / Rosenbaum, Robert G. / Poluha, Rolf G. (2007), S. 19; Poluha, Rolf G. (2006), S. 86.
559 Vgl. Supply-Chain Council (Hrsg.) (2006), S. 3.
560 Vgl. hierzu Abschnitt 5.1.2.
561 Bolstorff, Peter A. / Rosenbaum, Robert G. / Poluha, Rolf G. (2007) beschreiben in ihrem „Praxishandbuch zur Optimierung mit SCOR" ein Fallbeispiel zur Umsetzung des SCOR-Modells (Logistik AG).

innerhalb der einzelnen Funktionen und Prozesse (P2 bis P5) als auch die übergreifende Planung (P1) abgebildet. In der Modellierung der Materialflüsse erfolgt standardisierte Gruppierung, wie etwa nach Lager-, Kundenauftrags- oder Spezialfertigung (z. B. S1 Source Stocked Products und D2 Deliver Make-to-Order-Product), und unter dem Begriff „Enable" werden weitere unterstützende Prozesse erfasst, die unter anderem übergreifende Informationen über Managementaufgaben, Verträge und Finanzierung enthalten.[562]

Die zweite Ebene des SCOR-Modells enthält ergänzend ebenfalls Empfehlungen zu geeigneten übergreifenden Maßgrößen, die als *Attribute* bezeichnet werden, und die auf den weiteren Detaillierungsstufen zu Kennzahlen differenziert werden. In der Version 8.0 des SCOR-Modells handelt es sich um fünf Attribute:

- „Reliability" (Lieferzuverlässigkeit),
- „Responsiveness" (Reaktionsfähigkeit),
- „Flexibility" (Anpassungsfähigkeit),
- „Cost" (Kosten) und
- „Asset Management" (Kapitaleinsatz).[563]

Da die Leistungsattribute des SCOR-Modells an den Zielgrößen der Logistik und des Supply Chain Management ausgerichtet sind, die auch für das internationale Katastrophenmanagement gelten, ist eine Übertragung der Leistungsattribute auf das hier zu untersuchende Anwendungsfeld möglich und sinnvoll. In Kapitel 3 dieser Arbeit wurde das Strategie- und Zielsystem für Akteure des Katastrophenmanagements aus der übergreifenden Vision und Strategie abgeleitet. Dieses auf Logistik und Supply Chain Management ausgerichtete Zielsystem mündet auf einer weiteren Differenzierungsstufe in Entscheidungskriterien und exemplarischen Kennzahlen, die an die durch das Fritz Institute und das IFRC entwickelten „Key Performance Indikatoren" angelehnt sind. Diese betreffen die zeitliche Verfügbarkeit, die Zuverlässigkeit, die (Logistik-) Kosten und das Budget und lassen sich demnach mit den oben angegebenen Attributen des SCOR-Modells in Abstimmung bringen und durch dieses ergänzen.[564]

Eine weitere Untergliederung der Prozesskategorien erfolgt durch die **dritte Ebene** des SCOR-Modells, durch die einzelne Geschäftsprozesse bzw. **Prozesselemente**

---

562 Vgl. Bolstorff, Peter A. / Rosenbaum, Robert G. / Poluha, Rolf G. (2007), S. 20; Corsten, Hans / Gössinger, Ralf (2008), S. 152; Poluha, Rolf G. (2006), S. 87-89; Schulte, Christof (2005), S. 533; Supply-Chain Council (Hrsg.) (2006), S. 9.
563 Vgl. Bolstorff, Peter A. / Rosenbaum, Robert G. / Poluha, Rolf G. (2007), S. 81; Corsten, Hans / Gössinger, Ralf (2008), S. 152; Poluha, Rolf G. (2006), S. 94-102. Die Bedeutung ähnlicher Maßgrößen bzw. Attribute wird beispielsweise auch in Speh, Thomas W. (2008), S. 247-253 hervorgehoben.
564 Vgl. Abschnitt 3.2.5.

festgelegt sowie mit ihren In- und Outputbeziehungen beschrieben werden.[565] Beispielsweise lässt sich die Prozesskategorie „Zugekauftes Material beschaffen" (S1 Source Stocked Products) durch das SCOR-Modell standardisiert in die folgenden Prozesselemente aufteilen:[566]

- S1.1 Materiallieferung terminieren,
- S1.2 Material annehmen,
- S1.3 Material prüfen,
- S1.4 Material transferieren und
- S1.5 Bezahlung des Lieferanten veranlassen.

Diese standardisiert beschriebenen Prozesselemente sind trotz der hohen Detaillierungsstufe gerade noch so allgemein formuliert, dass sie sich durch unterschiedliche Branchen – und somit auch für die unterschiedlichen Akteure des Katastrophenmanagements – umsetzen lassen. Jedes Prozesselement wird

- definiert und inhaltlich beschrieben,
- mit seinen Informations- In- und -Outputbeziehungen dargestellt,
- mit relevanten Leistungsattributen und Kennzahlenwerten beschrieben und bewertet,
- sofern möglich Best Practices und Benchmarks gegenübergestellt und
- mit Best-Practice-Systemfähigkeiten und verfügbaren Softwareanwendungen beschrieben.[567]

Bezogen auf das oben angegebene Prozesselement S.1.1 „Materiallieferung terminieren" stellt z. B. ein Beschaffungsplan einen *Informationsinput* dar und das auslösende Beschaffungssignal einen *Informationsoutput*.[568] Für das internationale Katastrophenmanagement, insbesondere für die Katastrophenbewältigung, können auch die Information über ein katastrophenauslösendes Ereignis mit Angaben über die Art und das Ausmaß, die geographische Lage und der daraus abgeleitete Bedarf der Bevölkerung einen Informationsinput für S1.1 bilden.

Für jedes Prozesselement wird des Weiteren angegeben, welche der fünf übergreifenden Leistungsattribute durch das Prozesselement beeinflusst werden. Mit der weiteren Detaillierung auf der dritten Ebene des SCOR-Modells werden zudem *Kennzahlenwerte* generiert und den Leistungsattributen zugeordnet. Beispielsweise

---

565 Vgl. Corsten, Hans / Gössinger, Ralf (2008), S. 153; Poluha, Rolf G. (2006), S. 90; Schulte, Christof (2005), S. 533-534; Supply-Chain Council (Hrsg.) (2006), S. 10; Sürie, Christopher / Wagner, Michael (2008), S. 44.
566 Vgl. Corsten, Hans / Gössinger, Ralf (2008), S. 154-155; Schulte, Christof (2005), S. 534; Supply-Chain Council (Hrsg.) (2006), S. 10.
567 Vgl. Corsten, Hans / Gössinger, Ralf (2008), S. 155; Supply-Chain Council (Hrsg.) (2006), S. 12-13.
568 Vgl. Corsten, Hans / Gössinger, Ralf (2008), S. 155; Sürie, Christopher / Wagner, Michael (2008), S. 45.

lässt sich bezogen auf das Prozesselement S1.1 der „Anteil der Kosten des Materialmanagements an den Materialkosten" generieren. Diese für das internationale Katastrophenmanagement relevante Kennzahl lässt sich dem Leistungsattribut „Kosten" und ergänzend dem „Budget" zuordnen; die Kennzahl „Anteil qualitativ nicht akzeptabler Lieferungen an den Gesamtlieferungen" lässt sich dem Leistungsattribut Zuverlässigkeit" zuordnen.[569]

Mit Unternehmen der gleichen oder anderer Branchen lässt sich auf der Grundlage der generierten Kennzahlenwerte gegebenenfalls ein Vergleich durchführen (wettbewerbsorientiertes bzw. branchenübergreifendes externes *Benchmarking*); auch die Kennzahlenwerte unterschiedlicher Abteilungen oder Regionen eines Unternehmens lassen sich gegenüberstellen (unternehmensinternes Benchmarking).[570] Für das internationale Katastrophenmanagement lassen sich beispielsweise Kennzahlenwerte für unterschiedliche Katastropheneinsätze, für unterschiedliche Katastrophenarten und -gebiete generieren und einem Vergleich unterziehen. Die besten Kennzahlenwerte bilden jeweils die „*Best Practice*". Das SCOR-Modell enthält Erläuterungen zur „Best Practice" sowie den erforderlichen Softwarefunktionalitäten und Softwareanbietern. Mit Blick auf das exemplarisch beschriebene Prozesselement S1.1 zählt beispielsweise die „Nutzung von EDI-Transaktionen" zu den Best Practices (EDI: Electronic Data Interchange bzw. elektronischer Geschäftsdatenaustausch), deren Umsetzung EDI-Schnittstellen erfordern.[571] Der Vergleich eigener Ist-Kennzahlenwerte und Prozessumsetzungen mit der „Best Practice" liefert die Grundlage für weitere Analysen. Ausschlaggebend für eine Abweichung von der Best Practice können unveränderbare Rahmenbedingungen sein. Abweichungsanalysen können als Ergebnis aber auch Verbesserungspotenziale offen legen und damit Maßnahmen auslösen, die zu höheren Zielerreichungsgranden führen.[572]

Die Notwendigkeit zur Umsetzung von Kennzahlensystemen und -vergleichen ist durch Akteure des internationalen Katastrophenmanagements bereits erkannt und in Ansätzen umgesetzt worden. Die in diesem Buch bereits angesprochenen Studien des Fritz Institute mit vergleichbaren Kennzahlen zu Katastropheneinsätzen (zum Erdbeben in Pakistan, Hurrikane Katrina in den USA und dem Tsunami in Asien)[573] sowie die Entwicklung der Key Performance Indikatoren für internationale Katastropheneinsätze[574] bilden erste Ansätze zur Umsetzung zielbezogener Kennzahlen-

---

569 Ausführliche Erläuterungen zu den Kennzahlen des SCOR-Modells enthält beispielsweise Bolstorff, Peter A. / Rosenbaum, Robert G. / Poluha, Rolf G. (2007), S. 81-94; Sürie, Christopher / Wagner, Michael (2008), 45-61.
570 Ausführliche Erläuterungen zur Erstellung von Vergleichstabellen, Konkurrenzvergleichen und Leistungsvergleichen enthält beispielsweise Bolstorff, Peter A. / Rosenbaum, Robert G. / Poluha, Rolf G. (2007), S. 95-129.
571 Vgl. Schulte, Christof (2005), S. 534.
572 Schwachstellenanalysen und die darauf aufbauende Definition von Soll-Prozessen werden ausführlich an einem Beispiel in Bolstorff, Peter A. / Rosenbaum, Robert G. / Poluha, Rolf G. (2007), S. 95-340 erläutert.
573 Vgl. Abschnitt z. B. Abschnitt 2.1.3 und 3.2.5.3.
574 Vgl. Abschnitt 3.2.5.3.

bewertungen und -vergleiche. In der weiteren Differenzierung dieser Kennzahlensysteme sollte geprüft werden, ob eine Umsetzung des SCOR-Modell sinnvoll ist. Das standardisierte Modell enthält bereits eine Vielzahl der für die Akteure des Katastrophenmanagements relevanten Kennzahlen in einer einheitlichen branchenübergreifenden Begriffswelt. Aus diesen Kennzahlen lässt sich eine Auswahl treffen (nicht relevante Kennzahlen, z. B. zu Prozesselementen der Produktion sowie eine Vielzahl der umsatzbezogenen Kennzahlen lassen sich vernachlässigen) und auf den weiteren Detaillierungsebenen des SCOR-Modells auf die spezifischen Anforderungen des internationalen Katastrophenmanagements ausrichten.

Insgesamt ist das SCOR-Modell auf eine Detaillierung bis zu einer sechsten Stufe ausgerichtet. Dabei widmet sich **Stufe 4** den **Aufgaben** (Tasks), die **Stufe 5** den **Tätigkeiten** (Activities) und die **Stufe 6** den **Arbeitsanweisungen** (Instructions). Das Supply Chain Council nimmt die vierte und die folgenden Ebenen bewusst nicht in die Modell-Dokumentation auf, da der Detaillierungsgrad ab dieser Ebene zu hoch ist und demnach der Anspruch eines branchenunabhängigen Referenzmodells nicht mehr erfüllt werden kann.[575] So lassen sich beispielsweise die detaillierten individuellen Informationen aus einer Beschreibung der elementaren logistischen Leistungsprozesse (vgl. hierzu Abschnitt 4.3.1) ergänzend aufnehmen.

Insbesondere für die Ebenen 1 und 2 stellt das SCOR-Modell ergänzend zu den bereits beschriebenen Bestandteilen standardisierte **Darstellungsformen** zur Verfügung. Beispielsweise lassen sich auf Karten Standorte und Verbindungsstrecken zwischen den Standorten skizzieren und mit Informationen über die Ebene 1 und 2 des Modells verbinden.[576] Die vertikale und horizontale Distributionsstruktur – und damit auch Ergebnisse der Standort-, Transport- und Tourenplanung (vgl. hierzu Abschnitt 4.2) – lassen sich unter Einsatz dieser Darstellungsformen nach unterschiedlichem Detaillierungsgrad skizzieren und mit Informationen zu den Kernprozessen und Prozesskategorien verbinden. Dabei richten sich die Darstellungsformen des SCOR-Modells nicht nur auf ein einzelnes Unternehmen sondern auch auf eine Visualisierung der unternehmensübergreifenden Standorte, Transportrelationen und Leistungen.[577]

Abschließend kann festgestellt werden, dass das SCOR-Modell mit den in diesem Abschnitt beschriebenen Inhalten für Akteure des Katastrophenmanagements Einsatzpotenziale bietet. Für die Darstellung, Beschreibung, Bewertung und den Vergleich von Prozessen im internationalen Katastrophenmanagement liefert das Modell wertvolle Hinweise, z. B. zu Kennzahlen und deren Datengrundlage, zur

---

575 Vgl. Bolstorff, Peter A. / Rosenbaum, Robert G. / Poluha, Rolf G. (2007), S. 137.
576 Die detaillierten Informationen ab der dritten Ebene lassen sich aufgrund der Vielzahl der Prozesselemente und ergänzenden Informationen nicht mehr übersichtlich darstellen.
577 Beispiele für geografische Karten werden beispielsweise in Bolstorff, Peter A. / Rosenbaum, Robert G. / Poluha, Rolf G. (2007), S. 147 und 149 dargestellt; die Darstellung einer „Prozess-Map" findet sich beispielsweise in Corsten, Hans / Gössinger, Ralf (2008), S. 154 und beide Darstellungsformen werden beispielsweise in Sürie, Christopher / Wagner, Michael (2008), S. 48 miteinander verbunden.

Visualisierung von Prozessen, zu einer branchenübergreifenden Begriffswelt. Jedes Referenzmodell weist jedoch auch Grenzen auf, da sich individuelle Unternehmen unterschiedlicher Branchen mit ihren individuellen Prozessen nicht standardisiert beschreiben lassen.[578] Gegebenenfalls werden nicht alle Prozesse und Kennzahlen in geeigneter Form abgebildet, sodass individuelle Anpassungen ergänzend erforderlich sind. Akteure des Katastrophenmanagements müssen sich gemeinsam mit den Partnern der Wertschöpfungskette entscheiden, ob sie das SCOR-Modell im Standard des Supply-Chain Council mit den zur Verfügung stehenden Funktionalitäten und Anwendungen einsetzen wollen oder ob sie geeignete Inhalte des Modells auf eigene Referenzmodelle und darauf aufbauende Methoden, Instrumente und Anwendungen übertragen werden.[579]

5.2.1.2 Efficient Consumer Response (ECR)

Während das SCOR-Modell vornehmlich durch Industrieunternehmen entwickelt wurde und mit den übergreifenden Kernprozessen Beschaffen, Produzieren, Liefern und Planen auf diese ausgerichtet ist,[580] wurden durch Handelsunternehmen parallel ebenfalls Referenzmodelle entwickelt. Diese richten sich vornehmlich auf Distributionsprozesse und berücksichtigen in besonderem Maße die Besonderheiten der Produktion von Dienstleistungen.[581]
Efficient Consumer Response (ECR) ist ähnlich wie das SCOR-Modell durch einen Zusammenschluss mehrerer Interessenvertreter (insbesondere aus dem Handel und der Konsumgüterindustrie) entwickelt und standardisiert worden.[582] Im Jahr 1994 wurde die Initiative ECR Europe gegründet.[583] Das Referenzmodell bildet 4 Basisstrategien ab, von denen das „Efficient Replenishment" den stärksten Bezug zur Logistik aufweist. „Efficient Assortment", „Efficient Promotion" und „Efficient Product Introduction" befassen sich in der angegebenen Reihenfolge zunehmend mit Marketing und abnehmend mit logistischen Fragestellungen und werden gemeinsam dem „Category Management" zugeordnet.
Für das internationale Katastrophenmanagement bietet das Efficient Consumer Response als Referenzmodell nur begrenzt Einsatzpotenziale. Insbesondere das Catego-

---

578 Vgl. zu den Grenzen des Modells z. B. Poluha, Rolf G. (2006), S. 361-368.
579 Vgl. hierzu z. B. Tufinkgi Philippe (2006). Die Darstellung eines logistischen Referenzmodells für Katastrophenfälle erfolgt auf den Seiten 203-276. Eine methodische Einbindung von Kennzahlen und Benchmarking ist hier nicht vorgesehen, lässt sich aber auf Grundlage des SCOR-Modells ergänzen.
580 Vgl. Arnold, Ulli / Warzog, Frank (2001), S. 26-28. Das SCOR-Modell wurde zwar aus Sicht der Industriebranche entwickelt, wird aber auch durch Handelsunternehmen und andere Dienstleister eingesetzt.
581 Die Abgrenzung der Produktion von Sach- und Dienstleistungen ist bereits in den Kapiteln 3 und 4 dargelegt worden.
582 Vgl. Auffermann, Christiane (2008), S. 528.
583 Vgl. www.ecr-europe.com sowie www.ecr.de.

ry Management ist stark auf den „kaufenden" bzw. „zahlenden" Endkunden gerichtet. Damit ist es auf Marketingstrategien und -ziele ausgerichtet, die für das internationale Katastrophenmanagement mit den zu berücksichtigenden „Kunden" Geldgeber und bedürftige Menschen nicht übertragbar sind. Aus diesem Grund wird nicht das gesamte Referenzmodell vorstellt sondern diejenigen Konzepte und Instrumente des Logistik- und SCM-orientierten „Efficient Replenishment", die für das internationale Katastrophenmanagement einsetzbar sind. Diese werden in den nachfolgenden Abschnitt aufgenommen, der sich den Konzepten des Supply Chain Management und seinen Potenzialen für das internationale Katastrophenmanagement widmet.[584]

5.2.2 Konzepte des SCM im internationalen Katastrophenmanagement

5.2.2.1 Einleitung

Referenzmodelle des Supply Chain Management sind darauf ausgerichtet, Wertschöpfungsprozesse mit den charakteristischen Elementen des SCM standardisiert zu beschreiben, darzustellen und bei Bedarf einheitlich zu bewerten. Konzepte zur Umsetzung des Supply Chain Management wurden im Wesentlichen aus diesen Referenzmodellen der Industrie- und Handelsunternehmen heraus entwickelt und sind auf höhere Zielerreichungsgrade in der Supply Chain ausgerichtet.
Hierzu zählen unter anderem die Konzepte Cross Docking, Vendor Managed Inventory, Collaborative Forecasting Planning and Replenishment und Postponement, die nachfolgend mit ihren Einsatzpotenzialen und Grenzen für das internationale Katastrophenmanagement vorgestellt werden.[585] Dabei werden sowohl die charakteristischen Zielsetzungen der Akteure des Katastrophenmanagements als auch ausgewählte Erkenntnisse und Ergebnisse der vorangehenden Kapitel besondere Berücksichtigung finden.

---

584 Die Fragestellung, ob ECR Bestandteil des SCM ist oder SCM ein Bestandteil des ECR soll an dieser Stelle nicht weiter vertieft werden. Vgl. hierzu Arnold, Ulli / Warzog, Frank (2001), S. 30-37; Auffermann, Christiane (2008), S. 528-529; Schulte, Christof (2005), S. 491-493. Im Rahmen dieses Buches wird ECR als Bestandteil des SCM behandelt.
585 Eine Übersicht über weitere Konzepte gibt beispielsweise in Arnold, Ulli / Warzog, Frank (2001), S. 32-34 sowie Vahrenkamp, Richard (2007), S. 357-382.

5.2.2.2 Cross Docking

Cross Docking stellt ein Konzept zur Abwicklung von Umschlagvorgängen in Distributionszentren dar. Anlieferungen vorgelagerter Wertschöpfungsstufen (der Lieferanten) werden nicht eingelagert sondern direkt umgeschlagen und sortiert, sodass eine Bereitstellung für den Warenausgang ohne Zwischenlagerung erfolgen kann. Durch die Integration der Material- und Informationsflüsse zwischen Lieferant und nachfolgender Wertschöpfungsstufe lassen sich Bestände (und damit Bestandskosten) vermeiden bzw. reduzieren und Lieferzeiten verkürzen; dem Bullwhip-Effekt wird entgegengewirkt.[586]

Im internationalen Katastrophenmanagement wird Cross Docking bereits an mehreren Knoten der Distributionsstruktur umgesetzt.[587] Ein Beispiel stellen die in der Katastrophenbewältigung genutzten Flug- und Seehäfen dar, an denen die über den Luftverkehr ankommenden Hilfsgüter nicht zwischengelagert sondern – sofern die politischen Rahmenbedingungen und die Infrastruktur dies erlauben – über einen Knoten direkt auf Transportmittel umgeschlagen und zum nächsten Knoten der Distributionsstruktur transportiert werden. Auch auf den nachfolgenden Stufen wird Cross Docking realisiert, insbesondere auf den Stufen der „Quick Rotation Warehouses" und der „Temporary Collection Sites". Bereits die englischen Bezeichnungen der Regional- und Auslieferungslager – mit den Begriffen schnell (quick) und temporär (temporary) – weisen auf ein angestrebtes Cross Docking hin.[588] Eine Darstellung der Grundstruktur des Cross-Docking erfolgt in Abbildung 60.

In der bereits mehrfach erläuterten Aufteilung des Katastrophenmanagements in die Bestandteile der Katastrophenvorsorge und -bewältigung lässt sich das Cross-Docking beiden Bereichen zuordnen: Die mittel- bis langfristig ausgerichtete vorbeugende Einrichtung der Umschlagspunkte – auch auf der Grundlage von Informationen aus dem Monitoring, der Frühwarnung und der Risikoanalyse – stellen Maßnahmen der *Katastrophenvorsorge* dar; die kurzfristig ausgerichtete Umsetzung des Cross-Docking im Rahmen der Rettungsmaßnahmen und der humanitären Hilfe lässt sich der *Katastrophenbewältigung* zuordnen. Aus den Erfahrungen in der Umsetzung des Cross-Docking, Soll-Ist-Vergleichen und darauf aufbauenden Abweichungs- und Risikoanalysen schließt sich der bekannte Kreislauf des Katastrophenmanagements für das Cross-Docking.

---

586 Vgl. z. B. Arnold, Ulli / Warzog, Frank (2001), S. 32-33; Chopra, Sunil / Meindl, Peter (2004), S. 413 und 423; Christopher, Martin (2005), S. 189; Corsten, Hans / Gössinger, Ralf (2008), S. 128-130; Schulte, Christof (2005), S. 493-497.
587 Dabei wird üblicherweise nicht der aus der Handelsbranche verwendete Begriff des Cross-Docking eingesetzt.
588 Zur Distributionsstruktur und zur Bezeichnung sowie Erläuterung der Knotenpunkte vgl. Abschnitt 4.2.

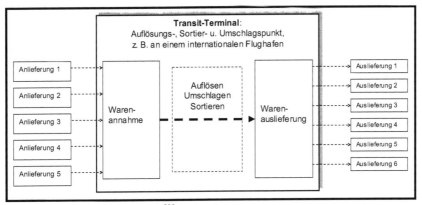

Abbildung 60: Cross-Docking[589]

Die mit der Umsetzung des Cross Docking verbundenen Zielerreichungsgrade in Bezug auf Kosten und Service lassen sich im internationalen Katastrophenmanagement gegebenenfalls verbessern, indem logistische Methoden eingesetzt werden, von denen einige exemplarisch in Kapitel 4 vorgestellt wurden: Methoden der *Standortplanung* lassen sich einsetzen, um die Anzahl und Standorte der Umschlagspunkte für das Cross Docking im internationalen Katastrophenmanagement zu bestimmen.[590] Dies gilt sowohl für langfristig aufgebaute Knotenpunkte (z. B. an Flughäfen) als auch für kurzfristig nach einer Katastrophe aufzubauende Temporary Collection Sites. Methoden der *Tourenplanung* lassen sich einsetzen, um die Beladung und Auslastung der Transportmittel sowie die Stecken der Auslieferung im Rahmen des Umschlags von einem Transportmittel auf ein weiteres zielgerichtet zu bestimmen.[591] Welche Art des Cross-Docking und welche Methoden der Transport- und Tourenplanung zum Einsatz kommen, hängt unter anderem von der jeweiligen Distributionsstufe sowie der Art und Menge der zu verteilenden Hilfsgüter ab. Je näher sich die Transporte und Touren an den bedürftigen Menschen befinden, desto geringer sind die Mengen, die an jeden einzelnen Empfänger auszuliefern sind. Das bedeutet, dass auf der Stufe der „Temporary Collection Sites" tendenziell eher ein Pack-Cross-Docking und ein Tourenplan mit mehreren Empfängern umzusetzen ist, während auf den vorgelagerten Stufen auch ein sortenreines Cross-Docking mit nachfolgenden Transporten umgesetzt wird. Im Rahmen des Pack-Cross-Docking werden artikelreine Ladungsträger (mit jeweils nur einem Hilfsgut) an den Umschlagspunkt geliefert, dort empfängerbezogen umsortiert sowie gebündelt und zur folgenden Distributionsstufe bzw. zu den bedürftigen Menschen geliefert. Im Gegensatz dazu werden beim sortenreinen Cross-Docking die artikelreinen Ladungsträger (z. B. Paletten) an den Empfänger ohne Anbruch ausgeliefert. Der Umschlag

---

589 In Anlehnung an Corsten, Hans / Gössinger, Ralf (2008), S. 129.
590 Vgl. zur Standortplanung Abschnitt 4.2.2.
591 Zur Transport- und Tourenplanung vgl. Abschnitt 4.2.3.

betrifft in diesem Fall die Beladung der Transportmittel mit Hilfsgütern, die sich vor und nach dem Cross-Docking unterscheidet.[592]

Cross-Docking weist jedoch auch Grenzen auf. Nicht alle Hilfsgüter lassen sich ausschließlich über Cross-Docking von den Herstellern über die Stufen der Wertschöpfungskette zu den bedürftigen Menschen bringen. Die Transportwege und damit verbundenen -zeiten sind häufig zu lang, sodass eine zeitnahe Versorgung nicht mehr möglich ist. Zentrallager und gegebenenfalls Lager weiterer Stufen müssen Hilfsgüter in der Nähe der Katastrophengebiete bevorraten, damit die betroffene Bevölkerung innerhalb einer akzeptablen Zeit versorgt werden kann. Bei der Auswahl der Hilfsgüter, die bevorratet werden sollten, und der Lagerorte können die Ergebnisse der *ABC-XYZ-Analyse* eine erste Entscheidungsgrundlage darstellen:[593]

- Aus der ABC-Klassifizierung eignen sich insbesondere die hochwertigen Güter (A-Güter) und ggf. auch mittelwertige B-Güter für ein Cross-Docking: Der Abbau der Lagerbestände führt bei diesen Gütern zum Abbau hoher Werte und damit zum Abbau vergleichsweise hoher Kapitalbindungskosten. A-Regionen, in denen Menschen besonders häufig zu Katastrophen betroffen sind, eignen sich als Standorte für die zu bevorratenden C-Güter.
- Aus der XYZ-Klassifizierung eigenen sich insbesondere die regelmäßig benötigten X-Güter (ggf. auch Y-Güter) für eine Bevorratung. Diese sollten vorrangig in denjenigen Regionen bevorratet werden, in denen die Regelmäßigkeit betroffener Menschen mit einem Bedarf an diesen Hilfsgütern besonders hoch ist (X-Region). Cross-Docking eignet sich insbesondere für unregelmäßige Bedarfe (Z-Güter und Z-Regionen).
- Weitere Klassifizierungen, z. B. zum Beitrag für das Überleben und die Gesundheit der Menschen, zum Volumen und zur Haltbarkeit liefern weitere Entscheidungsgrundlagen für die Umsetzung eines Cross-Docking. Je wichtiger die Hilfsgüter für das Leben und die Gesundheit der betroffenen Menschen sind, je geringer das Volumen ist und je länger die Haltbarkeit der Hilfsgüter ist, desto eher eignet sich tendenziell eine bewusste Lagerhaltung, während im anderen Fall ein Cross-Docking geeignet sein kann.

Ebenfalls ist zu beachten, dass das Cross-Docking nicht geeignet ist, wenn aufgrund voll ausgelasteter Transportmittel über einen Knoten der Distributionsstruktur hinweg ein Umschlag nicht erforderlich ist. In diesem Fall ist sowohl aus Sicht der kosten- als auch der servicebezogenen Entscheidungskriterien eine Direktbelieferung dem Cross-Docking vorzuziehen.[594]

---

592 Zum Pack-Cross-Docking und sortenreinen Cross-Docking vgl. z. B. Vahrenkamp, Richard (2007), S. 363. Ergänzende Erläuterung zur ein-, zwei- und mehrstufigen Umsetzung des Cross Docking enthält z. B. Auffermann, Christiane (2008), S. 527.
593 Zur ABC-XYZ-Analyse vgl. Abschnitt 4.1.
594 Zur Direktbelieferung bzw. Direct Store Delivery vgl. z. B. Auffermann, Christiane (2008), S. 528; Vahrenkamp, Richard (2007), S. 363.

Ergänzend lassen sich Ergebnisse einer *Netzplantechnik* als Entscheidungsgrundlage für die Umsetzung eines Cross-Docking nutzen. Wenn ein Cross-Docking beispielsweise anstelle der Haltung von Lagerbeständen umgesetzt werden soll, um die Zeiten der Versorgung betroffener Menschen in einem Katastrophengebiet zu verkürzen, so eignet sich diese Maßnahme nur für Vorgänge (Prozesse, Prozesselemente), die auf dem kritischen Pfad liegen. Nur für diese Vorgänge wirken sich Verkürzungen der Vorgangszeiten auch direkt und in vollem Umfang auf die gesamte Projektzeit – und damit auf die Zeit bis zur Versorgung der betroffenen Bevölkerung – aus.[595]

5.2.2.3 Vendor Managed Inventory

Bei der Umsetzung eines Vendor Managed Inventory (VMI) erfolgt die Disposition der Lager- bzw. Filialbestände durch die vorgelagerte Wertschöpfungsstufe,[596] so übernimmt beispielsweise ein Industrieunternehmen die Disposition der Lagerbestände im Zentrallager eines Handelsunternehmens.[597] Die zielgerichtete Umsetzung setzt die Kenntnis der für die Disposition verantwortlichen Wertschöpfungsstufe über Lagerbestände, Abverkaufsdaten und / oder -prognosen – und damit eine Informationsintegration – voraus.[598] Eine Reduzierung des Bullwhip-Effektes wird durch die Vermeidung doppelter Sicherheitsbestände angestrebt, und darüber hinaus werden steigende Servicegrade durch die Vermeidung von „out-of-stock"-Situationen angestrebt. Weitere Kosteneinsparungen lassen sich ggf. auf der nachgelagerten Wertschöpfungsstufe durch den reduzierten Dispositionsaufwand sowie auf der vorgelagerten Wertschöpfungsstufe durch verbesserte Planungsdaten für die Produktionsplanung und Transporte (und folglich höhere Kapazitätsauslastungen) erzielen.[599]

Eine erfolgreiche Umsetzung des VMI wird beispielsweise durch „L'Oréal" und die „dm-drogerie markt"-Kette beschrieben. Durch die Übertragung der Bestandsverantwortung für das Zentrallager von dm an den Lieferanten L'Oréal ließen sich bei „dm" zusätzlich zum Wegfall des Dispositionsaufwandes Bestandskosten im Zent-

---

595 Zur Netzplantechnik und zum kritischen Pfad vgl. Erläuterungen in Abschnitt 4.3.2.
596 Vgl. z. B. Arnold, Ulli / Warzog, Frank (2001), S. 33; Christopher, Martin (2005), S. 133-134; Corsten, Hans / Gössinger, Ralf (2008), S. 128; Murphy, Paul R. / Wood, Donald R. (2004), S. 284-285; Corsten, Hans / Gössinger, Ralf (2008), S. 126.
597 Die Umsetzung eines VMI am Beispiel der Drogeriemarktkette dm mit einem Lieferanten wird beispielsweise beschrieben in Friedrich v. d. Eichen, Brigitta / Friedrich v. d. Eichen, Stephan (2004), S. 175-195; vgl. auch Bölsche, Dorit (2006), S. 254-257.
598 Vgl. Hegemanns, Tobias / Maaß, Jan-Christoph / Toth, Michael (2008), S. 469-472; Murphy, Paul R. / Wood, Donald R. (2004), S. 284; Vahrenkamp, Richard (2007), S. 362.
599 Vgl. Christopher, Martin (2005), S. 133-134; Hegemanns, Tobias / Maaß, Jan-Christoph / Toth, Michael (2008), S. 468-469; Schulte, Christof (2005), S. 498. Kritische Anmerkungen zur Eignung des VMI finden sich beispielsweise in Corsten, Hans / Gössinger, Ralf (2008), S. 128.

rallager um 30% reduzieren und der Servicegrad um 1% erhöhen. Bei L'Oréal wurden die nun zusätzlich anfallenden Kosten der Disposition durch Kosteneinsparungen ausgeglichen, die aufgrund verbesserter Planungsdaten für Produktion und Transport herangezogen werden konnten. Zusätzlich konnte die angestrebte Verbesserung des Logistikservice durch die Erhöhung des Servicegrads im Handel und die verbesserte Planung von Sortimentswechseln erzielt werden.[600]

Im internationalen Katastrophenmanagement sind die Einsatzpotenziale des Konzeptes Vendor Managed Inventory aus mehreren Gründen nur begrenzt vorhanden. Zunächst ist zu bedenken, dass dieses Konzept für gleiche Hilfsgüter und Wertschöpfungsstufen nicht in Verbindung mit dem voranstehend beschriebenen Cross-Docking umgesetzt werden kann, da Vendor Managed Inventory im Gegensatz zum Cross-Docking eine bewusste Lagerhaltung vorsieht.

Für diejenigen Hilfsgüter, die eine Eignung für die bewusste Lagerhaltung aufweisen (tendenziell kleinvolumige, haltbare CX-Güter), ist zu entscheiden, bei welcher Wertschöpfungsstufe die Verantwortung für die Bestände und die Disposition liegen soll. In der Zusammenarbeit zwischen einer Hilfsorganisation und den Lieferanten liegt diese Verantwortung traditionell bei der Hilfsorganisation, die die Bestellungen der Hilfsgüter nach dem gewählten Dispositionsverfahren, z. B. bei Unterschreitung bestimmter Lagerbestände, auslöst (Buyer Managed Inventory).[601]

In der Umsetzung eines Vendor Managed Inventory (VMI) wird die Verantwortung für die Bestände der Hilfsorganisation – und damit auch für die Disposition der Hilfsgüter – auf den Lieferanten übertragen. Vorteile für die Hilfsorganisation können darin bestehen, dass (Personal-) Kosten für die Disposition sinken. Der Vorteil der Hersteller bzw. Lieferanten besteht darin, dass Kapazitäten in Bezug auf Produktion und Transporte besser ausgelastet werden können. Zudem lassen sich bei verbessertem Informationsaustausch zwischen einer Hilfsorganisation und den Lieferanten gegebenenfalls Bestände in der gesamten Wertschöpfungskette abbauen.[602]

Die Vorteile lassen sich jedoch nur für Hilfsgüter mit den oben benannten Eigenschaften auf der Ebene der Zentrallager bzw. der Slow Rotation Warehouses umsetzen. Auf der Ebene der Quick Rotation Warehouses und der Temporary Collection Sites (Regional- und Auslieferungslager) verbleibt nicht genügend Zeit für Informationsaustausche über Bedarfsprognosen mit Akteuren der vorgelagerten Wertschöpfungsstufe, da nach dem Eintritt einer Katastrophe eine möglichst zeitnahe Ausführung der logistischen Prozesse erforderlich ist und vorherige Prognosen über den Eintritt und die Folgen einer Katastrophe auf regionaler Ebene nur begrenzt möglich sind. Hilfsorganisationen können nicht wie Handelsunternehmen auf Informationen über vergangene Abverkäufe (über Daten am point-of-sale) oder zukünftige Abver-

---

[600] Eine ausführliche Beschreibung des Fallbeispiels findet sich in Senger, Enrico / Österle, Hubert (2003).

[601] Zur Abgrenzung der Begriffe Buyer Managed Inventory und Vendor Managed Inventory vgl. z. B. Hegemanns, Tobias / Maaß, Jan-Christoph / Toth, Michael (2008), S. 468.

[602] Die Vorteile werden beispielsweise in Hegemanns, Tobias / Maaß, Jan-Christoph / Toth, Michael (2008), S. 469 benannt.

käufe (über Prognosen auf der Basis vergangenheitsbezogener Date und geplanter Verkaufsaktionen) zurückgreifen.

Auf der Ebene der Zentrallager und der Slow Rotation Warehouses können übergreifende Prognosen für das internationale Katastrophenmanagement, z. B. für Kontinente oder Gebiete der Kontinente auf der Grundlage statistischer Daten (z. B. des EM-Dat), für Bedarfsprognosen herangezogen werden. Diese lassen sich mit der Art der Katastrophe und dem erwarteten Ausmaß verbinden und so in erwartete Bedarfe für einzelne Hilfsgüter transformieren. Hilfsorganisationen stehen nun für die Disposition der Zentrallager vor der Entscheidung, die Disposition weiterhin für alle Hilfsgüter selbst durchzuführen oder diese für geeignete Hilfsgüter an den Lieferanten zu übertragen. Über eine Wirtschaftlichkeitsberechnung hinaus (Wie hoch sind die erwarteten Einsparungen durch die Übertragung der Disposition und die Reduzierung von Beständen? Wie hoch sind die erwarteten Kosten für Abstimmung und Kontrolle? Welche Verbesserungen im Hinblick auf Servicegrößen sind zu erwarten? Wie hoch sind die Kosten der Informationsintegration?) sollten weitere Fragestellungen in die Entscheidung über VMI einbezogen werden. Hierzu zählt beispielsweise die Fragestellung, ob das eigene Expertenwissen über die Bedarfsprognose an Lieferanten übertragen werden kann bzw. soll.

Die Erläuterungen dieses Abschnitts deuten darauf hin, dass Einsatzpotenziale für ein Vendor Managed Inventory zwischen Hilfsorganisationen und Lieferanten im internationalen Katastrophenmanagement nur begrenzt vorhanden sind. Ebenfalls ist zu beachten, dass auch in der Umsetzung eines VMI zwischen Hersteller und Handelsunternehmen die angestrebten Zielerreichungsgrade in vielen Fällen nicht realisiert werden konnten.[603] Aus diesem Grund wird nachfolgend das Konzept Collaborative Planning, Forecasting, and Replenishment beschrieben. Dieses Konzept sieht im Gegensatz zu den Konzepten des Buyer Managed Inventory (BMI) und Vendor Managed Inventory, bei denen die Disposition jeweils nur durch einen Akteur vorgenommen wird, eine Kooperation zwischen den Wertschöpfungsstufen vor.

---

603 Für die Zusammenarbeit zwischen den Unternehmen Henkel und Eroski wird dies z. B. beschrieben in Jouenne, Thierry (2000).

5.2.2.4 Collaborative Planning, Forecasting, and Replenishment

Collaborative Planning, Forecasting, and Replenishment (CPFR) wurde im Jahr 1998 durch die Voluntary Interindustry Commerce Standards Association (VICS) entwickelt und umgesetzt.[604] Das Konzept und Referenzmodell stellt eine Weiterentwicklung des Referenzmodells ECR dar und richtet sich auf vergleichbare Zielgrößen wie die in den vorangehenden Abschnitten beschriebenen Konzepte des SCM. Mit Bezug auf logistikorientierte Fragestellungen werden ein Abbau der Bestände, eine verbesserte Auslastung der Kapazitäten in der Produktion und bei Transporten sowie eine Erhöhung des Logistikservice angestrebt.[605]

Bei der Umsetzung eines Collaborative Planning, Forecasting, and Replenishment (CPFR) werden Prognosen, Planungen und Bestellungen zwischen aufeinander folgenden Wertschöpfungsstufen gemeinsam vorgenommen. So erfolgt auch die Disposition nicht alleine durch eine Wertschöpfungsstufe (wie bei BMI und VMI) sondern durch eine Abstimmung zwischen den beteiligten Partnern; der Bullwhip-Effekt lässt sich damit über eine Stufe der Wertschöpfungskette abbauen. Zukunftsbezogene Prognosedaten, die gemeinsam erstellt und regelmäßig angepasst werden, bilden eine wesentliche Informationsgrundlage (während BMI und VMI sich häufig auf vergangenheitsbezogene Daten richten).[606]

Für den Lieferanten Henkel und die Handelskette Eroski wird beispielsweise beschrieben, dass zunächst ein dem Vendor Managed Inventory vergleichbares Konzept umgesetzt wurde, die erwarteten Zielgrößenverbesserungen aber nicht erzielt werden konnten. Mit der Realisierung des CPFR ließ sich die Prognosegüte durch gemeinsam erstellte Prognosen wesentlich verbessern, mit der Folge, dass bezogen auf die Zielgrößen Servicegrad im Zentrallager (98%), Servicegrad im Einzelhandel (99%), Auslastung der Transporte (98%) und der eingesetzten Paletten (99%) die angestrebten Anspruchsniveaus erfüllt werden konnten.[607]

Für das internationale Katastrophenmanagement richtet sich das Einsatzpotenzial des CPFR auf vergleichbare Hilfsgüter (z. B. mit Tendenz zu CX) und Lagerstufen (z. B. Stufe der Zentrallager) wie das Konzept des Vendor Managed Inventory.[608] Für diese Güter weist das Konzept des CPFR gegenüber VMI einen wesentlichen Vorteil auf: Die Kompetenzen der Hilfsorganisationen lassen sich in den Prognosen, Planungen und Bestellungen mit dem Expertenwissen privatwirtschaftlich ausgerichteter Unternehmen kombinieren. Dabei richtet sich das Expertenwissen der

---

604 Vgl. www.vics.org sowie www.cpfr.org. Vgl. auch VICS (Hrsg.) (2004).
605 Vgl. Hegemanns, Tobias / Maaß, Jan-Christoph / Toth, Michael (2008), S. 477.
606 Vgl. Bowersox, Donald J. / Closs, David J. / Cooper, Bixby M. (2007), S. 74-75; Chopra, Sunil / Meindl, Peter (2004), S. 488-489; Corsten, Hans / Gössinger, Ralf (2008), S. 131-133; Schulte, Christof (2005), S. 498; Vahrenkamp, Richard (2007), S. 373-381.
607 Eine ausführliche Beschreibung des Falls findet sich in Jouenne, Thierry (2000). Ähnliche Auswirkungen auf Zielgrößen nach der Einführung von CPFR werden z. B. durch das Unternehmen Motorola dokumentiert. Vgl. Hierzu Cederlund, Jerold P. u.a. (2007), S. 28-35.
608 Vgl. Abschnitt 5.2.2.3.

Hilfsorganisationen z. B. auf die Prognosen über Bedarfe der betroffenen Bevölkerung in Katastrophenfällen sowie auf zu beachtende Rahmenbedingungen in den Katastrophengebieten und das Expertenwissen der Hersteller bzw. Lieferanten auf die Umsetzung logistischer Methoden und Instrumente, z. B. in Bezug auf die Einsatzpotenziale und Grenzen alternativer Dispositionsverfahren und Lagerhaltungsstrategien.

Die nachfolgend dargestellte Abbildung 61 des Konzeptes CPFR lässt sich mit dem Kreislauf des Katastrophenmanagements in Abstimmung bringen, da es ebenfalls als Kreislaufmodell verstanden wird und sich ebenfalls auf strategische und operative Aufgabenbereiche richtet.

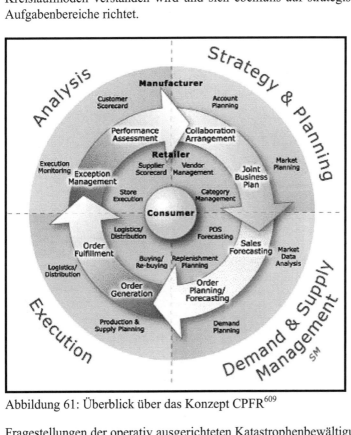

Abbildung 61: Überblick über das Konzept CPFR[609]

Fragestellungen der operativ ausgerichteten Katastrophenbewältigung finden sich im Feld der Ausführung bzw. „Execution". Hier lassen sich Anpassungen der Prognosen, Planungen und Bestellungen bei sofortigen Rettungsmaßnahmen und weiteren humanitären Hilfsmaßnahmen sowie Bestellungen als Maßnahmen des Wiederaufbaus (z. B. Wiederaufbau der Bestände im Zentrallager) abbilden. Die anderen drei Felder des CPFR-Modells lassen sich mit den Aufgaben der strategisch ausgerichte-

---

[609] VICS (Hrsg.) (2004), S. 11.

ten Katastrophenvorsorge verbinden: Die Vorbeugung ist Gegenstand der Strategie und Planung, Monitoring und Frühwarnung finden sich im Feld Demand & Supply Management, und die Risikoanalyse ist ein Gegenstand der übergreifenden Analyse des CPFR.[610]

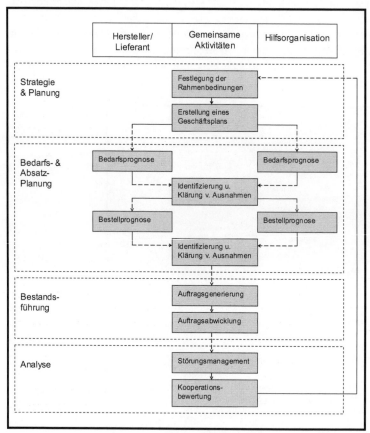

Abbildung 62: Kooperationsbereiche im Konzept des CPFR[611]

Eine Anpassung des Konzeptes auf ist bei einer Anwendung im internationalen Katastrophenmanagement sowohl in Bezug auf die Akteure als auch in Bezug auf die Inhalte erforderlich: Anstelle der Konsumenten („Consumer") sind die bedürftigen Menschen in das Zentrum des Kreislaufmodells zu stellen, und anstelle der Handelsunternehmen („Retailer") sind Hilfsorganisationen in das Modell einzubin-

---

610 Zum Kreislauf des Katastrophenmanagements vgl. Erläuterungen und Abbildung in Abschnitt 2.2.
611 In Anlehnung an Corsten, Hans / Gössinger, Ralf (2008), S. 132; Hegemanns, Tobias / Maaß, Jan-Christoph / Toth, Michael (2008), S. 478. Eine detailliertere Übersicht stellt Vahrenkamp, Richard (2007), S. 374 dar, diese ist jedoch stark auf Prozesse des Handels gerichtet.

den. Damit sind auch die detailliert beschriebenen Aufgabenbereiche an das Katastrophenmanagement anzupassen und weniger auf den Verkauf sondern vielmehr auf die zielgerichtete Abgabe und Verteilung der Güter zu richten. Die Kernelemente des CPFR lassen sich trotz dieses Anpassungsbedarfs auf das Katastrophenmanagement übertragen (vgl. Abbildung 62). Sowohl Hilfsorganisationen als auch Hersteller erstellen zwar zunächst Einsatz ihres individuellen Expertenwissens die Bedarfs- und Bestellprognosen; die Ergebnisse werden vor der Auftragsgenerierung und -abwicklung jedoch abgestimmt und in eine gemeinsame Prognose- und Planungsgrundlage überführt. Strategische Aufgabenbereiche sowie die Analyse erfolgen ebenfalls kooperativ.[612] Auch für die Entscheidung über die Einführung eines CPFR gilt, dass das Konzept einer Wirtschaftlichkeitsanalyse und weiteren Bewertungen zu unterziehen ist. Dabei ist z. B. zu berücksichtigen, dass mit der Informationsintegration der Wertschöpfungspartner und der Koordination Kosten verbunden sind.[613]

5.3 Outsourcing und Kooperationen

5.3.1 Grundlagen und Begriffe

Die grundlegenden Erläuterungen in Abschnitt 5.1.1 haben gezeigt, dass die Ursprünge des Supply Chain Management eng mit der Fragestellung nach der Eigenerstellung und dem Fremdbezug von Leistungen verbunden sind. Unternehmensübergreifende Wertschöpfungsketten entstehen unter anderem aufgrund einer Fremdvergabe von Leistungen. Das Outsourcing wird in diesem Zusammenhang mit der Erzeugung höherer Werte in einer Wert(schöpfungs)kette durch externe Partner begründet.[614] Mit einem solchen strategisch ausgerichteten Outsourcing entstehen Kooperationen zwischen Wertschöpfungspartnern einer Supply Chain. Aus diesem Grund werden die Themenstellungen Outsourcing und Kooperationen in diesem gesonderten Abschnitt gemeinsam behandelt. Kooperationen sind aber nicht zwingend die Folge von Outsourcing-Entscheidungen; auch andere Kooperationsformen werden in Supply Chains realisiert (einige dieser Kooperationen sind als Konzepte des SCM, wie VMI und CPFR bereits vorgestellt worden).
Die Beispiele des nachfolgenden Abschnitts werden zeigen, dass Entscheidungen über Eigenerstellung und Fremdbezug sowie die Gestaltung von Kooperationen auch in Wertschöpfungsketten des internationalen Katastrophenmanagements eine hohe und zugleich zunehmende Bedeutung aufweisen. Die Beispiele zum Thema

---

612 Eine ausführliche Beschreibung der Prozessschritte des CPFR mit Erläuterungen zu den kooperativen Aufgabenbereichen enthält Vahrenkamp, Richard (2007), S. 374-381.
613 Zur informationstechnischen Umsetzung des CPFR vgl. z. B. Hegemanns, Tobias / Maaß, Jan-Christoph / Toth, Michael (2008), S. 480.
614 Vgl. Abschnitt 5.1.1 und dort angegebene Quellen, z. B. Christopher, Martin (2005) und Porter Michael E. (1985).

Outsourcing richten sich auf Hilfsorganisationen (z. B. das World Wood Programme, WFP), die logistische Dienstleistungen an privatwirtschaftliche Unternehmen (z. B. den Logistikdienstleister TNT) fremd vergeben. Kooperationen erfolgen auch auf ein und derselben Wertschöpfungsstufe des internationalen Katastrophenmanagements, z. B. zwischen mehreren Hilfsorganisationen. Im Anschluss an die Vorstellung der Beispiele werden die aus dem Strategie- und Zielsystem abgeleiteten Entscheidungskriterien (vgl. hierzu Abschnitt 3.2.5) eingesetzt, um die Entscheidung zwischen Eigenerstellung und Fremdbezug sowie die Gestaltung der Kooperationen zu begründen und Entscheidungen, die sich auf die Zukunft richten, zu unterstützen. Einleitend werden zunächst Begriffe, die im Zusammenhang mit **Outsourcing** stehen, geklärt und voneinander abgegrenzt. Die englischen Begriffe *make or buy*, die auch in der deutschsprachigen Literatur häufig eingesetzt werden, stellen Synonyme zu den Begriffen der Eigenerstellung und des Fremdbezugs dar. Sie werden sowohl für kurzfristig ausgerichtete operative Entscheidungen eingesetzt als auch für strategische Entscheidungen, die im Falle von Entscheidungen für den Fremdbezug in Kooperationen münden.[615]

Die Fremdvergabe logistischer Leistungen an Drittunternehmen, z. B. Lagerhalter, Frachtführer oder Spediteure, war und ist bereits im Handelsgesetzbuch vorgesehen, dessen Erstauflage im Jahr 1897 erschienen ist. Über Jahrzehnte hatten diese Entscheidungen primär operativen Charakter. Aufgrund veränderter technischer und rechtlicher Rahmenbedingungen auf Märkten für logistische Leistungen, insbesondere seit den 1990er Jahren, werden zunehmend strategische Entscheidungen über die Eigenerstellung und den Fremdbezug logistischer Leistungen getroffen.[616]

Der für die nachfolgenden Abschnitte relevante strategische Charakter der Entscheidungen über Eigenerstellung und Fremdbezug äußert sich in den Begriffen Logistiktiefe, Outsourcing, Insourcing und vertikale Integration:[617]

- Die *Logistiktiefe* eines Unternehmens zeigt an, in welchem Maße ein Unternehmen logistische Leistungen selbst durchführt oder von anderen Unternehmen durchführen lässt. Die Art und die Quantität der logistischen Eigenleistungen gibt Auskunft über die Logistiktiefe. *Zustandsorientiert* entspricht der Grad der *vertikalen (logistischen) Integration* der Logistiktiefe.
- Im Begriff des *Outsourcing* werden die Begriffe *out*side, re*source* und us*ing* zusammengeführt. Logistik-Outsourcing charakterisiert die Übertragung bisher im Unternehmen erbrachter logistischer Leistungen auf ein Fremdunternehmen und entspricht *vorgangsorientiert* der *vertikalen logistischen Desintegration*.

---

615 Vgl. Bölsche, Dorit (2008), S. 971.
616 Vgl. Bölsche, Dorit (2008), S. 971; Vahrenkamp, Richard (2007), S. 47.
617 Vgl. Bölsche, Dorit (2008), S. 971; Butner, Karen / Moore, Derek (2007), S. 231; Gebhardt, Andreas (2006), S. 32-35; Hosenfeld, Wilhelm-Achim (1993), S. 71-77; Isermann, Heinz / Lieske, Dorit (1998), S. 403-404; Schäfer-Kunz, Jan / Tewald, Claudia (1998), S. 7-8; Teichmann, Stephan (1995), S. 20-21 sowie 29-36.

- Der Begriff des *Insourcing* verbindet in vergleichbarer Weise die Begriffe *inside*, re*source* und u*sing*. Zuvor fremd erstellte (logistische) Leistungen werden zukünftig eigen erstellt, demnach entspricht der Begriff des Logistik-Insourcing *vorgangsorientiert* der *vertikalen logistischen Integration*. Insourcing führt zu einer Erhöhung der Logistiktiefe, während Outsourcing die Logistiktiefe eines Unternehmens reduziert.

  „One of the greatest changes in the global business today is the trend towards outsourcing. Not just outsourcing the procurement of materials and components but also outsourcing of services that traditionally have been provided in-house. [...] This movement has been particularly evident in logistics where the provision of transport, warehousing, and inventory control is increasingly subcontracted to specialists or logistics partner."[618]

Der erwartete Trend zur weiteren Fremdvergabe logistischer Leistungen ist in Abschnitt 3.1.6 mit Bezug zu mehreren empirischen Studien vorgestellt worden. Dabei richten sich die empirischen Daten auf den Anteil logistischer Leistungen, die gegenwärtig und zukünftig fremd erstellt werden (insbesondere Transport- und Lagerleistungen), auf erwartete Wachstumsraten in den unterschiedlichen Kontinenten und auf das Wachstumspotenzial im Bereich der Kontraktlogistik.[619]

Diese Studien dokumentieren, dass die Fremdvergabe logistischer Leistungen zunehmend strategisch, international und integrativ ausgerichtet ist. Damit steigen auch die Anforderungen an die Vertragsgestaltung (inklusive Preisfindung, Erfolgs- und Risikoteilung) sowie an die physische und informatorische Integration der Wertschöpfungsprozesse in unternehmensübergreifenden Wertschöpfungsketten. Abkürzungen wie 2PL, 3PL, 4PL und LLP (2nd, 3rd, 4th Party Logistics Provider und Lead Logistics Provider) sowie die Begriffe Einzel-, Verbund-, Systemleistungen und Kontraktlogistik, stellen relativ junge Begriffe im Bereich der Fremdvergabe logistischer Leistungen dar, um den Grad der strategischen Ausrichtung, des Leistungsumfangs und der erforderlichen Integration voneinander abzugrenzen:[620]

- *Einzeldienstleister* führen abgegrenzte Transport-, Lager- oder Umschlagsleistungen für andere Unternehmen aus; sie entsprechen den *Second Party Logistics Providern* (2PL). Mit dem Begriff der „Second Party" wird zum Ausdruck gebracht, dass logistische Leistungen nicht selbst erstellt sondern an ein zweites Unternehmen fremd vergeben werden. Charakteristisch für den Einzeldienstleister ist die Spezialisierung auf bestimmte Güter, Ladeeinheiten oder Branchen. Frachtführer bzw. Transporteure und Lagereibetriebe (gemäß der im HGB angesprochenen Fracht- und Lagergeschäfte, vgl. §§407-452 HGB sowie §§467-475 HGB) sind typische Einzeldienstleister. Diese werden auch im Ka-

---

618 Christopher, Martin (2005), S. 224.
619 Vgl. Abschnitt 3.1.6 und dort angegebene Quellen zur Fremdvergabe logistischer Leistungen.
620 Vgl. Bowersox, Donald J. / Closs, David J. / Cooper, Bixby M. (2007), S. 9-10; Butner, Karen / Moore, Derek (2007), S. 230-234; Scholz-Reiter, Bernd / Toonen, Christian / Windt, Katja (2008), S. 582-588; Vahrenkamp, Richard (2007), S. 47-51. Die Abgrenzung der Begriffe wird in der Literatur teilweise unterschiedlich vorgenommen.

tastrophenmanagement bereits seit vielen Jahrzehnten eingesetzt, beispielsweise für die Durchführung nationaler und internationaler Transporte.
- *Verbunddienstleister* verknüpfen im Rahmen ihrer Leistungserstellung mehrere Einzel- und Teilleistungen. Dazu greifen sie neben eigenen Ressourcen auf Leistungen der Einzeldienstleister zu und erzeugen dadurch Logistiknetzwerke, durch die sie ihren Kunden aufeinander abgestimmte Gesamtleistungspakete anbieten können. Der Begriff *Third Party Logistics Provider* (3PL) bezieht sich folglich auf ein drittes Unternehmen, das die Einzelleistungen mehrerer Logistikdienstleister aufeinander abstimmt. Spediteure, die gemäß des im HGB definierten Speditionsgeschäftes (vgl. §§453-466 HGB) für die Organisation von Transporten verantwortlich sind, zählen zu Verbunddienstleistern. Zu den Einzeldienstleistern zählen Spediteure nur unter der Voraussetzung, dass sie für abgegrenzte Leistungen den Selbsteintritt wählen und demnach die Leistungserstellung selbst übernehmen (vgl. §458 HGB). Auch Reedereien, Fluggesellschaften und Paketdienste sind Beispiele für Verbunddienstleister, die durch Hilfsorganisationen im internationalen Katastrophenmanagement bereits seit vielen Jahren beauftragt werden.
- *Systemdienstleister* zählen in der Regel ebenfalls zu den *Third Party Logistics Providern*, in einigen Fällen auch zu den Fourth Party Logistics Providern. Ein Spektrum unterschiedlicher logistischer Leistungen wird spezifisch auf den Bedarf eines oder weniger Großkunden zugeschnitten. Dabei werden Logistiknetzwerke geschaffen, in denen eigene Leistungen mit denen externer Unternehmen verknüpft werden. Systemdientleister werden aufgrund der spezifisch auf den Auftraggeber zugeschnitten Leistungen in die Entwicklung und Realisierung der Netzwerke eingebunden. Mit den charakteristischen Eigenschaften der Systemdienstleister erbringen diese *kontraktlogistische Leistungen* (mit strategischer und kundenindividueller Ausrichtung sowie einem Umsatzvolumen in Höhe von mindestens 1 Mio. EUR pro Jahr). Für Hilfsorganisationen im internationalen Katastrophenmanagement sind im Jahr 2008 erst wenige Systemdienstleister tätig. Große international tätige Logistikdienstleister wie DHL und TNT haben in den vergangenen Jahren begonnen, gemeinsam mit Akteuren des Katastrophenmanagements Systemdienstleistungen aufzubauen, die jedoch aufgrund des bislang nicht angestrebten Umsatzvolumens nicht den Kriterien der Kontraktlogistik entsprechen (vgl. auch Beispiel des folgenden Abschnitts).
- In der Abgrenzung des Third vom *Fourth Party Logistics Provider* (4PL) verfügt der 4PL-Dienstleister über keine eigenen Logistikressourcen. Dieser Logistikdienstleister verknüpft seine eigenen, meist administrativen Ressourcen mit denen ausgewählter Subkontraktoren und bietet seinen Kunden umfassende individuelle Supply-Chain-Lösungen an. Ihm obliegen die umfassenden Managementaufgaben, inklusive der Planung, Steuerung, Kontrolle und Koordination der Netzwerke. Da der 4PL-Dienstleister bestrebt ist, die jeweils besten Logistikdienstleister auszuwählen und zu integrieren, wird auch der Begriff der Lead Logistics Provider (LLP) eingesetzt. Für das Management der Supply

Chains im internationalen Katastrophenmanagement werden privatwirtschaftlich organisierte 4PL-Dienstleister (bislang) nicht eingesetzt.

Mit der strategischen Dimension des Outsourcing mündet diese Form des Fremdbezugs in Kooperationen (in der Wertschöpfungskette des internationalen Katastrophenmanagements). Im weitesten Sinne kann der Begriff der **Kooperation** aus dem lateinischen abgeleitet als Zusammenarbeit zwischen Partnern übersetzt werden. Kooperationen weisen charakteristische Eigenschaften auf, zu denen die mittel- bis langfristige Ausrichtung, die explizite vertragliche Vereinbarung und die rechtliche Selbständigkeit der beteiligten Unternehmen zählen; die Unternehmen sind in ihrer Entscheidung frei, der Kooperation beizutreten und diese zu verlassen. Eine Kooperation ist auf bestimmte Aufgaben- oder Funktionsbereiche und zugleich auf gemeinsame Zielsetzungen der kooperierenden Akteure gerichtet. Die unternehmensindividuellen Ziele bleiben aber bestehen.[621]

Sowohl die Zusammenarbeit nach einem Outsourcing logistischer Leistungen als auch einige der Konzepte des Supply Chain Management (z. B. VMI und CPFR)[622] stellen Ausprägungen unternehmensübergreifender Kooperationen dar. Darüber hinaus existiert eine Vielzahl weiterer Kooperationsformen, die sich nach unterschiedlichen Merkmalen und Kriterien systematisieren lassen. So wird beispielsweise nach *horizontalen und vertikalen Kooperationen* unterschieden, wobei sich horizontale Kooperationen auf ein und dieselbe Wertschöpfungsstufe richten und vertikale auf unterschiedliche Stufen.[623] Weitere Systematisierungen richten sich z. B. auf den Gegenstand der Kooperation, unterschiedliche Organisations- und Koordinationsformen, die Anzahl der beteiligten Unternehmen und den Autonomiegrad der Akteure.[624]

Kooperationen unterschiedlicher Formen, Ausprägungen und Branchen ist gemeinsam, dass der Koordination zwischen den Akteuren eine hohe Bedeutung zukommt. **Koordination** ist auf die zielgerichtete Abstimmung mehrerer Aktionen oder Entscheidungen verschiedener Akteure gerichtet. Für die zielgereichtete Abstimmung werden Regeln bzw. Koordinationsinstrumente in Form von Eigentums- und Verfügungsrechten und -pflichten (Property Rights) eingesetzt, um die Zusammenarbeit

---

621 Ein einheitliches Verständnis über den Begriff der Kooperation besteht nicht. Der hier zugrunde gelegte Begriff basiert z. B. auf Essig, Michael (2008), S. 981; Picot, Arnold / Reichwald, Ralf / Wigand, Rolf T. (1996), S. 279-281.
622 Zu den Konzepten VMI und CPFR vgl. Abschnitt 5.2.2. CPFR als Beispiel für Kooperationen benennen beispielsweise auch Kilger, Christoph / Reuter, Boris / Stadtler, Hartmut (2008), S. 264.
623 Vgl. z. B. Eßig, Michael (2008), S. 981.
624 Systematisierungen und Erläuterungen hierzu finden sich z. B. in Eßig, Michael (2008), S. 981-984; Kilger, Christoph / Reuter, Boris / Stadtler, Hartmut (2008), S. 267-275; Picot, Arnold / Reichwald, Ralf / Wigand, Rolf T. (1996), S. 281-289; Schulte, Christof (2005), S. 526-530.

zu ordnen.[625] Ein wichtiges Koordinationsinstrument der Kooperation ist die ex-ante Abstimmung, die in der Regel über den expliziten Vertrag erfolgt. Bestandteil eines Vertrages sind beispielsweise Sanktionen und / oder Anreize, die opportunistische Spielräume der Vertragspartner eingrenzen sollen.[626]

Koordination und Kooperation bilden ein „allgemeines **Schwachstellenfeld**", das Tufinkgi in der **internationalen Katastrophenhilfe** erkennt. Er stellt in seiner Veröffentlichung aus dem Jahr 2006 fest, dass

> „sich die Hilfsorganisationen in ihren Aktivitäten häufig gegenseitig behindern und Leistungen redundant erbracht werden. In diesem Zusammenhang liegt die Ursache der Probleme weniger auf Seiten der Hilfsorganisationen, sondern vielmehr bei den nationalen und multilateralen Autoritäten, denen regelmäßig die Entscheidungs- und Koordinationskompetenz obliegt. Zentrale Koordinationsmechanismen fehlen größtenteils unter den geltenden Rahmenbedingungen und, sofern sie vorhanden sind, werden sie entweder nicht wahrgenommen oder ungenügend eingesetzt bzw. akzeptiert."[627]

Vergleichbar weist das Fritz Institute in einer Veröffentlichung aus dem Jahr 2005 in einer umfassenden Schwachstellenanalyse zum SCM im internationalen Katastrophenmanagement auf die begrenzte Zusammenarbeit zwischen den Akteuren hin: Unter dem Stichwort „Limited Collaboration" heißt es:

> „The heads of logistics tend to each fight their own battles with little collaboration. Although many of them face the same challenges and know each other, or of each other, they do not often meet or talk to another except during an actual disaster response operation."[628]

In empirischen Studien der Jahre 2005 und 2006 hat das Fritz Institute nach großen Naturkatastrophen Daten über die Zusammenarbeit der Akteure erfasst und z. B. festgestellt, dass nach dem Tsunami in Asien im Jahr 2004 30% der Hilfsorganisationen in Indien und 15% der Hilfsorganisationen in Sri Lanka Leistungen ohne eine Form der Zusammenarbeit mit anderen Organisationen erstellt haben. Eine Zusammenarbeit mit privatwirtschaftlich organisierten Unternehmen haben für Indien 12% und für Sri Lanka 8% angegeben; die Zusammenarbeit richtete sich insbesondere auf Spenden unterschiedlicher Art, aber auch auf die Distribution der Hilfsgüter.[629] Als ein wesentliches Ergebnis der Erhebung nach dem Hurrikane Katrina im Jahr 2005 stellt das Fritz Institute heraus:

> „New models of collaboration and cooperation must be created to ensure that communities vulnerable to natural disasters are adequately prepared for the inevitable. The lack of coordination between the Federal, State and Local governments, the private sector and community-based organizations must be addressed in every hazard-vulnerable community."[630]

---

625 Auch über den Begriff der Koordination werden unterschiedliche Abgrenzungen gewählt. Der hier zugrunde gelegte Begriff basiert z. B. auf Bölsche, Dorit (2001), S. 52-53; Malone, Thomas W. und Crowston, Kevin (1994), S. 90 und 101.
626 Vgl. Erlei, Mathias / Leschke, Martin / Sauerland, Dirk (1999), S. 520; Richter, Rudolf / Furubotn, Eirik G. (2003), S. 7-8.
627 Tufinkgi, Philippe (2006), S. 185.
628 Thomas, Anisya / Kopczak, Laura (2005), S. 6.
629 Thomas, Anisya / Ramalingam, Vimala (2005a), S. 14-15 und 28-29.
630 Fritz Institute (Hrsg.) (2006), S. 10.

Beispiele im nachfolgenden Abschnitt werden zeigen, dass Akteure des Katastrophenmanagements in den vergangenen Jahren neue Ansätze der unternehmensübergreifenden Zusammenarbeit entwickelt haben, die zur Beseitigung der erkannten Schwachstellen beitragen sollen.

5.3.2 Relevanz und Beispiele für das internationale Katastrophenmanagement

Bereits seit einigen Jahren wird die hohe Bedeutung der organisationsübergreifenden Zusammenarbeit im internationalen Katastrophenmanagement erkannt. Im Jahr 2001 widmet die Pan American Health Organization in der gemeinsamen Veröffentlichung mit der World Health Organization zum Thema „Humanitarian Supply Management and Logistics Management in the Health Sector" dem Thema Koordination ein eigenes Kapitel.[631] Einleitend heißt es:

> „To prevent this predicament [duplication of efforts, waste valuable resources], ad to maximize available resources and expertise, relief efforts should be launched in an spirit of coordination. This will be possible to the extent that participating organizations know each other, share information, identify and acknowledge their respective strength, and explore ways of collaborating and supporting each other."[632]

Aus der Vielzahl möglicher Kooperationen zwischen den in Kaptiel 2.3 ausführlich vorgestellten Akteuren des internationalen Katastrophenmanagements werden nun zwei Beispiele vorgestellt, die die Entwicklung neuer Formen der Zusammenarbeit dokumentieren. Beiden Beispielen ist gemeinsam, dass Logistikdienstleister als Unternehmen in die Leistungserstellung des internationalen Katastrophenmanagements eingebunden werden. Die Zusammenarbeit mit IGOs (Inter Governmental Organizations) bzw. NGOs (Non Governmental Organizations) richten sich nicht nur auf die kurzfristig ausgerichtete Katastrophenbewältigung sondern auch auf die Katastrophenvorsorge und weisen damit den für Kooperationen charakteristischen strategischen Charakter auf. Der UN-Koordinator für Katastrophenhilfe weist mit einer Aussage aus dem Jahr 2006 auf die Bedeutung entsprechender Kooperationen hin:

> „Logistik erweist sich oft als der Dreh- und Angelpunkt bei der Hilfeleistung. Die Hilfe zu den Bedürftigen zu bringen ist von kritischer Bedeutung, und dafür brauchen wir eine perfekt funktionierende logistische Kette. Vereinbarungen mit der Privatwirtschaft können genau dazu beitragen."[633]

---

631 Vgl. Pan American Health Organization / World Health Organization (2001), Kapitel 4 "Coordination".
632 Pan American Health Organization / World Health Organization (2001), S. 21.
633 Jan Egeland, zitiert in Deutsche Post World Net (Hrsg.) (2006), S. 34.

Beispiel 1: Kooperation zwischen TNT und WFP:
Das *World Food Programme* (WFP) bildet das Welternährungsprogramm der Vereinten Nationen. Eine der zentralen Aufgabengebiete des WFP umfasst Aufgaben des internationalen Katastrophenmanagements, insbesondere die Versorgung der betroffenen Bevölkerung mit Lebensmitteln. Logistische Managementaufgaben des WFP sind folglich unter anderem auf den Transport, Umschlag und die Lagerung von Lebensmitteln gerichtet.[634]

Der *Logistikdienstleister TNT* bildet den global agierenden Express- und Logistikbereich des niederländischen Unternehmens TPG (der Unternehmenszweig TPG Post ist mit dem Briefpostzweig national ausgerichtet).[635] Im Jahr 2001 sucht der TNT-Chef Peter Bakker nach einer Möglichkeit, der sozialen Verantwortung eines weltweit agierenden Konzerns nachzukommen und „im Kampf gegen das Ungleichgewicht in der Welt wertvolle Hilfe" leisten zu können.[636] TNT ist hierzu bestrebt, eine Kooperation mit einem starken, neutralen und weltweit agierenden Partner aufzubauen, in die TNT die eigenen Kernkompetenzen im Bereich der Logistik einbringen kann. Die Gespräche mit dem WFP verlaufen erfolgreich, sodass bereits im Jahr 2002 eine Kooperation unter der Bezeichnung *„Moving the World"* vereinbart und gestartet wird. Die Laufzeit wird zunächst auf mindestens fünf Jahre festgelegt; inzwischen haben die Organisationen eine Verlängerung bis zum Jahr 2012 beschlossen.[637] Von den fünf Initiativen der Kooperation richten sich zwei auf Logistik und SCM im Katastrophenmanagement:

- *Joint Logistics Supply Chain* / gemeinsame Lieferkette: TNT bringt in die Wertschöpfungskette des WFP die Kernkompetenz eines Logistkdienstleisters ein. Die Aufgaben umfassen insbesondere das Management und die Ausführung im Bereich der Lager- und Transportlogistik. Diese richten sich sowohl auf die WFP Hauptdepots (Zentrallager) in Dubai und Brindisi / Italien als auch auf Lager- und Transportaufgaben in ausgewählten Ländern, z. B. in Pakistan.[638]
- *Emergency Response* / Notfallhilfe: Die Bezeichnung der Initiative scheint sich zunächst nur auf Aufgaben der Katastrophenbewältigung richten; der Gegenstand dieses Kooperationsbereichs verdeutlicht aber, dass es sich ebenfalls um Aufgaben der internationalen Katastrophenvorsorge handelt.
In der *Katastrophenbewältigung* stellt TNT beispielsweise in Katastrophen- und Krisengebieten in Südafrika, Liberia, im Tschad und im Sudan Teile der Flugzeugflotte zur Verfügung. Nach dem Tsunami in Asien errichtete TNT für das WFP unter anderem eine Luftbrücke von einem europäischen Hub des Unter-

---

634 Vgl. www.wfp.org sowie Erläuterungen zur den IGOs in Abschnitt 2.3.
635 Vgl. Tomasini, Rolando M. / Wassenhove, Luk N. van (2004), S. 10.
636 TNT Express (Hrsg.) (2007), S. 4.
637 Eine ausführliche Dokumentation von der Anbahnung bis zur Unterzeichnung einer ersten Vereinbarung enthält Tomasini, Rolando M. / Wassenhove, Luk N. van (2004), S. 1-6. Vgl. auch TNT Express (Hrsg.) (2007), S. 5.
638 TNT Express (Hrsg.) (2007), S. 6.

nehmens TNT (Lüttich) nach Colombo.[639] Nach dem Erdbeben in Pakistan im Jahr 2005 unterstützte TNT das WFP durch ein Airport Emergency Team in Islamabad; zudem eröffnete TNT dem WFP Zugang zum TNT-Netzwerk in Pakistan, über das sowohl Transportströme abgewickelt als auch Lagerkapazitäten zur Verfügung gestellt wurden. Diese Lagerkapazitäten standen sowohl zentral in der Nähe des Flughafens als auch regional (in Muzaffarabad und in Abotabad) zur Verfügung; die Materialströme in diesem Lagern wurden ebenfalls durch TNT abgewickelt. Weitere Lagerkapazitäten wurden durch TNT ergänzend durch die Beschaffung von Zelten aufgebaut. Weitere Unterstützungen betrafen die Sendungsverfolgung der Hilfsgüter und den Einsatz analytischer Modelle, z. B. für die Gestaltung der Materialströme am Flughafen sowie die Transport- und Tourenplanung in Pakistan.[640]

Im Bereich der *Katastrophenvorsorge* hat TNT seit dem Jahr 2006 ein Emergency Response Team zur Unterstützung des WFP aufgebaut. 160 Mitarbeiter aus unterschiedlichen Ländern stehen bei Bedarf innerhalb von 48 Stunden zur Verfügung, um das WFP im Bereich Flughafenmanagement, Transportmanagement, Lagerhaltungsmanagement und Kommunikation zu unterstützen.[641] Die Schnelligkeit, mit der TNT durch die Einrichtung des Emergency Response Teams auf Katastrophen reagieren kann, wird unter anderem durch aktuelle Ereignisse im Jahr 2008, so beispielsweise in Myanmar und China deutlich. Auch in diesen Gebieten wirkt TNT am Flughafenmanagement und an der Auslieferung der Hilfsgüter sowie in weiteren logistischen Aufgabengebieten frühzeitig mit.[642]

Beispiel 2: Kooperation zwischen DHL, IGOs und NGOs:
Die *Deutsche Post World Net* ist seit dem Jahr 2002 Hauptaktionär des im Jahr 1969 als Expressdienstleister gegründeten Unternehmens *DHL*.[643] Im Jahr 2003 konsolidierte die Deutsche Post World Net alle Logistik- und Expressleistungen in der Marke DHL und agiert als internationaler Logistikdienstleister mit den Leistungsfeldern Paket, Express, Transportlösungen für Stückgut, Teil- und Komplettladungen, Luft- und Seefracht sowie individuelle Supply Chain Lösungen.[644]
Vergleichbar zum Unternehmen TNT formuliert auch der global agierende Konzern Deutsche Post World Net eine gesellschaftliche Verantwortung: „Gesellschaftliche Verantwortung übernehmen" ist einer der sieben Konzernwerte des Unternehmens

---

639 Ausführliche Informationen über die Maßnahmen in Indien, Thailand, Sri Lanka, Kambodscha, Malaysia und Dubai sind dokumentiert unter www.tnt.com/country/de_at/about/ overview/soziales/ internationale/asiasupp.html
640 TNT Express (Hrsg.) (2007), S. 7; www.group.tnt.com/wfp (Link Hand-on, Emergency Response, Asian earthquake TNT response).
641 TNT Express (Hrsg.) (2007), S. 7.
642 Vgl. www.movingtheworld.org
643 Die Anfangsbuchstaben DHL stehen für die Namen der Firmengründer Adrian Dalsey, Larry Hillblom und Robert Lynn.
644 Vgl. www.dhl.de, Link über DHL.

und damit Bestandteil der übergreifenden Vision und Strategie.[645] Die Projekte richten sich auf drei Kernfelder, eines davon ist das Katastrophenmanagement mit Aktivitäten in der Katastrophenvorsorge und der Katastrophenbewältigung.[646] Frühe Veröffentlichungen über strategisch ausgerichtete Kooperationen des Unternehmens DHL mit anderen global agierenden Akteuren des Katastrophenmanagements betreffen zunächst die Zusammenarbeit mit dem *IFRC*:

> „Logistics providers can also co-operate with aid agencies on a long-term, forward-planning basis. [...] DHL is partnering with the International Federation of the Red Cross and Red Crescent Societies to research and develop logistics support to cover disaster relief and preparedness."[647]

Nach dem Tsunami in Asien im Jahr 2004 wurde im Rahmen der Unterstützung der *Katastrophenbewältigung* durch DHL (und andere private Dienstleister wie TNT) deutlich, dass die Kapazitäten und Kompetenzen an den Flughäfen einen besonderen Beitrag für die Leistungen des Katastrophenmanagements leisten können:

> „Keeping airports open is crucial to disaster response logistics. This has the single biggest effect on moving supplies."[648]

DHL übernahm unter anderem eine zentrale Rolle bei der Koordinierung der Logistik auf dem Flughafen Colombo sowie zahlreiche weitere logistische Aufgaben.[649] Im Jahr 2005 erbrachte DHL nach dem Hurrikane Katrina in den USA ebenfalls Leistungen des Flughafenmanagements auf dem Luftwaffenstützpunkt Little Rock in Jacksonville. Das Unternehmen fertigte Flugzeuge ab und transportierte darüber hinaus 2.370 Tonnen Hilfsgüter in die betroffene Golfküstenregion der USA.[650]

Aus der Erkenntnis, die logistischen Kernkompetenzen des Konzernzweigs DHL im Bereich des Katastrophenmanagements sinnvoll einbringen zu können, entschied sich die Deutsche Post World Net, das globale Katastrophenmanagement zu intensivieren und weitere Kooperationen mit Akteuren des internationalen Katastrophenmanagements aufzubauen. Bereits im Dezember 2005 wurden langfristige strategische Partnerschaftsvereinbarungen mit Akteuren des UN-Systems unterzeichnet. Zu den Partnern zählen das Entwicklungsprogramm der Vereinten Nationen (*UNDP*) und das UN-Büro für die Koordinierung humanitärer Angelegenheiten (*OCHA*).[651] Während DHL eine Leistungsbereitschaft und -erstellung an Flughäfen zuvor spontan als Maßnahmen der Katastrophenbewältigung erbracht hatte, richtet sich die Kooperation mit dem OCHA nun auf die *Katastrophenvorsorge*. Anstelle einer

---

645 Vgl. Deutsche Post World Net (Hrsg.) (2006), S. 34.
646 Vgl. Deutsche Post World Net (Hrsg.) (2006), S. 34.
647 Economist Intelligence Unit (Hrsg.) (2005), S. 5.
648 Economist Intelligence Unit (Hrsg.) (2005), S. 8.
649 Vgl. Deutsche Post World Net (Hrsg.) (2006), S. 36.
650 Vgl. www.dpwn.de, Link Nachhaltigkeit, Gesellschaft, Katastrophenmanagement, Katastrophenhilfe. DHL wurde bei diesem Einsatz durch die United States Agency for International Development (USAID) beauftragt.
651 Vgl. Deutsche Post World Net (Hrsg.) (2006), S. 35; www.undp.org; www.ochaonline.un.org.

zeitintensiven Errichtung einer Leistungsbereitschaft nach Eintritt eines Ereignisses, das eine Katastrophe auslöst, soll diese als Kooperationsgegenstand bereit frühzeitig errichtet und vorgehalten werden. Unter der Bezeichnung „*Disaster Response Teams*" (DRT) haben die Kooperationspartner ein globales Netzwerk aus Katastropheneinsatzteams aufgebaut, die dafür sorgen sollen, dass die Flughäfen offen bleiben und den Umschlag der Hilfsgüter übernehmen. Ergänzend sollen die Disaster Response Teams an den Flughäfen die Lagerung und Transporte der Hilfsgüter koordinieren.[652] Die DRTs „Asia Pacific, Singapur" (seit 2006), „Americas, Süd Florida" (seit 2006) und "Middle East / Africa, Dubai" (seit 2007) decken besonders gefährdete Gebiete ab und sind bei Bedarf innerhalb von 72 Stunden einsatzbereit.[653] Ein aktuelles Beispiel zum Einsatz der Disaster Response Teams aus dem Jahr 2008 betrifft den Einsatz des DRT Asia Pacific nach dem Zyklon Nargis in Myanmar (Mai 2008). Die Einsatzbereitschaft konnte zeitnah hergestellt werden, jedoch musste DHL zunächst auf das erforderlichen UNO-Mandat waren, bevor die Leistungserstellung tatsächlich erbracht werden konnte. Die Aufgabe des DRT-Teams bestand darin, das humanitäre Haupt-Lager im Südwesten von Yangon („Quick Rotation Site") für die Dauer von drei Wochen zu leiten und logistische Leistungen im Zusammenhang mit den eingeflogenen Hilfsgütern und Betriebsmitteln zu erbringen. Mehrere Hilfsorganisationen (NGO und IGO) haben von diesem Standort aus Hilfsgüter an vier kleinere Verteiler-Hubs („Temporary Collection Sites") im betroffenen Delta-Gebiet verteilt.[654]

Gemeinsam prüfen die Partner DHL und OCHA / UNPD als Akteure des UN-Systems Möglichkeiten weiterer Kooperationsfelder. Diese richten sich insbesondere auf die präventive Katastrophenvorsorge.[655]

Seit dem Jahr 2006 unterhält die Deutsche Post World Net auch eine Kooperation mit UNICEF und hat damit die bereits existierenden Kooperationen mit Akteuren der UN ausgebaut. Nach den Präsidentschaftswahlen in Kenia Ende 2007 hat DHL seit Januar 2008 UNICEF bei der Verteilung der Hilfsgüter unterstützt. Beispielsweise wurden drei LKW zur Verfügung gestellt, um Menschen in den stark betroffenen Städten Eldoret, Kisumu und Nakuru mit Hilfsgütern zu versorgen.[656]

Die vorgestellten Beispiele, die insbesondere Kooperationen zwischen Akteuren des UN-Systems und den Unternehmen TNT sowie DHL umfassen, weisen viele Gemeinsamkeiten auf, die unter anderem die Strategien und daraus abgeleiteten Ziele sowie die Leistungen und den Gegenstand der Kooperationen betreffen. Beiden

---

652 Vgl. Deutsche Post World Net (Hrsg.) (2006), S. 35.
653 Vgl. www.dpwn.de, Link Nachhaltigkeit, Gesellschaft, Katastrophenmanagement, Unsere Partner.
654 Vgl. Siegmund, Heiner (2008), S. 16; www.dpwn.de, Link Nachhaltigkeit, Gesellschaft, Katastrophenmanagement, Katastrophenhilfe. Die UN-Einheiten forderten für das Katastrophenmanagement nach dem Erdbeben in China vom 12. Mai 2008 (ebenfalls Mai 2008) keine Leistungen des Disaster Response Team der DHL an.
655 Deutsche Post World Net (Hrsg.) (2006), S. 36 sowie www.dpwn.de.
656 Vgl. www.dpwn.de, Link Nachhaltigkeit, Künftige Generationen, UNICEF-Partnerschaft.

Kooperationen ist ebenfalls gemeinsam, dass es sich um eine strategisch ausgerichtete Fremdvergabe (Outsourcing) logistischer Leistungen des internationalen Katastrophenmanagements handelt (obwohl die logistischen Leistungen im Wesentlichen kostenlos erbracht werden). Die Logistikdienstleister treten als Einzel- und Verbunddienstleister auf, da sie sowohl logistische Leistungen mit eigenen Kapazitäten erbringen als auch bei Bedarf auf fremde Kapazitäten zugreifen. Des Weiteren handelt es sich um Systemdienstleistungen, da die logistische Leistungserstellung spezifisch auf die Anforderungen des Katastrophenmanagements zugeschnitten wird; mit der Errichtung der Emergency Response Teams (TNT) bzw. der Disaster Response Teams (DHL) werden logistische Kapazitäten bzw. Netzwerke aufgebaut, die spezifisch auf die Anforderungen der Akteure des UN-Systems zugeschnitten sind. Beide Beispiele lassen sich im nachfolgenden Abschnitt gemeinsam einer Analyse durch den Einsatz strategie- und zielbezogener Entscheidungskriterien unterziehen.

Zuvor wird ergänzend ein Überblick über weitere Kooperationsformen zwischen Akteuren des Katastrophenmanagements gegeben.

Weitere Beispiele für Kooperationen zwischen Akteuren des Katastrophenmanagements:
Hilfsorganisationen bilden Kooperationen nicht nur mit Logistikdienstleistern sondern auch mit Unternehmen anderer Branchen, mit anderen Hilfsorganisationen (IGOs und NGOs) sowie mit staatlichen und über-staatlichen Organisationen. Aus der Vielzahl unterschiedlicher Kooperationen werden nachfolgend einige Beispiele kurz skizziert.

Das *IFRC* weist beispielsweise in zukunftsbezogenen Berichten für die Jahre 2008 und 2009 aus, dass jeweils Mittel in Höhe von ca. 700 Tsd. EUR für globale Alliancen vorgesehen werden. Weitere Positionen betreffen projektbezogene Kooperationen.[657] Die zentralen laufenden Kooperationen des IFRC werden im Geschäftsbericht benannt, dazu zählen unter anderem Kooperationen mit Microsoft, Nestlé und ECHO.[658] Die Hilfsorganisation *CARE* benennt im Jahresbericht 2006 unter anderem Bündnisse mit anderen Hilfsorganisationen, z. B. die „Aktion Deutschland hilft" und VENRO (Verband Entwicklungspolitik deutscher Nicht-Regierungsorganisationen).[659] Die *Diakonie Katastrophenhilfe* hat über die Zusammenarbeit mit staatlichen und nicht-staatlichen Organisationen in Deutschland und Europa hinaus mit ACT (Action by Churches Together – Kirchen helfen gemeinsam) Zugang zu einem weltweiten Netzwerk kirchlicher Hilfswerke.[660]

---

657 Vgl. IFRC (Hrsg.) (2008), S. 80.
658 Vgl. IFRC (Hrsg.) (2006), S. 27-29.
659 Vgl. Care (Hrsg.) (2006), S. 4.
660 Vgl. Diakonisches Werk (Hrsg.) (2006), S. 26.

Weitere Kooperationen richten sich beispielsweise auf Beratungsleistungen,[661] die Lieferung von Hilfsgütern[662] sowie EDV und Informationstechnologien. Zum letztgenannten Punkt werden nachfolgend aufgrund seiner hohen aktuellen Relevanz für das SCM im internationalen Katastrophenmanagement einige weitere Erläuterungen gegeben.

Durch *EDV- und IT-Kooperationen* werden Informationstechnologien, Informationsplattformen und Softwareprogramme für das internationale Katastrophenmanagement entwickelt und gemeinsam eingesetzt. In Kapitel 4 ist bereits mehrfach das Joint Logistics Centre der UN (UNJLC) benannt und mit Daten zur Situation in Kenia eingesetzt worden. Durch die gegenseitige Information und Koordination über die Internet-Seite und weitere Aktivitäten des UNJLC, wie beispielsweise die Koordination über Clusterbildungen, kooperieren mehrere Akteure des Katastrophenmanagements – vorwiegend Hilfsorganisationen – innerhalb des UNJLC.[663] „The UNJLC's mission was to complement and coordinate the logistics capabilities of humanitarian agencies during large-scale emergencies."[664] Darüber hinaus werden Kooperationen zwischen dem UNJLC und weiteren Partnern gebildet, die sich auf die Informationen und Funktionalitäten anderer EDV- und IT-Systeme richten. Beispielsweise ermöglicht die Zusammenarbeit zwischen dem UNJLC und dem OCHA als verantwortlicher UN-Akteur für die Systeme Humanitarian Information Centres (HIC)[665] und ReliefWeb[666] einen Informationsaustausch und eine Verlinkung der unterschiedlichen Systeme bis hin zu einer gemeinsamen Nutzung von EDV-Tools und Servern. Die Besonderheit des UNJLC ist die Ausrichtung auf Logistik und SCM, während die anderen Systeme umfassende Informationsplattformen darstellen. Diese stellen keine spezifischen Informationen zur Logistik und zum SCM zur Verfügung sondern stellen die entsprechenden Informationen durch einen Link auf das UNJLC ein.[667] Weitere Kooperationen wurden zwischen Akteuren des UNJLC

---

661 Vgl. Thomas, Anysia (2004), S. 64-65. In dieser Veröffentlichung wird eine Private Public Partnership zwischen einer Hilfsorganisation und Experten des SCM (der Unternehmen Manugistics und Solectron) beschrieben.
662 Vgl. Economist Intelligence Unit (Hrsg.) (2005), S. 12-13 mit Hinweisen zu Kooperationen zwischen Hilfsorganisationen und den Unternehmen Unilever sowie Colgate-Palmolive. Die Zusammenarbeit richtete sich zunächst auf die Katastrophenbewältigung nach dem Tsunami in Asien (Dezember 2004 und darauf folgende Monate). Die Veröffentlichung enthält Hinweise über Kooperationen, die nachfolgend weitere Leistungen des Katastrophenmanagements umfassen.
663 www.unjlc.org sowie World Food Programme (Hrsg.) (2005). Eine Liste wichtiger Akteure, die über das UNJLC eine Zusammenarbeit initiiert und angestrebt haben, kann Samii, Ramina / Wassenhove, Luk N. van (2003a) auf S. 15 entnommen werden. Hierzu zählen unter anderem Akteure des UN-Systems (z. B. OCHA, UNDP, UNHCR, UNICEF), das IFRC und weitere Hilfsorganisationen wie World Vision.
664 Tomasini, Rolando M. / Wassenhove, Luk N. van (2005), S. 1.
665 Der Zugang zum HIC des OCHA erfolgt über den Link www.humanitarianinfo.org/
666 Der Zugang zum ReliefWeb des OCHA erfolgt über den Link www.reliefweb.int/
667 Tomasini, Rolando M. / Wassenhove, Luk N. van (2005), S. 8-9.

und Akteuren, die Softwaresysteme mit Ausrichtung auf Logistik und Supply Chain Management entwickeln, vereinbart.[668]

Die nachfolgende Analyse durch den Einsatz zielbezogener Entscheidungskriterien bezieht sich unter anderem auf die in diesem Abschnitt vorgestellten Beispiele. Zudem sollen Potenziale und Risiken für mögliche zukünftige Kooperationen aufgezeigt werden.

5.4 Entscheidungskriterien für die Gestaltung des SCM im internationalen Katastrophenmanagement

5.4.1 Strategie- und Zielbezug der Entscheidungskriterien

Abschnitt 3.2.5 dieses Buches widmet sich ausführlich den Strategien und Logistikzielen der Akteure des Katastrophenmanagements. Auch Entscheidungskriterien werden in einem gesonderten Abschnitt vorgestellt und mit zielorientierten Kennzahlen bzw. Key Performance Indikatoren verbunden. Die Inhalte des Abschnitts 3.2.5 beziehen sich jedoch zunächst jeweils auf einen Akteur des Katastrophenmanagements, so wird beispielsweise die Zielhierarchie von der Vision bis zu den logistischen Kennzahlen am Beispiel des IFRC erläutert und dargestellt.[669] Die Inhalte zum Strategie- und Zielbezug sowie zu den Entscheidungskriterien und Kennzahlen werden der nachfolgende Analyse zugrunde gelegt.

Zusätzlich ist jedoch zu beachten, dass es sich bei Outsourcing und Kooperationen um die unternehmensübergreifende Zusammenarbeit zwischen mindestens zwei Akteuren handelt. Diese verfolgen mit dem Outsourcing oder anderen Kooperationsformen zwar definitionsgemäß eine gemeinsame Zielsetzung, gleichzeitig bleiben aber auch individuelle Strategien und Ziele der eigenständigen und autonomen Unternehmen bestehen, sodass Zielkonflikte zwischen den Akteuren entstehen können.[670]

Mögliche Zielkonflikte lassen sich unter Heranziehung der beiden vorgestellten Beispiele zur Zusammenarbeit zwischen Logistikdienstleistern und Hilfsorganisationen bzw. Akteuren des UN-Systems verdeutlichen:

- Die Kooperation zwischen dem *Logistikdienstleister TNT und dem Akteur des UN-Systems WFP* vereinigt die gemeinsame Zielsetzung unter einem Motto: „Moving the world". „Unter diesem Motto schlossen das World Food Programme (WFP) und TNT im Jahr 2002 ein Abkommen, dessen Ziel es ist, den

---

668 Nähere Informationen zu diesen Systemen werden in Kapitel 6 aufgenommen. Erläuterungen zu Kooperationen, die das UNJLC mit Softwaresystemen, wie LSS (Logistics Suppport System) bzw. SUMA (Humanitarian Supply Management System) verbinden sollen, lassen sich in Tomasini, Rolando M. / Wassenhove, Luk N. van (2005), S. 8-10 nachlesen.
669 Vgl. ausführliche Erläuterungen in Abschnitt 3.2.5 und Abbildung 23.
670 Vgl. z. B. Bölsche, Dorit (2008), S. 975

Hunger in der Welt zu bekämpfen."[671] Die Vorteile der beiden Akteure aus der Kooperation werden zielgerichtet unter den Überschriften „What's in it for TNT?" und „What's in it for WFP" vorgestellt. Zu den Zielen und Vorteilen des Unternehmens TNT zählen unter anderem die Steigerung des Unternehmenswertes, die positive Wirkung auf die Öffentlichkeit, die Auswirkungen auf die Mitarbeiter in Bezug auf Moral, Arbeitszufriedenheit und Leistungssteigerung sowie Wissens- und Erfahrungszuwachs aus der Zusammenarbeit mit dem WFP. Das World Food Programme verfolgt mit der Kooperation insbesondere Kosten- und Serviceziele. Durch die im Wesentlichen unentgeltlich erbrachten Leistungen des WFP können Kosten gesenkt und im gesamten Netzwerk weitere Kapazitäten genutzt werden. Mit diesen Kapazitäten lassen sich mehr Menschen erreichen und Leistungen (des Katastrophenmanagements) schneller erbringen. Zudem erhält auch das WFP durch die gemeinsamen Projekte einen Wissens- und Erfahrungsaustausch, der im Rahmen der eigenen Leistungserstellung genutzt werden kann.[672] Aus diesen Zielsetzungen, die teilweise an der gemeinsamen Kooperation ausgerichtet sind, teilweise aber auch individuelle Unternehmensziele betreffen, können Zielkonflikte entstehen, die im Rahmen der Koordination besondere Berücksichtigung finden müssen. Da die Zielkonflikte sich mit denen aus der Kooperation des Unternehmens DHL mit Akteuren des UN-Systems vergleichen lassen, wird auf den nachfolgenden Absatz verwiesen.

- Die Kooperation zwischen dem Unternehmen *DHL und NGOs bzw. IGOs* des Katastrophenmanagements richtet sich aus Sicht des Unternehmens DHL allgemein auf die „Übernahme gesellschaftlicher Verantwortung" und im Speziellen auf die gesellschaftliche Verantwortung in Verbindung mit dem internationalen Katastrophenmanagement.[673] Diese Zielsetzung lässt sich in Übereinstimmung bringen mit dem „OCHA Mission Statement": OCHA's mission is to mobilise and coordinate effective and principled humanitarian action in partnership with national and international actors in order to: alleviate human suffering in disasters and emergencies, advocate for the rights of people in need, promote preparedness and prevention, facilitate sustainable solutions."[674] Gemeinsame Zielsetzungen in Bezug auf die erläuterte Zusammenarbeit im Rahmen der Katastrophenvorsorge und -bewältigung lassen sich folglich aus den Konzernwerten des Unternehmens DHL und der Mission des UN-Akteurs OCHA ableiten. Zu beachten ist jedoch, dass das Unternehmen DHL sechs weitere Konzernwerte verfolgt; „gesellschaftliche Verantwortung übernehmen" bildet den siebten Konzernwert. Zielkonflikte in der Kooperation können sich beispielsweise in Wechselwirkung mit dem Konzernwert „Unternehmerisch handeln" ergeben, denn die Deutsche Post World Net verfolgt mit der Übernahme gesellschaftli-

---

671 TNT Express (Hrsg.) (2007), S. 4.
672 Vgl. www.movingtheworld.org/ Link: The Partnership, What's in it for WFP / TNT.
673 Vgl. Deutsche Post World Net (Hrsg.) (2006), S. 34.
674 www.ochaonline.un.org, Link about OCHA.

cher Verantwortung unter anderem das Ziel, den Unternehmenswert zu steigern.[675] Die im Wesentlichen unentgeltlich für das UN-System erbrachte Leistung des Unternehmens DHL hat demnach einen wirtschaftlichen und unternehmerischen Hintergrund. Der Konzernwert des unternehmerischen Handelns bleibt als individuelles Ziel des Konzerns Deutsche Post World Net bestehen und muss bei der Gestaltung der Koordination zwischen den Akteuren und bei der nachfolgenden Analyse auf Basis der Entscheidungskriterien berücksichtigt werden. Auch bei den Akteuren des UN-Systems – OCHA und UNDP – bleiben individuelle Zielsetzungen außerhalb der Kooperation bestehen. Individuelle Zielsetzungen der UN-Akteure können dazu führen, dass die Deutsche Post World Net bzw. der Konzernzweig DHL trotz eines Interesses und vorhandener Kapazitäten in den Disaster Response Units kein UN-Mandat erhält. Als Beispiel kann das Erdbeben in China vom 12. Mai 2008 benannt werden; hier forderten die UN-Einheiten für das Katastrophenmanagement keine Leistungen des Disaster Response Team der DHL an.[676] Die UN-Akteure müssen bei der Auswahl der Kooperationspartner projektbezogen darauf achten, dass nicht zu viele Akteure an der Katastrophenbewältigung mitwirken; dies könnte zu einem zu hohen Koordinationsaufwand und im Falle einer gegenseitigen Behinderung zu verringerten Zielerreichungsgraden in Bezug auf Service und Kosten führen.

Diese beiden Beispiele mit Erläuterungen zu den Zielkonflikten verdeutlichen, dass die unterschiedlichen Entscheidungskriterien in einer Kooperation aus Sicht der beteiligten Akteure eine unterschiedliche Bedeutung aufweisen können: Die Ziele und Entscheidungskriterien der UN-Akteure richten sich in besonderem Maße auf Kosten- und Serviceziele, während im Zielsystem der Logistikdienstleister die marktbezogenen Kriterien (Unternehmenswert und Ansehen in der Öffentlichkeit) eine hohe Bedeutung aufweisen. In der zielgerichteten Abstimmung zwischen den Akteuren müssen diese gemeinsamen und unterschiedlichen Strategien, Ziele und angestrebten Ausprägungen der Entscheidungskriterien Beachtung finden.

Dies gilt nicht nur für eine Analyse bereits bestehender Kooperationen sondern auch für zukünftig geplante Outsourcing- und Kooperationsprojekte. Wenn sich Hilfsorganisationen beispielsweise die Frage stellen, ob zukünftig kooperative Konzepte des Supply Chain Management, wie Vendor Managed Inventory (VMI) bzw. Collaborative Planning, Forecasting, and Replenishment (CPFR) oder ein Outsourcing an einen 4PL-Dienstleister erfolgen soll, sollte eine Bewertung zielgerichtet unter Einsatz der Entscheidungskriterien erfolgen. In diesem Zusammenhang sind auch die Ziele der jeweils anderen Partei(en) sowie die zu erwartenden Zielkonflikte (und deren Lösungsmöglichkeiten) in eine Entscheidung einzubeziehen.

---

675 „Indem wir uns unserer Verantwortung stellen, leisten wir gleichzeitig einen Beitrag zur langfristigen Steigerung des Wertes unseres Unternehmens." Deutsche Post World Net (Hrsg.) (2006), S. 34.
676 Vgl. www.dpwn.de, Link Nachhaltigkeit, Gesellschaft, Katastrophenmanagement, Katastrophenhilfe.

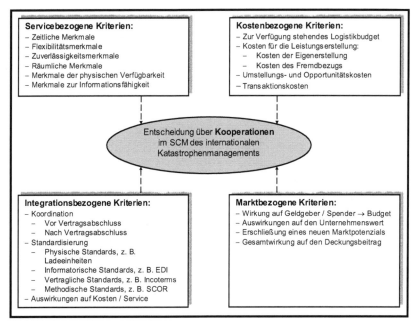

Abbildung 63: Entscheidungskriterien für die Gestaltung des SCM im internationalen Katastrophenmanagement[677]

Die Abbildung gibt einen zusammenfassenden Überblick über die für das SCM im internationalen Katastrophenmanagement relevanten Entscheidungskriterien. Eine allgemeine Erläuterung dieser Entscheidungskriterien enthält Abschnitt 3.2.5.3. Der Einsatz der Entscheidungskriterien richtet sich in den folgenden Abschnitten insbesondere auf eine Analyse und Bewertung der unternehmensübergreifenden Zusammenarbeit in Form eines Outsourcings oder anderer Kooperationsformen zwischen Akteuren des internationalen Katastrophenmanagements.

5.4.2   Kostenbezogene Entscheidungskriterien

Die **Zielsetzung** vieler Hilfsorganisationen, lässt sich durch eine „Maximierung des (Logistik-) Service unter Einsatz des zur Verfügung stehenden (Logistik-) Budgets" charakterisieren.[678] Damit wird ein Rahmen für die kostenbezogenen Entscheidungskriterien durch das gegebene Budget vorgegeben.
Mit der Gestaltung der Logistik- und Wertschöpfungstiefe, der Gestaltung des Outsourcing und weiterer Kooperationen werden die (Logistik-) Kosten für Leistungen im internationalen Katastrophenmanagement determiniert. Im Rahmen einer Kos-

---

677   In Anlehnung an Isermann, Heinz / Lieske, Dorit (1998), S. 406.
678   Vgl. ausführliche Erläuterungen zur Zielsetzung in Abschnitt 3.2.5.2.

tenanalyse in Abhängigkeit von der Wertschöpfungstiefe und der alternativen Kooperationen ist zu prüfen, ob und in welchem Umfang sich durch die Einbindung von Wertschöpfungspartnern langfristig Kosteneinsparungen erzielen lassen.[679] Entsprechend der beschriebenen Zielsetzung ist dabei zu berücksichtigen, dass die potenziellen Kooperationspartner ein Serviceniveau auf mindestens gleichem Niveau erstellen (vgl. hierzu Abschnitt servicebezogene Entscheidungskriterien). Im Vergleich zu den servicebezogenen Entscheidungskriterien haben die kostenbezogenen Kriterien eine nachrangige – aber nicht unbedeutende – Relevanz. Ein strategische Fremdvergabe an oder eine Kooperation mit einem anderen Unternehmen kommt in Frage, wenn dies zu einem

- *gleichen Serviceniveau bei geringeren Kosten* führt oder
- zu einem *höheren Serviceniveau zu vertretbar höheren Kosten*.

Im ersten Fall werden Mittel aus dem zur Verfügung stehenden Budget frei, die für weitere Leistungserstellungen im internationalen Katastrophenmanagement eingesetzt werden können (und demnach indirekt ebenfalls zu einer Steigerung des Leistungsniveaus beitragen können). In Verbindung mit den marktbezogenen Kriterien ist dabei zu prüfen, ob die Geldgeber bzw. Spender nach einer Fremdvergabe (z. B. an einen Logistikdienstleister) oder nach Abschluss einer Kooperation (z. B. mit Lieferanten) immer noch bereit sind, das Katastrophenmanagement dieser Hilfsorganisation mit Mitteln vergleichbarer Höhe zu fördern. Im zweiten Fall werden sogar höhere Kosten akzeptiert, sofern diese das zur Verfügung stehende Budget nicht übersteigen und die mit dem Outsourcing bzw. der Kooperation verbundene Steigerung der Qualitäts- und Servicegrößen den Kostenanstieg rechtfertigt. Der zweite Fall wird in der Praxis des Katastrophenmanagements seltener auftreten und ist in Abstimmung mit den servicebezogenen Entscheidungskriterien besonders kritisch zu prüfen.

Im Einzelnen ist bei einer kostenorientierten strategisch ausgerichteten Entscheidung zwischen Eigenerstellung und Fremdbezug, der Wahl eines Outsourcing-Partners und der Gestaltung alternativer Kooperationen zu ermitteln, in welchem Umfang Kostenveränderungen durch die Zusammenarbeit in der Wertschöpfungskette zu erwarten sind.[680] **Kostenunterschiede in der Leistungserstellung**, insbesondere Kostenreduzierungen, lassen sich unter anderem zurückführen auf[681]

- eine Partizipation am Rationalisierungspotenzial des Wertschöpfungspartners in Form von *Volumen-, Lern- und Spezialisierungseffekten*,

---

679 Vgl. Bölsche, Dorit (2008), S. 972.
680 Vgl. Bölsche, Dorit (2008), S. 972. Auf Kalkulationsrisiken der auf die Zukunft gerichteten Kostenvergleiche weisen beispielsweise Bretzke, Wolf-Rüdiger (1998), S. 400 und Gebhardt, Andreas (2006), S. 42-43 hin.
681 Vgl. Bölsche, Dorit (2008), S. 972; Bretzke, Wolf-Rüdiger (1998), S. 393-402; Gebhardt, Andreas (2006), S. 39-41 sowie S. 79-82; Isermann, Heinz / Lieske, Dorit (1998), S. 407; Schäfer-Kunz, Jan / Tewald, Claudia (1998), S. 29-46; Vahrenkamp, Richard (2007), S. 387-388.

- eine Reduzierung oder Verlagerung von *Risiken* (z. B. Auslastungsrisiken) auf den Kooperationspartner,
- eine Reduzierung der *Komplexität* in der Leistungserstellung und eine damit verbundene Verringerung der Komplexitätskosten,
- eine Reduzierung der *Lohnkosten* aufgrund von Lohnkostenunterschieden in unterschiedlichen Branchen bzw. unterschiedlichen Regionen / Ländern sowie
- verbesserte und abgestimmte *Planungen*, die aufgrund eines erhöhten *Informationsaustauschs* zwischen den Kooperationspartnern ermöglicht werden.

Über die Kosten der Leistungserstellung hinaus sind weitere Auswirkungen auf das Kostenniveau, insbesondere durch **Umstellungs-, Opportunitäts- und Transaktionskosten** zu berücksichtigen:

- *Umstellungskosten* entstehen in einer Hilfsorganisation beispielsweise durch Kosten, die mit dem Abbau des eigenen Leistungspotenzials verbunden sind (z. B. Abfindungen an Mitarbeiter oder Sonderabschreibungen eigener Anlagen, die nach einer Fremdvergabe von Leistungen des Katastrophenmanagements an einen Wertschöpfungspartner erforderlich sind).[682]
- *Opportunitätskosten* können unterschiedliche Ursachen haben, so unterscheiden Schäfer-Kunz und Tewald zwischen investitionsbedingten, kapazitätsbedingten und leistungsbedingten Opportunitätskosten.[683]
- *Transaktionskosten* umfassen sämtliche Kosten, die bei der Bestimmung, Übertragung und Durchsetzung von Eigentums- und Verfügungsrechten und -pflichten entstehen und damit die Kosten für die Inanspruchnahme des Marktes.[684] Für Hilfsorganisationen, die Kooperationen mit Wertschöpfungspartnern anstreben, sind dies vor einer möglichen Vertragsunterzeichnung (ex ante) Kosten der Suche nach und Anbahnung mit potenziellen Partnern sowie Kosten für Verhandlung und Entscheidung. Nach der Vertragsunterzeichnung (ex post) sind die Eigentums- und Verfügungsrechte durchzusetzen. In diesem Zusammenhang entstehen Kontrollkosten über die Vertragseinhaltung und bei Bedarf Anpassungs- und Beendigungskosten.[685] Diese Kosten sind direkt mit der Koordination – und damit mit den integrationsbezogenen Entscheidungskriterien

---

682 Vgl. Gebhardt, Andreas (2006), S. 43; Schäfer-Kunz, Jan / Tewald, Claudia (1998), S. 79-80; Vahrenkamp, Richard (2007), S. 389.
683 Vgl. ausführliche Erläuterungen in Schäfer-Kunz, Jan / Tewald, Claudia (1998), S. 73-76.
684 Vgl. Hosenfeld, Wilhelm-Achim (1993), S. 106-107; Isermann, Heinz / Lieske, Dorit (1998), S. 407 und 409; Schäfer-Kunz, Jan / Tewald, Claudia (1998), S. 49.
685 Vgl. Bölsche, Dorit (2001), S. 116; Bölsche, Dorit (2008), S. 972-973; Bretzke, Wolf-Rüdiger (1998); Gebhardt, Andreas (2006), S. 87-88; Hosenfeld, Wilhelm-Achim (1993), S. 108-112; Isermann, Heinz / Lieske, Dorit (1998), S. 409-410; Pfohl, Hans-Christian (2004b), S. 370; Schäfer-Kunz, Jan / Tewald, Claudia (1998), S. 50. Vgl. auch dort angegebene Erläuterungen und Literatur zu den Grundlagen der Transaktionskostentheorie, insbesondere aus Coase, Ronald H. (1937), Williamson, Oliver E. (1975) und Williamson, Oliver E. (1981).

verbunden – und werden demnach unter der Überschrift der integrationsbezogenen Entscheidungskriterien nochmals aufgegriffen.

Aufgrund der strategischen Ausrichtung der Entscheidungen über Outsourcing und Kooperationen im internationalen Katastrophenmanagement sind über die bereits benannten Kostenunterschiede auch *Zinseffekte* und weitere langfristig ausgerichtete Entwicklungen zu berücksichtigen. Für diejenigen Entscheidungen, für die Investitionen in hohem Umfang zu tätigen sind, wird empfohlen, Kostenvergleichsrechnungen um Methoden der Investitionsrechnung zu ergänzen.[686]

In den beschriebenen **Beispielen** des Outsourcings bzw. der Kooperationen zwischen *TNT und WFP* bzw. zwischen *DHL und OCHA / UNDP* wird die Leistungserstellung für die Akteure des UN-Systems durch die Logistikdienstleister unentgeltlich erbracht. Für den Aufbau der Emergency Resoponse Units des Unternehmens TNT und die Disaster Response Units des Unternehmens DHL entstehen für die Akteure der UN folglich keine zusätzlichen Kosten der Leistungserstellung. Weder die Vorhaltung der zusätzlichen Kapazitäten im Rahmen der Katastrophenvorsorge noch die Leistungserstellung im Rahmen der Katastrophenbewältigung, insbesondere Umschlagsleistungen an Flughäfen sowie weitere Lager- und Transportleistungen, werden der UN in Rechnung gestellt.

> „Aid agencies and governments often expect commercial organisations to charge for their services. Companies therefore should make it crystal clear that all assistance provided will be free, and that they are in a disaster area for humanitarian job and nothing more."[687]

TNT erbrachte beispielsweise als Kooperationsleistungen in der Zusammenarbeit mit dem WFP im Rahmen der Katastrophenbewältigung nach dem Tsunami in Asien Ende 2004 und im Jahr 2005 Leistungen im Kerngeschäft des Unternehmens in Höhe von 1,5 Millionen EUR. Die entsprechenden Transport-, Lager- und Umschlagleistungen wurden in den Ländern Indien, Indonesien, Thailand, Kambodscha, Sri Lanka, Malaysia und Dubai erbracht.[688] Das Unternehmen DHL erbrachte in der Kooperation mit Akteuren des UN-Systems und im Auftrag der US-Regierung nach dem Hurrikane Katrina im Jahr 2005 Leistungen durch das Disaster Response Team in Höhe von 300.000 US $; zusätzlich wurden Transportdienstleistungen des Unternehmens im Wert von 500.000 US $ erbracht.[689]

Dennoch muss aus Sicht der UN und anderer IGOs und NGOs, die im Katastrophenmanagement Leistungen erbringen, berücksichtigt werden, dass Kosten außer-

---

686 Ein investitionstheoretisches Modell zur Gestaltung der Logistiktiefe wird beispielsweise vorgestellt in Isermann, Heinz / Lieske, Dorit (1998), S. 418-426. Vgl. auch Schäfer-Kunz, Jan / Tewald, Claudia (1998), S. 81 sowie 89-91; Teichmann, Stephan (1995), S. 192-216; Vahrenkamp, Richard (2007), S. 392-393.
687 Economist Intelligence Unit (Hrsg.) (2005), S. 22, vgl. auch S. 18.
688 Die monetären Größen entsprechen Angaben des Unternehmens TNT.
Vgl. www.tnt.com/country/de_at/about/overview/soziales/ internationale/asiasupp.html.
689 Die monetären Größen entsprechen Angaben des Unternehmens DHL. Vgl. www.dpwn.de/, Link Nachhaltigkeit.

halb der logistischen Leistungserstellung in die Entscheidung über das Outsourcing und andere Kooperationen einzubeziehen sind. Insbesondere zählen hierzu Transaktionskosten, die sowohl im Zusammenhang mit der Entwicklung langfristiger Verträge als auch im Zusammenhang mit bestimmten Katastropheneinsätzen (z. B. Transaktionskosten in allen Transaktionsphasen, die mit der Übertragung eines UN-Mandats entstehen) anfallen.[690] Auch Umstellungskosten können entstehen, z. B. wenn die eigenen EDV- und IT-Systeme an die Informations- und Kommunikationstechnologien der Kooperationspartner angebunden oder eigene logistische Prozesse an den Schnittstellen zu den Kooperationspartnern angepasst werden müssen. Diese Erläuterungen weisen darauf hin, dass kostenbezogene Entscheidungskriterien insbesondere an den Schnittstellen zu den Kooperationspartnern zu beachten sind und sich demnach auch den integrationsbezogenen Kriterien zuordnen lassen. Die Fragestellung, ob der Service und die Qualität der Leistungserstellung den Anforderungen der Hilfsorganisationen genügt, wird unter den servicebezogenen Entscheidungskriterien analysiert.

Auf der Seite der Logistikdienstleister DHL und TNT entstehen aus der Kooperation Kosten der Leistungserstellung, denen keine direkten Umsatzerlöse gegenüberstehen. Durch die Einrichtung der Emergency bzw. Disaster Response Units wird zudem Kapital gebunden, das für keine alternative Verwendung im Unternehmen eingesetzt werden kann, sodass investitionsbedingt Opportunitätskosten zu berücksichtigen sind. Transaktionskosten fallen ebenfalls bei den Unternehmen der Privatwirtschaft an. In Abstimmung mit den marktbezogenen Kriterien müssen die Logistikdienstleister beurteilen, ob die positiven Wirkungen auf den Unternehmenswert, das Image sowie auf die Mitarbeiter des jeweiligen Unternehmens so hoch sind, dass sich die Kostensteigerung für das Engagement im internationalen Katastrophenmanagement rechtfertigen lassen.

Diese beiden Beispiele sollen verdeutlichen, auf welche Weise Akteure des Katastrophenmanagements kostenbezogene Entscheidungskriterien in Entscheidungen über Outsourcing und Kooperationen einbeziehen können. Für Entscheidungen zur Gestaltung der vielfältigen bestehenden und zukünftigen Kooperationen im Katastrophenmanagement lassen sich ebenfalls kostenbezogene Entscheidungskriterien heranziehen. Beispielsweise wären mit einer Umsetzung einer *VMI- oder CPFR-Kooperation* zwischen Lieferanten und Hilfsorganisationen Veränderungen in der Kostenstruktur der Kooperationspartner verbunden. Im Falle einer Übertragung der Aufgaben im Zusammenhang mit Disposition und Bestandsmanagement von einer Hilfsorganisation auf einen oder mehrere Lieferanten ließen sich bei der Hilfsorganisation z. B. Beschaffungskosten einsparen. Den nun beim Lieferanten anfallenden

---

690 Vgl. Pan American Health Organization / World Health Organization (Hrsg.) (2001), S. 23-24 und Tufinkgi, Philippe (2006), S 198-200. In diesen Quellen finden sich Hinweise über die Art der Transaktionskosten, die im Katastrophenmanagement anfallen. Typische Koordinationsaktivitäten der Hilfsorganisationen und der verantwortlichen Akteure in der Katastrophenvorsorge und in der Katastrophenbewältigung werden aufgelistet.

Dispositionskosten stehen gegebenenfalls Kosteneinsparungen durch eine bessere Auslastung der Produktions- und Transportkapazitäten gegenüber. Akteure auf beiden Seiten müssen ebenfalls Kosten in Verbindung mit der Umstellung der Prozesse (auch EDV- und IT-Kosten) und der Integration (auch Transaktionskosten) berücksichtigen.[691] Mit der Umsetzung der Konzepte VMI und CPFR werden zudem Kostenreduzierungen aufgrund einer Verringerung der Bestände (hier für Hilfsgüter) angestrebt, die darauf zurückgeführt wird, dass sich in einer Kooperation zwischen zwei Stufen der Wertschöpfungskette der „Bullwhip-Effekt" weniger „aufschaukelt".[692] Eine Bestandsreduzierung lässt sich aber durch ein Vendor Managed Inventory nur dann realisieren, wenn die Experten-Kenntnisse des bzw. der Lieferanten über Bedarf und Verbrauch der Hilfsgüter im dynamischen und komplexen Umfeld des Katastrophenmanagements vorliegen. Das Konzept des CPFR weist im Vergleich zum VMI den Vorteil auf, dass sich die Kenntnisse des Lieferanten über Methoden der Beschaffung und Logistik mit den Kenntnissen der Hilfsorganisationen zum Katastrophenmanagement verbinden lassen und folglich höhere Zielerreichungsgrade in Bezug auf Lagerkosten, insbesondere aber auch die servicebezogenen Entscheidungskriterien (vgl. Erläuterungen im nachfolgenden Abschnitt), zu erwarten sind. In Entscheidungen über die Umsetzung solcher kooperativen Konzepte des SCM müssen zudem vor- und nachvertragliche Transaktionskosten sowie weitere Aspekte zur Gestaltung der unternehmensübergreifenden Koordination einbezogen werden, die in Abschnitt 5.4.5 erläutert werden.

5.4.3 Servicebezogene Entscheidungskriterien

Die in Abschnitt 3.2.5 aus Vision, Unternehmensstrategie und -zielsetzung für Hilfsorganisationen abgeleitete **Zielsetzung** der Logistik „Maximierung des (Logistik-) Service unter Einsatz des zur Verfügung stehenden (Logistik-) Budgets" verdeutlicht den hohen Stellenwert der servicebezogenen Teilziele und Entscheidungskriterien im Katastrophenmanagement.

Die servicebezogenen Entscheidungskriterien, die auch in Abbildung 63 dargestellt werden, sind bereits in Abschnitt 3.2.5.3 in allgemeiner Form erläutert worden. Diese spezifizieren die Anforderungen an die Qualität der eigen erstellen, kooperativ erstellten oder fremd bezogenen (Logistik-) Leistung im Katastrophenmanagement.[693] Ebenfalls ist in dem benannten Abschnitt dargestellt worden, wie sich aus den servicebezogenen Entscheidungskriterien Kennzahlen bzw. „Key Performance Indikatoren" mit spezieller Ausrichtung auf die (logistischen) Leistungen im Katast-

---

691 Eine Erläuterung der Konzepte VMI und CPFR enthält Abschnitt 5.2.2.
692 Eine Erläuterung des Bullwhip-Effektes enthält Abschnitt 5.1.3.
693 Vgl. Bölsche, Dorit (2008), S. 973; Isermann, Heinz / Lieske, Dorit (1998), S. 406-407; Vahrenkamp, Richard (2007), S. 387.

rophenmanagement ableiten lassen.[694] Zu den durch das Fritz Institute und das IFRC entwickelten Kennzahlen zählen beispielsweise Kennzahlen zur Verfügbarkeit der Lager- und Transportkapazitäten im Rahmen eines Katastropheneinsatzes, Kennzahlen zur Verfügbarkeit der benötigten Hilfsgüter (differenziert nach unterschiedlichen Zeiträumen nach Eintritt des Ereignisses) und die durchschnittliche Dauer vom Eingang einer Spende bis zur Übergabe der Leistungen an bedürftige Menschen.[695] Bei der Bewertung alternativer Logistiktiefen und Kooperationsformen ist die Frage zu beantworten, ob das Sachziel der (logistischen) Leistungserstellung – die Sicherung der (logistischen) Qualitätsforderung – erfüllt wird. In Verbindung mit den kostenbezogenen Entscheidungskriterien ist bereits erläutert worden, dass eine strategische unternehmensübergreifende Zusammenarbeit im Katastrophenmanagement nur unter der Voraussetzung umgesetzt werden sollte, dass

- *das gleiche Serviceniveau bei geringeren Kosten* oder
- ein *höheres Serviceniveau zu vertretbar höheren Kosten* erwartet wird.

Die **Beispiele** über eine Errichtung der Emergency Response Unit durch das Unternehmen TNT sowie der drei Disaster Response Units durch das Unternehmen DHL dokumentieren, dass sich die Kooperationen auf das Serviceniveau der UN-Akteure (WFP, OCHA, UNDP sowie UNICEF) auswirken.[696] Durch das zusätzliche Leistungspotenzial, das die Logistikdienstleister unentgeltlich zur Verfügung stellen, erhöhen sich die Zielerreichungsgrade mehrerer servicebezogener Kriterien. Für einige der servicebezogenen Entscheidungskriterien legen sich Logistikdienstleister auch auf messbare Größen fest: Beispielsweise gibt TNT für die Emergency Response Teams an, dass diese in einem Zeitraum von 48 Stunden einsatzbereit sind (z. B. für Leistungserstellungen im Bereich Flughafen, Transport- und Lagerhaltungsmanagement sowie im Bereich der Kommunikation).[697]

Das zusätzliche Leistungspotenzial wird sowohl durch die zusätzlichen operativen und dispositiven Leistungsfaktoren der Emergency bzw. Disaster Response Units geschaffen als auch durch weitere bestehende Strukturen und Kenntnisse der Logistikdienstleister. Einige exemplarische Aussagen dokumentieren diese Potenziale:

- „As they are familiar with commercial supply-chain management companies can leverage their core competencies to develop sustainable solutions to humanitarian supply-chain management, even though this is much harder than

---

694 Vgl. hierzu Kennzahlen und KPIs in Abschnitt 3.2.5.3, auch mit einer Anwendung auf den Tsunami in Asien (2004/2005).
695 Vgl. Bliss Desiree / Larsen, Lynnette (2006), S. 4-12; Davidson, Anne Leslie (2006), S. 8; Fritz Institute (Hrsg.) (2006), S. 5-9; Thomas, Anisya / Ramalingam, Vimala (2005a), S. 3-25.
696 Vgl. z. B. Deutsche Post World Net (Hrsg.) (2006); Economist Intelligence Unit (Hrsg.) (2005); TNT Express (Hrsg.) (2007).
697 Vgl. TNT Express (Hrsg.) (2007), S. 7.

commercial logistics."[698] Diese Aussage bezieht sich auf die *Kernkompetenzen* der Logistikdienstleister und das damit verbundene *Experten- und Erfahrungswissen*, das zu höheren Zielerreichungsgrade der Servicegrößen im Katastrophenmanagement führen kann.[699] Dabei beziehen sich die Kernkompetenzen insbesondere auf die Leistungen im Bereich des Flughafenmanagements sowie Lager- und Transportleistungen in den flughafennahen Distributionsstufen. So sagt der Logistikleiter der Disaster Response Unit von DHL in der Asien-Zentrale Singapur im Zusammenhang mit der logistischen Leistungserstellung nach dem Zyklon Nargis in Myanmar im Jahr 2008: „DHL verantwortet den Transport vom Flughafen ins Warenlager. Von dort greifen dann die Nichtregierungsorganisationen die Waren auf. Sie sind besser darin als wir, etwa Reis an Tausende zu verteilen, die seit Tagen nichts mehr zu essen bekommen haben. Wir aber können die Güter herschaffen, sortieren, ausgeben."[700] Das Experten- und Erfahrungswissen der Logistikdienstleister bezieht sich des Weiteren auf den Einsatz analytischer Modelle sowie den Einsatz von Informationstechnologien in einer Supply Chain.[701] Gemeinsam mit dem Expertenwissen der Hilfsorganisationen lassen sich diese auf die besonderen Anforderungen im Katastrophenmanagement anpassen. „TNT and WFP have also developing analytical models to map out and refine supply chain solutions for relief operations." [...] „TNT is also helping WFP to track relief materials using simplified data entry techniques applied during the tsunami response."[702]

- Die international ausgerichteten Logistikkonzerne können bei ihrer Leistungserstellung im Katastrophenmanagement auf bestehende *internationale Netzstrukturen und Beziehungen* zugreifen, die ebenfalls zu einer Verbesserung des Logistikservice beitragen können. Beispielsweise konnte das Flughafenmanagement an mehreren asiatischen Flughäfen (z. B. in Colombo, Sri Lanka sowie Subang, Malaysia) nach dem Tsunami im Dezember 2004 durch die Mitwirkung der Logistikdienstleister DHL und TNT unter Einsatz der bestehenden internationalen Netzstrukturen unterstützt bzw. aufrecht erhalten werden. Hierzu wurde bei Bedarf auch das Leistungspotenzial nicht betroffener Länder eingesetzt, wie beispielsweise Logistikpersonal aus Dubai.[703] Die folgende Aussage bezieht sich auf die Leistungserstellung des Unternehmens DHL nach dem Zyklon Nargis in Myanmar: „Hilfreich war auch, dass DHL als eines der wenigen ausländischen Unternehmen sowieso in der Diktatur tätig ist und über Kontakte

---

698 Economist Intelligence Unit (Hrsg.) (2005), S. 20.
699 Vgl. Vahrenkamp, Richard (2007), S. 387.
700 Hein, Christoph (2008), S. 10. Das durch DHL betriebene Warenlager – gestellt durch einen Reishändler – wurde ausschließlich für den Bereich Non-Food genutzt, da Lebensmittel am Flughafen durch das Militär beschlagnahmt wurden. Vgl. Hein, Christoph (2008), S. 10.
701 Vgl. Gebhardt, Andreas (2006), S. 42.
702 www.group.tnt.com/wfp/hands-on, Link: Emergency Response, Asian earthquake TNT response.
703 Vgl. Economist Intelligence Unit (Hrsg.) (2005), S. 8-10.

verfügt. In der Logistik sind wir [DHL, Anm. der Verf.] dort Marktführer ..."[704] Auch Verbindungen und Strukturen in benachbarten Ländern sind in einigen Katastrophengebieten von Bedeutung, um einen Zugang in das betroffene Gebiet – in diesem Fall Myanmar – zu erhalten: „Visa bekamen nicht etwa die am besten qualifizierten Logistikexperten, die aus Singapur entsandt werden sollten, sondern nur DHL-Spezialisten aus Malaysia und Bangladesch."[705] „In places where access and security are problematic, it is even more critical to work through, and strengthen the capacity of, local partners."[706] Nationale und lokale Partner im internationalen Netzwerk der Logistikdienstleister ergänzen in diesem Zusammenhang die Beziehungen und Kontakte der Hilfsorganisationen und können so zu einer schnelleren, zuverlässigeren und / oder flexibleren Leistungserstellung im Katastrophenmanagement beitragen.

Zu beachten ist, dass die bereits erläuterten individuellen Zielsetzungen der beteiligten Akteure zu *Zielkonflikten* führen können, die sich gegebenenfalls auf den Logistikservice auswirken und im Rahmen der Koordination zwischen den Akteuren besondere Berücksichtigung finden müssen (vgl. hierzu integrationsbezogene Entscheidungskriterien).[707] Der Konflikt zwischen der „Gesellschaftlichen Verantwortung" und dem „Unternehmerischen Handeln" kann beispielsweise dazu führen, dass Privatunternehmen ihre Logistikleistungen eher in Katastrophen einbringen wollen, die in der internationalen Presse eine starke Beachtung finden. Dies sind aus Sicht der Hilfsorganisationen teilweise nicht diejenigen Katastrophen, bei denen der Bedarf der betroffenen Menschen am Größten ist. Plötzlich auftretende Katastrophen finden in der Regel eine höhere Beachtung in der Presse – und damit bei Spendern und Kooperationspartnern der Privatwirtschaft – als schleichende Katastrophen wie Hungersnöte aufgrund von Hitzewellen bzw. Dürreperioden.

Ebenfalls ist zu beachten, dass sich Kapazitätsengpässe der Logistikdienstleister auf die zeitliche und räumliche Verfügbarkeit, die Zuverlässigkeit und Flexibilität auswirken können. Bei einer Entscheidung, ob zur Verfügung stehende knappe Kapazitäten für das Kerngeschäft der Paket-, Express- und Logistikdienstleistungen oder für kooperative Leistungen im Katastrophenmanagement eingesetzt werden, sind auch kosten- und marktbezogene Entscheidungskriterien entscheidungsrelevant. In diesem Fall knapper Kapazitäten müssen Opportunitätskosten – in Form entgangener Deckungsbeiträge – und der Einfluss auf Image und Marktwert des Unternehmens mit einbezogen werden. Unter Berücksichtigung der integrationsbezogenen Entscheidungskriterien ist ebenfalls zu analysieren, wie sich die Gestaltung der physischen, informatorischen und vertraglichen Schnittstellen zwischen den beteiligten Akteuren auf den Logistikservice auswirkt.

---

704 Hein, Christoph (2008), S. 10.
705 Hein, Christoph (2008), S. 10.
706 Economist Intelligence Unit (Hrsg.) (2005), S. 9.
707 Leistungsbezogenen Risiken aus einem Outsourcing widmen sich beispielsweise Vahrenkamp, Richard (2007), S. 389 und Gebhardt, Andreas (2006), S. 43-44.

5.4.4 Marktbezogene Entscheidungskriterien

Zu den marktbezogenen Entscheidungskriterien zählen über die logistischen Zielgrößen des Service und der Kosten hinaus weitere Auswirkungen auf das Unternehmen; diese lassen sich ebenfalls aus der übergreifenden Vision bzw. Strategie eines Unternehmens ableiten. Marktbezogene Kriterien berücksichtigen übergreifende Zielgrößen, die sich beispielsweise auf die Erzielung von Wettbewerbsvorteilen, den Gewinn, den Unternehmenswert oder das Ansehen des Unternehmens richten.[708]

Die marktorientierten Kriterien messen die Wirkung alternativer Logistiktiefen und Kooperationen auf zusätzlich erschließbare Marktleistungen und Marktpotenziale.[709] Eine Veränderung der Logistiktiefe und die Gestaltung von Kooperationen sollte sich nicht nur in Bezug auf die servicebezogenen Kriterien sondern auch mit Blick auf die marktbezogenen Entscheidungskriterien an den Kernkompetenzen der Akteure orientieren.[710]

> „A powerful strategic starting point is to build a selected set of core intellectual competencies – important to customers – in such depth that the company can stay on the leading edge of its fields, provide unique value to customers, and be flexible to meet the changing demands of the market and competition."[711]

Wie sich die Kernkompetenzen der Logistikdienstleister mit denen der Hilfsorganisationen sinnvoll ergänzen können, wurde bereits im vorangehenden Abschnitt am Beispiel des Unternehmens DHL und der kooperierenden UN-Akteure skizziert. Die erschließbaren Marktleistungen und Marktpotenziale des Unternehmens DHL bestehen unter anderem in einer Steigerung des Ansehens in der Öffentlichkeit und die damit verbundene Steigerung des Unternehmenswertes. Gegebenenfalls lassen sich der Erfahrungszuwachs sowie die Kontakte zu UN-Akteuren und anderen Hilfsorganisationen darüber hinaus langfristig auch nutzen, um zusätzliche Leistungen im Katastrophenmanagement – beispielsweise in der Katastrophenvorsorge – gegen Entgelt zu erbringen. Für die UN-Akteure und andere kooperierende Hilfsorganisationen ergeben sich zusätzliche Marktleistungen und Marktpotenziale durch den Zugang zu den internationalen Netzstrukturen der Logistikdienstleister. Insbesondere an den Flughäfen der Katastrophengebiete ermöglicht die Leistungsbereitschaft und -fähigkeit der Logistikdienstleister in einigen Fällen erst den zeitnahen Zugang in das Katastrophengebiet.

---

708 Vgl. Bölsche, Dorit (2008), S. 974.
709 Vgl. Bölsche, Dorit (2008), S. 974; Isermann, Heinz / Lieske, Dorit (1998), S. 408.
710 Vgl. Bölsche, Dorit (2008), S. 974; Gebhardt, Andreas (2006), S. 38-39; Vahrenkamp, Richard (2007), S. 387.
711 Quinn, James Brian (1999), S. 35.

5.4.5 Integrationsbezogene Entscheidungskriterien

5.4.5.1 Standards

Die Erläuterungen zu den service- und kostenbezogenen Entscheidungskriterien haben sich in den vorangehenden Abschnitten zunächst insbesondere auf elementare (logistische) Leistungsprozesse und weniger auf die Wertschöpfungs- bzw. Logistikkette gerichtet. Die integrationsbezogenen Kriterien setzen an der vertikalen Verkettung der Wertschöpfungsprozesse in einer Wertschöpfungskette an und berücksichtigen die Bindungsintensität zwischen aufeinander folgenden Prozessen. Dabei ist zu beachten, dass die Bindungsintensität zwischen den Prozessen sowohl den Service als auch Kosten der Leistungserstellung beeinflussen kann.[712] Die Bedeutung einer Integration für das Logistik- und Supply Chain Management wurde bereits in den Abschnitten 3.1.3 und 5.1.6 eingeleitet. In diesen Abschnitten ist die Integration als charakteristisches Element der Logistik und insbesondere des SCM identifiziert und erläutert worden.

Werden aufeinander folgende Wertschöpfungsprozesse durch unterschiedliche Akteure des Katastrophenmanagements erbracht, so lassen sich Standards einsetzen, um den Grad der Integration zwischen den Prozessen zu erhöhen. Dabei bieten Standards den Vorteil, dass die Umsetzung im Vergleich zu Individuallösungen tendenziell mit einem vergleichsweise geringen Abstimmungs- und Entwicklungsaufwand verbunden sind, dass sie sich in vielen Fällen vergleichsweise kostengünstig umsetzen lassen und dass sie sich über mehrere Wertschöpfungsstufen – gegebenenfalls sogar über die gesamte Kette hinweg – einsetzen lassen.[713] Wichtige Standards, die im Katastrophenmanagement bereits eingesetzt werden bzw. sich einsetzen lassen werden nachfolgend skizziert:

- **Physische Standards** richten sich im Katastrophenmanagement insbesondere auf eine Standardisierung der Hilfsgüter in den Bereichen Food, Non-Food, die erforderlichen Ausrüstungsgegenstände und die Handhabung der Güter in der Wertschöpfungskette.[714] In logistischen Prozessen werden unter anderem standardisierte logistische Einheiten eingesetzt, z. B. die Euro-Palette oder spezifische auf die Bedürfnisse des Katastrophenmanagements angepasste Behälter. Das UNDP veröffentlicht entsprechende physische Standards in Handbüchern und Katalogen, wie dem „Compendium of Gerneric Spezifications", das sich in Kapitel 6 unter anderem der Ausrüstung in den logistischen Leistungen Transport, Lager und Umschlag und in Kapitel 8 weiteren logistischen Leistungsbereichen, wie der Verpackung, widmet.[715] Ein Verweis auf die verwendeten Normen nationaler und internationaler Institute (z. B. des Deutschen Instituts

---

712 Vgl. Bölsche, Dorit (2008), S. 973-974; Isermann, Heinz / Lieske, Dorit (1997), S. 407-408.
713 Vgl. Bölsche, Dorit (2008), S. 974; Isermann, Heinz / Lieske, Dorit (1997), S. 408.
714 Vgl. Pan American Health Organization / World Health Organization (2001), S. 37.
715 Vgl. UNPD (Hrsg.) (2000), insbesondere Kapitel 6 und 8.

für Normung, DIN und der International Organization for Standardization, ISO) ist in einer gesonderten Anlage des Kompendiums aufgenommen.[716] Dieses Kompendium stellt ein Beispiel aus der Vielzahl zur Verfügung stehenden und im Katastrophenmanagement bewährten Standards dar. In der unternehmensübergreifenden Zusammenarbeit mit anderen Akteuren – so z. B. mit Lieferanten und Logistikdienstleistern – sind bei Bedarf Abstimmungen über den Einsatz dieser Standards vorzunehmen.

- **Standards der Information und Kommunikation** werden in der unternehmensübergreifenden Zusammenarbeit des internationalen Katastrophenmanagements in unterschiedlicher Weise eingesetzt. Bei einer Abstimmung bezüglich der farblichen oder symbolischen Kennzeichnung der Hilfsgüter bzw. logistischen Einheiten handelt es sich um informatorische Standards, die sich unabhängig vom Einsatz der Informations- und Kommunikationstechnologien einsetzen lassen.[717] Eine Vielzahl der eingesetzten informatorischen Standards steht aber in Verbindung mit Einsatz von Informations- und Kommunikationstechnologien. Hierzu zählen unter anderem Standards, die den Einsatz automatischer Identifikationstechnologien (z. B. Barcode, Radio Frequency Identification), eines elektronischen Geschäftsdatenaustausches (Electronic Data Interchange), eines Internet-Portals mit standardisierten Informationen (z. B. des UNJLC) oder standardisierte Verbindungen der Telekommunikation unterstützen.[718] Dokumente des UNDP bzw. der Pan American sowie World Health Organization widmen sich ausführlich den informatorischen Standards im Bereich der Kommunikation, der Telekommunikation und des Einsatzes neuer Technologien.[719]
- Als ein Beispiel der **methodischen Standards** kann das SCOR-Modell oder ein anderes Referenz-Prozessmodell für das internationale Katastrophenmanagement benannt werden. Ein Referenzprozessmodell bietet den Vorteil, dass die elementare Prozesse und ihre Verbindungen untereinander einheitlich dargestellt, beschrieben, bewertet und verglichen werden. In das SCOR-Modell lassen sich auf einem hohen Detaillierungsgrad des Modells über den Standard hinausgehend individuelle Informationen aufzunehmen (vgl. Abschnitt 5.2.1.1).
- Für die internationale Zusammenarbeit zwischen unterschiedlichen Akteuren einer Wertschöpfungskette liegen **vertragliche Standards** vor, die sich auch im Katastrophenmanagement einsetzen lassen. Hierzu zählen unter anderem die International Commercial Terms (Incoterms), die bei grenzüberschreitenden Geschäften die Pflichten des Senders und Empfängers regeln und so eine internati-

---

716 Vgl. UNPD (Hrsg.) (2000), S. 259-260.
717 Z. B. Kennzeichnung als Gefahrgut, vgl. Pan American Health Organization / World Health Organization (2001), S. 38-41.
718 Vgl. Bölsche, Dorit (2008), S. 974; Isermann, Heinz / Lieske, Dorit (1997), S. 408.
719 Vgl. UNPD (Hrsg.) (2000), insbesondere Kapitel 1; Pan American Health Organization / World Health Organization (2001), insbesondere Kapitel 13-15. Einige dieser informatorischen Standards werden in Kapitel 6 vorgestellt.

onal einheitliche Auslegung bestimmter Pflichten unterstützen. Die Rechte und Pflichten beziehen sich unter anderem auf die Aufteilung der Transportkosten, die Festlegung des Gefahrenübergangs mit Relevanz für Haftung und Versicherung, die Verantwortung für Aus- und Einfuhrmodalitäten sowie den Übergabeort an den Empfänger. Die 13 unterschiedlichen Incoterms haben keinen Gesetzesstatus, werden aber von den jeweiligen nationalen Gerichten anerkannt, sofern diese explizit Bestandteil des jeweiligen Vertrags sind. Incoterms werden in C-, D-, E- und F-Klauseln unterteilt.[720] Auf die Bedeutung der Incoterms für Transporte im internationalen Katastrophenmanagement weist sowohl das United Nations Development Programme (UNDP) in seinem auf Hilfsgüter gerichteten „Compendium of Gerneric Specifications" hin als auch die Pan American Health Organiszation gemeinsam mit der World Health Organization in der gemeinsamen Veröffentlichung über „Humanitarian Supply Management and Logistics in the Health Sector".[721] Vertragliche Standards wie die Incoterms bilden gemeinsam mit nationalen und internationalen Gesetzen den Rahmen, in dem die individuelle Koordination zwischen den Akteuren des Katastrophenmanagements erfolgt.

Ob die Umsetzung eines Standards in einer unternehmensübergreifenden Wertschöpfungskette des Katastrophenmanagements zu empfehlen ist oder nicht hängt jeweils von den Auswirkungen auf die Kosten- und Servicegrößen in der gesamten Supply Chain ab. Die Zielerreichungsgrade beider Größen können durch eine Standardisierung sowohl erhöht als auch reduziert werden. Die Bereitschaft und Fähigkeit der potenziellen Kooperationspartner, die für das Katastrophenmanagement relevanten Standards in der Wertschöpfungskette gemeinsam einzusetzen, können Entscheidungen über Outsourcing und Kooperationen beeinflussen. Die Umsetzung derjenigen Standards, die bezogen auf die Zielgrößen Service und Kosten besonders positive Auswirkungen haben, kann ein KO-Kriterium bei der Entscheidung über die Wahl eines Kooperationspartners darstellen. So lassen sich einige Konzepte des Supply Chain Management – z. B. Vendor Managed Inventory oder Collaborative Planning, Forecasting, and Replenishment – nur unter der Voraussetzung umsetzen, dass die beteiligten Akteure einen elektronischen Geschäftsdatenaustausch betreiben können. Die zusätzliche Einigung auf einen methodischen Standard – z. B. die standardisierten Geschäftsprozesse des CPFR-Modells – kann aufgrund des reduzierten

---

720 Bei den vier C-Klauseln trägt der Exporteur den überwiegenden Teil der Transportkosten, bei den fünf D-Klauseln trägt dieser zusätzlich die Gefahren bis zum Bestimmungsort der Ware. Die E-Klausel (auch Abholklausel) regelt die Befreiung des Exporteurs von jeglichen Risiken sowie Transport- und Abfertigungskosten. Bei einer Vereinbarung über eine der drei F-Klauseln trägt der Importeur die Kosten des Haupttransportes. Detaillierte Erläuterungen zu den 13 Incoterm-Klauseln enthält z. B. Schulte, Christof (2005), S. 200-203 sowie die Internet-Seite der Internationalen Handelskammer www.iccwbo.org/incoterms.
721 Vgl. Pan American Health Organization / World Health Organization (2001), S. 58-61 sowie UNDP (Hrsg.) (2000), S. 252.

Abstimmungsaufwands zusätzlich ein Ausschlusskriterium bei der Auswahl eines Kooperationspartners darstellen.[722]

5.4.5.2 Koordination

In der unternehmensübergreifenden Zusammenarbeit ist über die Gestaltung der Standardisierung hinaus auch die Gestaltung der Koordination zwischen den beteiligten Akteuren von besonderer Bedeutung. In Verbindung mit den Kooperationen zwischen Logistikdienstleistern (DHL und TNT) sowie Akteuren des UN-Systems sind bereits Hinweise auf mögliche Zielkonflikte gegeben worden.

Koordination – im Sinne einer zielgerichteten Abstimmung mehrerer Aktionen oder Entscheidungen verschiedener Akteure – ist erforderlich, um den Rahmen für eine erfolgreiche Integration der elementaren Leistungsprozesse zu Wertschöpfungsketten zu ermöglichen.[723] Auch die Abstimmung über die einzusetzenden Standards bildet einen Teilbereich der Koordination.

Um die Koordination zwischen Akteuren zu erklären und zu gestalten – und demnach Aspekte der Koordination als Entscheidungskriterien für Outsourcing und Kooperationen im internationalen Katastrophenmanagement zu berücksichtigen – bieten sich institutionenökonomische Ansätze an. Diese legen **Verhaltensannahmen** über die beteiligten Akteure zugrunde:[724]

- Akteure sind bestrebt, ihren *Nutzen zu maximieren*. Der Nutzen in der Kooperation zwischen Logistikdienstleistern (z. B. DHL und TNT) sowie der UN-Akteure (z. B. OCHA/UNDP und WFP) ist durch die jeweiligen Zielfunktionen formuliert worden. In den vorangehenden Abschnitten, insbesondere in Abschnitt 5.4.1, ist dargestellt worden, dass hierbei sowohl Kooperationsziele als auch individuelle Ziele der Akteure zu beachten sind.
- Akteure handeln *begrenzt rational*: Sie streben zwar Rationalität an, können aber aufgrund ihrer beschränkten Möglichkeiten zur Aufnahme und Verarbeitung der Informationen nur begrenzt rational handeln. Für die komplexe und dynamische Umwelt des Katastrophenmanagements gilt dies in besonderem Maße. Beispielsweise wird keine Hilfsorganisation nach plötzlich auftretenden und schweren Katastrophen sämtliche Informationen über das Ausmaß der Katastrophe, den Bedarf der betroffenen Menschen, die erforderlichen Leistungen

---

722 Ausführliche Erläuterungen zu VMI und CPFR sind in den Abschnitten 5.2.2.3 und 5.2.2.4 enthalten.
723 Vgl. hierzu insbesondere Abschnitt 5.4.1. Vgl. zum Begriff der Koordination Bölsche, Dorit (2008), S. 975 sowie Malone, Thomas W. und Crowston, Kevin (1994), S. 90.
724 Vgl. z. B. Bölsche, Dorit (2001), S. 108; Bölsche, Dorit (2008), S. 975; Richter, Rudolf / Furubotn, Eirik G. (2003), S. 2-6; Teichmann, Stephan (1995), S. 161-163; Williamson, Oliver E. (1975), S. 26.

des Supply Chain Management und die Aktionen der anderen beteiligten Akteure erfassen können.
- Es besteht die Möglichkeit, dass sich Akteure *opportunistisch Verhalten*. In diesem Fall sind sie bereit, durch egoistisches Ausnutzen von Handlungsspielräumen die eigene Position zu verbessern. Opportunistische Handlungsspielräume entstehen durch nutzenmaximierende Akteure mit unterschiedlichen individuellen Zielsetzungen und zugleich ungleich verteilten Informationen (Informationsasymmetrie). Einige Möglichkeiten des Ausnutzens opportunistischer Spielräume sind im Zusammenhang mit den service- und kostenbezogenen Entscheidungskriterien bereits am Beispiel der Unternehmen DHL und TNT sowie der UN-Akteure mit Bezug zu den unterschiedlichen Zielsystemen erläutert worden.

Im Mittelpunkt der institutionenökonomischen Theorien steht nicht der physische Leistungsaustausch selbst, sondern die ihn betreffenden Eigentums- und Verfügungsrechte und -pflichten (**Property Rights**). Akteure formulieren, modifizieren und eliminieren Property Rights und handeln im Rahmen bestehender Property Rights. Nationale und internationale Gesetze mit Relevanz für das internationale Katastrophenmanagement bilden den Rahmen bestehender Property Rights, ebenso haben die Akteure die Möglichkeit, auf weitere vertragliche Standards, z. B. die Incoterms, im Rahmen der Koordination zu verweisen. Die Bestimmung, Übertragung und Durchsetzung der Property Rights (**Transaktion**) bildet die kleinste Einheit der institutionenökonomischen Theorien,[725] zu denen der Transaktionskostenansatz, die Principal-Agent-Theorie und der Property-Rights-Ansatz zählen: Der Transaktionskostenansatz beschäftigt sich primär mit den durch Transaktionen hervorgerufenen Kosten, die Principal-Agent-Theorie mit der Anreizwirkung der Regelungen und der Property-Rights-Ansatz mit der Aufteilung der Eigentums- und Verfügungsrechte und -pflichten durch Verträge.[726]

Zahlreiche Veröffentlichungen befassen sich mit einer transaktionskostentheoretischen Analyse der Logistiktiefe, des Outsourcing und der Kooperation im Supply Chain Management. Nachfolgend wird der Ansatz mit seinen wichtigsten Überlegungen und Inhalten vorgestellt, ausführliche Erläuterungen lassen sich der angegebenen Literatur entnehmen.[727] Der **Transaktionskostenansatz** legt folgende Über-

---

725 „Transactions are, not the exchange of commodities, but the alienation and acquisition, between individuals, of rights of property and liberty." Commons, John R. (1931), S 652. Vgl. auch Commons, John R. (1931), S. 657.
726 Vgl. z. B. Bölsche, Dorit (2001), S. 110; Erlei, Mathias / Leschke, Martin / Sauerland, Dirk (1999), S. 47-51; Picot, Arnold / Reichwald, Ralf / Wigand, Rolf T. (1996), S. 41-56; Richter, Rudolf / Furubotn, Eirik G. (2003), S. 40-45.
727 Vgl. z. B. Eßig, Michael (2008), S. 984-985; Hosenfeld, Wilhelm-Achim (1993), S. 104-183; Isermann, Heinz / Lieske, Dorit (1998), S. 409-418; Pfohl, Hans-Christian (2004b), S. 370-373; Schäfer-Kunz, Jan / Tewald, Claudia (1998), S. 49-60; Teichmann, Stephan (1995), S. 161-192.

legungen zugrunde: Hätte die Organisation und Koordination ökonomischer Aktivitäten keine Kostenwirkungen zur Folge wäre die Koordinationsform irrelevant. Verursacht sie hingegen Kosten, so sind die Transaktionskosten als Entscheidungskriterium zu berücksichtigen.[728] In Abschnitt 5.4.2 ist auf die Relevanz der Transaktionskosten[729] bereits hingewiesen worden. Für die Gestaltung des Outsourcings und der Kooperationen im Katastrophenmanagement ist zu analysieren, in welcher Höhe Transaktionskosten im Falle der Eigenerstellung (Hierarchie), des Fremdbezugs (Markt) oder bei bestimmten Kooperationen (Hybridformen) zu erwarten sind.[730] Hierbei legt der Ansatz die bereits erläuterten Verhaltensannahmen und zusätzliche Rahmenbedingungen (z. B. bezüglich bestehender Gesetze und verfügbarer Informationstechnologien) zugrunde und erklärt den Verlauf der Transaktionskosten in Abhängigkeit von drei Transaktionsdeterminanten, von denen der Spezifität die höchste Bedeutung beigemessen wird:[731]

– *Spezifität* im Sinne einer spezifischen Ressourcennutzung liegt vor, wenn zur Erfüllung eine Aufgabe Ressourcen eingesetzt werden, die kaum oder gar nicht einer alternativen Verwendung zugeführt werden können. Transaktionskosten steigen mit zunehmender Spezifität, da eine spezifische Ressourcennutzung und die damit verbundenen spezifischen Investitionen (z. B. in spezifische Anlagen, Standorte oder Informationstechnologien sowie in die Ausbildung des Personals) besondere vertragliche Vereinbarungen erfordern. Diese sind beispielsweise erforderlich, um das mögliche opportunistische Verhalten der beteiligten Akteure aufgrund entstehender Abhängigkeiten von den Vertragspartnern zu begrenzen.[732] Der Anstieg ist bei einer Fremdvergabe der Leistungen in der Regel am höchsten und im Falle einer Eigenerstellung am geringsten (bei hybriden Koordinationsformen, wie für eine Vielzahl der Kooperationen, weist der Steigung ein mittleres Niveau auf). Diese Transaktionskostenverläufe begünstigen

---

728 Vgl. Isermann, Heinz / Lieske, Dorit (1998), S. 409; Williamson, Oliver E. (1975); Williamson, Oliver E. (1981), S. 548-577.
729 Transaktionskosten sind die mit Transaktionen – also der Bestimmung, Übertragung und Durchsetzung von Property Rights – verbunden Kosten. Vgl. z. B. Hosenfeld, Wilhelm-Achim (1993), S. 107-112; Isermann, Heinz / Lieske, Dorit (1998), S. 409.
730 Vgl. z. B. Eßig, Michael (2008), S. 984-985; Hosenfeld, Wilhelm-Achim (1993), S. 116-121; Isermann, Heinz / Lieske, Dorit (1998), S. 411-412; Pfohl, Hans-Christian (2004b), S. 370-371; Schäfer-Kunz, Jan / Tewald, Claudia (1998), S. 51-52; Williamson, Oliver E. (1975), S. 9.
731 Vgl. z. B. Hosenfeld, Wilhelm-Achim (1993), S. 122-144; Isermann, Heinz / Lieske, Dorit (1998), S. 412-418; Teichmann, Stephan (1995), S. 164-169; Williamson, Oliver E. (1981), S. 555.
732 Vgl. Bölsche, Dorit (2001), S. 114; Erlei, Mathias / Leschke, Martin / Sauerland, Dirk (1999), S. 180-182; Gebhardt, Andreas (2006), S. 44; Hosenfeld, Wilhelm-Achim (1993), S. 127-130; Isermann, Heinz / Lieske, Dorit (1998), S. 413-414; Teichmann, Stephan (1995), S. 164-167; Vahrenkamp, Richard (2007), S. 388.

bei einem hohen Spezifitätsniveau die Eigenerstellung und im Fall von geringen spezifischen Investitionen den Fremdbezug.[733]

Für die beschriebenen Beispiele der UN-Akteure, die Leistungen an die Logistikdienstleister DHL und TNT fremd vergeben bzw. mit diesen kooperieren, nimmt das Spezifitätsniveau ein geringes bis mittleres Niveau an. Auf Seiten der Logistikdienstleister sind die Netze der internationalen Leistungserstellung weitgehend vorhanden; spezifische Investitionen in die Leistungserstellung des Katastrophenmanagements wurden für die Errichtung der Emergency bzw. Disaster Response Units sowie die Schulung des Personals vorgenommen. Auf Seiten der UN-Akteure, die diese Leistungen bei Bedarf in Anspruch nehmen, sind Investitionen in die Kooperation nur in geringem Umfang erforderlich, beispielsweise um eine Integration der Prozesse auf der physischen und informatorischen Ebene vorzunehmen. Sofern es sich bei diesen Investitionen um Standards – beispielsweise einen EDI-Standard für den elektronischen Geschäftsdatenaustausch – handelt, können diese auch in alternative Verwendungen eingesetzt werden und sind demnach nicht spezifisch. Auch bei der Umsetzung von Konzepten des Supply Chain Management, z. B. VMI und CPFR, nimmt das Spezifitiätsniveau der beteiligten Partner (z. B. Hilfsorganisation und Lieferant) ein geringes bis mittleres Niveau an, da ebenfalls in hohem Maße Standards eingesetzt werden.

- Mit zunehmender *Häufigkeit* vergleichbarer Transaktionen stellen sich Lerneffekte bei den Mitarbeitern bezüglich ihrer transaktionsspezifischen Fähigkeiten und zugleich Größendegressionseffekte in Bezug auf die spezifischen Investitionen ein, sodass Transaktionskosten mit zunehmender Häufigkeit sinken. Je häufiger Hilfsorganisationen im internationalen Katastrophenmanagement mit Lieferanten oder Logistikdienstleistern kooperieren, desto geringer werden tendenziell die Kosten der Bestimmung, Übertragung und Durchsetzung der Eigentums- und Verfügungsrechte sein.[734]

- *Unsicherheit* kann in verschiedenen Formen auftreten. Zu benennen sind insbesondere die Umweltunsicherheit und die Verhaltensunsicherheit (letztere ist bereits durch die Annahme des möglichen Opportunismus ausgedrückt worden). Die Umweltunsicherheit ist im Katastrophenmanagement besonders stark ausgeprägt, da das Auftreten der Katastrophen, die Auswirkungen und die damit verbundenen Bedarfe nur in geringem Maße prognostizierbar sind. Steigende Komplexität und Dynamik führen zur Notwendigkeit vertraglicher Regelungen, die wiederum steigende Transaktionskosten hervorrufen. Vergleichbar zu den Transaktionskostenverläufen in Abhängigkeit von der Spezifität gilt auch für

---

733 Vgl. Bölsche, Dorit (2001), S. 113-114; Essig, Michael (2008), S. 985; Isermann, Heinz / Lieske, Dorit (1998), S. 412; Picot, Arnold / Reichwald, Ralf / Wigand, Rolf T. (1996), S. 45; Teichmann, Stephan (1995), S. 167-168.

734 Vgl. Hosenfeld, Wilhelm-Achim (1993), S. 135-136; Isermann, Heinz / Lieske, Dorit (1998), S. 414-415; Picot, Arnold / Reichwald, Ralf / Wigand, Rolf T. (1996), S. 44; Teichmann, Stephan (1995), S. 168.

die Unsicherheit, dass die Steigung der Transaktionskosten für den Fremdbezug am höchsten ist, sodass mit einem steigenden Unsicherheitsniveau zunehmend eine Eigenerstellung begünstigt wird.[735]

Die *Transaktionsatmosphäre* – mit sozialen, rechtlichen und technologischen Rahmenbedingungen – beeinflusst ebenfalls die Höhe der Transaktionskosten. Beispielsweise begünstigen Vertrauen ebenso wie geeignete Informations- und Kommunikationssysteme eine Fremdvergabe, da die Wahrscheinlichkeit opportunistischen Verhaltens durch Vertrauen verringert und die Möglichkeit rationalen Verhaltens durch einen erhöhten Informationsstand erhöht werden.[736]
Obwohl Williamson betont, dass der Transaktionskostenansatz als Erklärungs- und nicht als Gestaltungsansatz zu verstehen ist,[737] beziehen Arbeiten zur Gestaltung des Outsourcings und der Kooperationen im Supply Chain Management Transaktionskosten zunehmend als Entscheidungskriterium ein. Eine Ermittlung der mit der Koordination in alternativen Logistiktiefen und Kooperationsformen verbundenen Transaktionskosten setzt voraus, dass empirisches Datenmaterial vorhanden ist, aus dem die Transaktionskostenverläufe in Abhängigkeit von den erläuterten Transaktionskostendeterminanten ermittelt werden können.[738] Entsprechendes Datenmaterial wird für das internationale Katastrophenmanagement in naher Zukunft voraussichtlich nicht zur Verfügung stehen, so dass sich eine Einbeziehung der Transaktionskosten als monetäres Entscheidungskriterium kaum umsetzen lässt. Der Ansatz eignet sich demnach eher für eine Erklärung bestehender bzw. sich bildender Koordinationsformen (z. B. Kooperationen der UN mit DHL und TNT); auch lassen sich einige Inhalte des Ansatzes als nicht monetär bewertete Kriterien in bestimmte Methoden zur Entscheidungsfindung einbinden. Eine dieser Methoden – die Nutzwertanalyse - wird im nachfolgenden Abschnitt 5.4.6 vorgestellt.

Die **Principal-Agent-Theorie** geht von dem gleichen institutionenökonomischen Annahmensystem aus wie der Transaktionskostenansatz und befasst sich ebenfalls mit Institutionen und Koordinationsformen.[739] Im Gegensatz zum Transaktionskostenansatz handelt es sich jedoch hierbei um einen Gestaltungsansatz, sodass sich aus der Theorie auch Gestaltungsempfehlungen für den Fremdbezug und die Kooperation zwischen Akteuren des internationalen Katastrophenmanagements ableiten lassen. *Principal-Agent-Beziehungen* werden eingegangen, wenn ein Akteur (der Prinzipal) auf einen anderen Akteur (den Agenten) Entscheidungs- und Ausführungs-

---

735 Vgl. Hosenfeld, Wilhelm-Achim (1993), S. 130-135; Isermann, Heinz / Lieske, Dorit (1998), S. 415; Picot, Arnold / Reichwald, Ralf / Wigand, Rolf T. (1996), S. 43; Teichmann, Stephan (1995), S. 168.
736 Vgl. Picot, Arnold / Reichwald, Ralf / Wigand, Rolf T. (1996), S. 44.
737 Vgl. Williamson, Oliver E. (1996), S. 136-140.
738 Vgl. Bölsche, Dorit (2008), S. 973.
739 Vgl. Bölsche, Dorit (2001), S. 110.

kompetenzen überträgt.[740] In der Beziehung zwischen UN-Akteuren und Logistikdienstleistern bilden OCHA, UNDP und WFP Prinzipale, die Aufgaben in der internationalen Supply Chain des Katastrophenmanagements an die Agenten DHL bzw. TNT delegieren. Damit erhalten die UN-Akteure die Möglichkeit, die Informationen, Qualifikationen und Netze der Logistikdienstleister zu nutzen, ohne diese selbst zu besitzen. Die Handlungen und Entscheidungen der Logistikdienstleister DHL und TNT als Agenten beeinflussen nun nicht nur das eigene Nutzenniveau – beispielsweise bezogen auf den Unternehmenswert und das Image – sondern auch das des Prinzipals – z. B. bezogen auf die Erhaltung des Lebens und der Gesundheit der durch Katastrophen betroffenen Menschen.[741] In der Wertschöpfungskette des internationalen Katastrophenmanagements bilden sich über die einzelnen Stufen der Kette bzw. des Netzwerks zahlreiche miteinander verbundene Principal-Agent-Probleme, von denen die Beziehung zwischen Hilfsorganisationen und Logistikdienstleistern exemplarisch herangezogen wird.

Die Informationsasymmetrie und der Zeitpunkt ihrer Entstehung bilden gemeinsam mit den Verhaltensannahmen einen wichtigen Ausgangspunkt für die Entstehung unterschiedlicher *Principal-Agent-Probleme*.[742] „Wären alle Wirtschaftssubjekte in der Lage, sich vollständig und kostenlos zu informieren, gäbe es keine Principal-Agent-Probleme."[743] „Der Agent ist dabei besser informiert als der Prinzipal",[744] zum Beispiel sind die Logistikdienstleister DHL und TNT besser über ihre eigenen Fähigkeiten, Absichten und ihre Leistungserstellung im Katastrophenmanagement informiert als die Prinzipale, die ihnen das UN-Mandat erteilen. Bei der Gestaltung von Maßnahmen der Koordination, die Principal-Agent-Probleme reduzieren sollen, werden die Zielgrößen der Prinzipale und der Agenten berücksichtigt: Gesucht wird nach (bedingt) pareto-optimalen Lösungen.[745]

Die Principal-Agent-Theorie unterscheidet – je nach Zeitpunkt der Informationsasymmetrie und der daraus entstehenden Probleme – zwischen ex-ante (vorvertraglicher) und ex-post Informationsasymmetrie:

– *Ex-ante*: In der Bestimmungsphase der Koordination (vorvertraglich = vor der Durchsetzung der Eigentums- und Verfügungsrechte und -pflichten) können In-

---

740 Vgl. Erlei, Mathias / Leschke, Martin / Sauerland, Dirk (1999), S. 74; Picot, Arnold / Reichwald, Ralf / Wigand, Rolf T. (1996), S. 47. "We will say that an agency relationship has arisen between two or more parties, when one designated as the agent, acts for, on behalf of, or as a representative for the other, designated the principal, in a particular domain of decision problems." Ross, Stephen A. (1973), S. 134.
741 Vgl. Bölsche, Dorit (2008), S. 975; Picot, Arnold / Reichwald, Ralf / Wigand, Rolf T. (1996), S. 47.
742 Vgl. Richter, Rudolf / Furubotn, Eirik G. (2003), S. 173-174.
743 Dietl, Helmut (1993), S. 135.
744 Picot, Arnold / Reichwald, Ralf / Wigand, Rolf T. (1996), S. 47.
745 Pareto-Optimalität liegt vor, wenn kein Akteur besser gestellt werden kann, ohne den anderen schlechter zu stellen. Aufgrund der begrenzten Rationalität der Akteure kann diese nur bedingt erreicht werden. Vgl. Bölsche, Dorit (2001), S. 121; Ross, Stephen A. (1973), S. 134-135.

formationen über die Leistungsfähigkeit und die Eigenschaften (hidden information, hidden characteristics) sowie die Intentionen (hidden intention) der Akteure verborgen sein. Bei der Annahme begrenzter Rationalität und möglichen opportunistischen Verhaltens der Akteure können aus diesen Formen der Informationsasymmetrie die folgenden Probleme entstehen:

- *Adverse selection* beschreibt die Gefahr, aufgrund mangelnder Informationen, ungeeignete Akteure für eine Principal-Agent-Beziehung auszuwählen. Das Problem stellt sich beispielsweise, wenn Logistikdienstleister bzw. Lieferanten als potenzielle Agenten die Hilfsorganisationen nicht korrekt über die Leistungsfähigkeit der internationalen Netze, die Ausbildung des Personals, angestrebte logistische Servicegrade oder Qualität der Produkte informieren.[746] Maßnahmen zur Begrenzung dieses Principal-Agent-Problems wurden in der Anbahnungsphase zwischen den Logistikdienstleistern TNT und DHL sowie den Organisationseinheiten der UN dadurch ergriffen, dass die Logistikdienstleister zahlreiche Informationen über das jeweilige Unternehmen zur Verfügung gestellt haben (Signalling) und die Prinzipale weitere Informationen über die Logistikdienstleister eingeholt haben (Screening).[747] Als wichtige Informationsgrundlage konnten auch die bereits durch die Logistikdienstleister erbrachten Leistungen in der Katastrophenbewältigung nach dem Tsunami in Asien herangezogen werden, durch die Informationen über die Leistungsbereitschaft und Fähigkeit der Unternehmen DHL und TNT bereits vorlagen und sich die Unternehmen bereits eine Reputation aufgebaut haben. Des Weiteren wurden die Kooperationen zunächst mittelfristig auf einen begrenzten Kooperationsumfang ausgerichtet und im Zeitablauf verlängert und erweitert. Beispielsweise hat DHL die im Jahr 2008 bestehenden drei Disaster Response Units nicht zeitgleich sondern verteilt über die Jahre 2006 und 2007 aufgebaut.[748]
- Das *Hold up* adressiert Principal-Agent-Probleme, die aufgrund verborgener Intentionen der möglichen Kooperationspartner entstehen können. Je höher die spezifischen Investitionen in eine Transaktionsbeziehung sind (siehe hierzu Erläuterungen im Zusammenhang mit dem Transaktionskostenansatz), desto größer ist die Gefahr entstehender Abhängigkeiten, die

---

746 Vgl. z. B. Bölsche, Dorit (2008), S. 975-976; Erlei, Mathias / Leschke, Martin / Sauerland, Dirk (1999), S. 144-145; Picot, Arnold / Reichwald, Ralf / Wigand, Rolf T. (1996), S. 49; Richter, Rudolf / Furubotn, Eirik G. (2003), S. 175-176.
747 Zu Signalling und Screening, auch in der Logistik und für Entscheidungen über die Logistiktiefe vgl. z. B. Bölsche, Dorit (2008), S. 976; Picot, Arnold / Reichwald, Ralf / Wigand, Rolf T. (1996), S. 49-50.
748 Vgl. z. B. Deutsche Post World Net (Hrsg.) (2006); Economist Intelligence Unit (Hrsg.) (2005); TNT Express (Hrsg.) (2007); www.dhl.de; www.movingtheworld.org.

durch Vertragspartner opportunistisch ausgenutzt werden kann.[749] Es wurde bereits erläutert, dass die Spezifität in der Beziehung zwischen DHL und TNT (Agenten) sowie den Prinzipalen des UN-Systems ein geringes bis mittleres Niveau annimmt. Dennoch müssen verborgene Intentionen in der Koordinationsbeziehung beachtet werden: Hat ein privates Unternehmen beispielsweise daran Interesse, nach einer Phase unentgeltlicher Leistungserstellungen im Katastrophenmanagement diese im Zeitablauf entgeltlich zu erbringen? Durch Kooperationen der UN-Einheiten mit mehreren Unternehmen (DHL, TNT und weitere) werden solche potentiellen Abhängigkeiten begrenzt.

– *Ex-post*: In der Durchsetzungsphase der Koordination (nachvertraglich = nach der Durchsetzung der Eigentums- und Verfügungsrechte und -pflichten) bleiben Informationen über die tatsächliche Leistungserstellung der Agenten verborgen (hidden action). Der Prinzipal (Hilfsorganisation, wie OCHA, UNDP, WFP) kann die (logistische) Leistungserstellung des Agenten (DHL, TNT oder andere Logistikdienstleister, Lieferanten) nicht oder nur zu unvertretbar hohen Kosten vollständig beobachten.[750] So bleiben beispielsweise Informationen über den Logistikservice in der Auslieferung der Hilfsgüter oder Informationen über die Qualität der Hilfsgüter verborgen. Eine Vielzahl der üblichen Maßnahmen zur Begrenzung des *moral hazard* (Erfolgs- und Risikoteilung sowie Kontrollen mit Sanktionen) sind insbesondere bei der unentgeltlichen Leistungserstellung der Logistikdienstleister kaum geeignet. Aus diesem Grund empfehlen sich auch zur Begrenzung dieses Principal-Agent-Problems Reputationsmechanismen sowie die Gestaltung mittelfristiger Verträge, die sich bei erfolgreicher Zusammenarbeit verlängern lassen.

5.4.6 Nutzwertanalyse: Eine Methode zur Entscheidungsfindung

Die ausführlichen Erläuterungen zu den service-, kosten-, markt- und integrationsbezogenen Entscheidungskriterien geben einen Hinweis darauf, dass es sich bei Entscheidungen über die Gestaltung des Supply Chain Management im internationalen Katastrophenmanagement um komplexe Entscheidungssituationen handelt. Entscheidungen über den Einsatz von Referenzmodellen, Konzepten des SCM sowie über Kooperationen und Outsourcing im Katastrophenmanagement erfordern die Berücksichtigung jeweils mehrerer Entscheidungsgrößen, die aus den jeweiligen

---

749 Vgl. z. B. Erlei, Mathias / Leschke, Martin / Sauerland, Dirk (1999), S. 183; Picot, Arnold / Reichwald, Ralf / Wigand, Rolf T. (1996), S. 49; Richter, Rudolf / Furubotn, Eirik G. (2003), S. 370 (auch unter dem Begriff des Raubüberfalls im Sinne von "Hände hoch").
750 Vgl. z. B. Bölsche, Dorit (2006), S. 257-261; Bölsche, Dorit (2008), S. 976; Erlei, Mathias / Leschke, Martin / Sauerland, Dirk (1999), S. 112-113; Picot, Arnold / Reichwald, Ralf / Wigand, Rolf T. (1996), S. 49; Richter, Rudolf / Furubotn, Eirik G. (2003), S. 173-175.

Strategie- und Zielsystemen der beteiligten Akteure des Katastrophenmanagements individuell abzuleiten sind.

Die Nutzwertanalyse dient innerhalb solcher komplexer Entscheidungsprozesse der systematischen Entscheidungsvorbereitung zur Auswahl einer Handlungsalternative.[751] Aus der Vielzahl unterschiedlicher Varianten der Nutzwertanalyse wird nachfolgend eine Variante beschrieben.[752]

Als Ausgangslage liegen zunächst die zu bewertenden **Handlungsalternativen** vor, bei denen es sich z. B. um zu bewertende Outsourcing- bzw. Kooperationspartner handeln kann.[753] Beispielsweise mussten Akteure der UN vor der Gestaltung der Kooperationen mit TNT sowie DHL bewerten, ob eine Kooperation mit Logistikdienstleistern der Privatwirtschaft in Frage kommt und wenn ja, mit welchem Dienstleister, für welche Einsatzbereiche und in welchem Umfang. Die Handlungsalternativen müssen als Grundlage für die Durchführung der Nutzwertanalyse beschrieben und voneinander abgegrenzt sein.

In einem ersten Schritt der Nutzwertanalyse werden die entscheidungsrelevanten **Zielkriterien bestimmt** und **gewichtet**. Das Strategie- und Zielsystem der Akteure sowie die Übersicht über die daraus abgeleiteten Entscheidungskriterien liefern Hinweise über die zu berücksichtigenden Zielkriterien und deren Bedeutung. Da sich das Zielsystem der Akteure im Katastrophenmanagement weder ausschließlich kosten- noch ausschließlich servicebezogen formulieren lässt, werden mehrere der service-, kosten-, markt- und integrationsbezogenen Entscheidungskriterien durch die Nutzwertanalyse zusammenzuführen sein. Die Gewichtung der einzelnen Kriterien kann durch den Einsatz unterschiedlicher Methoden unterstützt werden, so beispielsweise durch Rangfolgenbildung und paarweise Vergleiche der Zielkriterien. Zu empfehlen sind normierte Gewichtungen, die in der Summe der Einzelgewichte 100 oder 1 ergeben.[754] Sofern Qualität und Service – zur Erhaltung des Lebens und der Gesundheit – im Zielsystem des Entscheidungsträgers im Vordergrund stehen, so muss sich dies auch in der besonderen Gewichtung der entsprechenden servicebezogenen Kriterien widerspiegeln.

Nachfolgend ist jedes **Zielkriterium** für jede **Handlungsalternative**, so z. B. für jeden potenziellen Kooperationspartner, zu **bewerten**. Diese Bewertung erfolgt für die Mehrzahl der Varianten der Nutzwertanalyse auf ordinalem Skalenniveau in Form von Schulnoten oder anderen Bewertungsskalen (z. B. von 1 bis 10). Die einheitlich vorgegebene Bewertungsskala ist für jedes Zielkriterium identisch (z. B. 10 drückt die höchstmögliche Zielerfüllung aus und 1 die geringste). Qualitativ sollte

---

751 Vgl. Bitz, Michael (2005), S. 164; Gebhardt, Andreas (2006), S. 172; Hoffmeister, Wolfgang (2000), S. 278; Vahrenkamp, Richard (2007), S. 395-395.
752 Vgl. Bitz, Michael (2005), S. 165; Teichmann, Stephan (1995), S. 151. Die Methode wird auch unter den Begriffen Punktbewertungsverfahren und Scoringmodell beschrieben.
753 Gestaltungsmodelle, die die Suche und das Aufstellen von Alternativen unterstützen, werden in Hoffmeister, Wolfgang (2000), S. 279-280 beschrieben.
754 Vgl. Bitz, Michael (2005), S. 164; Hoffmeister, Wolfgang (2000), S. 281-296; Schulte, Christof (2005), S. 269; Teichmann, Stephan (1995), S. 151-152; Vahrenkamp, Richard (2007), S. 394.

beschrieben werden, bei welchen Zielerfüllungsgraden welche Bewertung (auch Teilnutzen, Score) der ordinalen Bewertungsskala vergeben wird.[755]

Der **Gesamtnutzwert** (auch Präferenzwert) einer Handlungsalternative errechnet sich in der Regel durch die Bildung eines gewogenen Durchschnitts: Für jedes Zielkriterium wird die Bewertung mit dem Gewicht multipliziert (Teilnutzen der Handlungsalternative je Zielkriterium) und anschließend die Summe dieser Teilnutzenwerte über alle Zielkriterien gebildet.[756] Wenn die Summe der Gewichte 100% beträgt und die Bewertung der Zielkriterien auf einer Skala zwischen 1 und 10 erfolgt, so liegt der Gesamtnutzwert jeder Handlungsalternative ebenfalls zwischen 1 und 10. Sofern 10 den höchsten Punktwert beschreibt, drückt ein Gesamtnutzwert von 10 eine 100%ige Zielerfüllung aus; ein Gesamtpunktwert von 6,5 lässt sich als 65%ige Zielerfüllung interpretieren. In der Entscheidungsvorbereitung über die Auswahl einer Handlungsalternative wird diejenige mit dem höchsten Gesamtpunktwert (zunächst) bevorzugt.[757]

Die nachfolgende Tabelle skizziert vereinfacht die Umsetzung einer Nutzwertanalyse an einem **Beispiel**. Als Ausgangslage liegen folgende Informationen vor: Eine Akteur des UN-Systems (z. B. World Food Programme) erwägt die Einbindung eines Logistikdienstleisters der Privatwirtschaft in die logistische Leistungserstellung des weltweiten Katastrophenmanagements.

---

755 Vgl. Bitz, Michael (2005), S. 165; Hoffmeister, Wolfgang (2000), S. 286-287; Vahrenkamp, Richard (2007), S. 394.
756 Vgl. Bitz, Michael (2005), S. 165; Hoffmeister, Wolfgang (2000), S. 296-299; Schulte, Christof (2005), S. 269; Teichmann, Stephan (1995), S. 152; Vahrenkamp, Richard (2007), S. 395.
757 Vgl. Bitz, Michael (2005), S. 165; Teichmann, Stephan (1995), S. 152; Hoffmeister, Wolfgang (2000), S. 297.

Zielkriterien und Gewichtung		Alternativen und Bewertung					
		Alternative 1: QKQ		Alternative 2: RLR		Alternative 3: SMS	
Zielkriterium	Gew.	Bewertung	Teilnutzwert	Bewertung	Teilnutzwert	Bewertung	Teilnutzwert
Übergreifende Kriterien							
Übereinstimmung in der strategischen Ausrichtung	10%	7	0,70	9	0,90	4	0,40
Reputation und Erfahrung im Bereich des Katastrophenmanagements	10%	7	0,70	9	0,90	10	1,00
Servicebezogene Kriterien							
Zeit bis zur vollständigen Installation eines Disaster Response Teams	15%	5	0,75	10	1,50	8	1,20
Zuverlässigkeit in der logistischen Leistungserstellung	20%	5	1,00	8	1,60	8	1,60
Bereitschaft zum Einsatz bestimmter Informationssysteme (z. B. Sendungsverfolgung)	5%	8	0,40	8	0,40	10	0,50
Bereitschaft zum Know-how-Transfer	5%	8	0,40	1	0,05	8	0,40
Kostenbezogene Kriterien							
Preis für den Aufbau und Betrieb eines DRT	20%	10	2,00	10	2,00	5	1,00
Transaktionskosten für Vertragsgestaltung und Vertragsumsetzung	5%	5	0,25	7	0,35	5	0,25
Integrationsbez. Kriterien							
Physische Integrationsfähigkeit	5%	6	0,30	6	0,30	8	0,40
Informatorische Integrationsfähigkeit	5%	6	0,30	6	0,30	7	0,35
Summe	**100%**		**6,80**		**8,30**		**7,10**

Tabelle 23: Entscheidungsunterstützung durch eine Nutzwertanalyse[758]

Vergleichbar zu den bereits erläuterten Beispielen über Kooperationen mit DHL und TNT soll der Aufgabenbereich des Dienstleisters im internationalen Aufbau von Disaster Response Teams bestehen. Nach dem Eintritt einer Katastrophe soll der Dienstleister innerhalb kurzer Zeit in der Lage sein, Umschlags-, Lager und Transportkapazitäten an einem nahe gelegenen Flughafen oder Seehafen einzurichten und mit eigenem Personal sowie in Kooperation mit anderen beteiligten Akteuren für

---

758 Eigene Darstellung des Beispiels, unter Anwendung eines standardisierten Bewertungsschemas, das unter anderem in Vahrenkamp, Richard (2007), S. 395 visualisiert wird.

einen Zeitraum von mehreren Wochen zu betreiben. Von mehreren an der Kooperation interessierten fiktiven Dienstleistern sind die drei Unternehmen „QKQ", „RLR" und „SMS" (Alternative 1 bis 3) nach Gesprächen und der Auswertung weiterer Informationen in die engere Auswahl gelangt. Unter Einsatz der Nutzwertanalyse soll die Auswahl einer der drei potenziellen Kooperationspartner unterstützt werden.

Aus dem eigenen Strategie- und Zielsystem hat der UN-Akteur bereits geeignete Zielkriterien benannt und je nach Bedeutung im Gesamtzielsystem mit Gewichten versehen, die in der Summe 100% ergeben. Die Bewertung der Zielkriterien erfolgt auf einer Skala von 1 bis 10, wobei 10 den höchsten Zielerreichungsgrad repräsentiert und für jedes Zielkriterium im Einzelnen beschrieben wird, welche Zielerfüllungsgrade eines Dienstleisters welcher Bewertung entsprechen.

In dem fiktiven Beispiel repräsentiert z. B. die Bewertung 10 des Dienstleisters RLR in Bezug auf den Preis, dass dieses Unternehmen der UN keine Kosten für den Aufbau und Betrieb des Disaster Response Teams (DRT) in Rechnung stellt. Die Bewertung 10 in Bezug auf die Zeit bis zur Installation des DRT gibt an, dass das Unternehmen in der Lage ist, dieses innerhalb von 48 Stunden in Betrieb zu nehmen. Der Dienstleister RLR ist jedoch nicht bereit, Know-how über die Errichtung und den Betrieb der logistischen Netzwerke an die UN (z. B. durch Schulungen oder Informationsmaterial) weiterzugeben, sodass dieses Kriterium mit 1 bewertet wird.

Die Tabelle zeigt exemplarisch, wie sich aus der Multiplikation der Gewichtung und Bewertung je Zielkriterium und Alternative ein Teilnutzwert ermitteln lässt und wie sich die Teilnutzwerte je Alternative zu einem Gesamtnutzwert summieren. Der Dienstleister RLR weist für dieses fiktive Beispiel mit 8,3 den höchsten Gesamtnutzwert aus und würde im Falle einer Entscheidung auf Basis der Nutzwertanalyse als Kooperationspartner der UN ausgewählt werden.

Der **Vorteil** der Nutzwertanalyse bei der Bewertung und Auswahl einer Handlungsalternative liegt insbesondere darin, dass sich in komplexen Entscheidungssituationen mehrere Zielgrößen zu einem Gesamtwert zusammenfassen lassen. Solche komplexen Entscheidungssituationen liegen im internationalen Katastrophenmanagement vielfach vor, so beispielsweise auch bei der Auswahl von Lieferanten im Bereich der Beschaffungslogistik, bei Entscheidungen über Eigenerstellung und Fremdbezug, bei der Standortauswahl sowie bei Entscheidungen über die Auswahl alternativer Informationstechnologien. In einem komplexen Zielsystem, in dem mehrere Entscheidungskriterien zu berücksichtigen sind, ist der Einsatz von Methoden, die ausschließlich auf Kostenminimierung oder Servicemaximierung gerichtet sind, nicht geeignet. Ergebnisse anderer Bewertungsverfahren lassen sich in die Nutzwertanalyse integrieren. Zu nennen sind z. B. Ergebnisse einer Kostenvergleichsrechnung oder Investitionsrechnung, die in das ordinale Skalenniveau der Nutzwertanalyse überführt und unter den kostenbezogenen Entscheidungskriterien in die Gesamtbewertung eingebunden werden. Ebenfalls lassen sich Ergebnisse einer Kennzahlenermittlung, z. B. Zuverlässigkeitsquoten, in das Bewertungsschema überführen und so in die Nutzwertanalyse einbinden. Zusammenfassend lässt sich

die Transparenz in der Entscheidungssituation durch die Nutzwertanalyse für den Entscheidungsträger selbst und für weitere Beteiligte deutlich erhöhen.[759]
Ergänzend ist aber auch auf die **Grenzen** der Nutzwertanalyse hinzuweisen. Benannt wird unter anderem der subjektive Bewertungsaspekt des Verfahrens. Sowohl die Bestimmung der Gewichte als auch die Bewertung der einzelnen Kriterien erfolgt subjektiv durch den jeweiligen Entscheidungsträger. Für die Unterstützung strategischer Entscheidungen wird empfohlen, die Zielkriterien und deren Gewichtung unter Einbeziehung mehrerer Experten und Verantwortlicher vorzunehmen. Auch die Übergänge zwischen den Bewertungen auf der Ordinalskala, sollten einheitlich, qualitativ und quantitativ festgelegt werden, damit in der Durchführung der Nutzwertanalyse keine Spielräume für Manipulationen verbleiben.[760] Eine weitere Schwachstelle des Verfahrens betrifft das ordinale Skalenniveau in der Bewertung der Zielkriterien. Obwohl die Abstände zwischen den Bewertungen in der Regel nicht gleichmäßig verteilt sind, werden die Einzelwerte bei der Ermittlung der Teil- und Gesamtnutzwerte so behandelt, als wären sie intervallskaliert. Die Ermittlung eines gewichteten Durchschnitts, wie sie bei der Berechnung des Gesamtnutzwertes erfolgt, ist methodisch nur bei intervallskalierten Werten ohne Bedenken möglich. Im Falle der Ermittlung eines gewichteten Durchschnitts auf Basis ordinalskalierter Werte muss sich der Entscheidungsträger bei der Interpretation des Gesamtergebnisses über diese Unschärfen bewusst sein.[761] Besonders zu würdigen ist die Grenze des Verfahrens, dass vergleichbar „schlechte" Bewertungen eines Zielkriteriums durch vergleichbar „gute" Bewertungen anderer Zielkriterien ausgeglichen werden können. Für die zu treffende Entscheidung kann dies zur Folge haben, dass eine Alternative gewählt wird, die bezogen auf ein Zielkriterium nicht mehr akzeptabel ist. Mit Bezug auf das dargestellte Beispiel ist vorstellbar, dass der UN-Akteur die Kooperation unter anderem eingehen möchte, um Know-how des kooperierenden Logistikdienstleisters über den Betrieb der Disaster Response Units und die Gestaltung internationaler logistischer Netze zu erhalten. Der Dienstleister RLR mit dem höchsten Gesamtnutzwert 8,3 weist bezogen auf dieses Zielkriterium jedoch den schlechtesten Teilnutzwert aus. Um das Unterschreiten nicht mehr akzeptierbarer Zielerfüllungsgrade auszuschließen, können Schwellenwerte festgelegt werden, bei deren Unterschreiten eine Alternative – trotz höchstem Gesamtnutzwert – nicht gewählt wird (K.O.-Kriterien).[762]
Abschließend bleibt festzustellen, dass die Nutzwertanalyse für die komplexen Entscheidungssituationen im Katastrophenmanagement, die zudem unter Berücksichti-

---

759 Vgl. Bitz, Michael (2005), S. 165-166; Hoffmeister, Wolfgang (2000), S. 308.
760 Vgl. Bitz, Michael (2005), S. 165; Teichmann, Stephan (1995), S. 153; Vahrenkamp, Richard (2007), S. 395.
761 Vgl. Hoffmeister, Wolfgang (2000), S. 307; Teichmann, Stephan (1995), S. 152-153.
762 Vgl. Hoffmeister, Wolfgang (2000), S. 307-308. Vahrenkamp, Richard (2007), S. 395 schlägt für nicht akzeptierte Zielerfüllungsgrade eine Bewertung mit 0 sowie eine multiplikative Verknüpfung der Teilnutzwerte vor, sodass der Gesamtnutzwert ebenfalls mit 0 ausgewiesen und die Alternative nicht gewählt wird.

gung mehrerer Zielgrößen erfolgen müssen, eine geeignete Methode zur Strukturierung des Entscheidungsproblems, zur Erhöhung der Transparenz und zur Vorauswahl von Handlungsalternativen darstellen kann. Aufgrund der skizzierten Grenzen sollte das Verfahren aber um Sensitivitätsberechnungen und weitere quantitative Analysen unter Berücksichtigung von Unsicherheiten ergänzt werden, bevor eine endgültige strategische Entscheidung getroffen wird.[763]

Auch bei Entscheidungen über alternative Informations- und Kommunikationstechnologien im Katastrophenmanagement, die Gegenstand des nachfolgenden Kapitels sind, kann die Nutzwertanalyse als Entscheidungshilfe eingesetzt werden.

---

[763] Vgl. Teichmann, Stephan (1995), S. 152.

6 Einsatz von Informations- und Kommunikationssystemen

6.1 Bedeutung von Information und Kommunikation im internationalen Katastrophenmanagement

Auf die Bedeutung der Information und Kommunikation ist bereits in mehreren Abschnitten hingewiesen worden. So enthält Kapitel drei Erläuterungen zu den Informationsflüssen in der Logistik sowie im Katastrophenmanagement, Kapitel vier nutzt Informationen zum internationalen Katastrophenmanagement als Datengrundlage für den Einsatz logistischer Methoden und Kapitel fünf sieht Informationsflüsse als integrale Bestandteile der Referenzmodelle und Konzepte des SCM. Die in diesem Buch vorgestellten Entscheidungskriterien richten sich folglich auch auf Information und Kommunikation in Logistik- und Wertschöpfungsketten. "Information is crucial to the performance of a supply chain because it provides the basis upon which supply chain managers make decisions."[764] Aufgrund der hohen Relevanz der Information für das internationale Katastrophenmanagement wird dem Thema dieses Kapitel gewidmet.

Als eine der wesentlichen Herausforderungen für das internationale Katastrophenmanagement identifiziert das Fritz Institute die Entwicklung und den Einsatz flexibler Informations- und Kommunikationssysteme.[765] Gegenwärtig werden einige Daten durch die Hilfsorganisationen noch manuell erfasst und verarbeitet, darunter fallen unter anderem Daten über Transport und Lagerung. Eine Erfassung und Verarbeitung der Planungs- und Steuerungsdaten erfolgt zwar unter Einsatz von Tabellenkalkulationsprogrammen, in vielen Fällen jedoch nicht durch die Unterstützung einer integrierten Software-Lösung:[766]

- „Our survey of logisticans that participated in the Tsunami relief operations showed that only 26% of the respondents had access to any tracking and tracing software. [...] In the humanitarian sector however, logistics and supply chain management is still largely manual."[767]
- "Despite the complexity of humanitarian logistics, manual processes still dominate and IT resources that could enhance information availability, reporting and learning are often not effectively leveraged."[768]

---

764 Chopra, Sunil / Meindl, Peter (2004), S. 510.
765 Vgl. Thomas, Anisya / Kopczak, Laura (2005), S. 12. Zum Begriff und den Bestandteilen von Informations- und Kommunikationssystemen vgl. z. B. Chopra, Sunil / Meindl, Peter (2004), S. 510-526; Ferstl, Otto K. (2008), S. 181-193 und Schulte, Christof (2005), S. 61-146.
766 Vgl. Thomas, Anisya / Kopczak, Laura (2005), S. 6.
767 Thomas, Anisya / Kopczak, Laura (2005), S. 6. Vgl. auch Thomas, Anisya / Ramalingam, Vimala (2005a).
768 Thomas, Anisya / Kopczak, Laura (2005), S. 12.

Mit der Entwicklung und dem Einsatz flexibler sowie integrierter Informations- und Kommunikationstechnologien (IuK-Technologien) lassen sich die Transparenz im Supply Chain Management erhöhen und Datengrundlagen für die Managementaufgaben generieren. Die Pan American Health Organization weist in der gemeinsam mit der World Health Organization erstellten Veröffentlichung zu „Humanitarian Supply Management and Logistics in the Health Sector" bereits im Jahr 2001 auf die Bedeutung der Information und Kommunikation hin und widmet diesen Themen drei Kapitel „Transparency and Information in Emergency Supply Management", „Telecommunications" und „The Application of New Technologies to Emergency Logistics". In der Kürze der Kapitel wird jedoch deutlich, dass zum Zeitpunkt der Veröffentlichung die Themenstellungen erst ansatzweise behandelt und dokumentiert worden sind.[769]

Der Einsatz logistischer Planungsmethoden, wie Standortplanung, Tourenplanung, ABC-XYZ-Analyse und Netzplantechnik (vgl. hierzu Kapitel 4) setzt voraus, dass das relevante Datenmaterial systematisch erfasst ist; ebenso setzt die unternehmensübergreifende Zusammenarbeit im Supply Chain Management in Form von Outsourcing sowie der vorgestellten Konzepte des SCM voraus, dass Daten in den Prozessen der Supply Chain erfasst und zwischen den Partnern der Supply Chain ausgetauscht werden können.

> „Reliable communication among the various sectors that intervene in relief and aid activities, connecting the various places where these activities take place, is imperative for the success of any operation."[770]

Nicht alle für das internationale Katastrophenmanagement relevanten IuK-Systeme werden im Folgenden vorgestellt. Die Auswahl der nachfolgenden Inhalte orientiert sich an den aktuell für Logistik und SCM besonders relevanten Themenstellungen.

Der Nutzung des Internet als Informations- und Kommunikationsportal wird mit Abschnitt 6.2 ein eigener Abschnitt gewidmet. Portale, wie das des Joint Logistics Center der Vereinten Nationen, ermöglichen einen schnellen Informationsaustausch zwischen den beteiligten Akteuren des internationalen Katastrophenmanagements. Insbesondere für die operativen Aufgaben der Katastrophenbewältigung lassen sich zeitnah mehrmals täglich Informationen an alle Beteiligten übermitteln. Für die internationalen Aspekte des Katastrophenmanagements haben diese Portale eine besondere Bedeutung, da den weltweit agierenden Hilfsorganisationen Besonderheiten des Landes, wie z. B. Kartenmaterialien, Informationen über die politische Situation, Umrechnungstabellen unterschiedlicher Art, Regenzeiten, Informationen über die Hilfsorganisationen vor Ort mit Aufgaben und Verantwortlichkeiten sowie andere wichtige Informationen zur Verfügung gestellt werden.[771] Die individuelle Aufbereitung und Nutzung dieser Informationen für die Managementaufgaben der Pla-

---

769 Vgl. Pan American Health Organization / World Health Organization (Hrsg.) (2001), S. 159-174.
770 Pan American Health Organization / World Health Organization (Hrsg.) (2001), S. 163.
771 Vgl. www.logcluster.org.

nung, Steuerung und Kontrolle im internationalen Katastrophenmanagement verbleibt bei den Akteuren des Katastrophenmanagements selbst. Hierzu lassen sich sowohl Standard- als auch Individuallösungen einsetzen.

Die Akteure des Katastrophenmanagements können für einige Herausforderungen auf Lösungen und Standards anderer Branchen zugreifen. In diesem Fall ist eine eigene Entwicklung – mit den damit verbundenen Kosten – nicht erforderlich. Zu analysieren sind die Kosten, die mit der Einführung der Standards verbunden sind, und Nutzenaspekte mit Blick auf die Eignung der vorliegenden Standards für das internationale Katastrophenmanagement. Hierbei handelt es sich z. B. um standardisierte Identifikationstechnologien (z. B. Barcode und Radio Frequency Identification, kurz RFID), um bereits entwickelte Enterprise Resource Planning- und SCM-Systeme (z. B. SAP R/3 und SAP APO), um Standards des elektronischen Geschäftsdatenaustausches (Electronic Data Interchange, kurz EDI) sowie um standardisierte Referenzgeschäftsprozessmodelle, wie das in diesem Buch bereits vorgestellte SCOR-Modell. Diese Standards sind Gegenstand des Abschnitts 6.3.

Sofern die standardisierten Lösungen den besonderen Anforderungen des internationalen Katastrophenmanagements nicht gerecht werden und / oder die Umsetzung mit unverhältnismäßig hohen Kosten verbunden wäre, ist die Entwicklung individueller IuK-Systeme in Erwägung zu ziehen. In Abschnitt 6.4 wird mit der Software „Helios" ein Programm vorgestellt, das für Akteure des Katastrophenmanagements entwickelt wurde und sich im Jahr 2008 in einer Pilotphase befindet.[772] Die durch die Software systematisch und integriert erfassten Daten zum SCM einer Hilfsorganisation bieten zukünftig die Möglichkeit, Planungsmethoden – wie die vorgestellten logistischen Methoden der ABC-XYZ-Analyse sowie der Standort- und Tourenplanung – ebenfalls EDV-technisch zu unterstützen.

6.2 Ausgewählte Einsatzmöglichkeiten des Internet im internationalen Katastrophenmanagement

6.2.1 Informationsportale der Vereinten Nationen

Aus der Vielzahl der für das internationale Katastrophenmanagement zur Verfügung stehenden Informations- und Kommunikationsportale werden nachfolgend stellvertretend zwei wichtige Portale der Vereinten Nationen vorgestellt: Das Relief Web und die Website des Joint Logistics Centre der UN.

Seit dem Jahr 1996 wird das Informationsportal **ReliefWeb** durch das Office for the Coordination of Human Affairs der UN (**OCHA**)[773] betrieben.[774]

---

772 Vgl. www.fritzinstitute.org.
773 Allgemeine Informationen zum OCHA finden sich unter http://ochaonline.un.org.
774 Der Zugang zum ReliefWeb erfolgt unter www.reliefweb.int.

„ReliefWeb is the world's leading on-line gateway to information on humanitarian emergencies and disasters. An independent vehicle of information, designed specifically to assist the international community in effective delivery of emergency assistance, it provides timely, reliable and relevant information as events unfold, while emphasizing the coverage of 'forgotten emergencies' at the same time."[775]

Abbildung 64: Homepage des ReliefWeb[776]

Über den Zugang des ReliefWeb (siehe Abbildung 64) erhalten Hilfsorganisationen und andere Akteure des internationalen Katastrophenmanagements ausführliche Informationen über aktuelle Einsätze der Katastrophenbewältigung. Ein Beispiel stellt die folgende Abbildung aus dem Jahr 2008 zu den Folgen des Zyklon Nargis in Myanmar dar. Je nach Bedarf lassen sich fast 200 Karten zum Zyklon Nargis in Myanmar generieren. Diese visualisieren und beschreiben jeweils unterschiedliche inhaltliche Schwerpunkte (z. B. Regionen, Folgen, Einsatzgebiete).[777]

---

775   www.reliefweb.int, Link „About ReliefWeb".
776   www.reliefweb.int
777   Vgl. www.reliefweb.int, Link „About ReliefWeb" und „Maps".

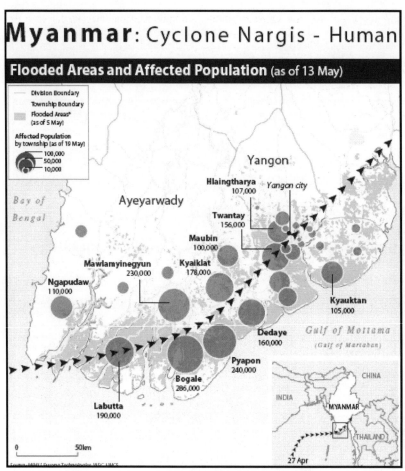

Abbildung 65: Karte aus dem Map Centre des ReliefWeb[778]

Darüber hinaus lassen sich Daten und Informationen zu vergangenen Katastrophen bis in das Jahr 1981 zurückgehend einsehen und als Informationsgrundlage für zukünftige Maßnahmen der Katastrophenvorsorge nutzen. Hierzu steht eine Datenbank mit 300.000 Karten und Dokumenten zur Verfügung, die durch Suchfunktionen ergänzt wird. Insgesamt liegen die täglichen Zugriffszahlen auf ReliefWeb im Jahr 2008 bei etwa 1 Million, im Falle schwerwiegender Katastrophen auch weit darüber (z. B. lagen diese während der Katastropheneinsätze nach dem Tsunami in Asien Ende 2004 und Beginn des Jahres 2005 bei durchschnittlich 3 Millionen pro Tag). Wichtige aktuelle Informationen des ReliefWeb lassen sich über die „e-mail subscription services" an interessierte Empfänger übermitteln, die beispielsweise in den Einsatzgebieten nicht über ausreichende Bandbreiten für die erforderliche Internet-

---

778 www.reliefweb.int, Link „Maps", Maps Scope: Myanmar.

Verbindung verfügen. Aktuell werden 70.000 Abonnenten über diesen Service bedient.[779]

Für das Management der Logistik und der Wertschöpfungsketten im internationalen Katastrophenmanagement werden über ein weiteres Portal unter dem Dach der Vereinten Nationen – über das Joint Logistics Centre der UN (**UNJLC**) – spezielle Informationen bereitgestellt.[780] Das UNJLC wurde ebenso wie ReliefWeb Ende der 1990er Jahre entwickelt. Nach der Krise in Zaire im Jahr 1996 haben UNHCR (United Nations High Commissioner for Refugees), WFP (World Food Programme) und UNICEF (United Nations Children's Fund) einen erhöhten Koordinationsaufwand im Einsatz der Transportmittel identifiziert und das Joint Logistics Center initiiert.[781]

Abbildung 66: Homepage des Logistics Cluster des UNJLC[782]

„The UNJLC's mission was to complement and coordinate the logistics capabilities of humanitarian agencies during large-scale emergencies."[783] Im Jahr 2002 ist die erste Version des Informationsportals „**Logistics Cluster**" in Afghanistan entwickelt worden.[784] Betreiber des Systems ist das **WFP**, das in Rom eine zentrale Einheit des Joint Logistics Centre administrativ und technisch begleitet.[785]

Abbildung 66 zeigt die Startseite des Portals mit Stand August 2008. Über die einzelnen aktuellen und vergangenen Einsatzgebiete lassen sich Informationen mit

---

779 Vgl. www.reliefweb.int, Link „About ReliefWeb".
780 Vgl. www.unjlc.org.
781 Vgl. Tomasini, Rolando M. / Wassenhove, Luk N. van (2005), S. 1 sowie www.unjlc.org, Link „About UNJLC".
782 www.logcluster.org.
783 Tomasini, Rolando M. / Wassenhove, Luk N. van (2005), S. 1.
784 Eine ausführliche Dokumentation über die Entwicklung des Portals in Verbindung mit den Einsätzen in Afghanistan enthält Samii, Ramina / Wassenhove, Luk N. van (2003b).
785 Vgl. www.unjlc.org, Link „About UNJLC".

277

Relevanz für Logistik und SCM einsehen, die durch Mitarbeiter des UNJLC unter intensiver Einbindung der beteiligten Akteure vor Ort eingestellt werden. Wird als „Current Operation" beispielsweise „Myanmar Cyclone Nargis" ausgewählt, so erscheint ein Zugang zu detaillierten und aktuellen Informationen (vgl. Abbildung 67):

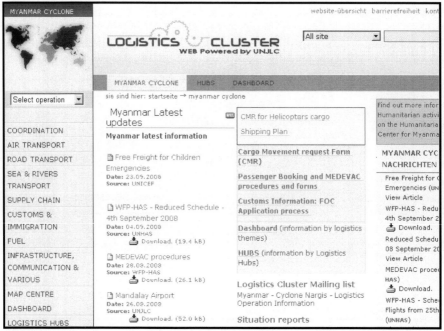

Abbildung 67: Beispiel „Myanmar" im Logistics Cluster des UNJLC[786]

Die Struktur der Leiste auf der linken Bildschirmseite vermittelt einen Eindruck über die für Logistik und SCM relevanten Detailinformationen, die das Portal zur Verfügung stellt: Es handelt sich um transportrelevante Informationen, die nach den Verkehren in der Luft, auf der Straße, auf der See und auf Binnengewässern (und bei Bedarf über die Schiene) strukturiert werden. Auf diese Informationen ist im Rahmen dieses Buches bereits verwiesen worden, insbesondere im Zusammenhang mit der Transport- und Tourenplanung. Beispielsweise sind die Entfernungen zwischen den Orten in Kenia in Abschnitt 4.2.3 einer Tabelle entnommen worden, die unter „Road Transport" hinterlegt ist. Abbildung 68 enthält eine vergleichbare Aufbereitung für Myanmar, die ebenfalls eine Datengrundlage für die Transport- und Tourenplanung – z. B. bei Einsatz des Savings-Verfahrens – bilden kann.

---

786 www.logcluster.org, Link „Myanmar Cyclone Nargis".

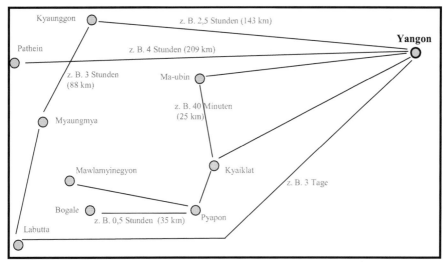

Abbildung 68: Transportdistanzen und -zeiten im Logistics Cluster[787]

Ebenfalls finden sich unter den verkehrsträger-bezogenen Links Informationen über die Zustände, Nutzungsmöglichkeiten und Kapazitäten der Transportwege. Ergänzt werden diese transportrelevanten Informationen durch Informationen über „Infrastructure" und „Fuel". Transportpläne, die auf der Internet-Seite einsehbar sind, vermitteln einen Eindruck darüber, mit welchem Detaillierungsgrad Informationen über Transporte aufbereitet und hinterlegt werden. Durch die Erfassung des jeweiligen Sendungsstatus wird ein „Joint Supply Tracking" durch die Website des UNJLC taggenau ermöglicht.[788]

Über transportrelevante Daten hinausgehend lassen sich auch verfügbare standort- und lagerbezogene Informationen auf der Website des UNJLC einsehen. Bei der nachfolgenden Abbildung handelt es sich um eine der zahlreich hinterlegten Karten („Maps"), die an dieser Stelle nicht nochmals gesondert erläutert werden. Es handelt sich um eine in Kooperation mit dem ReliefWeb und anderen Organisationen erstellte Datenbasis, sodass der Bestand an Kartenwerken mit dem des ReliefWeb vergleichbar ist. Das Informationsportal der UNJLC stellt hierbei Kartenmaterial mit logistikrelevanten Informationen (z. B. über Zustände der Verkehrswege und Verkehrsknotenpunkte) in den Vordergrund. Eine spezielle Karte aus UNJLC zu den Unruhen in Kenia findet sich in Abschnitt 4.2.3.3.

---

787 www.logcluster.org, Link „Myanmar Cyclone Nargis", „Road Transport", „Travel Time and Distances".
788 Vgl. z. B. www.logcluster.org, Link „Myanmar Cyclone Nargis", „Sea & River Transport", „Shipping Plan".

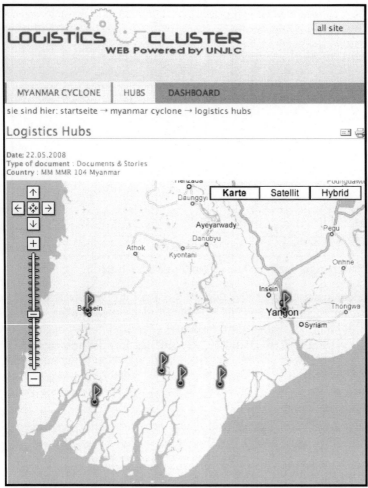

Abbildung 69: Lagerstandorte im Logistics Cluster des UNJLC[789]

In der Übersicht über die „Logistics Hubs" werden über die zentrale Stufe hinaus die Stufen der Regionallager bzw. „Quick Rotation Warehouses" visualisiert. Als Zentrallager bzw. „General Delivery Warehouse" (in Abbildung 69 Yangon) wird in der Regel ein Standort mit Flughafen und / oder Seeanbindung gewählt, der die internationale Belieferung mit Containern ermöglicht. Bei den durch dieses Zentrallager zu beliefernden Regionallagern handelt es sich in Abbildung 69 um die Standorte in Labutta, Mawlamyinegyun, Bogale, Pyapon und Pathein, die auch Bestandteil der für die Transport- und Tourenplanung relevanten Abbildung 68 sind. In der Distri-

---

[789] www.logcluster.org, Link „Myanmar Cyclone Nargis", „Logistics Hubs", geroriert durch UNJLC mit Google Maps.

butionsstruktur des Landes werden von diesen Standorten aus die Auslieferungslager bzw. „Temporary Collection Sites" und über diese die bedürftigen Menschen versorgt.[790] Die Wahl der Standorte ist Ergebnis einer Standortwahl, die sich durch Methoden der Standortplanung (z. B. WLP, Add) unterstützen lässt.[791] Das Logistics Cluster des UNJLC hinterlegt über die Standorte detaillierte Informationen, sobald diese verfügbar sind. Ein Beispiel zeigt Abbildung 70 mit Informationen über Kapazitäten, Akteure und Verantwortlichkeiten an den Standorten der „Hubs".

Logistics Cluster			LO
YANGON UPDATES **MYANMAR response to Nargis Cyclone** **DATE: 4th August 2008**			
		SERVICES PROVIDED BY THE LOGISTICS CLUSTER:	
Air cargo Facilitation	Temporary storage facilities	Common transport service	Logistics Hubs
Facilitation of the handling of cargo arriving under the cluster umbrella	3,050 sqm warehouse managed by EFR on behalf of the cluster for interagency use	Helicopters: 5 available (1 MI8, 2 MI8 T, 2 MI8 MTV) Trucks: 17 truck fleet contracted and positioned at the warehouse for inter-agency use. Barges: 1x 500 tons 1x 650 tons 1x 800 tons (plus 4 barge pushers) Total Capacity 1,950 mt Boats: 2x 300 tons 1x 350 tons 1x 600 tons Total Capacity 1,550 tons	**Pyapon:** 2,440 sqm operational - 10 MSU (480 dedicated to UNICEF, WFP and WVI, 280 to ACF, and 240 to SCF, CARE and IOM). **Bogale:** 1,680 sqm operational - 7 MSU (720 sqm dedicated to UNICEF, 240 to IOM, ACF, GAA, and WFP). **Maw'Gyun:** 3,726 sqm in MAPT w/h - 18 units (1,242 dedicated to WFP, 828 to French Red Cross, 621 to STC, 414 to UNICEF and ICDP, 207 allotted to MRCS). **Labutta:** 1,680 sqm - 7 MSU (240 sqm dedicated to UNICEF, 960 to WFP, 480 to Cluster NFI). **Pathein:** 1,600 sqm available in MAPT w/h - 4 units (400 sqm is dedicated to UNICEF, 400 to World Vision, 400 to shared Cluster NFI.)
Organizations supporting the Logistics Cluster: WFP, UNJLC, DFID, THW, MERLIN, DHL, CARE Int., UNICEF, Red R, SRSA, TNT, UPS, Agility.			
Organizations utilizing the service provided by the cluster: UNICEF, UNHCR, UNDP, WFP, SFC, WHO, MSF-H, MSF-CH, WVI, ACF, CARE, Spanish MOFA, German MOFA, Greek MOFA, Samarita Red Cross, Danish Red Cross, Norwegian Church Aid, Merlin, OCHA, DFID, CESVI, WVI, ADRA, ACTED, STC-UK, GAA, IFRC			
The Logistics Cluster is supported by UNJLC			

Abbildung 70: Informationen über Lagerstandorte im Logistics Cluster[792]

Weitere Detailinformationen können Lagerab- und Lagerzugänge betreffen, die für einige Einsatzgebiete in Excel-Tabellen standortbezogen aufbereitet werden. Entsprechende Informationen sind in Abschnitt 4.1 eingesetzt worden, um eine ABC-XYZ-Analyse durchzuführen und aus den Ergebnissen Aussagen über geeignete

---

790 Vgl. ausführliche Erläuterungen zur Distributionsstruktur in Kapitel 4.
791 Vgl. hierzu Abschnitt 4.2.2.
792 www.logcluster.org, Link „Myanmar Cyclone Nargis", „Logistics Hubs". „Yangon Latest Information".

Beschaffungskonzepte der Hilfsgüter abzuleiten. Über jedes Gebiet der Katastrophenbewältigung werden weitere Informationen zusammengestellt und über das Logistics Cluster des Joint Logistics Centre zugänglich gemacht.[793] Hierzu zählen unter anderem die folgenden für die Koordination und Abstimmung relevanten Dokumente:

- Listen mit Kontaktdaten der Vertragspartner vor Ort („Contractor Contact List"), diese umfassen z. B. Kontaktdaten der verkehrsträgerbezogenen Vertragspartner;
- Protokolle über die Ergebnisse der Einsatzbesprechungen und Koordinierungsgespräche vor Ort („Meeting Minutes"), diese enthalten unter anderem Ergebnisse über Verantwortlichkeiten und Einsatzbereiche der Akteure, über genutzte und zur Verfügung stehende Kapazitäten sowie aktuelle Hinweise über die Zustände der Verkehrswege;
- Situationsbereichte („Situation Reports") mit Informationen über Logistik, über die Auswirkungen der Katastrophe sowie über die politische Situation in dem betreffenden Einsatzgebiet;
- „Bulletins", die die wichtigsten Informationen aus den Besprechungsprotokollen und Situationsberichten in regelmäßigen Zeitintervallen zusammenstellen.

Für die unterschiedlichen Einsatzgebiete im internationalen Katastrophenmanagement werden die Informationen auf dem Informationsportal des UNJLC systematisch nach einer einheitlichen Struktur aufgebaut. Die strukturierende Leiste auf der linken Bildschirmseite (vgl. Abbildung 66) ist für jedes Gebiet der Katastrophenbewältigung einheitlich aufgebaut, zusätzlich werden auf der rechten Bildschirmseite die jeweils aktuellsten Dokumente veröffentlicht. Sobald die Auswahl eines Einsatzgebietes erfolgt ist, werden auch zu diesem Gebiet die jeweils aktuellsten Dokumente sichtbar, zugleich bleibt die Möglichkeit einer themenbezogenen Navigation auf der linken Seite des Informationsportals bestehen (vgl. Abbildung 67). Ebenfalls sind die hinterlegten Dokumente mit den in diesem Kapitel vorgestellten logistikrelevanten Detailinformationen einheitlich aufgebaut und werden unter vergleichbaren Dateinamen (jeweils mit aktuellem Einsatzort und Datum) abgelegt. Diese strukturierte und einheitliche Vorgehensweise bietet den Vorteil, dass Akteure des Katastrophenmanagements nach erstmaliger Nutzung des Informationsportals zeitnah relevante Informationen finden, und dass sich die Inhalte der Dokumente mit verbalen Erläuterungen, quantitativen Daten und Kontaktdaten schnell erfassen und individuell einheitlich nutzen lassen.

Die Aufgabe der Zentrale des UNJLC in Rom mit Mitarbeitern des WFP und des UNHCR besteht unter anderem darin, diese systematische Struktur umzusetzen und weiterzuentwickeln. Es gilt zu prüfen, welche Informationen für die beteiligten Ak-

---

793 Vgl. Tomasini, Rolando M. / Wassenhove, Luk N. van (2005), S. 5, 10-12.

teure im Katastrophenmanagement vor Ort tatsächlich relevant sind, und wie sich diese in standardisierter Form erfassen und aufbereiten lassen.[794]

> „One of UNJLC's main contributions was to provide timely, accurate, and relevant information that could support humanitarian agencies helping them solve bottlenecks and conflicts. [...] so understanding users was key to deciding in which areas international resources should be invested and prioritized."[795]

Durch die Zusammenarbeit zwischen den Akteuren des Katastrophenmanagements, die sich an den Aktivitäten des UNJLC beteiligen, lassen sich nicht nur Informationen austauschen sondern auch andere Vorteile generieren. So lassen sich beispielsweise durch gemeinsame Transporte Auslieferungszeiten und Kosten reduzieren, und gemeinsame Verhandlungen mit Vertragspartnern ermöglichen in einigen Fällen reduzierte Preise für Kapazitäten und Treibstoffe.[796]

Mögliche Weiterentwicklungen des Informationsportals können auf eine weitere Unterstützung des Managements gerichtet sein. Denkbar sind Auswertungen, die über die einzelnen Katastrophengebiete hinausgehen, z. B. durch eine Generierung und Auswertung standardisierter Kennzahlen und Kennzahlenvergleiche. Über die Bereitstellung von Informationen hinaus ließen sich auch gemeinsame Planungsaktivitäten der Akteure methodisch unterstützen, beispielsweise durch die Hinterlegung einfacher Methoden der Transport- und Tourenplanung sowie der Netzplantechnik. In diesem Fall würde das Anwendungsgebiet des Portals über die Informationsfunktion hinausgehen und bereits weitergehende Managementfunktionalitäten umfassen. Eine zusätzliche Möglichkeit, das Informationsportal weiterzuentwickeln, besteht in der Umsetzung eines eProcurement. Der folgende Abschnitt widmet sich gesondert diesem Themenbereich.

6.2.2 eBusiness und eProcurement

Unter dem übergreifenden Begriff des eBusiness werden alle Formen der elektronischen Geschäftsabwicklung über Computernetze verstanden. Mit dem eProcurement werden die Beschaffungsaktivitäten über eBusiness angesprochen, die unter anderem über das Internet erfolgen.[797]

Zur Unterstützung der Geschäftsabwicklung des eProcurement werden elektronische Produkt- oder Leistungskataloge der Anbieter, aus denen die Selektion der Nachfra-

---

794 Vgl. www.unjlc.org, Link „About UNJLC", vgl. auch Tomasini, Rolando M. / Wassenhove, Luk N. van (2005), S. 1.
795 Tomasini, Rolando M. / Wassenhove, Luk N. van (2005), S. 2.
796 Vgl. Tomasini, Rolando M. / Wassenhove, Luk N. van (2005), S. 11.
797 Vgl. Chopra, Sunil und Meindl, Peter (2004), S. 527-528; Schulte, Christof (2005), S. 137; Vahrenkamp, Richard (2007), S. 229-234; Wannenwetsch, Helmut (2004), S. 167.

ger erfolgen kann, in einem System hinterlegt, und auch die Bestellabwicklung wird über das Computernetz ermöglicht.[798]

Durch Informationsportale im Internet – wie z. B. das des Joint Logistics Center der UN – ließe sich ein eProcurement für das internationale Katastrophenmanagement unterstützen. Damit würde über die traditionellen Beschaffungsaktivitäten der Hilfsorganisationen hinaus ein weiteres Beschaffungskonzept zur Verfügung gestellt werden. Der Vorteil einer Auswahl geeigneter Produkt- und Leistungskataloge durch UNJLC würde darin bestehen, dass sich durch die kooperativen Beschaffungsaktivitäten ggf. reduzierte Einkaufskonditionen realisieren ließen, und dass sich die Transaktionskosten für die Umsetzung eines eProcurement durch die Bündelung bei einem Akteur reduzieren ließen. Dabei kann sich das eProcurement sowohl auf Hilfsgüter als auch auf Dienstleistungen (z. B. Transporte über gemeinsame Transportbörsen) richten.

Aus der Klassifizierung der Hilfsgüter in Abschnitt 4.1.2 würden sich insbesondere Hilfsgüter mit mittlerer bis geringer Wertigkeit eignen (B- und C- Hilfsgüter), die zudem vergleichsweise unregelmäßig benötigt werden (Y- und Z-Güter). Vorteile des eProcurement im Vergleich zu alternativen Beschaffungskonzepten können sowohl in einer Kostenreduzierung als auch in erhöhten Servicegraden bestehen. Kostenvorteile entstehen gegebenenfalls aufgrund reduzierter Transaktionskosten, insbesondere in Verbindung mit der Suche und Anbahnung potenzieller Vertragspartner, sowie aufgrund reduzierter Produkt- und Leistungskosten bei Mengenrabatten. Eine Erhöhung des Logistikservice für geringwertige und unregelmäßig benötigte Hilfsgüter und Hilfsleistungen lässt sich gegebenenfalls durch Zeiteinsparungen im Zusammenhang mit der Bestellung realisieren. Weitere Vorteile lassen sich bei einer stabilen Umsetzung auf die Integration der Systeme zurückführen.[799] Die Vorstellung ausgewählter Standards, die eine solche Integration sowie die Verarbeitung der Informationen unterstützen, erfolgt im nachfolgenden Abschnitt 6.3.

Je mehr die Hilfsgüter bzw. Leistungen in Richtung hochwertiger A-Güter und regelmäßig eingesetzter X-Hilfsgüter tendieren, desto weniger ist das eProcurement tendenziell als Beschaffungskonzept geeignet. Für diese Hilfsgüter mit A- und insbesondere X-Charakter werden die Akteure des Katastrophenmanagements individuelle Beschaffungskonzepte umsetzen, die durch traditionelle und in Kapitel 4 bereits vorgestellte Methoden der Bedarfs-, Bestands- und Bestellrechung unterstützt werden.

---

798 Vgl. Chopra, Sunil und Meindl, Peter (2004), S. 527-557; Schulte, Christof (2005), S. 137-142. In diesen Quellen werden die Grundlagen des eCommerce und eProcurement sowie die Bedeutung für die Logistik ausführlich dargestellt.

799 Erhöhung der Zielerreichungsgrade werden z. B. in Chopra, Sunil und Meindl, Peter (2004), S. 529-534; Vahrenkamp, Richard (2007), S. 231-234 und Wannenwetsch, Helmut (2004), S. 167-168 vorgestellt. Corsten, Daniel / Gabriel, Christoph (2004), S. 290-291 sprechen darüber hinaus zukünftige Entwicklungen des eProcurement und eCommerce an.

6.3 Einsatzmöglichkeiten ausgewählter IuK-Standards im internationalen Katastrophenmanagement

6.3.1 Standards für den elektronischen Geschäftsdatenaustausch

Die Umsetzung eines eProcurement erfordert – ebenso wie andere Anwendungsbereiche der EDV-gestützten Kommunikation – den Einsatz von Datenübertragungssystemen, die sich aus Datenstationen, Übertragungswegen und Übertragungsverfahren zusammensetzen.[800]
Zu den wichtigen Verfahren eines standardisierten Datenaustauschs und standardisierter Kommunikationsprotokolle zählen das Transmission Control Protocol / Internet Protocol (TCP/IP), Extensible Markup Language (XML) und Standards des Electronic Date Interchange (EDI).
TCP/IP (Transmission Control Protocol / Internet Protocol) bezeichnet den Standard für die Datenübertragung im Internet. Zu standardisierten Protokollen, die auf TCP/IP aufsetzen, zählen das WWW-Protokoll zur Kommunikation zwischen Clients und Servern, das File Transfer Protocol (FTP) für Dateitransfer und Konvertierung sowie das Simple Mail Transfer Protocol (SMPT) für den e-Mail-Dienst.[801] Diese Standards sind erforderlich, damit unterschiedliche Internetdienste durch die Akteure des Katastrophenmanagements in Anspruch genommen werden können. Hierzu zählen unter anderem der Zugriff auf Informationen und Dokumente auf der Website des Joint Logistics Center der UN, das Übermitteln von Informationen an das UNJLC sowie die Inanspruchnahme des e-mail-Dienstes des UNJLC. Aber auch die Nutzung anderer Internet- und e-Mail-Dienste erfordert den Einsatz der benannten Standards.
XML (Extensible Markup Language) bezeichnet einen aktuellen Meta-Standard zur Codierung der Seiten und Inhaltsdarstellung im Inter-, Intra- und Extranet. Die Übertragung der Inhalte wird systemübergreifend ermöglicht, indem die Inhalte eines Dokumentes von seiner logistischen Struktur getrennt werden.[802] Daten und Dokumente werden in einer Weise beschrieben und strukturiert, dass sie zwischen unterschiedlichen Anwendungen ausgetauscht und weiterverarbeitet werden können. Hierzu werden Struktur und Inhalt der Dokumente so präzise beschrieben, dass der Standard nicht in die Anwendungssysteme integriert werden muss.[803]

---

800 Erläuterungen zu den Bestandteilen der Datenübertragungssysteme lassen sich Schulte, Christof (2005), S. 110-112 entnehmen. Eine Auflistung der für das Katastrophenmanagement relevanten Telekommunikationssysteme enthält z. B. Pan American Health Organization / World Health Organization (Hrsg.) (2001), S. 164-167.
801 Vgl. Schulte, Christof (2005), S. 114; Sieber, Pascal (2006), S. 228-229; Vahrenkamp, Richard (2007), S. 54-55.
802 Vgl. Ferstl, Otto K. (2008), S. 193; Schulte, Christof (2005), S. 114. XML ist der Nachfolger des HTML-Standard.
803 Vgl. Vahrenkamp, Richard (2007), S. 58-59.

Die Übertragung strukturierter Daten setzt voraus, dass Versender und Empfänger der Informationen bestimmte Konventionen des elektronischen Datenaustausches (Electronic Data Interchange, kurz **EDI**) einhalten. Kennzeichnend für EDI ist eine rechnergestützte Abwicklung der Datenübertragung, sodass manuelle Eingriffe nicht oder nur in geringem Umfang erforderlich sind.[804] Zahlreiche in der Logistik und im Supply Chain Management anfallende Dokumente – wie Bestellungen, Auftragsbestätigungen, Lieferschein und Rechnung – lassen sich über die standardisierten EDI-Schnittstellen abwickeln und somit nicht nur elektronisch versenden sondern gleichzeitig in die Anwendungssysteme übertragen.[805] Somit lassen sich auch die in Logistik- und Wertschöpfungsketten des internationalen Katastrophenmanagements anfallenden Dokumente über diese Schnittstellen standardisiert abwickeln, beispielsweise Bestellungen einer Hilfsorganisation bei einem Lieferanten, Auftragsbestätigungen an Logistikdienstleister sowie die zugehörigen Lieferscheine und Rechnungen. Der Vorteil für die Akteure des Katastrophenmanagements besteht insbesondere in der Vermeidung von Doppelerfassungen und den damit verbundenen Zeiteinsparungen sowie Fehlerreduzierungen.[806]

Während in der Entwicklungsphase des EDI zunächst brachchenspezifische Standards entwickelt wurden, steht mit dem **EDIFACT**-Standard (Electronic Data Interchange for Administration, Commerce and Transport) heute ein Standard zur Verfügung, der weltweit unabhängig von der Branche sowie von der Hard- und Software eingesetzt werden kann. An der Entwicklung beteiligt waren die Vereinten Nationen, die Europäische Kommission sowie die Standardisierungsbehörde ISO.[807] Der übergreifende EDIFACT-Standard kann sich somit auch für den elektronischen Datenaustausch zwischen den unterschiedlichen Akteuren des internationalen Katastrophenmanagements eignen.

Während das klassische Übertragungsverfahren des EDIFACT-Standards (über X.400) mit relativ hohen Kosten verbunden war, sodass kleine und mittelständige Unternehmen sowie viele Akteure des Katastrophenmanagements eine Umsetzung aus Wirtschaftlichkeitsgründen nicht realisieren konnten, bietet der bereits vorgestellte XML-Standard mit **XML/EDI** (bzw. Web-EDI) die Möglichkeit, EDI-Geschäftsdaten zu vergleichsweise geringen Kosten zu übertragen. Ein weiterer Vorteil gegenüber EDIFACT besteht darin, dass sich multimediale Daten (wie Bild und Ton) in XML einbinden lassen. Der Nachteil von XML/EDI besteht jedoch darin, dass aufgrund der hohen Flexibilität des XML-Standards wiederum mehrere

---

804 Vgl. Schulte, Christof (2005), S. 114.
805 Vgl. Schulte, Christof (2005), S. 114.
806 Vgl. Bowersox, Donald J. / Closs, David J. / Cooper, Bixby (2007), S. 88. Eine Auflistung der Vorteile von EDI gegenüber papierbasierten Verfahren gibt Vahrenkamp, Richard (2007), S. 65-66.
807 Vgl. Beckmann, Holger / Schmitz, Michael (2008), S. 283; Vahrenkamp, Richard (2007), S. 56; Schulte, Christof (2005), S. 112-113; Sieber, Pascal (2006), S. 228. Eine Darstellung der branchenbezogenen EDIFACT-Subsets gibt Vahrenkamp, Richard (2007), S. 56-58.

unterschiedliche XML-basierte Standards entwickelt wurden, die untereinander inkompatibel sind, so dass Abstimmungen zwischen den beteiligten Wertschöpfungspartnern zwingend erforderlich sind.[808]

Die beschriebenen Standards des elektronischen Geschäftsdatenaustausches weisen Verbindungen mit den in den nachfolgenden Abschnitten beschriebenen standardisierten Systemen auf. So werden Standards des EDI verwendet, um Daten zwischen Systemen des Enterprise Resource Planning (ERP) und Advanced Planning (APS) zu transferieren (vgl. Abschnitt 6.3.2). Des Weiteren werden Daten, die über automatische Identifikationssysteme – wie Barcode und Radio Frequency Identification – erfasst werden, ebenfalls über den elektronischen Datenaustausch an die Anwendungssysteme übergeben.

6.3.2 Standardisierte Systeme für das Enterprise Resource und Advanced Planning

6.3.2.1 Enterprise Resource Planning (ERP)

Als Systeme des Enterprise Resouce Planning (ERP-Systeme) werden integrierte Pakete betriebswirtschaftlicher Standard-Anwendungssoftware bezeichnet. Diese unterstützen integriert mehrere Aufgabenbereiche und Prozesse im Unternehmen. Hierzu zählen sowohl die für die Logistik relevanten Funktionsbereiche der Beschaffung, Produktion und Vertrieb als auch die angrenzenden Funktionen des Rechnungswesens sowie der Personalwirtschaft. Geschäftsprozesse werden über Standorte, Abteilungen und Funktionen hinweg über eine zentrale Datenbank integriert, sodass sich Datenredundanzen vermeiden lassen.[809]

Von der Vielzahl unterschiedlicher Anbieter standardisierter ERP-Systeme, zu denen unter anderem Oracle, Microsoft und Sage zählen, wird nachfolgend der Marktführer SAP^{TM} mit seinem ERP-System kurz vorgestellt.[810] Fünf ehemalige Mitarbeiter des Unternehmens IBM realisierten die Idee, anstelle der bis in die 70er Jahre programmierten Individualsoftware für die Abbildung der betriebswirtschaftlichen Geschäftsprozesse ein standardisiertes System zu entwickeln. Das ERP-System der SAP^{TM} wurde seit dem Gründungsjahr 1972 über mehrere Realtime-Versionen, wie SAP R/2^{TM} und SAP R/3^{TM}, von Datenbank- und Dialogsteuerungssystemen über Client-Server-Architekturen weiterentwickelt. Im Jahr 2008 basieren alle SAP-Produkte, so auch die aktuelle Version des SAP ERP^{TM}, auf der Technologieplatt-

---

808 Vgl. Schulte, Christof (2005), S. 114-115; Vahrenkamp, Richard (2007), S. 59. Eine tabellarische Gegenüberstellung eines EDI auf Basis von EDIFACT und XML/EDI enthält Vahrenkamp, Richard (2007), S. 65.
809 Vgl. Bowersox, Donald J. / Closs, David J. / Cooper, Bixby (2007), S. 101-102; Schulte, Christof (2005), S. 142-143; Wannenwetsch, Helmut (2004), S. 419.
810 Vgl. Chopra, Sunil / Meindl, Peter (2004), S. 522; Wannenwetsch, Helmut (2004), S. 419. Einen Überblick über den ERP-Markt gibt unter anderem Ebel, Dietmar (2007), S. 98-102.

form SAP Netweaver™. Daten aus Fremdprodukten lassen sich so einbinden, und Updates der Technologieplattform lassen sich weitgehend unabhängig von Updates der Anwendung durchführen.[811]

Die Struktur des SAP ERP™ ist über einen Menübaum erkennbar, der sich auf einer ersten Aggregationsebene unter anderem nach Logistik, Rechnungswesen, Personal, übergreifenden Anwendungen, Tools und Informationswerkzeugen verzweigt. Die Verzweigung innerhalb der Logistik – nach den Funktionen Materialwirtschaft bzw. Beschaffung, Produktion, Vertrieb bzw. Distribution sowie weiterer Anwendungsbereiche – skizziert exemplarisch Abbildung 71.

Abbildung 71: Detailstruktur der Logistik in SAP ERP™ [812]

Am Beispiel der in Abbildung 71 hervorgehobenen Standardanalyse „MCBA" als Bestandteil des Bestands-Controlling in SAP ERP™ lässt sich vermitteln, dass die Analysetools und Informationswerkzeuge der Standard-ERP-Systeme über die reine

---

811 Vgl. Benz, Jochen / Höflinger, Markus (2005), S. 6-8 sowie www.sap.de, Link „Das Unternehmen SAP", „Über SAP", „Unternehmen", „Geschichte der SAP". SAP ERPTM wird auch als die zentrale Komponente (Central Component) der SAP-Produkte bezeichnet.
812 Screen-Shot erstellt aus SAP ERPTM 5.0.

Integration operativer Daten hinausgehen. Im ersten Abschnitt des vierten Kapitels wurde in diesem Buch vermittelt, welche Einsatzpotenziale mit einer ABC-XYZ-Analyse für das internationale Katastrophenmanagement verbunden sind. Dabei wurde eine Klassifizierung nach Wertigkeit und Regelmäßigkeit sowohl auf der Grundlage von Lagerbeständen als auch auf der Grundlage von Regionen vorgenommen. Entsprechende ABC-Analysen lassen sich durch das System SAP ERP^{TM} wie folgt EDV-technisch unterstützen:[813] Nach einer Auswahl der Datengrundlage (z. B. Ort, Materialien und Zeitraum), die der ABC-Analyse zugrunde gelegt wird, erfolgt eine Kennzahlenauswahl. Für eine ABC-Analyse der Lagerbestände einer Hilfsorganisation würden beispielsweise der Gesamtverbrauch und der Gesamtverbrauchswert (siehe linke Bildschirmseite in Abbildung 72) aus der Auswahlleiste (siehe rechte Bildschirmseite in Abbildung 72) ausgewählt werden. Die Vielzahl der Kennzahlen, die in der Auswahlliste enthalten sind, geben Hinweise auf die vielfältigen über eine ABC-Analyse hinausgehenden Analysemöglichkeiten, die ERP-Systeme ermöglichen.

Abbildung 72: „Kennzahlenauswahl" für eine ABC-Analyse in SAP ERP^{TM} [814]

Es folgt die „Strategieauswahl", mit der aus der gewählten Kennzahlenliste das führende Klassifizierungskriterium (entsprechend der Erläuterungen in Kapitel 4 der Gesamtverbrauchswert in %) sowie die Klassengrenzen angegeben werden. Die Standardeinstellung, die der 70-20-10-Regel für die anteiligen Gesamtverbrauchs-

---

813 Ausführliche Erläuterungen zur ABC-Analyse mit SAPTM enthält Hoppe, Marc (2005), S. 57-75.
814 Screen-Shot erstellt aus SAP ERPTM 5.0.

werte in den Klassen A, B, und C folgt, kann individuell nach Bedarf angepasst werden.

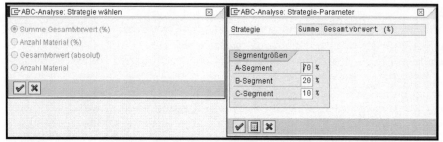

Abbildung 73: „Strategieauswahl" für eine ABC-Analyse in SAP ERP™ [815]

Als Ergebnis der ABC-Analyse werden über die Erzeugung von detaillierten Listen hinaus (vergleichbar zu den Ergebnislisten in Kapitel 4) auch grafische Übersichten unterstützt. Einige dieser Übersichten zeigt Abbildung 74 mit der charakteristischen Lorenz-Kurve sowie einer ergänzenden Aufbereitung in Form eines Säulen-Diagramms. Aus diesen Übersichten heraus lassen sich ebenfalls die tabellarischen Detaillisten erzeugen, die entweder eine gesonderte Klassenauswahl oder eine Gesamtübersicht enthalten.

Sofern die entsprechende Datengrundlage einer Hilfsorganisation in einem ERP-System vorhanden ist, lässt sich so auch die Umsetzung einiger der in Kapitel 4 vorgestellten Analysemethoden EDV-technisch im Standardsystem unterstützen. In der standardisierten Umsetzung sollte aber besonders gründlich auf die Auswahl der Datengrundlage sowie auf die Festlegung der Klassengrenzen geachtet werden. In Kapitel 4 ist erläutert worden, dass die Festlegung der Klassengrenzen individuell – sowohl nach kumulierten als auch nach einzelnen anteiligen Verbrauchswerten – vorgenommen werden sollte. Diese individuellen Einstellungen werden im Standard nicht unterstützt und müssen nach einer ersten Ergebnisübersicht unter den „Strategieparametern" (siehe Abbildung 73) individuell eingestellt werden. Ebenso ist in einer kritischen Analyse darauf hinzuweisen, dass eine XYZ-Analyse durch SAP-ERP™ nicht unterstützt wird. Für die Durchführung einer XYZ-Analyse ist ein Datenexport aus den entsprechenden Zeitreihen der Materiallisten heraus erforderlich. Die XYZ-Analyse selbst wird dann z. B. durch den Einsatz von Tabellenkalkulationsprogrammen – wie in Kapitel 4 vorgestellt – durchgeführt.[816]

---

815 Screen-Shot erstellt aus SAP ERPTM 5.0.
816 Vgl. zum Datenexport für eine XYZ-Analyse Hoppe, Marc (2005), S. 75-77.

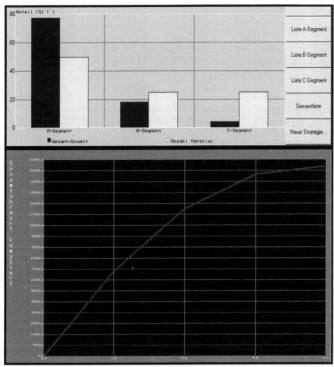

Abbildung 74: „Ergebnisdarstellungen" einer ABC-Analyse in SAP ERP^{TM817}

In diesem Abschnitt ist mit der ABC-Analyse nur ein Beispiel möglicher Analysen, durch die sich Planung, Steuerung und Kontrolle der Logistik im internationalen Katastrophenmanagement unterstützten lassen, vorgestellt worden. Weitere wertvolle Analyseinstrumente sind im Menübaum des SAP ERP^{TM} im „Logistikinformationssystem" (in Abbildung 71 eine Zeile oberhalb des Bestandscontrolling) zu finden. In der Detailstruktur befindet sich an dieser Stelle unter anderem eine Informationsbibliothek, durch die sich eine Kennzahlensuche unterstützen lässt. Für die relevanten „Kennzahlenwerte" der Akteure des Katastrophenmanagements lassen sich an dieser Stelle Kennzahlenanalysen starten, durch die beispielsweise die Zielerfüllungsgrade bezüglich Logistikservice und Logistikkosten erfasst werden. Auch Managementinstrumente für die Planung, Steuerung und Kontrolle der einzelnen Projekte und Einsätze des internationalen Katastrophenmanagements finden sich in Standard-ERP-Systemen. In SAP ERP^{TM} lassen sich Projekte und Arbeitspakete sowie Meilensteine im „Projektsystem" anlegen und auswerten. Damit lassen sich auch wichtige Inhalte, die in Kapitel 4 unter der Überschrift „Einsatz der Netzplantechnik im internationalen Katastrophenmanagement" vorgestellt wurden, durch das Standard-ERP-System abbilden und methodisch unterstützen.

---

817 Screen-Shot erstellt aus SAP ERPTM 5.0.

Aus den unterschiedlichen Branchenlösungen, die einige Anbieter von Standard-ERP-Systemen anbieten, eignen sich für Akteure des Katastrophenmanagements unter anderem Branchenlösungen für die Öffentliche Verwaltung.[818]
„Die Vereinten Nationen (UN) mit ihren internationalen Hilfsorganisationen nutzen zukünftig die Branchenlösung SAP for Public Sector."[819] Benannt wird unter anderem das World Food Programme (WFP). Die bei der UN eingesetzte Branchenlösung SAP for Public Sector erhielt spezifische Funktionserweiterungen (z. B. zur Verwaltung der Spendenzahlungen, zur Gehaltsabrechnung in unterschiedlichen Währungen und nach unterschiedlichen nationalen Bestimmungen), um entsprechende Vorgaben der UN-Verwaltungsverfahren zu erfüllen. Ebenso werden spezielle Anforderungen an das ERP-System erfüllt, die aus der internationalen Zusammenarbeit mit Regierungsbehörden, Unternehmen der Privatwirtschaft und anderen Hilfsorganisationen resultieren.[820]
Die Branchenlösungen bieten den Vorteil, dass allgemeine Voreinstellungen in dem System bereits standardisiert eingerichtet sind und sich somit der Einrichtungsaufwand für das System reduziert. Als weitere für Akteure des Katastrophenmanagements relevante Branchenlösungen sind je nach Stufe und Aufgabenbereich in der Wertschöpfungskette unter anderem „Gesundheitswesen", „Logistikdienstleister" und „Konsumgüterindustrie" zu benennen.[821] Trotz der branchenbezogenen Voreinstellungen verbleibt ein erheblicher Einrichtungsaufwand für das „Customizing" und die Stammdateneinrichtung im ERP-System.[822]
Für die Akteure des UN-Systems sowie weitere international aufgestellte Hilfsorganisationen werden umfangreiche (Wirtschaftlichkeits-) Analysen erforderlich sein, um eine Entscheidung über den Einsatz und die Auswahl eines Standard-ERP-Systems zu treffen. Aufgrund der komplexen Leistungsverflechtungen im internationalen Katastrophenmanagement, die sich auch in komplexen Informations- und Datenströmen widerspiegeln, wird eine Datenintegration durch den Einsatz eines standardisierten oder individuell auf das Katastrophenmanagement zugeschnittenen ERP-Systems unverzichtbar sein. Durch eine Nutzwertanalyse, die den Abschluss des 5. Kapitels dieses Buches bildet, kann eine Vorauswahl geeigneter ERP-Systeme durch die Akteure methodisch unterstützt werden. Ein wichtiges Kriterium für die Auswahl eines der möglichen ERP-Systeme stellt die Möglichkeit der internationa-

---

818 Eine Übersicht über die unterschiedlichen Branchenlösungen gibt www.sap.com/germany unter dem Link „Branchen" sowie Ebel, Dietmar (2008), S. 94-98.
819 www.sap.com/swiss/company, Link „Über SAP", „Pressemitteilungen", „Über SAP", „Pressemitteilungen 2007", „SAP News Service Dezember 2007". Überschrift: „Vereinte Nationen arbeiten mit SAP".
820 Vgl. www.sap.com/swiss/company, Link „Über SAP", „Pressemitteilungen", „Über SAP", „Pressemitteilungen 2007", „SAP News Service Dezember 2007".
821 Vgl. www.sap.com/germany, Link „Branchen".
822 Einen Überblick über die Vielzahl der allein für die Logistik relevanten Stammdaten geben Benz, Jochen / Höflinger, Markus (2005), S. 49-148 sowie Gudehus, Timm (2007), S. 461-466.

len Vernetzung dar.[823] Ebenso werden die Akteure des Katastrophenmanagements bewerten, inwiefern die Standard-ERP-Systeme und deren Branchenlösungen den individuellen Anforderungen tatsächlich gerecht werden und wie kostenintensiv individuelle Anpassungen des Systems sind.
Mit Helios wird in Abschnitt 6.4 ein System vorgestellt, das die speziellen Anforderungen der Logistik und des Supply Chain Management im (internationalen) Katastrophenmanagement in den Vordergrund stellt. Da es sich hierbei um ein System handelt, das durch eine unabhängige nicht privatwirtschaftlich ausgerichtete Organisation (Fritz Institute) entwickelt worden ist, ist dieses gegebenenfalls auch durch national tätige und kleinere Hilfsorganisationen einsetzbar.[824]
Im internationalen Katastrophenmanagement gilt darüber hinaus zu berücksichtigen, dass ein Zugang zu den ERP-Systemen über eine traditionelle Client-Server-Architektur am Ort der Katastrophenbewältigung in der Regel nicht verfügbar ist. Erforderlich sind Webbasierte Lösungen, die im Falle von SAP über die Technologieplattform SAP Netweaver^{TM} realisiert werden.[825] Webbasierte ERP-Systeme bieten den Vorteil, dass sich Daten vor Ort über Computer oder Mobiltelefon übertragen lassen – Voraussetzung ist die Verfügbarkeit eines Internetzugangs.[826] Mit „Defense Forces & Public Security" stellt das Unternehmen SAP^{TM} eine ergänzende Komponente zur Verfügung, die die Standardfunktionen des SAP-Systems um den spezifischen Aufgaben- und Auftragscharakter in den Einsätzen der Streitkräfte, Polizei- und Hilfsorganisationen unterstützt. Spezifische mobile Anwendungen für den Einsatz vor Ort, die sich in das Standard-ERP-System integrieren lassen, werden durch eine „Mobile Defense Solution" unterstützt.[827] Auch andere – speziell auf Nicht-Regierungsorganisationen (NGOs) ausgerichtete – Softwareanbieter, wie das Ulmer Unternehmen CIWI, bieten über die traditionellen Client-Server-Lösungen hinaus auch Webbasierte Lösungen an. Die Produkte Fundtrac^{TM} und Fundtraccom^{TM} des Unternehmens CIWI sind insbesondere auf die speziellen Anforderungen des finanzintegrierten Projektmanagements der Hilfsorganisationen ausgerichtet und lassen sich mit standardisierten ERP-Systemen integrieren.[828]

---

823 Vgl. Forscht, Peter (2008), S. 100-101. Die Bedeutung der internationalen Vernetzungsfähigkeit der Standard-ERP-Systeme wird hier am Beispiel der abas Business Software dokumentiert.
824 Vgl. www.fritzinstitute.org.
825 Vgl. www.sap.com/germany, Link „SAP Services", „Plattform", „SAP NetWeaver".
826 Vgl. Nissen, Jörg (2007), S. 103-105.
827 Vgl. www.sap.com/industries/defense-security.
828 Vgl. www.ciwi.eu/ciwi/de/products/software.

6.3.2.2 Advanced Planning Systeme (APS)

Kurz- bis mittelfristig ausgerichtete Managementaufgaben der Logistik und des Supply Chain Management lassen sich auf Basis der eher operativ ausgerichteten Daten eines ERP-Systems unterstützen. Für die Unterstützung mittel- bis langfristig ausgerichteter Managementaufgaben sind ergänzende Systeme entwickelt worden, die als Supply Chain Management- oder Advanced Planning-Systeme (SCM-Systeme oder APS-Systeme) bezeichnet werden.[829] Diese auf die Planung, Gestaltung und Ausführung der Wertschöpfungsketten gerichteten Systeme werden in der Regel nochmals in Systeme

- der operativen Planung und Ausführung (z. B. Beschaffungsfeinplanung, Transportplanung und -ausführung),
- der taktischen Planung (z. B. Bedarfsplanung) und
- der strategischen Planung (z. B. Gestaltung unternehmensübergreifender Netzwerke)

unterteilt.[830] Empfehlenswert ist eine Integration der betriebswirtschaftlichen Daten der ERP- und APS-Systeme, um Doppelerfassungen bezüglich der Stamm- und Bewegungsdaten sowie der Planungsdaten zu vermeiden.[831] Die Aufteilung zwischen den Ebenen Planung und Gestaltung sowie Ausführung in den ERP- und APS-Systemen orientiert sich häufig an einem anderen Standard, der in Kapitel fünf bereits vorgestellt wurde – dem SCOR-Modell als Referenzgeschäftsmodell für das Supply Chain Management.[832] Die Daten über die Ausführung in den logistischen Funktionen Beschaffung (source), Produktion (make) und Distribution (deliver) enthält überwiegend das ERP-System, während Planungsdaten auch durch das APS-System generiert werden. Die operative Planung sowie weite Teile der taktischen Planung in den Funktionsbereichen (P2 bis P4 im SCOR-Modell) können ebenfalls unter Einsatz der ERP-Systeme erfolgen. Die Einsatzpotenziale der APS-Systeme steigen mit zunehmendem Planungshorizont und zunehmender Anzahl beteiligter Funktionsbereiche bzw. Unternehmen (übergreifende Planung durch P1 im SCOR-Modell).[833]

---

[829] Vgl. Bowersox, Donald J. / Closs, David J. / Cooper, Bixby (2007), S. 103; Corsten, Hans und Gössinger, Ralf (2008), S. 161.
[830] Vgl. Bowersox, Donald J. / Closs, David J. / Cooper, Bixby (2007), S. 103-104; Fleischmann, Bernhard / Meyr, Herbert / Wagner, Michael (2008), S. 82-93; Schulte, Christof (2005), S. 538-544; Wolff, Stefan / Groß, Wendelin (2008), S. 127-131.
[831] Vgl. Schulte, Christof (2005), S. 544-545. Zur Integration der Systeme vgl. z. B. Bartsch, Helmut / Bickenbach, Peter (2002), S. 125-245.
[832] Vgl. Kallrath, Josef / Maindl, Thomas I. (2006), S. 4-6.
[833] Die hier angesprochenen Ebenen 1 und 2 des SCOR-Modells werden in Abschnitt 5.2.1 erläutert.

Zu den Anbietern standardisierter Advanced Planning Systeme[834] zählt unter anderem SAP™ mit SAP SCM™.[835] SAP SCM™ umfasst die folgenden vier Prozessbereiche:[836]

- *Execution*: Hierzu zählen die Ausführungsfunktionen in den logistischen Funktionen und Leistungsbereichen (die überwiegend auch in SAP ERP™ abgebildet werden). Ein erweiterter Funktionsbereich des SAP SCM™ besteht unter anderem in den Bereichen des konsolidierten Transportmanagements sowie im Bereich des Außenhandels.
- *Planung*: Im Bereich der Planung werden die operative Ebene mit einem Zeithorizont von bis zu sechs Monaten (z. B. Transportplanung, Feinplanung in den logistischen Funktionen), die taktische Ebene mit einem Zeithorizont von sechs Monaten bis zu drei Jahren (z. B. kooperative Produktions-, Bestands- und Absatzplanung) sowie die strategische Ebene (z. B. Netzwerkdesign) über mehrere (maximal sieben) Jahre abgebildet. Bei den Methoden des „Advanced" Planning, die SAP SCM™ im Rahmen der Planung zur Verfügung stellt, handelt es sich unter anderem um Optimierungsmethoden, Heuristiken und Simulationen.
- *Koordination*: Der Bereich der Koordination dient der unternehmensübergreifenden Abstimmung mit den Bestandteilen Supply Chain Event Management, Supply Chain Performance Management und Auftragsüberwachung. Diese Bestandteile des SAP SCM™ sind auf die Managementaufgaben der Steuerung und Kontrolle von Supply Chains gerichtet.
- *Collaboration*: Durch die Collaboration werden Geschäftsprozesse unternehmensübergreifend integriert. Hierbei kommen Webbasierte Lösungen unter Einsatz bereits vorgestellter Standards, z. B. XML, zum Einsatz. Im Rahmen der integrierten Wertschöpfungs- und Logistikketten unterstützt Collaboration unternehmensübergreifende Konzepte des Supply Chain Management, wie Vendor Managed Inventory (VMI) und Collaborative Planning, Forecasting and Replenishment (CPFR).

Auf eine umfassende Vorstellung der Funktionalitäten des Systems wird an dieser Stelle verzichtet, zumal die Einsatzmöglichkeiten für die Akteure des Katastro-

---

[834] Einige der Anbieter werden unter anderem in Günther, Hans-Otto / Tempelmeier, Horst (2003), S. 326 sowie Wannenwetsch, Helmut (2004), S. 426-427 sowie Meyr, Herbert u.a. (2008), S. 349-366 benannt (zu den vorgestellten Systemen in Meyr, Herbert zählen aspen ONE, i2 Six.Two, JDEdwards EnterpriseOne Supply Chain Planning und SAP SCM).

[835] Vgl. www.sap.com/germany/solutions, Link „SAP SCM". Zuvor waren die wichtigsten Funktionalitäten des SAP SCMTM bekannt unter dem Begriff des SAP APOTM, dem Advanced Planner and Optimizer.

[836] Vgl. Bartsch, Helmut / Bickenbach, Peter (2002), S. 119-219; Hoppe, Marc (2007), S. 21-30; Kallrath, Josef / Maindl, Thomas I. (2006), S. 9-12.
Vgl. auch www.sap.com/germany/solutions, Link „SAP SCM", „Funktionen".

phenmanagements in der praktischen Umsetzung noch zu evaluieren sind.[837] Mit Bezug zu den Inhalten der Kapitel 4 und 5 dieses Buches soll aber exemplarisch eine Übersicht gegeben werden, wie sich die Umsetzung der logistischen Methoden und Konzepte des Supply Chain Management EDV-technisch durch SCM- bzw. APS-Systeme (im Speziellen am Beispiel SAP SCM^{TM}) unterstützen lässt:

- Die strategisch ausgerichteten Methoden der *Standortplanung*, die in Abschnitt 4.2.2 mit ihren Einsatzpotenzialen für das Katastrophenmanagement am Beispiel des Add-Algorithmus vorgestellt worden sind, bilden einen Bestandteil des Network Design und des Supply Network Planning. SAP SCM^{TM} enthält sowohl Optimierungsmethoden der Linearen Programmierung (vergleichbar zu den in Abschnitt 4.2.2.2 vorgestellten Warehouse Location Problemen) als auch heuristische Verfahren (vergleichbar zum Add-Algorithmus) sowie Simulationsverfahren. Damit lassen sich die für Akteure des Katastrophenmanagements relevanten Fragestellungen der Standortwahl für die Zentral-, Regional- und Auslieferungslager unterstützen. Über die unternehmensbezogenen Planungen hinaus lassen sich durch den unternehmensübergreifenden Einsatz des Systems Planungen zur Standortwahl und Netzwerkgestaltung auch unternehmensübergreifend unterstützen.[838]
- Obwohl die Methoden der *Tourenplanung* vorwiegend kurzfristig ausgerichtet sind – und demnach auch einen Bestandteil der ERP-Systeme bilden könnten – werden diese als Methoden des „Advanced" Planning in der Regel in den standardisierten APS- bzw. SCM-Systemen abgebildet. Methoden der Transport- und Tourenplanung, die in Abschnitt 4.2.3 als klassisches Transportproblem sowie als Savings-Verfahren mit den Einsatzmöglichkeiten im Katastrophenmanagement am Beispiel Eldorets in Kenia vorgestellt wurden, lassen sich durch SAP SCM^{TM} unterstützen. Vergleichbar zur methodischen Unterstützung der Standortplanung werden auch für die Transport- und Tourenplanung sowohl optimierende als auch heuristische Verfahren zur Verfügung gestellt.[839]
- Für den Fall, dass Transporte durch Akteure des Katastrophenmanagements nicht eigen erstellt sondern fremd bezogen werden, unterstützt SAP SCM^{TM} ebenfalls die Auswahl eines externen Dienstleisters. Methodisch wird diese ebenfalls für Akteure des Katastrophenmanagements relevante *Outsourcing-*

---

837 Ausführliche Funktionsbeschreibungen zu SAP SCM bzw. SAP APO enthalten z. B. Bartsch, Helmut / Bickenbach, Peter (2002); Dickersbach, Jörg Thomas (2007); Hoppe, Marc (2007); Kallrath, Josef / Maindl, Thomas I. (2006).
838 Vgl. Bartsch, Helmut / Bickenbach, Peter (2002), S. 141-153 sowie 216-218; Goetschalcks, Marc / Fleischmann, Bernhard (2008), S. 117-132; Günther, Hans-Otto / Tempelmeier, Horst (2003), S. 327-329; Hoppe, Marc (2007), S. 205-393; Kallrath, Josef / Maindl, Thomas I. (2006), S. 15-102.
839 Vgl. Fleischmann, Bernhard (2008b), S. 231-245; Günther, Hans-Otto / Tempelmeier, Horst (2003), S. 330; www.sap.com/germany/solutions, Link „SAP SCM", „Funktionen", „Planung".

Entscheidung durch ein Bewertungsverfahren unterstützt, das vergleichbar zu der in Abschnitt 5.4.6 vorgestellten Nutzwertanalyse abläuft.[840]
- *Konzepte des Supply Chain Management*, wie Vendor Managed Inventory und Collaborative Planning, Forecasting and Replenishment, die in Abschnitt 5.2.2 mit ihren Einsatzpotenzialen für die Gestaltung unternehmensübergreifender Wertschöpfungsketten des Katastrophenmanagements vorgestellt worden sind, lassen sich durch die Bereiche der Collaboration in SAP SCM^{TM} abbilden und unterstützen. Die erforderlichen Datenverbindungen über Internet oder andere Schnittstellen werden durch SAP SCM^{TM} ebenfalls unterstützt.[841] Auch Bestandteile der in Abschnitt 5.2.1 vorgestellten Referenzgeschäftsprozessmodelle lassen sich in SAP SCM^{TM} abbilden, beispielsweise über standardisierte und individuelle Kennzahlen, die z. B. ab der dritten Detaillierungsebene des *SCOR-Modells* definiert sind. Die Generierung und Analyse unternehmensbezogener sowie -übergreifender Kennzahlen lässt sich durch das Performance Measurement des Systems abbilden und unterstützen.[842]

Diese Aufzählung verdeutlicht, dass ein Großteil der in Kapitel vier und fünf dieser Arbeit vorgestellten Methoden und Konzepte der Logistik und des Supply Chain Management, die mit ihren Einsatzpotenzialen für das internationale Katastrophenmanagement vorgestellt worden sind, durch standardisierte APS- bzw. SCM-Systeme EDV-technisch unterstützt werden können. Es ist jedoch ergänzend auf *Grenzen* der APS-Systeme hinzuweisen, von denen einige wichtige abschließend benannt werden sollen.[843] Zunächst ist auf erhebliche Kosten hinzuweisen, die mit der Einrichtung und Verbindung der Systeme verbunden sind. Dies betrifft sowohl die Anbindung an ERP- und weitere genutzte EDV-Systeme als auch die Integration mit den Systemen anderer Akteure des Katastrophenmanagements. Mehrere Gründe können die Ursache dafür sein, dass sich Partner der Wertschöpfungskette nicht in die übergreifenden Planungen der APS-Systeme einbinden lassen. Zu diesen Gründen zählen nicht nur die Kosten sondern auch Integrations- und Abstimmungsgründe. Im Falle von Insellösungen lassen sich jedoch die Potenziale für die gesamte Wertschöpfungskette nicht ausschöpfen. Weitere Grenzen treten auf, wenn die Methoden der APS-Systeme im Hintergrund eingesetzt werden, ohne dass die Algorithmen den Anwendern bekannt sind oder eingesehen werden können.[844] In diesem Fall generiert das APS-System zwar mathematisch das richtige Ergebnis, betriebswirtschaftlich führt dieses aber gegebenenfalls zu einer Fehlentscheidung. Bereits im

---

840   Vgl. Bartsch, Helmut / Bickenbach, Peter (2002), S. 203-204.
841   Vgl. Hoppe, Marc (2007), S. 29-30; www.sap.com/germany/solutions, Link „SAP SCM", „Funktionen", „Collaboration".
842   Vgl. Hoppe, Marc (2007), S. 29; www.sap.com/germany/solutions, Link „SAP SCM", „Funktionen", „Koordination".
843   Eine Übersicht über wichtige Grenzen der APS-Systeme enthalten Corsten, Hans / Gössinger, Ralf (2008), S. 179-182; Schulte, Christof (2005), S. 547-548.
844   Vgl. Günther, Hans-Otto / Tempelmeier, Horst (2003), S. 337-338; Schulte, Christof (2005), S. 548.

Begriffsverständnis können das APS-System und der Anwender unterschiedliche Vorstellungen haben. Ein Beispiel stellt der Optimierungsbegriff dar, der in SAP SCM™ und anderen APS-Systemen häufig auch im Zusammenhang mit heuristischen Methoden eingesetzt wird: „... the supply chain community usually uses the term optimization not in its original mathematical meaning ..."[845]
Aufgrund dieser Grenzen werden standardisierte APS- und SCM- Systeme durch Akteure des Katastrophenmanagements bislang kaum eingesetzt. Im Rahmen von Pilotprojekten lässt sich in der Zukunft gegebenenfalls testen, ob sich durch APS-Systeme für Akteure des internationalen Katastrophenmanagements langfristig Vorteile in Bezug auf die kosten- und servicebezogenen Ziele realisieren lassen. Für ein solches Pilotprojekt kommen z. B. Akteure der Vereinten Nationen in Frage, sobald die Branchenlösung von SAP ERP™ verbreitet und stabil im Einsatz ist.

Die EDV-technische Unterstützung der vorgestellten Methoden erfordert nicht zwingend den Einsatz standardisierter APS-Systeme. Es existieren Anwendungen und Softwarepakete, die unter anderem die Standort- und Tourenplanung,[846] die Netzplantechnik,[847] das SCOR-Modell[848] sowie die vorgestellten Konzepte des Supply Chain Management unterstützen. Auch diese lassen sich durch Akteure des internationalen Katastrophenmanagements einsetzen.

Die spezifische Ausrichtung der EDV-Systeme auf das internationale Katastrophenmanagement erfordert jedoch für viele Anwendungen, dass entweder die standardisierten Systeme an die Besonderheiten der Branche – z. B. durch Branchenlösungen oder individuelle Anpassungen – angepasst werden, oder dass individuelle Systeme eigens für die Branche entwickelt werden.[849]

6.3.3 Standardisierte Identifikationssysteme

Standards lassen sich im internationalen Katastrophenmanagement auch für das Identifizieren der Logistikobjekte einsetzen. Bei den Logistikobjekten handelt es sich insbesondere um Hilfsgüter oder zusammengefasste logistische Einheiten mit Hilfsgütern. Der Einsatz standardisierter Identifikationssysteme ermöglicht das eindeutige und zweifelsfreie Erkennen dieser Objekte.[850]

---

845 Kallrath, Josef / Maindl, Thomas I. (2006), S. 10.
846 Fortmann, Klaus-Michael / Kallweit, Angela (2007) stellen auf S. 141-142 easyTOUR vor; Gietz, Martin (2008) stellt auf den Seiten 143 und 151 die Distributionsplanungssoftware PRODISI SCO und das Tourenplanungssystem PROTOUR vor; Vahrenkamp, Richard (2007) enthält auf S. 448 eine Übersicht wichtiger Anbieter von Tourenplanungssystemen mit Hinweisen zu Kosten und Schulungen.
847 Fortmann, Klaus-Michael / Kallweit, Angela (2007) stellen auf S. 175-179 die Umsetzung der Netzplantechnik unter Einsatz von Microsoft Project dar.
848 EDV-Systeme, die die Umsetzung des SCOR-Modells unterstützen, werden in Poluha, Rolf G. (2006), S. 348-359 vorgestellt. Hierzu zählen e-SCOR, ARIS EasySCOR und ADOLog.
849 Vgl. Abschnitt 6.4.
850 Vgl. Schiffer, Ingo (2008), S. 815.

Bei farblichen und symbolischen Kennzeichnungen der Hilfsgüter und logistischen Einheiten handelt es sich um Identifikationsstandards, die durch Sichtkontakt das Erkennen wichtiger Informationen über das Hilfsgut ermöglichen (z. B. farbliche Kennzeichnung nach Art des Hilfsgutes, symbolische Kennzeichnungen für Größenangaben, Gefahrgutkennzeichen). Diese einfachen Identifikationssysteme sind in diesem Buch bereits im Zusammenhang mit der Verpackung in Abschnitt 3.2.6.3 vorgestellt worden.

Darüber hinaus lässt sich an den Hilfsgütern bzw. Containern, Paletten und Kartons sowie weiteren logistischen Einheiten bis hin zum Transportmittel ein Daten- bzw. Informationsträger anbringen, der bei Bedarf ausgelesen und / oder beschrieben wird. „Ein Identifikationssystem besteht in seiner einfachsten Bauform aus einem Datenträger, der von einer Leseeinheit abgetastet wird."[851] In der Logistik und im Supply Chain Management werden i. d. R. optische Datenträger (z. B. Barcode) oder elektromagnetische Datenträger (RFID-Transponder) eingesetzt:

Der Einsatz **optischer Datenträger** wird durch eine Standardisierung der optischen Codierung unterstützt. Hierzu zählen unter anderem die 1D-Codes, die auch als Strich- oder **Barcode** bekannt sind, sowie die 2D-Codes (unter anderem in Form von Stapelcodes und Matrixcodes) mit größeren codierbaren Zeichenmengen.[852] Beispiele optischer Datenträger werden in Abbildung 75 dargestellt.

Abbildung 75: Beispiele optischer Datenträger[853]

Optische Datenträger lassen sich durch gängige Druckverfahren relativ günstig herstellen, und es existieren weltweit gültige bzw. aufeinander abstimmbare Standards für die Codiertechnik. Aus diesen Gründen haben die optischen Identifikationssys-

---

851 Schiffer, Ingo (2008), S. 816.
852 Eine ausführliche Vorstellung der Standards zur Codierung der gängigen 1D- und 2D-Codes findet sich in Schiffer, Ingo (2008), S. 816-822. Vgl. auch Bowersox, Donald J. / Closs, David J. / Cooper, Bixby (2007), S. 108; Dittmann, Lars (2006), S. 35-36; Strassner, Martin (2005), S. 55-56; Wannenwetsch, Helmut (2004), S. 276-277.
853 Die Beispiele sind entnommen aus aus www.barcode24.de. Das Beispiel des 2D-Codes stellt einen Matrixcode dar.

teme in Logistik- und SCM-Systemen weite Verbreitung gefunden.[854] Ebenfalls stellen die Pan American Health Organization und die World Health Organization optische Identifikationssysteme unter der Überschrift „The Application of New Technologies to Emergency Logistics" vor und dokumentieren so die Potenziale der optischen Identifikation für logistische Leistungen im Katastrophenmanagement.[855] Im Jahr 2008 wird die optische Identifikation im Katastrophenmanagement bereits verbreitet eingesetzt. Als Lesegeräte, durch die die auf den Datenträgern erfassten Informationen ausgelesen werden, stehen manuell bedienbare sowie automatische Lesegeräte zur Verfügung.[856]

Elektromagnetische Datenträger – auch als Transponder oder Tag bezeichnet – ermöglichen eine berührungslose Identifikation der Objekte. Der Begriff Radio Frequency Identifikation (**RFID**) weist auf das elektromagnetische Feld hin, das die berührungslose Daten- und Energieübertragung ermöglicht.[857] Abbildung 76 zeigt Beispiele unterschiedlicher Bauformen der RFID-Transponder, darunter auch ein RFID-Label (der Datenträger wird in ein flexibles Etikett integriert).

Abbildung 76: Beispiele elektromagnetischer Datenträger[858]

---

854 Vgl. Schiffer, Ingo (2008), S. 816.
855 Vgl. Pan American Health Organization / World Health Organization (2001), S. 170-173. Zur Umsetzung eines optischen Identifikationssystems im Katastrophenmanagement durch eine einheitliche abgestimmte Kennzeichnung der Hilfsgüter mit Strichcodes vgl. auch Tufinkgi, Philippe (2006), S. 312-316.
856 Die Lesegeräte werden in Schiffer, Ingo (2008), S. 822-824 erläutert.
857 Vgl. z. B. Bowersox, Donald J. / Closs, David J. / Cooper, Bixby (2007), S. 108. Der Begriff „Transponder" ist ein Kunstwort aus den englischen Begriffen Transmitter (Sender) und Responder (Antwortgeber). Vgl. Dittmann, Lars (2006), S. 38; Vahrenkamp, Richard (2007), S. 67.
858 Die Beispiele sind entnommen aus aus www.rfid-ready.de.

Damit die Information über die Identifikation eines Objektes in einem RFID-System den Anwender erreichen kann, müssen die Daten des Transponders durch ein Gerät gelesen, über eine Middleware übersetzt und in ein Anwendungssystem (z. B. eines der vorgestellten ERP-Systeme) übertragen werden.[859] Die entsprechenden Datenwege skizziert Abbildung 77. Die Übertragung zwischen Transponder und Lesegerät (gegebenenfalls auch Schreibgerät) erfolgt über eine Sende- bzw. Empfangseinrichtung (Antenne).[860] Der Lese- bzw. Schreibvorgang beginnt automatisch, sobald sich der RFID-Transponder innerhalb der Reichweite der Lese- bzw. Schreibstation befindet. Während passive Transponder ohne eigene Energieversorgung die erforderliche Energie durch das Lese-/ Schreibgerät über ein elektromagnetisches Feld erhalten, verfügen aktive Transponder über eine Batterie und damit über eine eigene Energiequelle.[861]

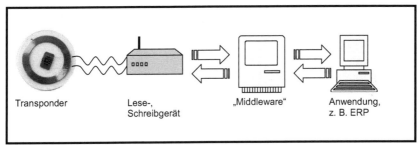

Abbildung 77: RFID, vom Transponder zur Anwendung[862]

Die Frequenzen der RFID-Systeme bestimmen maßgeblich ihre Eigenschaften und Leistungsfähigkeiten. Sie reichen von wenigen Kilohertz bis zu einigen Gigahertz. Low- und High-Frequency Systeme verfügen über eine geringe Reichweite (bis zu 1 Meter), wobei sich die Hochfrequenz-Systeme auch zur Pulkerfassung einsetzen lassen. In beiden Frequenzbereichen werden passive Transponder eingesetzt. Mit zunehmenden Frequenzen über die Ultra-High-Frequency-Systeme bis hin zu den Mikrowellen-RFID-Systemen steigen zunehmend die Datenübertragungsraten und Reichweiten (5 Meter bis zu 100 Metern); aktive Transponder lassen sich in diesen Frequenzbereichen ebenfalls einsetzen. Die Eignung für Pulkerfassungen sowie Fernübertragungen über größere Distanzen steigen demnach mit zunehmenden Fre-

---

859 Vgl. Götz, Tobias / Safai, Sasan / Beer, Philipp (2005), S. 5-11.
860 Vgl. Schiffer, Ingo (2008), S. 825-826; Vahrenkamp, Richard (2007), S. 67.
861 Vgl. Bowersox, Donald J. / Closs, David J. / Cooper, Bixby (2007), S. 108.
862 Eigene Darstellung, in Anlehnung an Fortmann, Klaus-Michael / Kallweit, Angela (2007), S. 87; Götz, Tobias / Safai, Sasan / Beer, Philipp (2005), S. 31; Strassner, Martin (2005), S. 58. Eine integrierte Umsetzung der Datenübertragung vom Transponder bis in die Anwendungssysteme (SAP ERP, SAP SCM und andere) beschreiben Götz, Tobias / Safai, Sasan / Beer, Philipp (2005) ausführlich für die logistischen Prozesse des Wareneingangs und Warenausgangs.

quenzbereichen, gleichzeitig steigt aber auch für einige Systeme die Anfälligkeit (zum Beispiel Reaktion auf Feuchtigkeit).[863]

Ebenso wie zu den optischen Identifikationssystemen geben die Pan American Health Organization und die World Health Organization auch zum Einsatz von RFID-Systemen erste kurze Hinweise.[864] Aktuellere Veröffentlichungen stellen bereits realisierte Umsetzungen von *RFID-Systemen in Krisen- und Katastrophenfällen* vor.

Hierzu zählen unter anderem die Ausrüstung von Behördenschiffen und Notfallschleppern mit RFID-Transpondern[865] sowie die Umsetzung einer Sendungsverfolgung (Tracking & Tracing) durch die Ausstattung der mit Hilfslieferungen beladenen LKWs bzw. Container mit Transpondern.[866] In beiden Fällen wird auch die Ortung über Satelliten durch die Nutzung von Global Positioning Systemen angesprochen.[867] Ebenfalls ist im Zusammenhang mit dem Kooperationsprojekt „Moving the world" zwischen Akteuren der UN und TNT bereits darauf hingewiesen worden, dass die Verfolgung der Hilfsgüter – unter anderem auch als Maßnahme der Diebstahlsicherung – durch Logistikdienstleister unterstützt bzw. durchgeführt worden ist.[868] Demnach lassen sich Erfahrungen der Logistikdienstleister im Einsatz von RFID-Systemen in Wertschöpfungs- und Logistikketten auf den Einsatz im Katastrophenmanagement übertragen.[869] Ebenso lassen sich bereits realisierte RFID-Umsetzungen durch das Militär gegebenenfalls auch auf das Katastrophenmanagement übertragen. „Die besondere Herausforderung der militärischen Logistik macht es erforderlich, dass die eingesetzten Informationssysteme einen Wegfall von zentralen Infrastruktureinheiten verkraften können",[870] dies gilt gleichermaßen für Logistik im Katastrophenmanagement. Pilotprojekte mit aktiven und passiven Transpondern sind beispielsweise durch das UN Department of Defense dokumentiert. Transponder werden in Krisengebieten eingesetzt, um die Identität und den Verbleib von allen Sendungen und Materialien in der militärischen Supply Chain schnell und zuverlässig zu erfassen. Sowohl Container als auch die einzelnen Materialen werden mit aktiven Transpondern ausgestattet und ermöglichen nicht nur eine Sendungsverfolgung während der Transporte sondern auch eine Echtzeit-Inventur über die Bestände an wichtigen Stützpunkten.[871] Der Einsatz der RFID-Technologie an Lagerstandorten lässt sich

---

863 Eine tabellarische Übersicht über die Frequenzbereiche, Normen und Reichweiten sowie entsprechende Erläuterungen enthalten z. B. Dittmann, Lars (2006), S. 42-50; Götz, Tobias / Safai, Sasan / Beer, Philipp (2005), S. 15-16; Schiffer, Ingo (2008), S. 826-828; Strassner, Martin (2005), S. 58-60; Vahrenkamp, Richard (2007), S. 68.
864 Vgl. Pan American Health Organization / World Health Organization (2001), S. 173-174.
865 Vgl. Kulmhofer, Alexandra (2007), S. 269.
866 Vgl. Henderson, James H. (2007), S. 60-70.
867 Vgl. hierzu auch Wannenwetsch, Helmut (2004), S. 278.
868 Vgl. Kooperationsbeispiel in Kapitel 5.
869 Vgl. Dittmann, Lars (2006), S. 70-71.
870 Dittmann, Las (2006), S. 108.
871 Vgl. Dittmann, Lars (2006), S. 108-115.

darüber hinaus zur Qualitätssicherung einsetzen. Zu benennen ist beispielsweise eine Pulkerfassung der Notfallkits am Warenausgang, um die richtige Zusammenstellung der Hilfsgüter und deren Haltbarkeit vor der Verteilung abschließend sicherzustellen. Mit Blick auf Medikamente, Impfstoffe und weitere zu kühlende Hilfsgüter werden sich zukünftig weitere Einsatzpotenziale der RFID-Systeme in Kombination mit Sensorik ergeben, z. B. eine Kontrolle der Kühlung über mehrere Stufen der Wertschöpfungskette hinweg.[872] Über die Verfolgung der Hilfsgüter hinaus lässt sich auch die zeitnahe Informationserfassung und -übermittlung mit Bezug zu den betroffenen Menschen über Identifikationssysteme unterstützen. Durch eine Ausstattung verletzter, getöteter oder zu evakuierender Menschen mit RFID-Transpondern lassen sich Informationen in der Kette zeitnah weiterleiten, z. B. an Krankenhäuser (im Rahmen des Katastrophenschutzes der Schweiz)[873] und Evakuierungscamps (im Rahmen der Evakuierung von Hurrikane Opfern in Texas)[874]. Diese können sich frühzeitig auf die betroffenen Menschen einstellen und ersparen sich die Zeit der nochmaligen Aufnahme bereits erfasster Daten. Fragen des Datenschutzes sollten bei der Ausstattung betroffener Menschen sowie einzelner Hilfsgüter besondere Beachtung in der Umsetzung der RFID-Systeme finden.[875]

Im **Vergleich** zu den optischen Datenträgern weisen die RFID-Transponder mehrere Vorteile auf: Unter anderem ermöglichen sie die Speicherung größerer Datenmengen, sie lassen sich in bestimmten Bauformen beschreiben, aus größeren Entfernungen bzw. in großen Mengen gleichzeitig erfassen (Pulkerfassung) und sie weisen eine größere Festigkeit auf. Nachteile bestehen unter anderem in einer fehlenden Abstimmung der weltweiten Standards.[876] „Trotz intensiver Standardisierungsbemühungen und technologischer Weiterentwicklungen ist kurzfristig nicht mit einer flächendeckenden Ablösung des Barcodes durch RFID zu rechnen, da nicht nur die technischen, sondern auch die ökonomischen Voraussetzungen in Form eines angemessenen Kosten-/Nutzenverhältnisses noch nicht vorliegen."[877] Wirtschaftlichkeitsanalysen mit Kosten-Nutzen-Überlegungen sollten die Entscheidungen über den Einsatz der alternativen Identifikationssysteme begleiten.[878]

---

872 Vgl. Schiffer, Ingo (2008), S. 829; Seidl, Patricia (2007), S. 56-57.
873 Vgl. www.informationweek.de (vom 30.11.2006: „Koordination in Notfällen").
874 Vgl. www.rfidweblog.de (vom 4.1.2008: „Texas: RFID-Chips erleichtern Evakuierung bei Katastrophen").
875 Zu Aspekten des Datenschutzes vgl. z. B. Vahrenkamp, Richard (2007), S. 72-73.
876 Vgl. Schiffer, Ingo (2008), S. 825; Seidl, Patricia (2007), S. 56-58; Vahrenkamp, Richard (2007), S. 70.
877 Vahrenkamp, Richard (2007), S. 72. Vgl. auch Seidl, Patricia (2007), S. 58. Zu den Standardisierungsbestrebungen, z. B. durch EPCglobal vgl. z. B. Bowersox, Donald J. / Closs, David J. / Cooper, Bixby (2007), S. 106-108; Dittmann, Lars (2006), S. 51-56; Fortmann, Klaus-Michael / Kallweit, Angela (2007), S. 87; Vahrenkamp, Richard (2007), S. 72.
878 Vgl. zu den Methoden und Umsetzungen möglicher Wirtschaftlichkeitsanalysen z. B. Kuhn, Axel u.a. (2006), S. 378-392; Strassner, Martin (2005), S. 98-198 mit Umsetzungen für mehrere Fallbeispiele. Anwendbar ist auch die in Abschnitt 5.4.6 erläuterte Nutzwertanalyse.

Eine Übertragung der durch Identifikationssysteme erfassten Daten kann nicht nur in die bereits erläuterten ERP- und SCM-Systeme erfolgen sondern auch in eine spezielle Anwendungssoftware für Logistik im Katastrophenmanagement. Soche Anwendungssysteme sind Gegenstand des nachfolgenden Abschnitts.

6.4 Spezielle Software für Logistik und SCM im internationalen Katastrophenmanagement

Nach einem Tsunami in Nicaragua im Jahr 1992 wurde mit SUMA (**Humanitarian Supply Management System**) eine spezielle Software für Logistik und SCM im internationalen Katastrophenmanagement erstmals offiziell eingesetzt. Initiator der Entwicklung war das Rote Kreuz bzw. die Internationale Rotkreuz- und Rothalbmondbewegung IFRC; unterstützt wurde die Entwicklung durch die Pan American Health Organization sowie die niederländische Regierung. Die Grundidee der Entwicklung bestand darin, das Management der Logistik für medizinische Produkte und andere Hilfsgüter durch den Einsatz einer Software zu unterstützen. Über mehrere Jahre und Katastropheneinsätze ist der Einsatz von SUMA dokumentiert worden.[879] Eine Lagerbestandssoftware (SUMA Inventory Software bzw. Warehouse Management) bildet während eines Katastropheneinsatzes das Zentrum in der informatorischen Vernetzung der unterschiedlichen Wertschöpfungsketten mehrerer Hilfsorganisationen und Geldgeber. Insgesamt setzt sich SUMA aus drei Modulen zusammen, zwischen denen bei Bedarf Daten und Dateien über das Internet ausgetauscht werden können:[880]

- *SUMA Central* wird durch das jeweilige Hauptquartier während eines Katastropheneinsatzes eingesetzt. Es dient unter anderem der Koordination zwischen den unterschiedlichen beteiligten Akteuren.
- Die *SUMA Field Units* werden vor Ort in den Katastrophengebieten an wichtigen Knotenpunkten eingesetzt und erfassen dort wichtige Informationen zu logistischen Knotenpunkten. Hierzu zählen unter anderem (Flug-) Häfen, Zentral- und Regionalläger. Ist der Computereinsatz vor Ort nicht möglich, so werden zunächst manuelle Formblätter zur Datenerfassung verwendet, die zu einem späteren Zeitpunkt bzw. an einem anderen Ort verarbeitet werden.
- Über *SUMA Warehouse Management* werden Informationen über Lagereingänge und Lagerabgänge sowie Bestände unterschiedlicher Standorte erfasst und ausgewertet. Informationen aus SUMA Central und SUMA Field Units werden hierbei berücksichtigt und zusammengefasst.

---

879 Vgl. Tomasini, Rolando M. / Wassenhove, Luk N. van (2003), S. 14-15.
880 Vgl. Tomasini, Rolando M. / Wassenhove, Luk N. van (2003), S. 11.

„The software enables managers to gather the information from all these chains and get a more accurate assessment of what needs remain undressed, the amount of the incoming goods and how they should be managed."[881]

Knapp zehn Jahre nach dem ersten offiziellen Einsatz des speziell auf Logistik und Supply Chain Management zugeschnittenen Systems SUMA initiierte das IFRC mit der **Humanitarian Logistics Software** (HLS) eine weitere Entwicklungsstufe, die gemeinsam mit Programmierern des Fritz Institute umgesetzt wurde.[882] Über die Abbildung der lagerbezogenen Logistikprozesse hinaus sollten in dieser Entwicklungsstufe sämtliche Einkaufs- und Logistikprozesse abgebildet und unterstützt werden.[883] Erste Überlegungen der internationalen Rotkreuz- und Rothalbmondbewegung, eines der führenden Standard-ERP-Systeme für die Logistik umzusetzen, wurden mit der Begründung verworfen, dass diese Umsetzung zum einen zu hohe Kosten verursachen würde und zum anderen die spezifischen logistischen Prozesse des internationalen Katastrophenmanagements nicht angemessen abgebildet würden. Aus diesem Grund entschied sich das IFRC zwar für die Umsetzung des Personalwesens innerhalb eines standardisierten ERP-Systems, das Finanzwesen und die Logistik sollten aber Bestandteil speziell auf die Anforderungen des Katastrophenmanagements zugeschnittener Systeme (CODA für das Finanzwesen und HLS für die Logistik) sein.[884]

Die Webbasierte Humanitarian Logistics Software unterstützt die erforderliche Informationsintegration und bildet über eine Datenbank sowohl historische Daten als auch Echtzeitdaten der Logistik über die folgenden Module ab:

- *General module*: Dieses übergreifende Modul unterstützt das Anlegen von allgemeinen und übergreifenden (Stamm-) Daten, z. B. zu einzelnen Operationen und Hilfsgütern.
- *Mobilization module*: Durch dieses Modul erfolgt auf der Grundlage der Informationen und Anfragen aus den betroffenen Gebieten die Identifizierung der benötigten Hilfsgüter und Dienstleistungen. Sachspenden und Lagerbestände werden „mobilisiert" und weitere Bedarfe ermittelt.
- *Procurement module*: Das Beschaffungsmodul unterstützt an der Schnittstelle zu den Lieferanten unter anderem Angebotsanfragen und -vergleiche, die Bearbeitung der Angebote sowie die Abwicklung der Beschaffungsprozesse vom Wareneingang bis zur Rechnungsbearbeitung.

---

881 Tomasini, Rolando M. / Wassenhove, Luk N. van (2003), S. 9.
882 Vgl. Kopczak, Laura R. / Johnson, Eric M. (2004), S. 9. "The projected cost of the ERP system was $ 12 million." "... logistics would not be well-served by an ERP system. Kopczak, Laura R. / Johnson, Eric M. (2004), S. 11. Vgl. auch www.reliefweb.int, Pressemeldung vom 22. Mai 2002: "Humanitarian Logistics Software being designed for Red Cross Red Crescent".
883 "While IFRC would have like to have a standardized process for managing information across all major operations (and ideally across all procurement and logistics activities), this was not the case." Kopczak, Laura R. / Johnson, Eric M. (2004), S. 8.
884 Vgl. Kopczak, Laura R. / Johnson, Eric M. (2004), S. 11

- *Logistics Tracking module*: Die Sendungsverfolgung der (Hilfs-) Güter wird über mehrere Akteure, Orte und Prozesse unterstützt. Auf diese Weise soll die tatsächliche Auslieferung der Hilfsgüter am Ort der Katastrophe gewährleistet werden.

Ergänzend lassen sich durch HLS die erforderlichen Berichte für unterschiedliche Adressatenkreise generieren. Die folgende Abbildung 78 bildet die komplexen Informationsströme zwischen den Akteuren des Katastrophenmanagements ab, die Gegenstand der benannten vier Module der HLS sind.

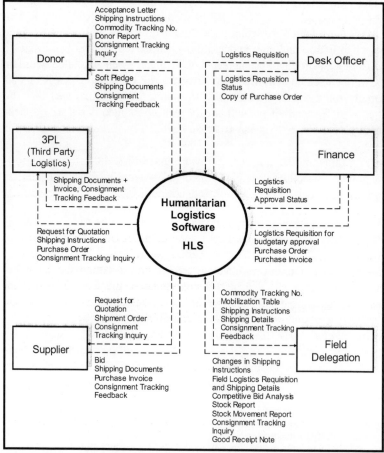

Abbildung 78: Datenflüsse in einer Humanitarian Logistics Software[885]

---

885 Mit wenigen Anpassungen übernommen aus Kopczak, Laura R. / Johnson, Eric M. (2004), S. 10.

Die vielfältigen Informationsbeziehungen der HLS geben einen Eindruck darüber, dass die Software im Vergleich zu SUMA eine deutliche Integrations- und Funktionserweiterung einer spezifischen Logistiksoftware für das Katastrophenmanagement darstellt. Dieses Humanitarian Logistics System ist durch das Fritz Institut in den vergangenen Jahren zur Logistik- und SCM-Software **Helios** weiterentwickelt worden.[886] Die folgende Startseite von Helios stellt den modularen Aufbau des aktuellen Systems dar, der im Wesentlichen dem des ursprünglichen HLS-Systems entspricht. Die Symbole bieten einen direkten Zugang zu den wichtigsten Modulen *Mobilization, Procurement, Logistics and Tracking, Request Processing* sowie *Warehouse*; die Symbolleiste deutet die Zusatzfunktionalitäten des Systems an, die beispielsweise das Projektmanagement, Berichte und Werkzeuge umfassen.

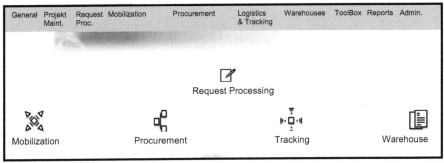

Abbildung 79: Startseite Helios[887]

Ebenso wie HLS unterstützt Helios sowohl die täglichen logistischen Routineprozesse in Echtzeit (ein Beispiel stellt die Sendungsverfolgung dar, vgl. hierzu Abbildung 80) als auch die Informationsintegration und Abstimmung zwischen mehreren Akteuren des internationalen Katastrophenmanagements.[888] Eine Integration mit ERP-Systemen oder anderen Softwaresystemen (z. B. Systeme, die die Beschaffung, das Lagermanagement, das Personalwesen und das Finanzwesen abbilden) wird über standardisierte XML-Schnittstellen unterstützt.[889]
Helios wird seit dem Jahr 2007 durch Pilotprojekte der Organisationen World Vision und Oxfam sowie seit dem Jahr 2008 durch International Medical Corps – vor-

---

886 Vgl. www.fritzinstitute.org, Link "Supply Chain Solutions", "Programs", "Technology, "Helios".
887 www.fritzinstitute.org, Link "Supply Chain Solutions", "Programs", "Technology, "Helios".
888 Vgl. www.fritzinstitute.org, Link "Supply Chain Solutions", "Programs", "Technology, "Helios", "Helios Benefits" und "Helios Overview".
889 Vgl. www.fritzinstitute.org, Link "Supply Chain Solutions", "Programs", "Technology, "Helios".
889 www.fritzinstitute.org, Link "Supply Chain Solutions", "Programs", "Technology, "Helios".
889 Vgl. www.fritzinstitute.org, Link "Supply Chain Solutions", "Programs", "Technology, "Helios", "Helios Technical Specifications".

wiegend in Einsatzgebieten in Afrika und Indonesien – getestet und auf Basis der Erfahrungen weiterentwickelt.[890]

Das Fritz Institute weist mit der folgenden Aussage auf weitere erforderliche Entwicklungen des Systems Helios hin.

> „The goal we are working towards is to make the engagement of organizations large and small as smooth and efficient as possible, and for the HELIOS software to continue to grow and improve with the input of the whole user group."[891]

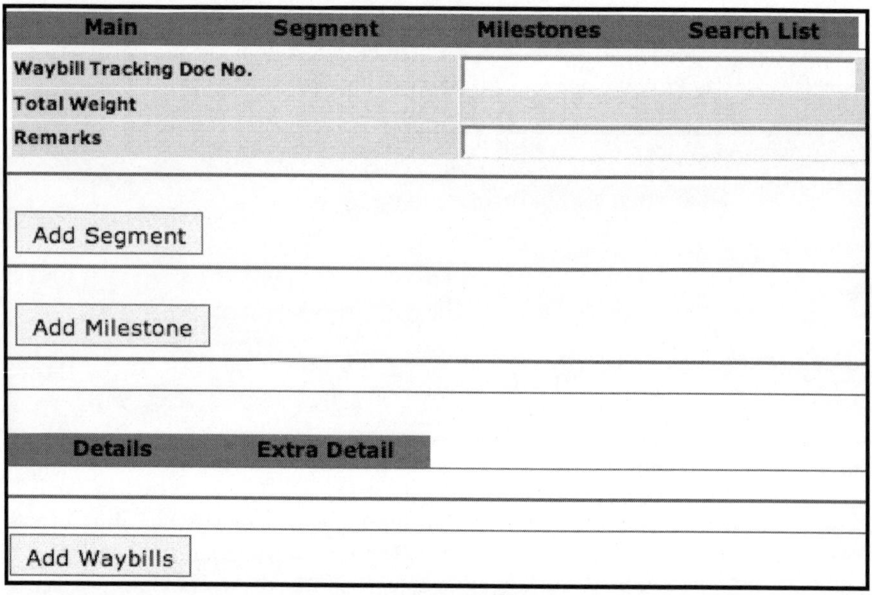

Abbildung 80: Helios – Logistics and Tracking[892]

Die Stärken des Systems liegen bislang im Bereich der Datenerfassung und Datenintegration zwischen mehreren logistischen Funktionen, Akteuren und Prozessen. Mit dieser Datengrundlage werden die Voraussetzungen geschaffen, logistische Methoden sowie Konzepte des Supply Chain Management, die Gegenstand der Kapitel 4 und 5 dieses Buches sind, mit den erforderlichen Daten zu versorgen. Bislang ist das Modul „Logistics and Tracking" ausschließlich mit der Funktionalität der Sendungsverfolgung ausgestattet, und die „ToolBox" enthält lediglich einfache Werkzeuge, wie z. B. einen Zeit- und Aktivitätenplaner.

---

890 www.fritzinstitute.org, Link "Press Room", "2007 Press Release Archive", 13.9.2007.
891 www.fritzinstitute.org, Link "Supply Chain Solutions", "Programs", "Technology, "Helios", Helios Overview".
892 www.fritzinstitute.org, Link "Supply Chain Solutions", "Programs", "Technology, "Helios".

Durch die Erweiterung des Systems um logistische Methoden könnte das Management ergänzend im Bereich der Planung logistischer Prozesse unterstützt werden. Beispielsweise ließe sich das Modul „Warehouse" um eine ABC-XYZ-Analyse ergänzen, um das Management bei der Auswahl geeigneter Beschaffungskonzepte zu unterstützen (vgl. hierzu Abschnitt 4.1). Durch den Einsatz der „Netzplantechnik" im Modul Projektmanagement könnten z. B. Zeiten für die einzelnen Vorgänge in der Katastrophenbewältigung geplant, Vorgänge auf dem kritischen Pfad identifiziert und bei Bedarf Anpassungen vorgenommen werden (vgl. Abschnitt 4.3.2). Ebenfalls ist eine Erweiterung des Moduls „Logistics and Tracking" um weitere logistische Methoden – wie die in Abschnitt 4.2 vorgestellte Tourenplanung – denkbar. Als Erweiterung des Moduls „Procurement" ließe sich das Management bei der Auswahl der Lieferanten oder Dienstleister durch eine Nutzwertanalyse unterstützen (vgl. Abschnitt 5.4). Diese Methoden lassen sich nach einem Datenexport aus Helios auch systemunabhängig umsetzen.

Literaturverzeichnis

Adam, Verena, Hochwasser-Katastrophenmanagement – Wirkungsprüfung der Hochwasservorsorge und -bewältigung österreichischer Gemeinden, Wiesbaden 2006 (zugl. Diss. Zürich 2006).

Arnold, Ulli / Warzog, Frank, Supply Chain Management – Konzeptabgrenzung und branchenspezifische Differenzierung, in: Supply Chain Management, hrsg. von Ulli Arnold / Reinhold Mayer / Georg Urban, Bonn 2001, S. 13-48.

Ärzte ohne Grenzen (Hrsg.), Jahresbericht 2006, Berlin 2007, verfügbar unter www.aerzte-ohne-grenzen.de.

Auffermann, Christiane, Handelslogistik, in: Handbuch Logistik, hrsg. von Dieter Arnold u.a., 3. Aufl., Berlin u.a. 2008, S. 525-534.

Auswärtiges Amt, Positionspapier der Bundesregierung zur Katastrophenvorsorge im Ausland, Berlin 2007.

Backhaus, Klaus u.a., Multivariate Analysemethoden – Eine anwendungsorientierte Einführung, 11. Aufl., Berlin u.a. 2006.

Bartsch, Helmut / Bickenbach, Peter, Supply Chain Management mit SAP APO, 2. Aufl., Bonn 2002.

Beckmann, Holger / Schmitz, Michael, Beschaffung – Lenkung und Planung, in: Handbuch Logistik, hrsg. von Dieter Arnold u.a., 3. Aufl., Berlin u.a. 2008, S. 270-284.

Benz, Jochen / Höflinger, Markus, Logistikprozesse mit SAP R/3, Wiesbaden 2005.

Bitz, Michael, Investition, in: Vahlens Kompendium der Betriebswirtschaftslehre, hrsg. von Michael Bitz u.a., 5. Aufl., München 2005, S. 105-174.

Bleymüller, Josef / Gehlert, Günther / Gülicher, Herbert, Statistik für Wirtschaftswissenschaftler, 14. Aufl., München 2004.

Bliss, Desiree / Larsen, Lynnette, Surviving the Pakistan earthquake – perceptions of the affected, hrsg. durch das Fritz Institute 2007, verfügbar unter www.fritzinstitute.org.

Bliss, Desiree / Campbell, Jennifer, The immediate response to the Java tsunami – perceptions of the affected, hrsg. durch das Fritz Institute 2007, verfügbar unter www.fritzinstitute.org.

Bohm, Burckhardt / Meiler, Reinhard, Osram – Postponement und Lieferantenanbindung, in: Supply Chain Management erfolgreich umsetzen – Grundlagen, Realisierung und Fallstudien, hrsg. von Daniel Corsten und Christoph Gabriel, 2. Aufl., Berlin u.a. 2004, S. 127-143.

Bölsche, Dorit, Koordination im Briefpostmarkt – Generierung und Bewertung alternativer Regulierungsmaßnahmen und Leistungsangebote, Wiesbaden 2001 (zugl. Diss. Frankfurt am Main 2000).

Dies., Gestaltung von Anreizsystemen in der Logistik – auf dem Weg zur Selbststeuerung durch elektronische Koordination und automatische Identifikationssysteme, in: Wissenschaft und Praxis im Dialog – 3. Wissenschaftssymposium Logistik der BVL in Dortmund, hrsg. von Hans-Christian Pfohl und Thomas Wimmer, Hamburg 2006, S. 254-269.

Dies., Gestaltung der Logistiktiefe, in: Handbuch Logistik, hrsg. von Dieter Arnold u.a., 3. Aufl., Berlin u.a. 2008, S. 971-977.

Bolstorff, Peter A. / Rosenbaum, Robert G. / Poluha, Rolf G., Spitzenleistungen im Supply Chain Management – Ein Praxishandbuch zur Optimierung mit SCOR, Berlin u.a. 2007.

Bowersox, Donald J. / Closs, David J. / Cooper, Bixby, Supply Chain Logistics Management, 2nd Edition, Boston u.a. 2007.

Bretzke, Wolf-Rüdiger, "Make or buy" von Logistikdienstleistungen: Erfolgskriterien für eine Fremdvergabe logistischer Dienstleistungen, in: Logistik – Gestaltung von Logistiksystemen, hrsg. von Heinz Isermann, 2. Aufl., Landsberg / Lech 1998, S. 393-402.

Busch, Axel und Dangelmaier, Wilhelm, Integriertes Supply Chain Management – ein koordinationsorientierter Überblick, in: Integriertes Supply Chain Management, hrsg. von Axel Busch und Wilhelm Dangelmaier, 2. Aufl., Wiesbaden 2004, S. 1-21.

Butner, Karen / Moore, Derek, Building value in logistics outsourcing: The future of logistics provider industry, in: Reshaping Supply Chain Management – Vision and Reality, hrsg. von Karen Butner u.a., Boston 2007, S. 229-251.

Capgemini u.a., 2007 Third-Party Logistics – The State of Logistics Outsourcing – Results and Findings of the 12th Annual Study, Capgemini 2007 (verfügbar unter www.de.capgemini.com/ studien_referenzen/studien/branchen/ distribution_transportation).

Care (Hrsg.), Jahresbericht 2006, hrsg. von CARE International Deutschland e.V., Köln 2007, verfügbar unter www.care.de

Celderlund, Jerold P., How Motorola Put CPFR into Action, in: Supply Chain Management Review, October 2007, S. 28-35.

Chopra, Sunil / Meindl, Peter, Supply Chain Management – Strategy, Planning, and Operations, 2nd Edition, New Jersey 2004.

Christopher, Martin, Logistics and Supply Chain Management – Creating Value-Adding Networks, 3rd Edition, Harlow u.a. 2005.

Coase, Ronald H., The Nature of the Firm, in: Econometrica, Vol. 4 (1937), S. 386-405.

Commons, John R., Institutional Econonomics, in: The American Economic Review, Vol. 21 (1931), S. 648-657.

Corsten, Daniel / Gabriel, Christoph, Supply Chain Management erfolgreich umsetzen – Grundlagen, Realisierung und Fallstudien, 2. Aufl., Berlin u.a. 2004.

Corsten, Hans / Gössinger, Ralf, Dienstleistungsmanagement, München 2007.

Dies., Einführung in das Supply Chain Management, 2. Aufl., München 2008.

Davidson, Anne Leslie, Key Performance Indicators in Humanitarian Logistics, 2006, verfügbar unter www.fritzinstitute.org.

Delfmann, Werner, Prozessmanagement, in: Handbuch Logistik, hrsg. von Dieter Arnold u.a., 3. Aufl., Berlin u.a. 2008, S. 927-934.

Deutsche Post World Net (Hrsg.), Die Herausforderungen globaler Logistik annehmen – Nachhaltigkeitsbericht 2006, Bonn 2006.

Deutsches Institut für Normung, DIN 69901-1: Projektmanagement – Projektmanagementsysteme – Teil 1: Grundlagen, Berlin u.a. 2007.

Deutsches Rotes Kreuz (Hrsg.), Jahrbuch 2006/07, vom Deutschen Roten Kreuz e.V., Berlin 2007, verfügbar unter www.drk.de.

Diakonisches Werk (Hrsg.), Jahresbericht Diakonie Katastrophenhilfe 2006, hrsg. vom Diakonischen Werk der Evangelischen Kirchen in Deutschland e.V., Tübingen 2007, verfügbar unter www.diakonie-katastrophenhilfe.de.

Dickersbach, Jörg Thomas, Service Parts Planning with mySAP SCM – Processes, Structures, and Functions, Berlin u.a. 2007.

Dietl, Helmut, Institutionen und Zeit, Tübingen 1993.

Dittmann, Lars, Der angemessene Grad an Visibilität in Logistiknetzwerken – Die Auswirkungen von RFID, Wiesbaden 2006 (zugl. Diss. St. Gallen 2006).

DKKV (Hrsg.), Journalisten-Handbuch zum Katastrophenmanagement, hrsg. vom Deutschen Komitee für Katastrophenvorsorge e. V. (DKKV), 7. Aufl., Bonn 2002, verfügbar unter www.dkkv.org.

Domres, Bernd, Wachsende Anforderungen an die Katastrophenmedizin, in: Katastrophenhilfe und Humanitäre Hilfe, hrsg. von Rainer Treptow, München 2007, S. 108-120.

Domschke, Wolfgang / Drexl, Andreas, Logistik – Standorte, 4. Aufl., München u.a. 1996.

Dies., Einführung in Operations Research, 5. Aufl., Berlin u.a. 2002.

Domschke, Wolfgang / Schildt, Birgit, Standortentscheidungen in Distributionssystemen, in: Logistik – Gestaltung von Logistiksystemen, hrsg. von Heinz Isermann, 2. Aufl., Landsberg / Lech 1998, S. 213-222.

Domschke, Wolfgang, Logistik: Transport – Grundlagen, lineare Transport- und Umladeprobleme, 5. Aufl., München u.a. 2007.

Ders., Betriebliche Standortplanung, in: Handbuch Logistik, hrsg. von Dieter Arnold u.a., 3. Aufl., Berlin u.a. 2008, S. 95-109.

Ebel, Dietmar, ERP-Markt in Bewegung, in: Software in der Logistik – Prozesse, Vernetzung, Schnittstellen, hrsg. vom Huss-Verlag, München 2007, S. 98-102.

Ders., Branchenlösungen gefragt, in: Software in der Logistik – Weltweit sichere Supply Chains, hrsg. vom Huss-Verlag, München 2008, S. 94-98.

Economist Intelligence Unit (Hrsg.), Disaster-response management: going the last mile – Thailand and Indonesia, The Economist, London u.a. 2005.

Ehrmann, Harald, Logistik, 5. Aufl., Ludwigshafen 2005.

Erlei, Mathias / Leschke, Martin / Sauerland, Dirk, Neue Institutionenökonomik, Stuttgart 1999.

Eßig, Michael, Vertikale Kooperationen in der Logistik, in: Handbuch Logistik, hrsg. von Dieter Arnold u.a., 3. Aufl., Berlin u.a. 2008, S. 981-990.

European Logistics Association / Arthur D. Little (Hrsg.), Innovation Excellence in Logistics – Value Creation by Innovation, Brüssel 2007.

Ferstl, Otto K., Informationssysteme in der Logistik, in: Handbuch Logistik, hrsg. von Dieter Arnold u.a., 3. Aufl., Berlin u.a. 2008, S. 181-193.

Fleischmann, Bernhard, Tourenplanung, in: Logistik – Gestaltung von Logistiksystemen, hrsg. von Heinz Isermann, 2. Aufl., Landsberg / Lech 1998, S. 287-301.

Ders., Grundlagen – Begriff der Logistik, logistische Systeme und Prozesse, in: Handbuch Logistik, hrsg. von Dieter Arnold u.a., 3. Aufl., Berlin u.a. 2008a, S. 3-18.

Ders., Distribution and Transport Planning, in: Supply Chain Management and Advanced Planning – Concepts, Models, Software, and Case Studies, hrsg. von Hartmut Stadtler und Christoph Kilger, 4th Ed., Berlin u.a. 2008b, S. 231-246.

Fleischmann, Bernhard / Meyr, Herbert / Wagner, Michael, Advanced Planning, in: Supply Chain Management and Advanced Planning – Concepts, Models, Software, and Case Studies, hrsg. von Hartmut Stadtler und Christoph Kilger, 4th Ed., Berlin u.a. 2008, S. 81-115.

Forrester, Jay Wright, Industrial Dynamics, Cambridge Mass. 1961.

Forscht, Peter, Systeme international vernetzen, in: Software in der Logistik – Weltweit sichere Supply Chains, hrsg. vom Huss-Verlag, München 2008, S. 100-101.

Fortmann, Klaus-Michael / Kallweit, Angela, Logistik, 2. Aufl., Stuttgart 2007.

Friedrich v. d. Eichen, Brigitta / Friedrich v. d. Eichen, Stephan, dm-drogerie markt: Vendor Managed Inventory, in: Supply Chain Management erfolgreich umsetzen – Grundlagen, Realisierung und Fallstudien, hrsg. von Daniel Corsten und Christoph Gabriel, 2. Aufl., Berlin u.a. 2004, S. 175-195.

Fritz Institute (Hrsg.), Humanitarian Supply Chain Management – Great Lakes and East Africa Inter-Agency Research Project, hrsg. durch das Fritz Institute 2004, verfügbar unter www.fritzinstitute.org.

Ders. (Hrsg.), Hurricane Katrina – perceptions of the affected, hrsg. durch das Fritz Institute 2006, verfügbar unter www.fritzinstitute.org.

Gebhardt, Andreas, Entscheidung zum Outsourcing von Logistikleistungen – Rationalitätsanforderungen und Realität in mittelständischen Unternehmen, Wiesbaden 2006 (zugl. Diss. Vallendar 2005).

Gietz, Martin, Transport- und Tourenplanung, in: Handbuch Logistik, hrsg. von Dieter Arnold u.a., 3. Aufl., Berlin u.a. 2008, S. 137-153.

Goetschalcks, Marc / Fleischmann, Bernhard, Strategic Network Design, in: Supply Chain Management and Advanced Planning – Concepts, Models, Software, and Case Studies, hrsg. von Hartmut Stadtler und Christoph Kilger, 4th Ed., Berlin u.a. 2008, S. 117-132.

Götz, Tobias / Safai, Sasan / Beer, Philipp, Effiziente Logistikprozesse mit SAP RFID, Bonn 2005.

Gudehus, Timm, Logistik 1 – Grundlagen, Verfahren und Strategien, 3. Aufl., Berlin u.a. 2007a.

Ders., Logistik 2 – Netzwerke, Systeme und Lieferketten, 3. Aufl., Berlin u.a. 2007b.

Guha-Sapir, Debarati u.a., Thirty years of natural disasters – 1974-2003: The Numbers, hrsg. durch das Centre for Research on the Epidemiology of Disasters (CRED), Louvain-la-Neuve 2004.

Günther, Hans-Otto / Tempelmeier, Horst, Produktion und Logistik, 5. Aufl., Berlin u.a. 2003.

Hegemanns, Tobias / Maaß, Jan-Christoph / Toth, Michael, Prozesse in Logistiknetzwerken – Supply Chain Management, in: Handbuch Logistik, hrsg. von Dieter Arnold u.a., 3. Aufl., Berlin u.a. 2008, S. 459-486.

Hegenscheidt, Matthias, Grundlagen der Produktion, in: Handbuch Logistik, hrsg. von Dieter Arnold u.a., 2. Aufl., Berlin u.a. 2004, S. B 3-1 – B 3-12.

Hein, Christoph, Die Post verteilt in Burma Hilfsgüter, in: Frankfurter Allgemeine Zeitung, Nr. 127 2008 (3. Juni 2008), S. 10.

Henderson, James H., Logistics in Support of Disaster Relief, Bloomington 2007.

Hoffmeister, Wolfgang: Investitionsrechnung und Nutzwertanalyse, Stuttgart 2000.

Hoppe, Marc, Bestandsoptimierung mit SAP, Bonn 2005.

Ders., Absatz- und Bestandsplanung mit SAP APO, Bonn 2007.

Hosenfeld, Wilhelm-Achim, Gestaltung der Wertschöpfungs-, Innovations- und Logistiktiefe von Zulieferant und Abnehmer, München 1993.

Hoyois, P. u.a., Annual Disaster Statistical Review: Numbers and Trends 2006, hrsg. durch das Centre for Research on the Epidemiology of Disasters (CRED), Brüssel 2007.

IFRC (Hrsg.), Mid-Term Review – Strategy 2010, hrsg. vom IFRC (International Federation of Red Cross and Red Crescent Societies) 2005, verfügbar unter www.ifrc.org.

Ders. (Hrsg.), Annual Report 2006, hrsg. vom IFRC (International Federation of Red Cross and Red Crescent Societies), verfügbar unter www.ifrc.org.

Ders. (Hrsg.), World Disasters Report – Focus on Discrimination, hrsg. vom IFRC (International Federation of Red Cross and Red Crescent Societies), Satigny/Vernier 2007.

Ders. (Hrsg.), Programmes and appeal 2008/2009, hrsg. vom IFRC (International Federation of Red Cross and Red Crescent Societies) 2008, verfügbar unter www.ifrc.org.

Isermann, Heinz, Grundlagen eines systemorientierten Logistikmanagements, in: Logistik – Gestaltung von Logistiksystemen, hrsg. von Heinz Isermann, 2. Aufl., Landsberg / Lech 1998, S. 21-60.

Ders., Produktionstheoretische Fundierung logistischer Prozesse, in: ZfB-Ergänzungsheft 4/1999, S. 67-87.

Ders., Märkte für logistische Leistungen, in: Handbuch Logistik, hrsg. von Dieter Arnold u.a., 2. Aufl., Berlin u.a. 2004, S. D 2-1 – D 2-7.

Ders., Logistik als Managementfunktion, in: Handbuch Logistik, hrsg. von Dieter Arnold u.a., 3. Aufl., Berlin u.a. 2008, S. 875-882.

Isermann, Heinz / Lieske, Dorit, Gestaltung der Logistiktiefe unter Berücksichtigung transaktionstheoretischer Gesichtspunkte, in: Logistik – Gestaltung von Logistiksystemen, hrsg. von Heinz Isermann, 2. Aufl., Landsberg / Lech 1998, S. 403-428.

Jouenne, Thierry, Henkel-Eroski - CPFR Pilot Case Study, 2000, verfügbar unter www.vics.org.

Kallrath, Josef / Maindl, Thomas I., Real Optimization with SAP APO, Berlin u.a. 2006.

Kilger, Christoph / Reuter, Boris / Stadtler, Hartmut, Collaborative Planning, in: Supply Chain Management and Advanced Planning – Concepts, Models, Software, and Case Studies, hrsg. von Hartmut Stadtler und Christoph Kilger, 4th Ed., Berlin u.a. 2008, S. 263-284.

Klaus, Peter, Jenseits einer Funktionenlogistik – der Prozessansatz, in: Logistik – Gestaltung von Logistiksystemen, hrsg. von Heinz Isermann, 2. Aufl., Landsberg / Lech 1998, S. 61-78.

Ders., Zum besseren Unternehmen, in: Steuerung von Supply Chains – Strategien, Methoden, Beispiele, hrsg. von Peter Klaus, Franz Staberhofer und Markus Rothböck, Wiesbaden 2007, S. 1-25.

Klaus, Peter / Kille, Christian, Die Top 100 in der Logistik – Marktgrößen, Marktsegmente und Marktführer in der Logistikdienstleistungswirtschaft, 4. Aufl., Hamburg 2006.

Dies., Top 100 in European Transport and Logistics Services – Market Sizes, Market Segments and Market Leaders in the European Logistics Industry, 2nd Edition, Hamburg 2007.

Kopczak, Laura R. / Johnson, Eric M., Can Heroes be Efficient? Information Technology at the International Federation of the Red Cross, Darmouth 2004, verfügbar unter www.fritzinstitute.org.

Kuhn, Axel u.a., Bewertung und Verteilung von Kosten und Nutzen in Wertschöpfungsnetzwerken, in: Wissenschaft und Praxis im Dialog – 3. Wissenschaftssymposium Logistik der BVL in Dortmund, hrsg. von Hans-Christian Pfohl und Thomas Wimmer, Hamburg 2006, S. 378-394.

Ders., Prozessmodelle, -ketten und -netze, in: Handbuch Logistik, hrsg. von Dieter Arnold u.a., 3. Aufl., Berlin u.a. 2008, S. 224-228.

Kulmhofer, Alexandra, Ergebnisse der Krisen- und Katastrophenforschung – Ein interdisziplinärer Ansatz, Wien und Münster 2007.

Lee, Hau L. / Padmanabhan, V. (Paddy) / Whang, Seungjin, Information Disortion in a Supply Chain: The Bullwhip Effect, in: Management Science, Vol. 43 (1997), Nr. 4, S. 546-558.

Lieser, Jürgen, Zwischen Macht und Moral – Humanitäre Hilfe der Nichtregierungsorganisationen, in: Katastrophenhilfe und Humanitäre Hilfe, hrsg. von Rainer Treptow, München 2007, S. 40-56.

Maleri, Rudolf, Grundlagen der Dienstleistungsproduktion, 3. Aufl., Berlin u.a. 2008.

Malone, Thomas W. und Crowston, Kevin, The Interdisciplinary Study of Coordination, in: ACM Computing Surveys, Vol. 26, No. 1, March 1994, S. 87-119.

Martin, Heinrich, Transport- und Lagerlogistik – Planung, Struktur, Steuerung und Kosten von Systemen der Intralogistik, 6. Aufl., Wiesbaden 2006.

Matthews, Steve, Logistical challenges, in: Forced Migration Review, Special Edition July 2005 – Tsunami: learning from the humanitarian response, S. 38.

Meyr, Herbert u.a., Architecture of Selected APS, in: Supply Chain Management and Advanced Planning – Concepts, Models, Software, and Case Studies, hrsg. von Hartmut Stadtler und Christoph Kilger, 4th Ed., Berlin u.a. 2008, S. 349-366.

Murphy, Paul R. / Wood, Donald F., Contemporary Logistics, 8th Edition, New Jersey 2004.

Nissen, Jörg, Business-Software aus der Steckdose, in: Software in der Logistik – Prozesse, Vernetzung, Schnittstellen, hrsg. vom Huss-Verlag, München 2007, S. 103-105.

Ohmae, Kenichi, The Mind of the Strategist, New York 1982.

Pan American Health Organization / World Health Organization (Hrsg.), Humanitarian Supply Management and Logistics in the Health Sector, Washington D.C. 2001, verfügbar unter www.who.int.

Pfohl, Hans-Christian, Logistiksysteme – Betriebswirtschaftliche Grundlagen, 7. Aufl., Berlin u.a. 2004a.

Ders., Logistikmanagement – Konzeption und Funktionen, 2. Aufl., Berlin u.a. 2004b.

Picot, Arnold / Reichwald, Ralf / Wigand, Rolf T., Die grenzenlose Unternehmung – Information, Organisation und Management, 2. Aufl., Wiesbaden 1996.

Pilar, Ulrike von, Von Ärzten und Grenzen – Dilemmata der Humanitären Hilfe, in: Katastrophenhilfe und Humanitäre Hilfe, hrsg. von Rainer Treptow, München 2007, S. 121-142.

Poluha, Rolf G., Anwendung des SCOR-Modells zur Analyse der Supply Chain – Explorative empirische Untersuchung von Unternehmen aus Europa, Nordamerika und Asien, 2. Aufl., 2006, (zugl. Diss. Universität Köln 2005).

Porter, Michael E., Competitive Advantage – Creating and Sustaining Superior Performance, New York u.a. 1985.

Ders., Competitive Strategy – Techniques for Analyzing Industries and Competitors, (Originally published 1980), New York u.a. 2004.

Quinn, James Brian, Core competency with outsourcing strategies in innovative companies, in: Handbuch Industrielles Beschaffungsmanagement, hrsg. von Dietger Hahn / Lutz Kaufmann, Wiesbaden 1999, S. 33-52.

Richter, Rudolf / Furubotn, Eirik G., Neue Institutionenökonomik, 3. Aufl., Tübingen 2003.

Ross, Stephen A., The Economic Theory of Agency: The Principal's Problem, in: American Economic Review, Vol. 63 (1973), S. 134-139.

Samii, Ramina u.a., IFRC – Choreographer of Disaster Management, Preparing for tomorrow's disaster, INSEAD, Fontainebleau 2002.

Samii, Ramina / Wassenhove, Luk N. van, The United Nations Joint Logistics Centre (UNJLC) – The Genesis of a Humanitarian Relief Coordination Platform, INSEAD, Fontainebleau 2003a.

Dies., Logistics Moving the Seeds of a Brighter Future (UNJLC's Second Year in Afghanistan), INSEAD, Fontainebleau 2003b.

Schäfer-Kunz, Jan / Tewald, Claudia, Make-or-Buy-Entscheidungen in der Logistik, Wiesbaden 1998.

Scheuren, Jean-Michel u.a., Annual Disaster Statistical Review: The Numbers and Trends 2007, hrsg. durch das Centre for Research on the Epidemiology of Disasters (CRED), Brüssel 2008.

Schiffer, Ingo, Identifikationssysteme, in: Handbuch Logistik, hrsg. von Dieter Arnold u.a., 3. Aufl., Berlin u.a. 2008, S. 815-838.

Schmidt, Annette, Zur Verbindung zwischen Armutsbekämpfung und Katastrophenvorsorge in der Entwicklungsarbeit, in: Katastrophenhilfe und Humanitäre Hilfe, hrsg. von Rainer Treptow, München 2007, S. 144-162.

Schmidt, Matthias, Produktionsplanung und -steuerung, in: Handbuch Logistik, hrsg. von Dieter Arnold u.a., 3. Aufl., Berlin u.a. 2008, S. 323-343.

Schmitz, Michael, Beschaffung – Einleitung, in: Handbuch Logistik, hrsg. von Dieter Arnold u.a., 3. Aufl., Berlin u.a. 2008, S. 255-256.

Scholl, Armin, Optimierungsansätze zur Planung logistischer Systeme und Prozesse, in: Handbuch Logistik, hrsg. von Dieter Arnold u.a., 3. Aufl., Berlin u.a. 2008, S. 43-57.

Scholz-Reiter, Bernd / Toonen, Christian / Windt, Katja, Logistikdienstleistungen, in: Handbuch Logistik, hrsg. von Dieter Arnold u.a., 3. Aufl., Berlin u.a. 2008, S 581-607.

Schulte, Christof, Logistik – Wege zur Optimierung der Supply Chain, 4. Aufl., München 2005.

Seidl, Patricia, Ist RFID auf der Überholspur? in: Software in der Logistik – Prozesse, Vernetzung, Schnittstellen, hrsg. vom Huss-Verlag, München 2007, S. 56-59.

Senger, Enrico / Österle, Hubert, Fallstudie L'Oréal - Vendor Managed Inventory zwischen L'Oréal und „dm-drogerie markt", St. Gallen 2003.

Sieber, Pascal, Internet-Unterstützung Virtueller Unternehmen, in: Management von Netzwerkorganisationen – Beiträge aus der „Managementforschung", hrsg. von Jörg Sydow, 4. Aufl., Wiesbaden 2006, S. 215-250.

Siegmund, Heiner, Logistische Antwort auf Desaster, in: Deutsche Verkehrszeitung Nr. 68 2008, vom 5.6.2008, S. 16.

Simchi-Levi, David / Kaminsky, Philip / Simchi-Levi, Edith, Disigning & Managing the Supply Chain – Concepts, Strategies, and Case Studies, 2nd Edition, Boston u.a. 2003.

Sommerer, Gerhard, Materielle Versorgungs- und Bereitstellungsprozesse für die industrielle Fertigung – Instrumentarien zur Entscheidungsfindung, in: Logistik – Beschaffung, Produktion, Distribution, hrsg. von Heinz Isermann, Landsberg / Lech 1994, S. 157-179.

Speh, Thomas W., Assesing the State of Supply Chain Management, in: Das Beste der Logistik – Innovationen, Strategien, Umsetzungen, hrsg. von Helmut Baumgarten, Berlin u.a. 2008, S. 245-253.

Staberhofer, Franz / Rohrhofer, Evelyn, Ganzheitliches Supply Chain Management, in: Steuerung von Supply Chains – Strategien, Methoden, Beispiele, hrsg. von Peter Klaus, Franz Staberhofer und Markus Rothböck, Wiesbaden 2007, S. 27-72.

Straube, Frank u.a., Trends und Strategien in der Logistik – Ein Blick auf die Agenda des Logistik-Managements 2010, Hamburg 2005.

Strassner, Martin, RFID im Supply Chain Management, Wiesbaden 2005 (zugl. Diss. St. Gallen 2005).

Sucky, Eric, Koordination in Supply Chains – Spieltheoretische Ansätze zur Ermittlung integrierter Bestell- und Produktionspolitiken, Wiesbaden 2004 (zugl. Diss. Frankfurt am Main 2003).

Supply-Chain Council (Hrsg.), Supply Chain Operations Reference-model – SCOR Overview, Version 8.0, Washington 2006, verfügbar unter www.supply-chain.org.

Sürie, Christopher / Wagner, Michael, Supply Chain Analysis, in: Supply Chain Management and Advanced Planning – Concepts, Models, Software, and Case Studies, hrsg. von Hartmut Stadtler und Christoph Kilger, 4th Ed., Berlin u.a. 2008, S. 37-63.

Sydow, Jörg, Über Netzwerke, Allianzsysteme, Verbünde, Kooperationen und Konstellationen, in: Management von Netzwerkorganisationen – Beiträge aus der „Managementforschung", hrsg. von Jörg Sydow, 4. Aufl., Wiesbaden 2006.

Teichmann, Stephan, Logistiktiefe als strategisches Entscheidungsproblem, Berlin 1995.

Thomas, Anisya, Humanitarian Logistics – Enabling Disaster Response, hrsg. durch das Fritz Institute 2003, verfügbar unter www.fritzinstitute.org.

Dies., Leveraging private expertise for humanitarian supply chains, in: Forced Migration Review, September 2004, S. 64-65.

Thomas, Anisya / Kopczak, Laura, From Logistics to Supply Chain Management – The path forward in the humanitarian sector, hrsg. durch das Fritz Institute 2005, verfügbar unter www.fritzinstitute.org.

Thomas, Anisya / Mizushima, Mitsuku, Logistics training – necessity or luxury?, in: Forced Migration Review, Januar 2005, S. 60-61.

Thomas, Anisya / Ramalingam, Vimala, Lessons from the Tsunami – Survey of Non-Governmental Organizations in India and Sri Lanka, hrsg. durch das Fritz Institute 2005a, verfügbar unter www.fritzinstitute.org.

Dies., Lessons from the Tsunami – Top Line Findings, hrsg. durch das Fritz Institute 2005b, verfügbar unter www.fritzinstitute.org.

Dies., Rescue, Relief and Rehabilitation in Tsunami affected Indonesia, India and Sri Lanka, hrsg. durch das Fritz Institute 2005c, verfügbar unter www.fritzinstitute.org.

Thonemann, Ulrich, Supply Chain Management, in: Handbuch Logistik, hrsg. von Dieter Arnold u.a., 3. Aufl., Berlin u.a. 2008, S. 21-34.

TNT Express (Hrsg.), Moving the World, 2007, verfügbar unter www.tnt.de, Link über TNT, TNT Express informiert, Corporate Social Responsabiliy, World Food Programme.

Tomasini, Rolando M. / Wassenhove, Luk N. van, Coordinating Disaster Logistics after El Salvador's Earthquakes Using SUMA's Humanitarian Supply Management System, INSEAD, Fontainebleau 2003.

Dies., Moving the World: The TPG-WFP Partnership – Looking for a Partner, INSEAD, Fontainebleau 2004.

Dies., Managing Information in Humanitarian Crisis – The UNJLC Website, INSEAD, Fontainebleau 2005.

Treptow, Rainer, Katastrophenhilfe und Humanitäre Hilfe – zur Einführung, in: Katastrophenhilfe und Humanitäre Hilfe, hrsg. von Rainer Treptow, München 2007, S. 7-30.

Tschoegl, Liz u.a., An Analytical Review of Selected Data Sets on Natural Disasters and Impacts, hrsg. durch das Centre for Research on the Epidemiology of Disasters (CRED), Brüssel 2007.

Tufinkgi, Philippe, Logistik im Kontext internationaler Katastrophenhilfe – Entwicklung eines logistischen Referenzmodells für Katastrophenfälle, Bern 2006.

UNDP (Hrsg.), Emergency Relief Items – Compendium of Generic Specifications, Volume 1: Telecommunications, Shelter & Housing, Water Supply, Food, Sanitation & Hygiene, Materials Handling, Power Supply, 3rd Edition, New York 2000, verfügbar unter www.ungm.org/default.aspx?pid=87.

Vahrenkamp, Richard, Logistik – Management und Strategien, 6. Aufl., München 2007.

Vastag, Axel, Strukturparameter in der Distribution, in: Handbuch Logistik, hrsg. von Dieter Arnold u.a., 3. Aufl., Berlin u.a. 2008, S. 419-423.

VENRO (Hrsg.), Venro Positionspapier zu den aktuellen Vorschlägen der Vereinten Nationen zur Reform des globalen Systems der humanitären Hilfe, hrsg. vom Verband Entwicklungspolitik deutscher Nichtregierungsorganisationen e.V., 2007, verfügbar unter www.venro.org.

VICS (Hrsg.), Collaborative Planning, Forecasting, and Replenishment (CPFR) – An Overview, hrsg. durch die Voluntary Interindustry Commerce Standards Association, Oktober 2004, verfügbar unter www.vics.org.

Völz, Carsten, Humanitarian coordination in Indonesia: an NGO viewpoint, in: Forced Migration Review – Tsunami: learning from the humanitarian response, Special Issue July 2005, S. 26-27.

Wannenwetsch, Helmut, Integrierte Materialwirtschaft und Logistik, 2. Aufl., Berlin u.a. 2004.

Weber, Jürgen, Logistikmanagement – Verankerung des Flussprinzips im Führungssystem des Unternehmens, in: Logistik – Gestaltung von Logistiksystemen, hrsg. von Heinz Isermann, 2. Aufl., Landsberg / Lech 1998, S. 79-89.

Wilhelm, Rudolf, Prozessorganisation, 2. Aufl., München 2007.

Wildemann, Horst, Von Just-In-Time zu Supply Chain Management, in: Supply Chain Management, hrsg. von Horst Wildemann, München 2000, S. 49-85.

Williamson, Oliver E., Markets and Hierarchies – Analysis and Antitrust Implications, New York 1975.

Ders., The Economics of Organization: The Transaction Cost Approach, in: American Journal of Sociology, Vol. 87, No. 3, S. 548-577.

Wolff, Stefan / Groß, Wendelin, Dynamische Gestaltung von Logistiknetzwerken, in: Das Beste der Logistik – Innovationen, Strategien, Umsetzungen, hrsg. von Helmut Baumgarten, Berlin u.a. 2008, S. 121-134.

Wood, Donald F. u.a., International Logistics, 2nd Edition, New York u.a. 2002.

World Food Programme (Hrsg.), Review of the UNJLC IOT Operation – Summary Report, Final, Rotterdam 2005.

Quellenverzeichnis

Ärzte ohne Grenzen: www.aerzte-ohne-grenzen.de, www.aerzte-ohne-grenzen.at, www.msf.org
Bundesvereinigung Logistik (BVL): www.bvl.de.
CARE International Deutschland e.V. (CARE): www.care.de.
Centre for Research on the Epidemiology of Disasters (CRED): www.cred.be, www.emdat.be (Emergency Events Database)
CIWI GmbH: www.ciwi.eu
Council of supply chain management professionals (CSCMP): www.cscmp.org
Deutsches Komitee für Katastrophenvorsorge e.V. (DKKV): www.dkkv.org
Deutsches Rotes Kreuz e.V. (DRK): www.drk.de
Diakonie Katastrophenhilfe: www.diakonie-katastrophenhilfe.de
*DHL:*www.dhl.de, www.dpwn.de (übergreifend für Deutsche Post World Net)
ECR Europe: www.ecr-europe.com (Europa), www.ecr.de (Deutschland)
Flugstatistik (zur Entfernungsmessung Standortplanung): www.flugstatistik.de
Fritz Institute: www.fritzinstitute.org
Google Maps: http://maps.google.de
Identtechnologien (Barcode, RFID): www.barcode.24.de, www.rfid-ready.de, www.rfidweblog.de
International Chamber of Commerce (ICC): www.iccwbo.org (Seite des ICC), www.iccwbo.org/incoterms (Incoterms)
International Federation of Red Cross and Red Crescent Societies (IFRC): www.ifrc.org
Joint Logistics Centre der Vereinten Nationen (UNJLC): www.unjlc.org, www.logcluster.org
Nachrichtenportale: www.informationweek.de, www.tagesschau.de, www.welt.de, www.zeit.de
SAP: www.sap.com (international), www.sap.de bzw. www.sap.com/germany (deutsche Seite), help.sap.com (Hilfeportal)
Supply Chain Council: www.supply-chain.org
TNT: http://group.tnt.com/wfp, www.movingtheworld.org (Kooperation mit WFP)
United Nations Children's Emergency Fund (UNICEF): www.unicef.org
United Nations Development Programme (UNDP): www.undp.org, www.ungm.org
United Nations High Commissioner for Refugees (UNHCR): www.unhcr.org
United Nations Office for the Coordination of Humanitarian Affairs (OCHA): ochaonline.un.org, www.humanitarianinfo.org (Humanitarian Information Centre), www.reliefweb.int (ReliefWeb)
Verband Entwicklungspolitik deutscher Nichtregierungsorganisationen (VENRO): www.venro.org
Voluntary Interindustry Commerce Standards Assiciation (VICS): www.vics.org, www.cpfr.org (Prozessmodell CPFR)
World Food Programme (WFP): www.wfp.org
World Health Organization (WHO): www.who.int